预拌混凝土生产企业管理

实用手册

(企业管理·生产技术·质量要求·配合比设计)

杨绍林　张永亚　主编

中国建筑工业出版社

图书在版编目（CIP）数据

预拌混凝土生产企业管理实用手册（企业管理·生产技术·质量要求·配合比设计）/杨绍林，张永亚主编. —北京：中国建筑工业出版社，2008
 ISBN 978-7-112-10065-1

Ⅰ. 预… Ⅱ. ①杨…②张… Ⅲ. 预搅拌混凝土-建筑材料工业-工业企业管理-中国-手册 Ⅳ. F426.9-62 TU528.56-62

中国版本图书馆 CIP 数据核字（2008）第 061603 号

预拌混凝土生产企业管理实用手册
（企业管理·生产技术·质量要求·配合比设计）
杨绍林 张永亚 主编

*

中国建筑工业出版社出版、发行（北京西郊百万庄）
各地新华书店、建筑书店经销
霸州市顺浩图文科技发展有限公司制版
北京同文印刷有限责任公司印刷

*

开本：850×1168 毫米 1/32 印张：15⅛ 字数：420 千字
2008 年 7 月第一版 2011 年 10 月第四次印刷
印数：6001—7500 册 定价：35.00 元
ISBN 978-7-112-10065-1
（16868）

版权所有 翻印必究
如有印装质量问题，可寄本社退换
（邮政编码 100037）

本书内容主要分为预拌混凝土生产企业内部管理和预拌混凝土技术两大部分。内部管理内容包括组织结构设置、企业管理制度及质量管理体系；人员的配置及岗位责任制等。技术方面内容包括预拌混凝土组成材料及质量控制；生产质量控制；半成品交货质量控制，以及各种混凝土配合比优化设计方法等。本书可供预拌混凝土生产企业管理和技术人员使用，也可作为建设单位、工程监理、施工单位在考察和选择混凝土搅拌站时或使用预拌混凝土时的参考用书。

责任编辑　周世明
责任设计　郑秋菊
责任校对　孟　楠　陈晶晶

《预拌混凝土生产企业管理实用手册》编写人员名单

主　编　杨绍林　张永亚

参　编　徐　伟　朱军华　杜　沛　段　威
　　　　白　进　潘卫东　韩红明　冷秀辉
　　　　桑朝阳　李艳娜　梁素香　周胜果
　　　　董　勇　王　琛　李东海　顾崇喜

前　　言

预拌混凝土在我国的应用与发展已有30多年的历程,至2006年,预拌混凝土的实际年产量已突破5亿 m^3,居世界首位。预拌混凝土的应用在环保治理上作出了巨大的贡献,对推动和加快我国基础设施建设起到了重要的作用。

目前,我国正处于大规模基本建设的高峰期和预拌混凝土应用的高发展期,全国许多小城市也都纷纷建立预拌混凝土搅拌站,导致预拌混凝土生产行业出现管理与技术人员紧缺,一些新增企业急需较好的管理与技术人才。有些新成立的搅拌站向本书编者索要质量记录表格、企业管理制度、质量管理体系文件(质量手册和程序文件),这也是主编决定组织编写本书的原因。编者对多年来建设工程材料检测工作和预拌混凝土生产、施工经验进行了总结,并结合有关标准、规范及相关参考资料,编写了本书,目的是希望用这种更系统、更详细、更方便的方式,向需要的业内人士提供更好的帮助。

本书内容主要分为预拌混凝土生产企业内部管理和预拌混凝土技术两大部分。内部管理内容包括组织结构设置、企业管理制度及质量管理体系;人员的配置及岗位责任制;设备、环境、生产、经营、材料、试验方面的管理,以及各职能部门所需要的质量记录表格等。其中,编写和收编了适用于预拌混凝土生产企业执行的管理制度和各级人员岗位责任制共80余项;质量记录表格100余种。技术方面内容包括预拌混凝土组成材料质量控制、生产质量控制、半成品交货质量控制、施工质量控制，以及普通混凝土、粉煤灰混凝土、泵送混凝土、高强混凝土、抗渗混凝土、大体积混凝土、自密实混凝土、路面水泥混凝土的配合比优化设计方法，还详细地阐述了备受社会各界人士关注的混凝土结构裂缝问题和混凝土结构实体强度问题。

在编写过程中，本书参考并引用了混凝土、材料、外加剂领域多位专家、学者及工程技术人员的观点和资料，是他们的研究成果丰富了本书的内容，在此向他们表示诚挚的谢意。

本书主要供预拌混凝土生产企业各级人员使用，也可供有关建设单位、工程监理、施工单位在考察和选择混凝土搅拌站时或应用预拌混凝土时参考。

由于编写人员实践经验、知识范围及认识水平有限，书中缺点和错误在所难免，敬请同行专家和读者指正。

杨绍林

2008 年 4 月

目 录

第1章 概述 ... 1
1.1 预拌混凝土的概念、特点、术语、分类及标记 ... 1
1.1.1 预拌混凝土的概念 ... 1
1.1.2 预拌混凝土的特点 ... 1
1.1.3 预拌混凝土的术语 ... 3
1.1.4 预拌混凝土的分类及标记 ... 3
1.2 我国预拌混凝土的发展概况 ... 6
1.3 混凝土的各种性能 ... 9
1.3.1 混凝土拌合物及其性能 ... 9
1.3.2 混凝土硬化后的性质 ... 10
1.4 影响我国预拌混凝土行业发展的几个问题 ... 13
1.4.1 发展绿色高性能混凝土，使混凝土行业可持续发展 ... 13
1.4.2 以科学的思维推动混凝土行业技术进步 ... 14

第2章 预拌混凝土生产企业的组织与管理 ... 17
2.1 预拌混凝土生产企业的组建 ... 17
2.1.1 厂址选择 ... 17
2.1.2 建厂规模与投资 ... 18
2.1.3 设备选择 ... 20
2.1.4 组织机构及人员配备 ... 22
2.1.5 组织的管理要点 ... 23
2.2 预拌混凝土生产企业的管理制度 ... 27
2.2.1 员工守则 ... 28
2.2.2 员工聘用规定 ... 29
2.2.3 劳动纪律规定 ... 29
2.2.4 员工辞退与辞职管理规定 ... 30
2.2.5 员工奖惩制度 ... 31

  2.2.6 安全管理规定 ……………………………………………… 34
  2.2.7 例会制度 …………………………………………………… 36
  2.2.8 仪器设备管理规定 ………………………………………… 36
  2.2.9 异常情况及质量监督制度 ………………………………… 39
  2.2.10 事故分析上报制度 ………………………………………… 40
  2.2.11 质量回访制度 ……………………………………………… 41
  2.2.12 刷车水应用制度 …………………………………………… 42
 2.3 质量管理体系 ………………………………………………………… 43
  2.3.1 质量手册（A层次文件） ………………………………… 45
  2.3.2 程序文件（B层次文件） ………………………………… 77
 2.4 相关质量记录表格 …………………………………………………… 117

第3章 试验室管理 ………………………………………………………… 141
 3.1 组织机构 ……………………………………………………………… 141
  3.1.1 组织机构 …………………………………………………… 141
  3.1.2 人员素质要求与权利委派 ………………………………… 141
 3.2 检测能力与设备配置 ………………………………………………… 143
  3.2.1 检测能力 …………………………………………………… 143
  3.2.2 检测仪器设备的配置 ……………………………………… 144
 3.3 人员岗位责任制 ……………………………………………………… 145
  3.3.1 主任（兼技术负责人）岗位责任制 ……………………… 145
  3.3.2 质量负责人岗位职责 ……………………………………… 146
  3.3.3 质检组长岗位职责 ………………………………………… 147
  3.3.4 试验组组长岗位职责 ……………………………………… 148
  3.3.5 试验员岗位职责 …………………………………………… 148
  3.3.6 出厂检验员岗位职责 ……………………………………… 149
  3.3.7 交货检验（现场调度）员岗位职责 ……………………… 150
  3.3.8 资料员岗位责任制 ………………………………………… 150
  3.3.9 抽样人员岗位职责 ………………………………………… 151
  3.3.10 样品管理员岗位职责 ……………………………………… 151
 3.4 试验室管理规章制度 ………………………………………………… 152
  3.4.1 试验室管理制度 …………………………………………… 152
  3.4.2 试验工作质量控制规定 …………………………………… 153
  3.4.3 原始记录管理制度 ………………………………………… 154
  3.4.4 试验仪器、设备管理制度 ………………………………… 155

3.4.5　试验报告审核、签发制度 ………………………… 155
　　3.4.6　试件标准养护管理制度 …………………………… 156
　　3.4.7　质检组工作职责 …………………………………… 157
　　3.4.8　试验组工作职责 …………………………………… 157
　　3.4.9　资料室工作职责 …………………………………… 158
　　3.4.10　样品管理制度 ……………………………………… 158
　　3.4.11　生产混凝土配合比调整规定 ……………………… 159
　　3.4.12　能力对比制度 ……………………………………… 160
　　3.4.13　委托试验管理制度 ………………………………… 161
　　3.4.14　混凝土配合比管理制度 …………………………… 161
　　3.4.15　奖罚制度 …………………………………………… 162
　3.5　试验室相关质量记录表格 …………………………………… 163

第4章　生产管理 …………………………………………………… 203
　4.1　预拌混凝土搅拌站的环保要求 ……………………………… 203
　4.2　预拌混凝土生产工艺和生产设备 …………………………… 204
　　4.2.1　生产工艺 ……………………………………………… 204
　　4.2.2　生产工艺和设备的技术要求 ………………………… 206
　　4.2.3　配料系统技术要求 …………………………………… 207
　4.3　质量要求 ……………………………………………………… 209
　　4.3.1　原材料及配合比质量要求 …………………………… 209
　　4.3.2　混凝土质量要求 ……………………………………… 210
　4.4　预拌混凝土的生产 …………………………………………… 212
　　4.4.1　生产前的组织准备 …………………………………… 212
　　4.4.2　生产 …………………………………………………… 214
　4.5　供货及供货量 ………………………………………………… 216
　　4.5.1　供货 …………………………………………………… 216
　　4.5.2　供货量 ………………………………………………… 217
　　4.5.3　现场配合及信息反馈 ………………………………… 217
　4.6　检验规则 ……………………………………………………… 218
　　4.6.1　出厂检验 ……………………………………………… 218
　　4.6.2　交货检验 ……………………………………………… 219
　　4.6.3　合格判断 ……………………………………………… 222
　4.7　质量控制和检查方法 ………………………………………… 222

    4.7.1 检查依据 ·· 222
    4.7.2 检查内容 ·· 224
    4.7.3 检查方法 ·· 226
  4.8 生产部人员岗位责任制 ······································ 234
    4.8.1 生产部经理岗位责任制 ·································· 234
    4.8.2 生产组长岗位责任制 ···································· 234
    4.8.3 主机操作员岗位责任制 ·································· 235
    4.8.4 机电维修工岗位职责 ···································· 236
    4.8.5 辅助工岗位职责 ·· 237
    4.8.6 铲车司机岗位职责 ······································ 237
  4.9 生产部管理规章制度 ·· 238
    4.9.1 生产部职责 ·· 238
    4.9.2 安全生产管理规定 ······································ 239
    4.9.3 交接班管理制度 ·· 239
    4.9.4 搅拌站微机操作规程 ···································· 240
    4.9.5 搅拌楼微机操作规程 ···································· 240
    4.9.6 搅拌楼进料层操作规程 ·································· 240
    4.9.7 搅拌楼（站）维护保养制度 ······························ 241
  4.10 生产部相关质量记录表格 ···································· 241

第5章 经营管理 ·· 247
  5.1 经营活动的基本准则 ·· 247
    5.1.1 守法 ·· 247
    5.1.2 诚信 ·· 248
  5.2 取得供货业务的途径 ·· 248
  5.3 提高中标率要点 ·· 249
    5.3.1 注重企业信誉 ·· 249
    5.3.2 重视技术能力 ·· 249
    5.3.3 提高管理水平 ·· 249
    5.3.4 精耕细作编制实施计划 ·································· 250
    5.3.5 报价合理 ·· 250
    5.3.6 投标注意事项 ·· 250
  5.4 合同管理 ·· 250
    5.4.1 合同订立前的管理 ······································ 251
    5.4.2 合同签订后的管理 ······································ 252

  5.4.3 解决合同争议的方式 ………………………………………… 252
 5.5 支付结算管理 ……………………………………………………… 253
 5.6 索赔管理…………………………………………………………… 253
  5.6.1 索赔的作用 ……………………………………………………… 253
  5.6.2 索赔的依据 ……………………………………………………… 254
  5.6.3 索赔的原因 ……………………………………………………… 255
  5.6.4 索赔的程序 ……………………………………………………… 256
 5.7 经营风险及其防范 ………………………………………………… 257
  5.7.1 常见商务欺诈和陷阱 …………………………………………… 257
  5.7.2 商务欺诈和陷阱的预防 ………………………………………… 258
 5.8 应收账款催讨要领 ………………………………………………… 259
 5.9 经营部人员岗位责任制 …………………………………………… 261
  5.9.1 经营部经理岗位责任制 ………………………………………… 261
  5.9.2 经营部副经理岗位责任制 ……………………………………… 262
  5.9.3 业务员岗位责任制 ……………………………………………… 262
  5.9.4 经营部预算员岗位责任制 ……………………………………… 263
  5.9.5 车队长岗位职责 ………………………………………………… 264
  5.9.6 生产调度员岗位职责 …………………………………………… 265
  5.9.7 混凝土运输司机岗位职责 ……………………………………… 265
 5.10 经营部管理制度 …………………………………………………… 266
  5.10.1 经营部管理制度 ………………………………………………… 266
  5.10.2 合同管理规定 …………………………………………………… 267
  5.10.3 混凝土运输管理制度 …………………………………………… 268
  5.10.4 应收账款管理规定 ……………………………………………… 269
 5.11 预拌混凝土供需合同（样本）…………………………………… 270
 5.12 经营部相关质量记录表格 ………………………………………… 277

第6章 材料管理 ……………………………………………………… 285
 6.1 采购方式…………………………………………………………… 285
  6.1.1 现货采购 ………………………………………………………… 285
  6.1.2 远期合同采购 …………………………………………………… 286
  6.1.3 直接采购 ………………………………………………………… 286
  6.1.4 间接采购 ………………………………………………………… 287
 6.2 采购管理…………………………………………………………… 289

- 6.2.1 采购管理的目标 ····· 289
- 6.2.2 采购计划 ····· 290
- 6.2.3 采购合同 ····· 290
- 6.2.4 材料储备 ····· 293
- 6.2.5 材料的质量选择及验收 ····· 293

6.3 材料部人员岗位责任制 ····· 301
- 6.3.1 材料部经理岗位责任制 ····· 301
- 6.3.2 材料员岗位职责 ····· 302
- 6.3.3 磅房计量员岗位职责 ····· 303

6.4 材料部管理制度 ····· 304
- 6.4.1 材料部管理制度 ····· 304
- 6.4.2 原材料管理制度 ····· 304

6.5 材料部相关质量记录表格 ····· 305

第7章 预拌混凝土的组成材料 ····· 310

7.1 水泥 ····· 310
- 7.1.1 定义 ····· 311
- 7.1.2 分类 ····· 312
- 7.1.3 组分 ····· 312
- 7.1.4 强度等级 ····· 313
- 7.1.5 技术要求 ····· 313
- 7.1.6 判定规则 ····· 315

7.2 砂 ····· 315
- 7.2.1 定义 ····· 315
- 7.2.2 砂的质量要求 ····· 316

7.3 石 ····· 320
- 7.3.1 定义 ····· 321
- 7.3.2 石的质量要求 ····· 321

7.4 拌合用水 ····· 326
- 7.4.1 术语 ····· 326
- 7.4.2 技术要求 ····· 327
- 7.4.3 检验规则 ····· 328

7.5 掺合料 ····· 329
- 7.5.1 粉煤灰 ····· 329

7.5.2　粒化高炉矿渣粉 331
　　7.5.3　沸石粉 333
　　7.5.4　硅灰 333
7.6　外加剂 335
　　7.6.1　定义 335
　　7.6.2　分类 335
　　7.6.3　命名 335
　　7.6.4　掺外加剂混凝土的性能和技术要求 336
　　7.6.5　混凝土外加剂的匀质性 342
　　7.6.6　混凝土外加剂的应用 345
　　7.6.7　高强高性能混凝土用矿物外加剂 361

第8章　预拌混凝土配合比设计 364
8.1　混凝土配合比设计的基本要求 364
　　8.1.1　满足结构设计的强度要求 364
　　8.1.2　满足施工和易性要求 365
　　8.1.3　满足耐久性要求 365
　　8.1.4　满足经济的要求 365
8.2　确保设计的混凝土具有良好耐久性的重要提示 366
　　8.2.1　优化混凝土配合比设计提示 366
　　8.2.2　确保原材料质量提示 367
8.3　普通混凝土配合比设计 371
　　8.3.1　配合比设计的基本资料 371
　　8.3.2　设计方法与步骤 372
　　8.3.3　普通混凝土配合比设计示例 385
8.4　粉煤灰混凝土配合比设计 391
　　8.4.1　概述 391
　　8.4.2　粉煤灰的质量要求和适用范围 392
　　8.4.3　粉煤灰的掺用方式 393
　　8.4.4　粉煤灰的适宜掺量 394
　　8.4.5　粉煤灰掺合料对混凝土性能的影响 394
　　8.4.6　混凝土掺入粉煤灰的技术经济效益 396
　　8.4.7　粉煤灰混凝土配合比设计 396
　　8.4.8　粉煤灰混凝土配合比设计示例 397
8.5　泵送混凝土配合比设计 400

8.5.1 概述 ······ 400
8.5.2 提高泵程的要素 ······ 401
8.5.3 泵送混凝土所采用的材料 ······ 401
8.5.4 泵送混凝土配合比 ······ 402
8.5.5 造成混凝土泵送堵塞的原因 ······ 403
8.6 高强混凝土配合比设计 ······ 404
8.6.1 配制高强混凝土所用的材料 ······ 405
8.6.2 高强混凝土配合比设计参数 ······ 405
8.6.3 试配、调整及确定试验室配合比 ······ 406
8.6.4 验证试验室配合比 ······ 406
8.6.5 高强混凝土的结构养护 ······ 407
8.7 抗渗混凝土配合比设计 ······ 407
8.7.1 概述 ······ 407
8.7.2 抗渗混凝土防水原理 ······ 408
8.7.3 抗渗混凝土所用的材料 ······ 408
8.7.4 抗渗混凝土配合比的设计 ······ 410
8.8 大体积混凝土 ······ 411
8.8.1 大体积混凝土所用的材料 ······ 412
8.8.2 大体积混凝土的配合比 ······ 413
8.8.3 大体积混凝土的热工计算 ······ 413
8.8.4 大体积混凝土养护温度控制 ······ 419
8.9 路面水泥混凝土配合比设计 ······ 422
8.9.1 技术要求 ······ 423
8.9.2 道路混凝土的组成材料 ······ 424
8.9.3 路面水泥混凝土配合比设计方法 ······ 425
8.10 自密实混凝土配合比的设计 ······ 427
8.10.1 自密实混凝土的材料选择 ······ 428
8.10.2 自密实混凝土性能 ······ 429
8.10.3 自密实混凝土配合比设计 ······ 430
8.10.4 自密实混凝土配合比设计示例 ······ 434

第9章 混凝土结构裂缝与防治 ······ 438
9.1 裂缝是混凝土不可避免的缺陷 ······ 438
9.2 裂缝的类型 ······ 439
9.3 有害裂缝与无害裂缝 ······ 440

9.4 裂缝产生的原因 ……………………………………………… 441
9.4.1 与结构设计及受力荷载有关的 …………………………… 441
9.4.2 与使用及环境条件有关的 …………………………………… 441
9.4.3 与材料性质和配合比有关的 ………………………………… 442
9.4.4 与施工有关的 ……………………………………………… 442
9.5 混凝土裂缝的控制措施 ………………………………………… 443
9.5.1 有关设计方面的措施 ……………………………………… 443
9.5.2 有关材料和配合比方面的措施 ……………………………… 445
9.5.3 有关施工方面的措施 ……………………………………… 446
9.6 混凝土裂缝的处理方法 ………………………………………… 452
9.6.1 裂缝处理原则 ……………………………………………… 452
9.6.2 表面修补法 ………………………………………………… 453
9.6.3 内部修补法 ………………………………………………… 455
9.7 混凝土裂缝修补效果检验 …………………………………… 456

第10章 混凝土结构实体强度 ……………………………………… 457
10.1 标准养护强度的局限性 ……………………………………… 457
10.2 结构中的混凝土强度 ………………………………………… 458
10.3 回弹强度 ……………………………………………………… 459
10.4 钻芯强度 ……………………………………………………… 461
10.5 混凝土结构实体强度的验收 ………………………………… 462
10.6 小结 …………………………………………………………… 464

参考文献 …………………………………………………………… 466

第1章 概　　述

我国预拌混凝土从无到有，从小到大，从落后到先进，经过了 30 多年的发展历程，目前产量居世界首位。预拌混凝土的应用在环保治理上作出了巨大的贡献，对推动和加快我国基础设施建设发挥了重要的作用。

1.1 预拌混凝土的概念、特点、术语、分类及标记

1.1.1 预拌混凝土的概念

预拌混凝土又称商品混凝土，是由水泥、骨料、水及根据需要掺入的外加剂、矿物掺合料等组分按一定比例，在搅拌站经计量、拌制后出售并采用运输车，在规定时间内运至使用地点的混凝土拌合物。预拌混凝土的实质就是把混凝土从过去的施工现场搅拌游离出来，由专门生产混凝土的公司集中搅拌，并以商品的性质向需方供应。

1.1.2 预拌混凝土的特点

1. 环保

由于预拌混凝土搅拌站设置在城市边缘地区，相对于施工现场搅拌的传统工艺减少了粉尘、噪声、污水等污染，改善了市民工作和居住环境。随着预拌混凝土行业的发展和壮大，在工业废渣和城市废弃物处理处置及综合利用方面将逐步发挥更大的作用，减少环境恶化。

2. "半成品"

预拌混凝土是一种特殊的建筑材料。交货时是塑性、流态状的半成品。在所有权转移后,还需要使用方继续尽一定的质量义务,才能达到最终的设计要求。因此,它的质量是供需双方共同的责任。

3. 质量稳定

由于预拌混凝土搅拌站是一个专业性的混凝土生产企业,管理模式基本定型且比较单一,设备配置先进,不仅产量大、生产周期短,而且计量较精确,搅拌较均匀,生产工艺相对简洁、稳定,生产人员有较丰富的经验,而且实现全天候服务,质量相对于施工现场搅拌的混凝土更稳定可靠,提高了工程质量。

4. 利于技术进步

随着21世纪混凝土工程的大型化、多功能化、施工与应用环境的复杂化、应用领域的扩大化以及资源与环境的优化,人们对传统的混凝土材料提出了更高的要求。由于施工现场搅拌一般都是一些临时性设施,条件较差,原材料质量难以控制,制备混凝土的搅拌机小且计量精度不高,也没有严格的质量保证体系。因此,质量很难满足现代混凝土具有高性能化和高功能化的需要。而预拌混凝土的生产集中、规模大,便于管理,能够实现建设工程结构设计的各种要求,有利于新技术、新材料的推广应用,特别有利于散装水泥、混凝土外加剂和掺合料的推广应用,这是保证混凝土具有高性能化和高功能化的必要条件,同时节约资源和能源。

5. 提高工效

预拌混凝土大规模的商品化生产和罐装运送,并采用泵送工艺浇筑,不仅提高了生产效率,施工效率也得到了很大的提高,使所建的建筑物提前发挥效益。

6. 利于文明施工

应用预拌混凝土后,减少了施工现场建筑材料的堆放,明显改变了施工现场脏、乱、差等现象。当施工现场较为狭窄时,这一作用更显示出其优越性,施工的文明程度得到了根本性的提高。

1.1.3 预拌混凝土的术语

1. 通用品

强度等级不大于 C50、坍落度不大于 180mm、粗骨料最大公称粒径为 20mm、25mm、31.5mm 或 40mm,无其他特殊要求的预拌混凝土。

2. 特制品

任一项指标超出通用品范围或有特殊要求的预拌混凝土。

3. 交货地点

供需双方在合同中确定的交接预拌混凝土的地点。

4. 出厂检验

在预拌混凝土出厂前对其质量进行的检验。

5. 交货检验

在交货地点对预拌混凝土质量进行的检验。

1.1.4 预拌混凝土的分类及标记

1. 分类

目前混凝土的品种日益增多,其性能和应用也各不相同。一般可按胶结材料、表观密度、用途、施工工艺、流动性和强度等进行分类。

1) 按胶结材料分类

无机胶结材料:水泥混凝土、石灰混凝土、石膏混凝土、硫磺混凝土、水玻璃混凝土、碱矿渣混凝土。

有机胶结材料:沥青混凝土、树脂混凝土、聚合物混凝土、聚合物浸渍混凝土等。

2) 按表观密度分类

特重混凝土:表观密度大于 2500kg/m³,含有较重的粗细骨料，如钢屑、重晶石、褐铁矿石等。

普通混凝土：表观密度为1950～2500kg/m³，以普通石子和砂为粗细骨料。

轻混凝土：表观密度小于1950kg/m³的混凝土。其又分为：

a. 轻骨料混凝土：表观密度为800～1950kg/m³，骨料为浮石、火山渣、陶粒、膨胀珍珠岩等。

b. 多孔混凝土：表观密度一般在600kg/m³以下，如泡沫混凝土、加气混凝土。

3）按用途分类

水工混凝土、海工混凝土、防水混凝土、道路混凝土、耐热混凝土、耐酸混凝土、防辐射混凝土、结构混凝土。

4）按施工工艺分类

现浇类：普通现浇混凝土、喷射混凝土、泵送混凝土、灌浆混凝土、真空吸水混凝土。

预制类：振压混凝土、挤压混凝土、离心混凝土。

5）按配筋方式分类

无筋类：素混凝土。

配筋类：钢筋混凝土、钢丝网混凝土、纤维混凝土、预应力混凝土。

6）按流动性（稠度）分类

干硬性混凝土：混凝土拌合物的坍落度小于10mm，且必须用维勃稠度（s）来表示其稠度的混凝土。

塑性混凝土：混凝土拌合物坍落度为10～90mm的混凝土。

流动性混凝土：混凝土拌合物坍落度为100～150mm的混凝土。

大流动性混凝土：混凝土拌合物坍落度不小于160mm的混凝土。

7）按强度分类

普通混凝土：抗压强度10～50MPa的混凝土。

高强混凝土：抗压强度不小于60MPa的混凝土。

超高强混凝土：抗压强度不小于100MPa的混凝土。

8) 预拌混凝土根据特性要求分类

预拌混凝土根据特性要求分为通用品和特制品。

(1) 通用品

通用品应在下列范围内规定混凝土强度等级、坍落度及粗骨料最大公称粒径：

强度等级：不大于C50。

坍落度（mm）：25、50、80、100、120、150、180。

粗骨料最大公称粒径（mm）：20、25、31.5、40。

(2) 特制品

特制品应规定混凝土强度等级、坍落度、粗骨料最大公称粒径或其他特殊要求。混凝土强度等级、坍落度、粗骨料最大公称粒径除通用品规定的范围外，还可在下列范围内选取：

强度等级：C55、C60、C65、C70、C75、C80。

坍落度（mm）：大于180。

粗骨料最大公称粒径（mm）：小于20、大于40。

2. 预拌混凝土标记

1) 用于预拌混凝土标记的符号，应根据其分类及使用材料不同按下列规定选用：

(1) 通用品用A表示，特制品用B表示；

(2) 混凝土强度等级用C和混凝土强度值表示；

(3) 坍落度以毫米为单位的混凝土坍落度值表示；

(4) 粗骨料最大公称粒径用GD和粗骨料最大公称粒径值表示；

(5) 水泥品种用其代号表示；

(6) 当有抗冻、抗渗及抗折强度要求时，应分别用F及抗冻等级值、P及抗渗等级值、Z及抗折强度等级值表示。抗冻、抗渗及抗折强度直接标记在强度等级之后。

2) 预拌混凝土标记如下：

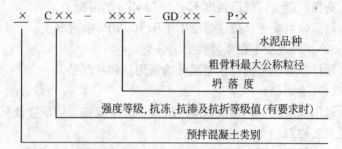

示例1：预拌混凝土强度等级为C20，坍落度为150mm，粗骨料最大公称粒径为20mm，采用矿渣硅酸盐水泥，无其他特殊要求，其标记为：
A C20-150-GD20-P·S

示例2：预拌混凝土强度等级为C30，坍落度为180mm，粗骨料最大公称粒径为25mm，采用普通硅酸盐水泥，抗渗要求为P8，其标记为：
A C30P8-180-GD25-P·O

1.2 我国预拌混凝土的发展概况

我国混凝土以商品的形式出现以来，已经有30多年的发展历史。1973年，由北京市建工局承建的北京饭店东楼，施工时建立了我国第一个混凝土搅拌站，开始了我国集中预拌混凝土的历史。但当时设备非常简陋，生产量少，水平不高。1979年，北京的地铁工程以及南京的金陵饭店工程开始采用混凝土运输车作为外部运输，并采用了泵送工艺进行施工浇筑。这标志着预拌混凝土系统在我国已经形成，并投入实际运行。

1982～1983年间，北京率先建设了第一批商品化的预拌混凝土搅拌站，在全国建筑业中产生了巨大的影响。1985～1986年，上海、广州、天津等一些大城市相继建立了第一批预拌混凝土厂，是我国继北京后较早建预拌混凝土厂的城市。进入20世纪90年代，随着国民经济的发展，迎来了我国大规模基本建设的高峰期，促进了预拌混凝土行业的迅速发展。

1994年我国预拌混凝土生产企业有200余个，年产量1600

万 m^3；1996 年预拌混凝土产量 3000 万 m^3，占现浇混凝土总量的 6.7%；1998 年预拌混凝土产量 4630 万 m^3，占现浇混凝土总量的 7.2%；2000 年预拌混凝土产量 7320 万 m^3，占现浇混凝土总量的 8.7%；2002 年预拌混凝土生产企业增加到 1049 个，年产量 13984 万 m^3，占现浇混凝土总量的 11.8%；2003 年预拌混凝土生产企业增加到 1359 个，年产量 21530 万 m^3，但仅占现浇混凝土总量的 15.4%；2004 年预拌混凝土生产企业发展到 1720 个，年产量 29825 万 m^3；到 2006 年，预拌混凝土生产企业增加到 2195 个，年产量达到 47736 万 m^3。

我国是一个发展中的大国，基础设施建设规模巨大，2005 年全世界混凝土的总产量大约为 35 亿 m^3，而我国就占了近 50%，但预拌混凝土仅占混凝土总产量的 20% 左右，与发达国家比还有很大的差距，如美国、瑞典、日本等国占 80% 以上。与之相比我国预拌混凝土行业还有很大的发展空间。有关专家预测，我国预拌混凝土 2011 年将达到现浇混凝土总量的 60%，预拌混凝土的持续发展期将延续到 2015 年或 2018 年，但递增率从 2008 年以后将变缓。

近年来，我国预拌混凝土行业出现了过度发展，存在盲目投资。某些地区预拌混凝土生产能力远大于市场需求，也就是说，设备的利用率不高，这是导致一些恶性竞争的一个重要原因，也是影响预拌混凝土企业经济效益的一个重要因素。所带来的质量问题对良性发展的供求关系造成了相当程度的冲击。从 2002～2006 年全国混凝土协会信息部统计的数据来看，我国预拌混凝土厂的平均实际年产量仅为设计能力的 50% 左右，年产量达到设计能力 70% 的是最好的企业，有些企业只达到设计能力的 20%，甚至更低。企业运营平均利润从 1996 年的 30% 下滑到 2005 年的 10%，某些地区甚至只有 5% 左右。2006 年，全国预拌混凝土生产企业混凝土年产量平均还不到 22 万 m^3。目前这种不正常发展现象在全国普遍存在。

我国预拌混凝土产量在飞速增长的态势下，已经受到国际经济大循环的制约。正在营运的预拌混凝土的搅拌运输车、泵车底盘需要从国外大量引进；大型搅拌机也引进国外的成套技术；就连生产萘系高效减水剂的主要材料——工业萘，国内市场的缺口也要从国外进口来补充。实际上，我国预拌混凝土的生产已经加入了国际经济大循环。2006年我国部分省、自治区、直辖市预拌混凝土生产情况见表1-1。

2006年我国预拌混凝土生产情况　　　表1-1

排序	省(市)	设计能力(万 m³/年)	实际产量(万 m³/年)	企业总数(个)	搅拌机(台)	运输车(台)	混凝土泵(台) 车泵	混凝土泵(台) 拖泵
1	江苏	20210	7638	312	620	5703	1054	574
2	广东	15431	6366	268	626	5648	420	1260
3	上海	12000	5336	186	460	3640	473	126
4	浙江	8335	4905	183	396	3329	427	478
5	北京	9600	4528	153	359	2558	235	150
6	山东	4600	3123	204	410	2945	247	271
7	辽宁	4235	2100	130	203	1672	223	105
8	天津	3615	1548	76	211	1229	170	84
9	福建	2072	1365	36	126	1368	185	108
10	重庆	2859	1275	49	102	1064	46	471
11	山西	2282	1141	50	127	1008	148	151
12	安徽	2157	1138	90	131	791	89	113
13	成都	1620	1019	22	68	657	20	235
14	陕西	1785	980	59	137	898	98	163
15	河南	4333	974	56	130	1055	72	158
16	云南	1620	893	48	134	520	52	418
17	武汉	2478	620	67	132	792	93	172
18	黑龙江	400	456	40	56	390	48	26
19	新疆	1162	397	31	57	363	61	127

续表

排序	省(市)	设计能力(万 m³/年)	实际产量(万 m³/年)	企业总数(个)	搅拌机(台)	运输车(台)	混凝土泵(台)	
							车泵	拖泵
20	石家庄	460	330	21	36	237	23	46
21	广西	818	318	14	32	343	33	69
22	内蒙古	810	263	20	60	173	23	50
23	南昌	700	260	17	39	298	32	65
24	甘肃	610	243	16	40	223	34	102
25	长春	450	230	17	23	236	36	69
26	贵阳	500	200	17	35	238	3	118
27	西宁	80	60	9	6	35	3	6
28	银川	120	30	4	4	35	5	10
总计		105342	47736	2195	4760	37448	4353	5725

注：该表未包括港、澳、台及铁道、水利、冶金等采用的预拌混凝土，估计全国预拌混凝土的产量已达 6 亿 m³。

1.3 混凝土的各种性能

1.3.1 混凝土拌合物及其性能

混凝土各组成材料按一定比例，经搅拌均匀后，尚未凝结硬化的材料称为混凝土拌合物，又称为混凝土混合物或新拌混凝土。

混凝土拌合物的各种性质将直接影响硬化混凝土的质量。

混凝土拌合物主要性质为和易性。它是指混凝土拌合物的施工操作难易程度和抵抗离析作用程度的性质。混凝土拌合物应具有良好的和易性，为了提高和改善混凝土的和易性，混凝土中有时也掺入适量的外加剂或掺合料。和易性是一个综合性的技术指标，它包括流动性、黏聚性、保水性三个方面。

1. 流动性（稠度）

流动性是指混凝土拌合物在自重或机械振捣作用下，能产生流动并均匀密实地填满模型的性能。流动性的大小主要取决于单位用水量或水泥浆量的多少。单位用水量或水泥浆量多，混凝土拌合物的流动性就大。混凝土拌合物依其流动性的大小分别以坍落度或维勃稠度来表示。其中坍落度适用于塑性和流动性混凝土拌合物，维勃稠度适用于干硬性混凝土拌合物。

2. 黏聚性

黏聚性是指混凝土拌合物在施工过程中其组成材料相互间有一定黏聚力，不致产生分层和离析现象，能保持整体均匀的性能。在外力作用下，混凝土拌合物各组成材料的沉降各不相同，如果配合比例不当，黏聚性差，则施工中易发生分层、离析等情况，致使混凝土硬化后产生"蜂窝"、"麻面"等缺陷，影响混凝土强度和耐久性。

3. 保水性

保水性是指混凝土拌合物在施工过程中，具有一定的保水能力。混凝土拌合物在施工过程中，随着较重骨料颗粒的下沉，密度小的水分逐渐上升到表面的现象叫泌水。保水性差的混凝土拌合物，在运输与浇捣中和凝结硬化前很易泌水，并聚集到混凝土表面，引起表面疏松，或积聚在骨料、钢筋的下面而形成空隙，从而削弱了骨料或钢筋与混凝土的粘结力，影响混凝土的质量。

1.3.2 混凝土硬化后的性质

混凝土硬化后应具有足够的强度和耐久性。

1. 混凝土的强度

强度是混凝土在外部荷载作用下抵抗破坏的能力。混凝土的强度有立方体抗压强度、抗拉强度及抗折强度等。

1) 混凝土立方体抗压强度

混凝土立方体抗压强度是评定混凝土质量的主要指标。

(1) 混凝土的强度等级采用符号"C"，并以立方体抗压强度标准值（以 N/mm² 计）来表示。常用的强度等级有 C10、C15、C20、C25、C30、C35、C40、C45、C50、C55、C60 等。

（2）混凝土立方体抗压强度标准值系按标准方法制作和养护的边长为 150mm 的立方体试块，在 28d 龄期，用标准试验方法测得的抗压强度总体分布中的一个值，强度低于该值的不得超过 5%。用 $f_{cu,k}$ 表示，其计量单位用 N/mm² 表示。

（3）同条件养护试件的等效养护龄期及相应的试件强度代表值，宜根据当地的气温和养护条件，按下列规定确定：

a. 等效养护龄期可取按日平均温度逐日累计达 600℃·日时所对应的龄期，0℃及以下的龄期不计入；等效养护龄期不应小于 14d，也不宜大于 60d。

b. 同条件养护试件的强度代表值应根据强度试验结果按现行国家标准《混凝土强度检验评定标准》GBJ 107 的规定确定后，乘以折算系数取用；折算系数宜取 1.10，也可根据当地的试验统计结果作适当调整。

2）混凝土抗拉强度

其值只有抗压强度的 1/20～1/10。因此，设计中一般是不考虑混凝土承受拉力的，但混凝土抗拉强度对混凝土的抗裂性却起着重要作用。为此对某些工程（如路面板、水槽、拱坝等），在提出抗压强度的同时，还必须提出抗拉强度的要求，以满足抗裂要求。

测定混凝土抗拉强度的试验方法有两种：轴心拉伸法和劈裂法。轴心拉伸法试验难度很大，故一般都用劈裂试验来间接地取得其抗拉强度。

3）混凝土抗折强度

混凝土抗折强度是指混凝土的抗弯曲强度。其值只有抗压强度的 1/12～1/8。抗折强度在路面水泥混凝土工程中有明确的设计要求，其他土木建筑工程一般很少有抗折强度的设计要求。

2. 混凝土的耐久性

混凝土的耐久性是指混凝土在实际使用条件下抵抗各种破坏因素作用，长期保持强度和外观完整性的能力。主要包括抗冻性、抗渗性、抗蚀性、抗碳化性、碱—骨料反应及抗风化性能等。

1) 抗冻性

混凝土试件成型后，经过标准养护或同条件养护后，在规定的冻融循环制度下保持强度和外观完整的能力，称为混凝土的抗冻性。

抗冻性是评定混凝土耐久性的重要指标。由于试验方法不同，其抗冻性指标可用抗冻等级或耐久性系数等来表示。抗冻等级是按标准方法将试件进行冻融循环，以同时满足强度损失不超过25%、质量损失不超过5%时所能承受的最大冻融循环次数来确定。抗冻等级分为F25、F50、F100、F150等。

2) 抗渗性

混凝土抵抗压力水渗透的性能，称为混凝土的抗渗性。

我国一般多采用抗渗等级来表示混凝土的抗渗性，抗渗等级分为P6、P8、P10、P12。

混凝土中水灰（胶）比对抗渗起决定作用，增加水灰（胶）比时，混凝土的密实性降低，从而降低抗渗性能。因此，提高抗渗性能的根本措施是增强混凝土的密实性。

3) 抗腐（侵）蚀性

混凝土的抗腐（侵）蚀性与混凝土的密实度、孔隙特征和水泥品种等有关。混凝土拌合物和易性不好、水灰比大，抗腐（侵）蚀性就差。

4) 抗碳化性

它是混凝土的一项重要的长期性能，直接影响混凝土对钢筋的保护作用，同时也显著地影响混凝土的强度。

空气中的二氧化碳气体不断地沿着毛细孔渗入混凝土中，与混凝土空隙中的氢氧化钙进行中和反应 [$Ca(OH)_2 + CO_2 \longrightarrow CaCO_3 \downarrow + H_2O$] 生成碳酸钙和水，致使混凝土的碱度降低。

水泥在水化过程中生成大量的氢氧化钙，使混凝土空隙中充满了饱和氢氧化钙溶液，其 pH 值为 12～13，碱性介质对钢筋有良好的保护作用。碳化使混凝土空隙液的 pH 值降低到 10 以下，钢的钝化膜在高碱性的介质中才稳定，而在 pH 值小于 11.5 时就不稳定，pH 值降低到 10 以下时，就完全失钝。所以当混凝土碳化深度达到钢筋表面时，钢筋钝化膜就会被破坏，引起钢筋锈蚀，当钢筋锈蚀到一定程度时会引起混凝土胀裂，引发质量事故。

5）碱—骨料反应

碱活性骨料能与水泥中碱发生化学反应，引起混凝土膨胀、开裂、甚至破坏骨料，这种化学反应称为碱—骨料反应。

1.4 影响我国预拌混凝土行业发展的几个问题

树立科学发展观、以科学思维推动预拌混凝土行业发展。

1.4.1 发展绿色高性能混凝土，使混凝土行业可持续发展

据统计，人类从自然界所获得的 50% 以上的物质原料用来建造各类建筑及其附属设施，这些建筑在建造及使用过程中又消耗了全球能源的 50% 左右。在我国，石灰石的总储藏量约为 500 亿 t，而目前我国生产水泥年消耗石灰石为 12 亿 t 左右，照这样的消耗速度维持不到 50 年。因此，减少水泥用量，发展绿色高性能混凝土，是混凝土行业必须走的可持续发展之路。同时，也是关系到子孙后代具有战略意义的大课题。

绿色高性能混凝土是吴中伟教授最早提出的，是要节约更多的资源、能源，减少对环境的破坏，改善施工性能、降低噪声，提高混凝土的耐久性，延长结构物的使用寿命，节约维修和重建费用，减少对自然资源无节制的应用，并使废弃混凝土能循环利用。资源低耗、高利用并能循环利用方能使混凝土行业可持续发展。因此必须加大对绿色高性能混凝土的宣传力度，改

变传统的错误观念，加强对绿色高性能混凝土配套技术的研究、开发、应用，积极推广已经成熟的新技术、新工艺、新设备，加快科技成果转化，如矿物掺合料、高效外加剂的应用、机制砂的应用、预拌砂浆的应用，高性能混凝土预制构件、废弃混凝土回收等。

1.4.2 以科学的思维推动混凝土行业技术进步

清华大学廉慧珍教授指出"正确的技术决策取决于正确的观念，正确的观念取决于正确的思维方法"，"环境和条件都在变化，生产技术也在不断发展，如果思维方法毫无变化和变化甚微，就不可能取得技术进步。目前对混凝土技术进步影响最大的传统思维是'强度第一'（甚至惟一）"。她还举例了一些错误观念，这些在目前的混凝土行业中还是相当普遍的。这些观念是传统思维造成的误区，导致了一些错误的技术决策，影响了工程质量，阻碍了混凝土技术进步。结合目前情况提出下面一些错误观念，应予关注。

1."强度第一"

强调水泥、混凝土强度，以强度高低评价水泥、混凝土的"好或差"。认为"抗压强度高的混凝土，其他性能都好，好的水泥和混凝土早期强度高"。这是因为对水泥、混凝土的性能及技术缺乏了解。大量的科学试验和实践证明，混凝土高强不一定耐久，也不一定安全，抗压强度高其他性能未必也高。好的混凝土应是满足工程的各项性能要求和具有最大匀质性、体积稳定而无有害裂缝、便于施工的高性能混凝土。要转变"强度第一"的观念，充分认识到混凝土质量的灵魂是耐久性。

2."掺入粉煤灰、磨细矿粉减少水泥用量会影响混凝土质量"

随着混凝土技术的发展，人们开始认识到高强不一定耐久，混凝土应具有耐久性。1990年美国首先提出高性能混凝土HPC这个名词。我国吴中伟教授在对HPC的定义时，其中特别提出了"必须采用低水胶比和掺入足够数量的矿物细掺料与高效减水剂……"。现在的实践证明，在当前水泥强度不断提高的情况下，如果没有矿物掺合料，混凝土结构耐久性的问题将无法解决。正确使用矿物掺合料将充分改善混凝土性能。

但对很多人来说，由于对矿物掺合料的本质、特性和使用技术还缺乏了解，排斥粉煤灰、磨细矿粉等矿物掺合料的思维仍在影响着混凝土技术的进步。

3. "必须提高混凝土早期强度以加快施工速度"

现在不少工程都为了加快施工速度，要求混凝土3d强度达到70%、7d强度达到90%以上，甚至100%。这恰是混凝土结构早期开裂和耐久性下降的主要原因。这样的混凝土，即使早期由于采取某种措施而有幸没有出现严重的可见裂缝，却掩盖不了增加微观裂缝的事实。混凝土有其自身的发展规律，违反了发展规律即会给混凝土质量带来影响。因此必须转变观念，尊重科学，主观意志要符合客观规律，才能使混凝土结构性能质量得到保证。

4. "高强混凝土必须用高强水泥"

其实这是一个"古老"的问题了。在20世纪70年代初，我国水泥标准中最高强度的水泥是500号，相当于今天的32.5级水泥。当配制高强混凝土时，许多人表示不解，认为水泥强度等级应该比混凝土强度等级高，因为传统观念是"水泥强度宜为混凝土强度的1.5~2倍"。直到今天，仍有人坚持这个观念，是因为他们的思维定势是把"强度"当成了绝对值，而不了解或忘记了20世纪70年代检测的500号水泥使用的水灰比大约是0.36（依标准稠度用水量和掺合料而变化），而当前检测水泥强度的水灰比是0.50。现在的预拌混凝土普遍使用高效减水剂和矿物活性材料，混凝土的水灰（胶）比大多低于0.50，当水灰（胶）比减小到0.30以下时，用今天的32.5级水泥配制C60混凝土，不仅可能，而且已用于实际工程中，并普遍用于配制C50混凝土。我国用42.5级水泥配制的C80、C100混凝土也成功用于实际工程中。混凝土的强度不再受水泥强度的制约。

5. "骨料粒径大的混凝土强度高"

这种传统观念与事实恰恰相反,由于界面的影响,混凝土强度随石子粒径的增加而下降,水灰(胶)比越低,影响越大,混凝土渗透性随石子粒径的增大而增大。

我们必须改变以上错误的传统思维、观念,树立科学发展观,以科学的思维指导、推动我国混凝土行业的发展。

第2章 预拌混凝土生产企业的组织与管理

企业的组织与管理模式对生存与发展具有十分重要的作用。良好的组织与管理模式能提高企业工作效率和经济效益，使企业各项经济活动能够正常运行，少出弊端，保证计划的正确执行和完成。但管理应随环境变化而作出相应的调整，适时对企业进行革新，革新才会有活力，才会成功。

2.1 预拌混凝土生产企业的组建

2.1.1 厂址选择

由于预拌混凝土是一种不可存放的特殊建筑材料，其拌合物状态会随着时间的顺延而不断发生变化，它的使用受到了时间的限制，必须在较短的时间内交付使用，故站址的选择不宜离市区太远。但是，预拌混凝土的生产基地对周围小范围内的环境有一定污染，随着人们生活水平的不断提高，对环境的质量也有了更高的要求，因此，预拌混凝土搅拌站又不宜离市区太近。

新建搅拌站的厂址选择必须考虑城市环境问题和城市发展规划问题，否则，离市区太近可能出现建站不长又临拆迁，造成多次投资的情况，经济上将受到很大的损失。因此，选址不仅要考虑便于运输，还应从环保、运距和城市发展规划等方面综合考虑。对于中小城市，供应半径一般在 10~15km 较好。在京、津、沪和江浙等地区，20世纪80年代预拌混凝土的供应半径为 10km 左右，20世纪90年代扩展到 15km 左右，进入 2000 年特别是 2002～2003 年，以上地区随着城市的扩展及环保要求的提高，使得混凝土搅拌站越来越远离城市中心，改建和新建预拌混凝土生产企业纷纷外延。时下北京五环路以内搅拌站已寥寥无几，不准再建新站，20～30km 的供应半径已属正常运距。

2.1.2 建厂规模与投资

目前，我国预拌混凝土生产企业混凝土年供应量平均还不到 22 万 m^3；平均运营利润在 10% 左右，某些地区甚至只有 5% 左右；平均实际年产量仅为设计能力的 50% 左右，生产能力的过剩所产生的恶性竞争在不断加剧。因此，投资者应对本地区或本城市的基本建设规模和发展远景有一定的认识，根据相应的不动产建设规划和所采用的结构体系，估算混凝土的需求量，结合已建搅拌站的生产能力，对是否应该投资建站或建站规模作出准确的判断，不盲目投资。

对于新投资建站者，应同时配置两套生产线较好，便于设备保养或出现故障维修时，不至于完全停止混凝土的供应，且对确保工程质量、诚信经营有益。厂区占地面积以 2.67～4 万 m^2（40～60 亩）为佳。某些投资者认为要建就建本市最大的搅拌站，这样才具有竞争实力。其实不然，市场的竞争并不仅仅只是靠生产能力，涉及的方面较多，如管理、资金、技术、服务及销售策略等因素也是至关重要的。就资金而言，目前全国普遍存在工程拖欠款问题，有些地方拖欠款情况比较严重，造成了生产企业被迫垫资，这种垫资上千万甚至几千万的企业不在少数，而部分混凝土原材料需先支付预付款才能买到，往往资金的回流难以满足生产的需要，"等资购料"的情况时有发生，有的生产企业因常常发生资金链断裂艰难维持经营或处于停产状态。因此，过大的投资可能会造成资金浪费，增加混凝土的生产成本，影响企业效益。新建搅拌站应采取先试营，稳定后根据自身实力和市场需求再扩大规模。另外，由于新成立的搅拌站新手较多，如果管理与技术跟不上生产规模的需要，容易发生混凝土质量问题，从而增加了企业的投资风险。所以,投资与建厂规模应慎重。

筹建预拌混凝土搅拌站需要巨大的资金,投资上千万甚至数千万。根据我国实际情况,资金的来源主要有自筹资金、部分贷款、上级部门扶持、通过股份合作、预制构件厂转产或兼营等几种方式。无论以什么方式筹集资金,投资建厂首先要确定搅拌站的生产能力和规模,考虑垫资问题和年产量问题,选择经济合理的生产配套设备。

关于生产能力,多数生产设备的实际生产能力只能达到设计能力的 70%~80%。但实际生产时供需很难均衡,有时出现设备达到最大生产能力仍供不应求,有时生产任务又很少,生产量受到了一定的影响。按基本不影响施工,保持连续供应来衡量,采用双"90"站配合生产时,月生产 3 万 m^3 混凝土基本不紧张;当采用双"120"生产线时,月生产 5 万 m^3 混凝土不难;当采用双"180"生产线配合生产时,月生产 6 万 m^3 混凝土容易。如计划混凝土年产量为 25~30 万 m^3 的企业,采用双"90"生产线是最经济合理的。其相关投资可参考表 2-1。

建站投资一览表　　　　　表 2-1

序号	设备名称	单价(万元)	数量	金额(万元)	说　明
1	"90"型混凝土生产线	160	2 套	320	含粉料罐
2	10m^3 混凝土运输车	40	20 辆	800	根据供需情况可租用
3	42m 汽车泵	260	1 台	260	
4	HBT80 拖式泵	35	4 台	140	
5	500kVA 变压器	55	1 台	55	
6	ZL50 型装载机	25	2 台	50	
7	200GF 柴油发电机组	60	1 套	60	
8	供水、电设备	40		40	
9	电子汽车衡	15	1 台	15	
10	试验仪器设备		1 套	15	配置先进、较齐全
11	办公用车	10	5 辆	50	
12	其他设施及用房			200	
13	初期材料备用款			1000	
	合　计(约)			3000	

注:以上设备均为国产价。

2.1.3 设备选择

预拌混凝土生产企业设备的选择有其独特的方面,在一定的建站规模、投资能力范围内考虑购置型号和数量。

预拌混凝土机械主要由"一站三车"组成。一站指混凝土搅拌站(楼),三车指混凝土运输车、散装水泥车、输送泵或泵车。预拌混凝土机械购置费十分昂贵,而且不同厂家有很大的差异,尤其是进口产品与国产品,价格相差约 1/3～2/3。有的国产品用了许多进口关键部件进行组装的,价格也不低。因此,在选择时,首先考虑机械的性能状况,再比较不同厂家产品的价格。

1. 混凝土搅拌站(楼)的选择

目前,国产预拌混凝土搅拌站(楼)的型号、品种、计量方式与精度、搅拌材质、使用寿命等均达到或接近国外先进产品的水平,从功能与价格比看,应优先选择国产搅拌站(楼)。搅拌站(楼)的工艺布置主要由原材料计量系统(特别是砂、石计量)的形式而确定,目前主要有塔楼式布置、拉铲式布置和皮带秤式布置三种。这三种工艺布置的特点如表 2-2 所示。

预拌混凝土生产工艺布置特点　　　　表 2-2

工艺布置	优　点	缺　点
塔楼式	1. 工艺简单、设备运行可靠 2. 配料速度快 3. 砂、石堆放灵活 4. 砂、石规格调整容易 5. 上料皮带机可间歇工作	1. 设备投资相对较大 2. 搅拌楼高、上料皮带机长 3. 占地面积大
拉铲式	1. 结构紧凑、搅拌楼低 2. 占地面积小 3. 投资小	1. 砂、石规格调整困难 2. 提升斗卸料时粉尘较多
皮带秤式	1. 结构紧凑、搅拌楼低 2. 砂、石堆放灵活 3. 砂、石规格调整容易 4. 砂、石计量容易	1. 设备投资大 2. 上料皮带机连续工作

2. 混凝土搅拌运输车的选择

混凝土搅拌运输车实际上就是在载重汽车或专用运载底盘上，安装着一种独特的混凝土搅拌装置组合机械，它兼有载运和搅拌混凝土的双重功能，可以在运送混凝土的同时对其进行搅拌，因此能保证运送混凝土的质量。

在预拌混凝土机械设备总投资中，混凝土搅拌运输车的购置费用所占份额较大，因此不能不慎加选用。除考虑一次性投资多少外，还必须注意考察搅拌运输车的构造性能、制造质量、可靠性和使用寿命，以及维修与配件供应等。考察选购认真注意以下几点：

1）装、卸迅速，以利提高生产效率。
2）搅拌筒的筒壁及搅拌叶片必须用耐磨和耐腐蚀的优质低合金钢材制作，并要有适当的厚度。
3）搅拌运输车的装料高度应低于搅拌站（楼）出料的卸料高度。
4）备有完善的安全防护装置。
5）性能可靠，操纵简单，维修保养容易。

另外，选购容量大的运输车比较合算。新建搅拌站在资金不足的情况下，也可以采用租用的办法来解决混凝土供应问题。

3. 输送泵或泵车的选择

预拌混凝土的推广应用是与混凝土泵分不开的。混凝土泵是一种通过管道连续压送混凝土，进行水平和垂直输送并浇筑混凝土的施工机械。采用泵送技术大大提高了施工速度，节省劳动力。

混凝土泵的种类较多，可以按排量大小、工作原理、行走装置或配备其他装置的情况分类。混凝土泵按排量大小可分为小型、中型、大型三类。排量不足 $30m^3/h$ 的属于小型泵；排量 $30\sim80m^3/h$ 的为中型泵；排量超过 $80m^3/h$ 的为大型泵。

我国高层建筑越来越多，单次浇筑的混凝土量越来越大，而且工期要求越来越短。因此，输送泵的选择应以中型、大型为主。

4. 散装水泥车的选择

由于散装水泥输运车比较简单，国产品已经比较成熟，使用单位基本上选择国产品。水泥生产厂家都备有散装水泥输运车，混凝土搅拌站在投资能力不足的情况下，可先不考虑配置。

2.1.4 组织机构及人员配备

1. 组织机构

一个良好的组织机构，能使企业顺利地开展各项管理工作，形成良好的管理风格，保证企业目标的实现，使企业走向成功具有重要的作用。

预拌混凝土生产企业组织机构的设置，一般为5～8个职能部门。无论设置几个职能部门，必须做到适应需要，即适应生产特点、企业规模、市场情况等各方面的需要。而且，随着环境的变化，对组织不断加以完善和发展。为了便于管理，还必须明确规定各职能部门、各级人员的职责和权限，分工明确是有效实施各项管理制度的前提。预拌混凝土生产企业的组织机构设置可参考图2-1。

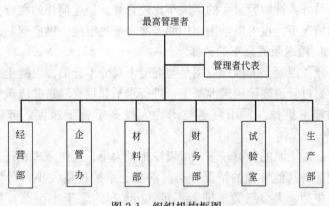

图2-1 组织机构框图

2. 人员配备

由于预拌混凝土是全天候服务，因此必须采取分班作业，人员的配备要适应经营活动的需要,一般年产量 30 万 m^3 混凝土的企业,总人数约需要 100 人左右。主要职能部门和人员配备参考如下:

试验室:主任为负责人(兼技术负责人),副主任(兼质量负责人)。下设试验组、质检组、资料室。试验组 4~6 人;资料室 2 人;质检组 10~14 人,其中出厂检验 2~4 人,交货检验(兼现场调度)8~10 人。

经营部:经理为负责人。下设车队和业务室。副经理主管业务室,车队长负责车辆调动和交通协调;业务员 4~6 人;厂内车辆调度 2 人;司机若干。

生产部:经理为负责人。下设生产组和机修班。生产组搅拌操作员 4~6 人,机修班机修工 1~2 人,辅助工人若干。

材料部:经理为负责人。材料员 4~6 人(含磅房计量员)。

财务部:经理为负责人。会计、出纳 2~3 人。

企管办:主任为负责人。管理员 1 人。

2.1.5 组织的管理要点

企业管理离不开管理制度。一个企业若想成功地领导和经营企业,必须采取一种系统的、透明的方式对企业进行管理,并在经营过程中不断完善,提高执行力,企业才能长期保持稳定与发展。

1. 管理制度与执行力的重要性

据有关部门统计,中国企业平均寿命只有 6.5~7 岁,而列居世界 500 强或与之相当的跨国公司平均寿命大约在 40~50 岁。其根本原因是中国的企业缺乏严密规范的内部管理制度。

企业内部管理制度不仅应用范围广泛,而且还是现代企业管理最重要、最关键、最基本的一种管理方式。企业内部管理制度的完善严密与否,是关系到企业能否发展和生存的问题。一个企业有了一套完善而又严密的内部管理制度,必然会使这个企业的组织合理,职能部门和人员分工明确,目标集中,职责清晰,配合紧密，权限适度；企业纪律严明，秩序井然，环境良好，经营正常，效率甚高；企业经济效益显著，经济健康发展；员工守职尽责，勤奋积极，团结气氛浓厚。如果一个企业没有一套完善而又严密的内部管理制度，必然会使这个组织混乱，弊病丛生；效率不高，效果甚差，亏损严重，士气不振，将危及企业的生存与发展。由此可见，企业内部管理制度是企业成败的关键。

有了完善严密的管理制度还不行，必须严格执行，没有执行力就没有竞争力。一些企业初始条件及采用的战略基本相同，但最终的结果却相去甚远，有的取得了成功，有的却失败了，原因何在？台湾著名学者汤明哲指出：一家企业的成功，30%靠战略，40%靠执行力，其余的 30%靠运气；余世维博士也指出：决战商场，赢在执行！可见，执行力对于一家企业的重要程度。

只有严格执行了管理制度，企业才能稳定地健康发展。提高企业执行力必须打破"人管人"的旧框架，实行"制度管人"的管理方式，实现管理职能化、制度化，明确管理者的责、权、利，从而避免"多头领导"，才能提高管理效率和企业执行力。

2. 提高管理制度执行力的捷径

1) 凡事以身作则

"火车跑得快，全靠车头带"。作为领导，要树立榜样，严格要求自己，彻底实践公司或自己制定的各项规章制度，注重细节，追求完美，不要用任何借口来为自己开脱或搪塞。最容易犯的错误是时常借故迟到早退，这样会令下属工作散漫，严重影响工作效率。领导不在，部下工作自会放松，或四处找人聊天，久而久之，规章制度的执行必然存在问题。因此作为领导，必须亲自深入到企业之中。对企业的运营、人员与环境有完整的了解；惟有透过领导人亲自深入参与执行的实践，以身作则，做到"认真、严格、主动、高效"，对下属公正、平等，这样才能提高执行力。

2) 任用会执行的人

执行力是企业贯彻落实领导决策、及时有效地解决问题的能力,是企业管理决策在实施过程中原则性和灵活性相结合的重要体现。事业的成就在于人。组织的效率需要合适的人才来保证,个人的执行力水准是一个基本的要素。一个再完美的战略也会死在没有执行力的管理者手中。所以一个企业有无执行力,关键看有没有选对人。中国著名企业家联想集团的创始人柳传志先生把执行力归结为——"选拔合适的人到恰当的岗位上工作"。

3) 提升员工士气

执行涉及很多问题,但人的问题是第一位的。要发挥执行力,首先要提升员工的士气。很难想象一个员工士气低落的企业能取得成功。企业管理者们都知道,提升员工的士气,营造一个良好的企业氛围非常重要。我们发现,很多员工的素质非常好,但是他们却未能把长处充分发挥出来,所以很难为企业创造更大的价值。企业要提升员工的士气,就一定要关心员工,因为是他们在执行企业的战略,体现企业的文化。只有企业关心员工,员工才会关心顾客,顾客才会持续保持与企业的合作关系,所以关心员工就是执行本身。

美国哈佛大学组织行为学教授詹姆斯曾对2000多名工人进行测试。结果发现,在无激励的情况下(比如远离领导者、枯燥的工作、按时计酬),每个工人的能力通常只发挥20%~30%,如果得到充分的激励(如领导者热情鼓励、员工之间竞争、按劳计酬),他们的能力却可发挥到80%~90%。詹姆斯教授以一句精彩的话总结了这个实验结果:"士气等于三倍的生产率"。

一个企业或组织也像一个人一样,"气实则斗,气夺则走"。而且良好的精神状态在员工之间会相互影响,形成一种相对稳定的精神惯性。尤其在创业之初,如何使员工呈现向上、进取、拼搏、乐观的精神面貌是非常重要的。往往前10名员工的素质和精神状态,将决定其后面的100人的素质和精神状态。

在企业的创立与发展中,"硬件"必不可少,而"软件"更有着特殊的作用。拿破仑曾说过:"在战争中,军队士气与装备之比为3∶1"。高度重视员工士气,是加强执行力的明智之举。

如何激发员工的士气，让员工更好地去执行呢？激发员工的士气，可从组织、环境、心理等多方面着手。现代劳动心理学研究成果表明，员工的需要已经有了如下的变化趋势：

(1) 要求参与决策的愿望大大加强。

(2) 要求工作富有变化，能在工作中找到乐趣，人们已经越来越不安于单调呆板的工作。

(3) 要求有更多的成长和发展的机会，希望自己在职位上、报酬上能突破现状。

(4) 要求对组织的目标有明确的了解，了解企业的真实经营情况，很少有人会继续忍受"蒙目拉磨"的状态。

(5) 要求被尊重、被关心、被理解、被倾听。

(6) 要求有沟通的机会。人们越来越不喜欢别人以简单的命令来支配自己，希望以双方协商的方式来工作。

(7) 要求全方位的自我实现和成就感。

在提升员工士气的时候，一定要针对他们的特点。以下这几点是可循之道：

(1) 企业理念教育。让员工了解企业的社会价值和存在意义，使他们认为自己所从事的工作对别人和社会都是很有价值的。

(2) 岗位理念教育。让每个部门的员工都觉得自己的岗位对整个公司是举足轻重，不可或缺的。自己对公司的成败负有相当大的责任。

(3) 奖励机制。奖励是提高士气最好的催化剂。员工需要经常性的新奇刺激来维持工作的干劲。漠视和无理的批评只会使人沮丧。

(4) 坚决消除不满情绪。员工不满的地方往往就是士气低落的"症结"所在。要直面这种不满，不惜代价解决这些问题，无能为力时，要向员工解释清楚。

(5) 和员工打成一片。一种融洽的领导与被领导关系，要比压服式的"高压统治"更能令人由内心深处产生动力。

（6）身先士卒。当你坐在装有空调的办公室工作的时候，难以想象你的员工会在 38℃高温的环境中无怨地工作。当员工加班苦干的时候，千万别让他们认为你在家里看球赛。

（7）合理的薪水、福利待遇和各种休假制度，多劳者必能多得。

（8）良好的工作环境。如将办公室的采光、声音、温度、湿度等加以恰当的调控，让员工工作时觉得身心愉悦。

（9）共渡难关。公司经营有困难时，坦然向员工说明，请他们与你共渡难关。员工如果在这时表现出"慨然相助"或"荣辱与共"的精神来，将是你的巨大成功。

4）坚持"以人为本"

人力资源是现代社会所有资源中最宝贵的资源，现代社会的竞争，实质上就是人才的竞争。美国钢铁大王卡内基曾说过："将我所有的工厂、设备、市场、资金全部都拿去，但只要保留我的组织人员，4年以后，我仍是一个钢铁大王"。所以，企业最重要的资源是人，人力资源是最具能动性、最具创造力、有极大潜力的资源。管理必须能体现"以人为本"的思想，一方面通过持续改进劳动条件，不断提高员工的收入，达到保障员工安全与健康，提高生活质量的目的；另一方面，让员工参与企业的各项管理工作，对企业管理工作方面的问题发表自己的意见、建议和主张。这种以人为中心，尊重人，关心人的理念和做法，必将使员工发挥更大的工作热情，勤奋工作，从而极大地增强企业的凝聚力。

以上提出的几点，是提高管理制度执行力的有效方法，但是应当指出，企业管理的内容是多方面的，以上内容无法涵盖，仅供参考。

2.2 预拌混凝土生产企业的管理制度

管理制度对组织内的一切起约束作用，使组织走向法制。一个企业日常管理工作是否有序进行,管理制度是否健全,制度能否坚持贯彻执行,反映了一个企业的管理水平。管理制度是保证企业各项工作正常进行的基本前提。

2.2.1 员工守则

为了维护日常工作秩序,加强内部管理,提高员工工作效率,严明组织纪律,确保公司各项工作高效运行,特制定本守则。

1. 认真遵守国家的法律、法规、公民道德行为规范及公司各项规章制度。
2. 严格履行保密制度,保守组织商业秘密。
3. 忠于职守,服从领导,听从指挥,团结同志,不允许个人主义,搞小团体主义,说长道短,不得有阳奉阴违或敷衍塞责的行为。
4. 严格遵守考勤制度、请销假制度。按规定时间上下班,不得无故迟到、早退、旷工。上下班应签到,签到时不得托人代签或代人签。
5. 落实岗位责任制度,坚守工作岗位,不得无故串岗,不得聊天、打闹、嬉戏、喧哗,不得看小说、杂志、电视、影碟及做与工作无关的事情。
6. 严格遵守卫生管理制度,注意保持工作地点及公共环境的卫生整洁。
7. 上班时间不得与公司无关的人员闲聊,如确因重要事情必须会客时,应经部门负责人或办公室批准,未经批准不得擅离职守。
8. 做到文明礼貌,互敬互爱,对外交往做到文明大方,有礼有节。
9. 不得兼任其他单位的职务。
10. 对于所办事项不得收受任何形式的馈赠。
11. 不得私用公物、公款。
12. 不得任意翻阅不属于自己负责的文件、账簿表册或函件。

13. 各级员工每日事每日清，如不能于办公时间内办妥应加班赶办。如有临时发生紧要事件，需在非办公时间办理时，不得借故推诿。

14. 严格车辆管理制度，部门用车市内经办公室批准，长途请总经理审批。特殊情况下个人用车经总经理批准。

15. 严格着装规定，按公司要求穿戴工装。

16. 下班之前整理好个人卫生，关好机器和设备，锁好门窗。

2.2.2 员工聘用规定

组织聘用各级员工以思想、学识、品德、能力、经验、体格等适合于所任职务或工作为原则。新进员工的任聘，依据业务需要，由部门领导呈报企业办公室审核，总经理批准后聘用。

一般员工的试用期限为一个月，管理人员试用期限为三个月，期满经考核合格后，方可正式聘用；但工作成果突出者可缩短试用期。

凡有下列事情之一者，不予任用：

1. 曾犯刑事有案者。
2. 通缉有案者。
3. 贪污公款有案者。
4. 吸食鸦片或其他毒品者。
5. 身体衰弱不堪从事工作或有传染性疾病者。
6. 患有精神病或者传染病者。
7. 年龄不满18岁者。
8. 法律规定不得录用的其他情况。

2.2.3 劳动纪律规定

为了规范本公司员工劳动管理制度，制定本规定。

1. 请假

员工请假需提前一天按下列规定办理相关手续，否则视为旷工。但因突发事件不能先行请假的，应迅速向所属主管领导报告，并由主管领导代为请假手续。

1) 请假2天（含2天）以内的，报请所属主管领导批准。

2) 请假3天（含3天）以上的，报请所属主管核准，公司领导批准。

3) 请假逾期的，除得到合理的解释并经公司领导批准外，其余均视为旷工。

4) 请假期间，停发有关工资、奖金。

5) 职工因公出差，必须经总经理批准，否则不予报销一切费用。

6) 请假理由不充分或有妨碍工作者，可酌情不给假、缩短假期、令延期请假。

2. 考勤

员工如有迟到、早退情况，按下列规定处理：

1) 工作时间开始后超过10分钟到达工作岗位的视为迟到。

2) 下班时间未到，提前10分钟以上离开工作岗位的视为早退。

3) 迟到、早退者每次扣发20元，一月内累计迟到、早退达5次者，给予警告1次的处分。

4) 提前下班超过30分钟或超过上班时间30分钟后上班者，扣罚一天工薪。

3. 旷工

1) 未经请假批准或假期已满、未经续假批准而擅自不到岗位的以旷工处理，旷工1天扣发2天工薪及奖金。

2) 无故连续旷工达3天或全月累计旷工达5天或一年内累计旷工达10天者，扣发三倍的工薪及奖金，并给予解雇。

3) 上班时间外出办私事者，一经发现，按旷工处理。

2.2.4 员工辞退与辞职管理规定

1. 辞退

1) 员工一年内记过 3 次者予以辞退。
2) 因身体原因不能胜任所从事的工作者。
3) 因公司业务紧缩须减少一部分员工时。

辞退员工时，由其直属主管向公司人力资源主管部门（办公室）提交《员工辞退通知书》，办公室审核后上报总经理批准，并由办公室通知本人。

2. 辞职

1) 员工辞职者，首先应向其直属主管领导提交《辞职申请书》，经主管领导签字后报办公室审核。

2) 员工自请辞职者，应于请辞职日前提出申请，普通员工需提前 15 天，管理人员需提前 30 天，在未核准前不得离职，擅自离职者以旷工论处。

员工辞退与辞职必须及时办理交接手续，经接交人签收后才能离职，对未按规定程序办理的，将视情节按有关规定作适当处理。

2.2.5 员工奖惩制度

为了调动全体员工的积极性，提高工作效率和责任心，以"奖勤罚懒，奖优罚劣"为原则，严格劳动纪律，特制定本奖惩制度。

1. 奖励

员工奖励分为记大功、记功、嘉奖三种。

1) 记大功

有下列情况之一者，可予"记大功"，并奖励 2000～5000 元。

(1) 开展技术革新活动，并大幅度降低成本、提高效益者。

(2) 对公司有特殊贡献，足为本公司同事表率者。

(3) 遇有意外事件或灾害，奋不顾身，不避危难，减少公司严重损害者。

(4) 利用废料有较大成果者。

(5) 有其他重大功绩者。

2) 记功

员工有下列情况之一者,可予"记功",并奖励 500～2000 元。

(1) 对于所主办业务有重大拓展或改革具有实效者。
(2) 遇有灾难,勇于负责,处置得宜者。
(3) 开展技术革新活动,对公司确有贡献者。
(4) 利用废料有较大成果主要参与者。
(5) 检举违规或损害公司利益者。
(6) 对生产技术或工艺提出改进意见,经采纳施行确有显著成效者。

3) 嘉奖

员工有下列情况之一者,可予"嘉奖",并奖励 200～500 元。

(1) 品行端正、工作努力,能适时完成重大或特殊交办任务者。
(2) 预防机械发生故障或抢修机械故障有显著成效者。
(3) 参与节省物料,有显著成绩者。
(4) 拾物不昧(价值 200 元以上)者。
(5) 有显著的善行佳话,为本公司争得荣誉者。
(6) 其他对公司有利益的行为,具有事实证明者,亦予以记功。员工奖励,以嘉奖 3 次等于记功 1 次,记功 3 次等于记大功 1 次。

2. 惩处

员工的惩处分为"解雇"、"记大过"、"记过"和"警告"。

1) 解雇

员工具有下列情况之一者,给予"解雇"处理,并适当扣发工资。

(1) 盗窃或侵占同事或公司财物经查证属实者。
(2) 盗用公司印章、泄露公司机密或擅离职守酿成意外事故者。

(3) 殴打同事或相互殴打者。

(4) 利用工作时间，擅自在外兼职者。

(5) 煽动怠工或罢工或散布不利于公司之谣言者。

(6) 吸食毒品者。

(7) 品行不端，收受任何形式的馈赠，严重损及公司利益信誉者。

(8) 无故连续旷工达3天或全月累计旷工达5天或一年内累计旷工达10天者。

(9) 一年内记过满3次，功过无法平衡抵消者。

(10) 利用公司名誉在外招摇撞骗，致公司名誉损害者。

(11) 其他违反法令或情节重大者。

2) 记大过

员工有下列情况之一者，予以"记大过"处分，适当扣发工资。

(1) 直属领导对所属人员明知舞弊有据，且情节严重而予以隐瞒庇护或不为举报者。

(2) 故意浪费公司财物或办事疏忽使公司受损者。

(3) 违抗命令或有威胁侮辱领导的行为，情节严重者。

(4) 在工作场所聚赌或斗殴或故意毁坏公物者。

(5) 怠忽工作或擅自变更工作方法，使公司蒙受重大损失者。

(6) 在工作场所男女嬉戏，有妨害风化行为者。

(7) 无故连续旷工达2天或全年旷工达5天以上者。

(8) 其他重大违规行为者（如违反安全规定，情节重大者）。

3) 记过

员工具有下列情况之一者，应予以"记过"处分，适当扣发工资。

(1) 疏忽过失致公物损坏或伤及他人者。

(2) 工作时间内做其他事情，如回宿舍睡觉、下棋、看小说或影碟、炊煮等。

(3) 工作不力、屡劝不改者。

(4) 在工作场所或工作中酗酒滋事，影响生产、业务等秩序者。

(5) 在工作场所制造私人物件者。

(6) 品行不端有损公司信誉者。

(7) 对同事恶意攻讦或诬害、伪证、制造事端者。

4) 警告

员工具有下列情况之一者，应予以"警告"处分。

(1) 遇非常事变，故意回避者。

(2) 在工作场所内口角，不复管教者。

(3) 于工作时间内偷闲息眠、擅离岗位、怠忽工作者。

(4) 因个人过失致发生工作错误，情节轻微者。

(5) 办公时间私自外出者。

(6) 不服从主管人员工作安排，情节轻微者。

(7) 不按规定穿着服装或上班时间穿拖鞋者。

其他违反公司各项规章，应予以惩戒事项者，应分别予以惩处。

3. 员工功过抵消

(1) 嘉奖与警告抵消。

(2) 记功1次或嘉奖3次，抵消记过1次或警告3次。

(3) 记大功1次或记功3次，抵消记大过1次或记过3次，员工功过抵消以发生于同一季度内为限。

4. 员工的奖惩，由各部门负责人叙明事实以书面形式上报总经理，经总经理同意后通知本人并摘录事由公布周知。

5. 年终奖金的加发及减发。

员工于考核年度内如有嘉奖、记功、记大功之一可酌情加发年终奖金；有警告、记过、记大过之一者可减发年终奖金。

2.2.6 安全管理规定

为了加强公司生产工作的劳动保护、改善劳动条件，保护员工在生产过程中的安全和健康，促进公司事业的发展，根据国家有关法律法规的规定，结合公司的实际情况制定本规定。

1. 公司的安全管理工作，必须坚持贯彻"安全第一、预防为主"的方针，各级领导要做到"管生产必须管安全"，生产要服从安全的需要，实现安全生产和文明生产。

2. 公司全体员工必须严格执行安全生产的各项规章制度，确保生产安全。

3. 生产、车辆及检测设备的使用部门，应经常做好维护、保养工作，保证正常运转。

4. 为确保安全生产，把安全落实到实处，公司领导应组织有关部门主要负责人成立安全领导小组，每年至少进行两次安全大检查；各使用部门主管领导每月至少检查一次；操作班组和人员应每天检查，做到不留死角。安全检查内容如下：

1) 公司安全管理规章制度的落实情况。
2) 安全教育培训情况。
3) 生产设施设备的安全。
4) 用电安全。
5) 操作安全。
6) 车辆运转安全。
7) 发电机管理安全。
8) 其他安全事项。

5. 发现不安全隐患，必须及时整改，如本部门不能进行整改的要立即上报公司领导解决。

6. 各部门负责人应加强职工的安全教育，提高职工安全意识，严格执行操作规程。员工发现不安全情况，及时报告领导，迅速予以排除。

7. 根据需要，适时添置消防器材，规范用电设备，对老化电线及时更换。经常检查所有机械设备、照明设备的金属外壳接地处理。

8. 对空压机设备按规定进行技术检测，保持安全状况符合要求。

9. 发生安全事故，经调查确定为责任事故的，将依法追究责任。

2.2.7 例会制度

例会是一个组织有效实施各项管理的重要会议。有利于主管领导及时、准确掌握公司的运行现状，同时也增进了各部门间的相互了解，在相互配合方面将起到良好的作用。例会一般每星期应进行一次。

1. 例会由企业管理办公室组织，总经理主持，管理层领导及各职能部门主要人员参加。

2. 会议时，各职能部门负责人及有关人员应汇报、总结上周的工作情况以及本周的工作计划和安排，同时提出本部门需公司领导帮助解决的问题。

3. 总经理在听取有关人员的汇报后，评价各方面的工作情况，肯定成绩，结合实际情况，揭露矛盾，提出改进措施，决定解决问题的办法，并落实到人，同时对最近的工作提出更高要求和计划安排。

4. 组织通过这种例会的方式来进行内部相互沟通，有利于共同目标的实现，是例会的主要目的。办公室要做好会议记录，并在会后及时协助、督促有关部门或人员实施会议中总经理决定的各项工作。

2.2.8 仪器设备管理规定

为了提高设备的生产效率和使用寿命，确保混凝土质量和人身安全，制定本规定。

1. 仪器设备使用部门应按年度建立《仪器设备一览表》、《仪器设备周期检定表》、《仪器设备使用运转记录》及主要仪器设备档案。

2. 操作规程制定与修改要求：

1) 各部门在用的重要设备、主要设备必须做到台台都有完整的操作规程和维护保养制度,并悬挂在操作环境易见的位置。

2) 对新安装的主要设备,在使用前必须制定出操作规程和维护保养制度,并遵照执行。

3) 在执行规程中发现内容不完善时,操作人员及时反映,管理人员应立即到现场核实情况后,对规程内容进行增补或修改。

4) 对于使用多年、内容较多的规程,每两年应组织相关人员进行一次修订,并同时作废原来的规程。

5) 当设备发生严重缺陷,又不能立即停产修复时,必须制定临时的使用、维护规程。

3. 设备维修、维护、保养要求:

1) 使用单位必须定期或不定期对设备进行检查,对检查中发现问题或已出现故障需要维修时,应及时上报公司领导帮助解决。

2) 机械设备的保养应遵循"清洁、润滑、紧固、调整、防腐"的十字方针:

(1) 清洁。清洁就是要求机械各部位保持无油泥、污垢、尘土,特别是发电机的空滤、燃油、机油等滤清器要按规定时间检查清洗,防止杂质进入汽缸、油道,减少运动零件的磨损。

(2) 润滑。润滑是按照规定的要求,选择并定期加注或更换润滑油,以保持机械运动零部件间的良好润滑,减少运动零件的磨损,保持机械正常运转。

(3) 紧固。紧固就是要对各部的连接件及时检查紧固。机械运转中产生的振动,容易使连接件松动,如不及时紧固,不仅可能产生漏油、漏水、漏气、漏电等,有些关键部位的螺栓松动,还会改变原设计部件的受力分布情况,轻者导致零件变形,重者会出现零件断裂、分离,导致操纵失灵而造成机械事故。

(4) 调整。调整就是要对机械众多零件的相关和工作参数如间隙、行程、角度、压力、流量、松紧、速度等及时进行检查调整,以保持机械的正常运行。尤其是对关键机构如制动器、离合器的灵活可靠性要调整适当,防止事故发生。

(5) 防腐。防腐就是要做到防潮、防锈、防酸和防止腐蚀机械部件和电器设备。尤其是机械易生锈的外表面必须进行补漆或涂上油脂等防腐涂料。

3) 设备进行维修、维护、保养后,应详细做好记录。

4. 仪器设备的检定与标志:

1) 计量仪器设备应制定周期检定计划,临到期时至少提前15日上报,经总经理批准后实施检定,保证所用的计量仪器设备符合计量法规要求。

2) 计量仪器设备必须经有资质的计量主管部门检定合格,且在有效期内使用,不应使用超过检定周期的仪器设备。

3) 所有计量仪器设备实行标志管理。分别贴上三色标志:合格证(绿色)、准用证(黄色)和停用证(红色)。监督人员和使用保管人员要经常检查其状态标识的有效性。其应用范围为:

(1) 合格证:

a. 计量检定合格者;

b. 设备不必检定,经检查其功能正常者(如计算机、打印机);

c. 设备无法检定,经对比或鉴定适用者。

(2) 准用证:

a. 多功能设备某些功能已丧失,但所用功能正常,且经校准合格者;

b. 设备某一量程精度不合格,但所用量程合格者;

c. 降级使用者。

(3) 停用证:

a. 仪器、设备损坏者;

b. 仪器、设备经计量检定不合格者;

c. 仪器、设备性能无法确定者;

d. 仪器、设备超过检定周期者。

5. 所有仪器设备都应有设备编号，并且登记在相关的台账中。

6. 操作仪器设备的人员应经过培训和考核合格后方可上岗。

7. 重要设备、主要设备不得一人单独操作，并有专人负责使用和管理，非本岗位工作人员未经批准不得随意操作。

8. 当发现仪器设备有问题时应立即停止使用，不得带故障操作。

9. 对修复的计量仪器设备必须经过检定合格后方能投入使用，不允许使用不合格计量仪器设备。

10. 当检测仪器设备有问题，试验室技术负责人应组织有关人员核实检测结果所造成影响，如果有影响，应及时采取妥善处理措施。

11. 检测仪器、设备的使用环境应符合检验标准的有关要求，防止受到外部不良干扰而影响检测结果的正确性。

12. 生产设备应做好交接班记录，内容包括：生产情况、设备运转情况、原有缺陷变化、故障及处理情况等。

13. 各种用电仪器设备使用完毕后应随手关电闸。

14. 主要仪器设备应建立档案（一机一档）。内容包括：

1）使用说明书（进口仪器设备的外文说明书应译成中文）；

2）操作规程；

3）历年检定、校准证书；

4）仪器验收记录；

5）维修、保养及使用运转记录；

6）其他有关的资料等。

2.2.9 异常情况及质量监督制度

在生产或检测过程中，异常情况有可能发生。为了避免出现异常情况造成混凝土质量问题，特制定本制度。

1. 检测工作异常情况

当出现在检测过程中因特殊情况中断工作或无法得出完整检

测数据的情况时，采取如下处理措施，以保证检测工作的质量：

1）因意外外界干扰（如停电、停水等）而中断检测工作，凡影响检测结果者，必须重新进行试验，并将情况记录备查。

2）当试验仪器设备发生故障或损坏而中断检测时，可用相同等级的、满足工作要求的备用或代用仪器重新检测。无备用或代用仪器，或备用、代用仪器不能满足要求时，不能用于重新检验，应及时采取其他措施解决样品的检验。

3）出现异常情况所采取的措施应确保检测工作质量不受不良影响，并有记录以便追溯。

2. 生产过程异常情况

混凝土在生产和出厂检验过程中，发生异常情况时，应及时查明原因，妥善处理，必要时可停止生产。

1）生产计量装置进行校准时，发现误差超过规定范围，应检查装置的灵活性。

2）混凝土拌合物坍落度出现忽然很小或很大，或浆体含量忽然很小或很大等情况。质检人员应配合操作人员校准设备计量系统，检查骨料是否上错料仓，同时测定骨料含水率，如果与这些情况无关，也许是胶凝材料需水量有较大的变化或新到减水剂减水率发生较大变化造成，应保持水胶比不变调整混凝土配合比，并对胶凝材料和减水剂重新取样进行验证。发生以上情况，也有可能是运输车刷罐时水未放净造成。如果是计量系统故障问题引起，应在维修及校准正常后方可继续生产。

3）出现异常情况后，如无法得到及时解决时，有关人员应向技术负责人及生产经理汇报。

2.2.10 事故分析上报制度

处理事故必须分析原因、作出正确的处理决策，这就要以充分、准确的有关资料作为决策基础和依据。

1. 事故上报：事故的发生部门必须及时处理和上报，书面事故调查分析报告在事后24小时内上报。

1) 一般性问题主要责任人应上报部门负责人。
2) 严重性问题由主管部门负责人及时上报总经理。

2. 事故调查分析报告一般应包括以下内容：

1) 事故的情况。包括发生事故的时间、地点、有关的观察记录，事故的发展变化趋势、是否已趋稳定等。

2) 事故性质。应区分是严重性问题，还是一般性问题；是内在的实质性问题，还是表面性的问题；是否需要及时处理，是否需要采取保护措施。

3) 事故原因。阐明造成事故的主要原因，应附有说服力的资料、数据说明。

4) 事故评估。应阐明该事故所产生的影响，并应附有详细资料。

2.2.11 质量回访制度

质量回访是公司质量管理体系中一项重要的工作，通过质量回访可以充分了解到顾客对产品质量和服务的需求与期望，对公司不断提高质量管理水平起到良好的促进作用。因此，相关部门必须认真做好质量回访工作。

1. 质量回访工作由经营部组织，试验室和生产部负责人参加。

2. 凡是公司供应混凝土的工程，且供应总方量在 $500m^3$ 以上的，必须进行质量回访。

3. 质量回访前参与人员应列出回访内容，回访工作应提前与需方预约，不得冒然进行回访。

4. 回访时要注意礼貌，虚心听取需方提出的宝贵意见和建议以及抱怨，对需方不满的问题要耐心做好解释。

5. 每个工程的回访一般分两次进行，即在工程基础部分结束后和主体结构封顶后及时进行，回访时可征求需方意见，尽可能邀请工程监理和建设方参加，获取各方代表的意见和要求，有利于公司各项管理工作的改进。

6. 认真做好回访记录，回访结束后，参与人员要及时整理记录，写出总结报告，并报送总经理和管理者代表，回访总结报告可作为管理评审的输入。

2.2.12 刷车水应用制度

我国人口众多，人均占地面积少。为了减少环境污染，降低废弃物占用土地，我们应从实际出发，严格要求自己，故在满足质量的条件下，合理处理刷车水是我们应尽的责任和义务，为此特制定本制度。

1. 技术要求

1）为确保混凝土质量，C40及以上等级的混凝土不宜使用刷车水生产。路面水泥混凝土、楼地面混凝土最好不用，如使用时其固体含量应控制在5%以下，或适当降低掺合料用量。

2）试验证明，刷车水固体含量不大于5%时，能改善低等级混凝土的和易性，且强度不降低；但超过8%时，对混凝土的流动性、强度及外加剂的应用效果将产生不良影响。因此，其固体含量保持在3%~5%之间为最佳，不得使用超过6%的刷车水（超过时可用清水调整）；生产时通过取水样进行烘干测定固体含量，也可采用婆梅氏比重计测量控制固体含量，每工作班抽检应不少于两次。

3）我国现行标准《混凝土用水标准》（JGJ 63—2006）规定：混凝土企业设备洗刷水不宜用于预应力混凝土、装饰混凝土、加气混凝土和暴露于腐蚀环境的混凝土；不得用于使用碱活性或潜在碱活性骨料的混凝土。

4）冬期施工应注意混凝土的入模温度，当不能满足要求时，应采取措施。

2. 奖励

刷车水应用正常、不积浆奖励生产组长、质检组长每人__元/月，调浆工人每人__元/月。

3. 处罚

1）质检组长

加强刷车水应用力度和质量控制，应进行不定时抽检，并随时监督、指导调浆工人对刷车水浓度的调整，有刷车水不得无故停止使用，否则罚当班质检组长__元/次。

2）调浆工人

（1）必须听从质检组长指挥，密切配合生产，准确掌握刷车水固体含量，保持稳定好用，刷车水固体含量超过6%或因懒散造成浓度波动过大，很难正常应用，罚当班调浆工人__元/次。

（2）刷车水不允许积存，当有而生产不用时，要主动提醒生产组长或质检组长，否则罚当班人员__元/次。

（3）换班或吃饭时，搅拌池旁不得断人，否则罚责任人各__元/次。

4.凡违反以上要求达三次者，按"记过"一次论。

2.3 质量管理体系

由于预拌混凝土交付以后无法实现保换、保退，这一因素决定了预拌混凝土生产行业的高风险性。这是预拌混凝土的特性和所使用在建筑物的结构部位决定的。混凝土是建筑物承载的主要材料，其质量直接影响建筑物的安全、使用功能和寿命。因此，加强预拌混凝土的质量管理是企业发展和生存的重点工作。

预拌混凝土生产企业的管理与其他行业一样，需要采用一种系统和透明的方式来进行管理。针对所有相关方的需求，实施并保持持续改进其业绩的管理体系，可使企业获得成功。因此，要保证产品质量能够符合国家、地方或行业规定的法律、法规、标准、规范及供需合同的要求，应依据GB/T 19001—2000 idt ISO 9001：2000标准建立质量管理体系文件。质量体系文件是指导企业实施各项质量管理工作的依据，是企业内部的法规性文件。内容一般包括：质量手册、程序文件、质量计划和质量记录。

　　质量管理应遵循八项基本原则。八项质量管理原则是国际标准化组织（ISO）经过历时两年多的调查研究总结整理出来的，得到了众多国家的一致赞同。最高管理者可运用这些原则，领导组织进行业绩改进：

　　・以顾客为关注焦点

　　组织依存于其顾客。因此，组织应当理解顾客当前的和未来的需求，满足顾客要求并争取超越顾客期望。

　　・领导作用

　　领导者将本组织的宗旨、方向和内部环境统一起来，并创造使员工能够充分参与实现组织目标的环境。

　　・全员参与

　　各级人员是组织之本，只有他们的充分参与，才能使他们的才干为组织带来最大的收益。

　　・过程方法

　　将相关资源和活动作为过程进行管理，可以更有效得到期望的结果。

　　・管理的系统方法

　　将相互关联的过程作为系统加以识别、理解和管理，有助于组织提高实现目标的有效性和效率。

　　・持续改进

　　持续改进总体业绩应当是组织的一个永恒目标。

　　・基于事实的决策方法

　　有效决策是建立在数据和信息分析的基础上。

　　・与供方互利的关系

　　组织与供方是相互依存的，互利的关系可增强双方创造价值的能力。

　　质量体系文件的编制没有固定的模式，组织可根据有关标准要求，结合实际情况进行编制。以下编制的质量手册和程序文件，可供预拌混凝土生产企业参考。

2.3.1 质量手册(A层次文件)

前言

1　企业概况

组织根据实际情况编写(略)。

2　质量手册的管理

1)《质量手册》由办公室负责归口管理,按照《文件控制程序》进行控制。

2)本手册的编写、修订和换版由管理者代表主持进行,由最高管理者批准后颁布执行。

3)手册的发放:发放范围由管理者代表确定。手册分"受控"和"非受控"两类,受控版本封面右上角加盖红色"受控"印章,供内部使用。发放时逐一登记,并加注分发号,持有者不得复印、外传,因调离本单位时文件交办公室收回。"非受控"手册封面右上角加盖红色"非受控"印章,对外提供时使用,发放时必须登记,并注明分发号,"非受控"文件不受更改的控制。

4)手册的修改:《质量手册》在使用中发现有内容不协调的地方,有关部门和人员可向办公室提交《文件更改申请表》,明确修改的理由和修改的内容,办公室对修改内容进行初审后,报管理者代表审核,最后由最高管理者批准后,可执行修改。

5)手册的换版:当手册依据的标准、法规有较大改动,组织机构发生重大变动,管理评审做出决策,手册内容有大于1/3改动等情况下,本手册进行换版。换版必须经过最高管理者批准。发放新版本时,旧版本收回,并在旧版本封面加盖红色"作废"印章或经最高管理者批准后进行销毁处理。新版本生效同时,旧版本即行废止。

6)手册持有者应认真保管好手册,不得故意损坏,当不再担任有关职务时要交回办公室并办理移交手续。

7)本手册的解释权归办公室负责。

注:为了便于与原标准相对照,以下编号采用了原标准的编号。

1 范围

1.1 总则

为了本公司能持续稳定地提供满足顾客和适用的法律法规要求的产品，本着"增强顾客满意率"和保证"质量管理体系持续改进"的要求，根据 GB/T 19001—2000 idt ISO 9001：2000 标准建立了质量管理体系。通过质量管理体系的有效应用，保证本公司产品能够符合国家、地方或行业规定的法律、法规、标准、规范及供需合同的要求，向顾客提供更好的产品和服务。本手册是内部审核和第二方、第三方审核、评价我公司质量管理体系的依据。

1.2 应用

1.2.1 适用于本公司预拌混凝土的生产、运输、销售。

1.2.2 删减声明：

1. 本公司提供的预拌混凝土是严格按照顾客提供的技术要求和国家标准生产的，产品比较单一且成熟，全过程并不涉及标准 7.3 "设计和开发"的内容，所以对此进行了删减。删减后不影响本公司提供满足顾客和适用法律法规要求的产品的能力或责任的要求。

2. 由于预拌混凝土产品特点所决定，我公司所有活动和过程均不涉及 7.5.5 条款中的包装要求，为此也进行删减。

2 引用标准

本手册主要引用了以下标准或文件，通过本手册的引用构成为本公司质量管理体系文件的条文。本公司还将不断探讨和使用这些标准的最新版本。

2.1 GB/T 19000—2000 质量管理体系 基础和术语

2.2 GB/T 19001—2000 质量管理体系 要求

2.3 国家和地方有关法律、法规、标准、规范

2.4 行业技术标准和行业管理规定

3 术语和定义

本《质量手册》除引用《质量管理体系 基础和术语》

GB/T 19000—2000 标准的术语外，还采用了以下术语和定义：

3.1 本公司：（略）

3.2 相关职能部门：指与质量管理直接相关的职能部门（包括经营部、试验室、办公室、生产部、材料部、财务部等）

3.3 预拌混凝土：即商品混凝土或混凝土

3.4 罐车：混凝土搅拌运输车

3.5 泵车：混凝土输送泵车

3.6 根据本公司的实际情况，使用了以下供应链：

供方（物资供应方）──→本公司──→需方（顾客、用户）

4 质量管理体系

4.1 总要求

本公司根据 ISO 9001：2000 标准要求，结合实际情况建立文件化的质量管理体系，加以实施和保持，并持续改进其有效性。

1. 编制质量管理手册和质量管理体系程序，建立文件化的质量管理体系。

2. 明确公司质量管理体系所需的过程及主导的、关键的过程。

3. 明确质量管理体系过程的实施顺序和相互作用。

4. 建立公司领导、职能部门二级管理机制，理顺并明确其管理职能及部门间的接口关系。

5. 对质量管理体系过程所需的信息和资源的确定和获取作出明确规定。

6. 制定确保质量管理体系过程有效控制、监视、测量、分析所需的准则和方法，以保证对质量管理体系过程进行严格监视、测量和分析，以获取必要和充分的信息。

7. 为满足顾客不断变化的要求，本公司还编制了相关的管理制度，对重要、关键或有特殊要求的过程还将编制必要的作业指导书，进行严格控制。

8. 针对公司的外包过程，编制了《采购控制程序》，通过对供方严格的评定、选择，建立合格供方名册，确保供方提供满足要求的产品和服务，以满足顾客的需求和期望。

9. 支持过程的运行和过程的监测并在相关的程序和文件中规定质量记录的要求和传递途径，保证相关人员得到必要的信息。

10. 对质量管理过程通过审核和检验进行监控和分析，不断消除问题，使体系能够持续改进。

4.2 文件要求

4.2.1 总则

为了确保承担的工程产品质量符合规定的要求，为顾客提供满意的产品和服务，本公司已建立了文件化的质量管理体系。

1. 确定了公司的质量方针（见 5.3）和质量目标（见 5.4.1），编制了本《质量手册》。

2. 根据公司现有的规模、产品特点、人员实际工作能力、质量管理体系过程及其相互作用的复杂程度，为确保质量管理体系的所有过程能够有效策划、运行和控制，通过质量管理体系策划和过程策划，编制了质量管理体系程序和质量管理制度。

3. 在质量管理体系程序中明确了质量管理活动所需的记录。

4. 本公司还将根据需方的要求，积极探求顾客的期望，不断完善和改进文件化的质量管理体系。

5. 本公司文件主要采用书面、电子媒体等形式。

4.2.2 质量手册

根据《质量管理体系》GB/T 19001—2000 标准的要求，结合本公司的实际情况，在公司最高管理者的主持下，由管理者代表直接领导，办公室组织编制了本《质量手册》。

1. 手册阐明了公司的质量方针和质量目标。

2. 描述了本公司的组织机构和职责。

3. 识别并明确了本公司质量管理体系所需的过程及其相互关系。

4. 引用了质量管理体系程序并简要表述了质量管理体系过

程的运行方式。

5. 对本公司质量管理体系适用范围，包括删减的细节和理由作出了说明（见1.2应用）。

6. 对《质量手册》的管理作出了规定（质量手册的管理）。

4.2.3 文件控制

为了对质量管理体系所要求的文件进行有效的控制，确保所有质量活动场所使用适用文件的有关版本，编制了《文件控制程序》，由办公室负责，其他职能部门协助实施。

1. 文件采用的类型或形式

主要是纸张、电子媒体、照片、标准样品或它们的组合。

2. 文件的编制、批准和发布

为确保文件的充分性和适宜性，文件在发布之前应进行审批。

1）质量手册由办公室组织编制，管理者代表审核，最高管理者批准发布。

2）程序文件、作业指导书由各部门编制，办公室组织会审，管理者代表批准发布。

3）行政文件、管理制度由各职能部门编制，办公室审核，最高管理者批准后发布。

4）外来文件由办公室负责登记并提出处理意见，报最高管理者批示和处理。

其他文件按《文件控制程序》执行。

3. 文件的发放

所有文件的发放由办公室编号、登记并加盖标识章后发放。

4. 文件的受控和标识

1）受控文件由发放部门统一加盖"受控"标识，标明分发序号，确保所有质量活动均使用适用文件的有关版本。

2）发放新版本文件时，应及时收回或销毁作废版本。

3）为法律或积累知识等目的所保留的作废文件加盖"作废"标识和"仅供参考"标识。

5. 文件的更改

做好文件的信息收集整理工作，当文件需要更改时应按照《文件控制程序》严格审批后发放。禁止未经批准任意更改。

更改内容应登记并发放到文件使用的持有人。

4.2.4 记录控制

为了对记录进行有效控制和管理，规定了记录的标识、贮存、保护、检索、保存期限和处置方法，为产品质量符合规定要求和质量管理体系有效运行提供客观证据，为质量管理体系持续改进提供信息和依据。由办公室负责，其他职能部门协助实施。

1. 记录必须真实、准确、字迹清楚，不允许随意更改。

2. 记录分为技术档案资料、质量管理体系运行记录（包括供方的记录），由记录保管人负责进行分类编目保管，并在记录上统一编号，以便于检索，并注明形成日期、保存期限等。

3. 记录经部门负责人同意后方可查阅。

4. 各部门对相关的记录应及时收集、整理、分类、编目、保管和归档。

5. 各种记录应按规定年限进行管理，并保存在适宜的环境，保持干燥、清洁、防火、防潮、防虫蛀、防鼠害等。

6. 记录到期后，由记录保管人填写处理单，报请主管领导审查。确定销毁的由记录保管人负责销毁，由于其他原因需保留的应做好有关标识。

5 管理职责

5.1 管理承诺

本公司领导认为让顾客满意是最基本的要求，意识到产品质量与企业每一位员工对质量的认识有关，为此严格按照《质量管理体系　要求》GB/T 19001—2000 标准，建立了质量管理体系，并将根据顾客、相关法律法规的要求，结合本公司的发展需要，积极实施和保持并持续改进本公司的质量管理体系，并郑重承诺：

1. 积极开展宣传教育活动，不断提高员工的意识，向全公司员工传达满足顾客要求、相关法律法规要求的重要性，保证进度、成本、资源配置、服务等满足要求。

2. 积极开展培训和继续教育工作，使全体员工全面掌握本岗位的工作技能，保证全体员工严格按照有关标准、规范、规程、规章制度及质量管理体系文件进行质量活动。

3. 积极识别并提供为实现质量方针和质量目标、满足顾客需求所需的资源。

4. 确保提供必要的资源，加大科技投入，积极推广应用新技术、新工艺、新材料、新机具，提高科技水平，满足顾客不断变化的需求和期望。

5. 负责组织开展管理评审，掌握质量管理体系的运行情况，对质量方针、目标和质量管理体系的适宜性、充分性、有效性进行评价。

6. 在质量管理过程中，按照质量管理体系文件的要求认真做好各项记录，为质量管理体系有效运行提供客观证据，为质量管理体系持续改进提供信息和依据。

7. 积极探求顾客的期望，不断完善质量方针、质量目标和质量管理体系，确保质量管理体系的适宜性、充分性和有效性。

5.2 以顾客为关注焦点

根据本公司的承诺，将组织市场调研和预测，通过与顾客的沟通，掌握和确定顾客的需求与期望，争取超越这些需求和期望，包括明确和隐含的，相关法律法规的，进一步明确产品的要求和满足顾客要求的能力，将顾客的要求转化为产品质量特性的要求，并通过产品实现策划将顾客要求落实到具体的工作中，不断提高产品质量，持续改进质量管理体系。

5.3 质量方针

本公司的质量方针：

技术先进，管理规范。

过程精品，顾客满意。

质量方针的内涵：

技术先进：是指严格按照现行产品标准或规范要求进行生产，能体现当代混凝土技术的发展水平。

管理规范：是指不断提高全体员工的法律法规意识，不违反国家、地方和行业有关规定，遵守职业道德，诚信为顾客服务。

过程精品：通过严格质量标准、工艺程序、操作规程，规范日常质量管理，持续有效改进，提供符合规范、设计规定的合格产品。

顾客满意：以顾客为中心，通过全体员工的共同努力，以优质的服务满足顾客要求；顾客满意是我们工作的出发点、立足点，是我们永恒追求的目标。

本公司的质量方针是在公司领导主持下，自下而上，让员工根据公司经营宗旨和经营理念、中长期发展计划方向出发，充分发挥员工的聪明才智，拟订质量方针草案，最后经公司领导研究决定的。按照管理承诺（见5.1管理承诺），由办公室负责宣传，使管理、执行、验证和作业等各层次的员工理解并自觉贯彻实施。

通过管理评审，将对质量方针的适宜性进行评价，必要时对质量方针进行修改，提供适宜的资源，以适应内外部环境不断变化的要求。

5.4　策划

5.4.1　质量目标

我公司的质量目标为：

产品合格率100％；顾客满意率90％以上。

质量目标分解：

办公室：文件（含外来文件）受控率≥99％；员工培训率100％。

生产部：设备完好使用率≥90％；生产准时完成率≥95％。

经营部：用户反馈信息处理率100％；顾客满意率≥90％。

试验室：检测设备周检率100％；产品合格率100％。

材料部：原材料备用100％满足生产需要。

财务部：积极运作，为质量管理活动提供所需的资金。

5.4.2 质量管理体系策划

在公司最高管理者的主持下，由管理者代表组织各职能部门进行质量管理体系策划。

首先组织员工对 GB/T 19000—2000 质量管理体系标准进行培训和学习，对现有质量管理体系进行分析讨论，确定了公司质量管理体系框架，健全了组织机构，并根据质量管理体系标准的要求，成立了文件编写和审查小组，进行质量管理体系文件的编制审批，经多次研究讨论，形成了以《质量手册》为纲，以质量管理体系程序为目，以管理制度为支撑的文件化质量管理体系，满足了八项质量管理原则、《质量管理体系 要求》GB/T 19001—2000 标准的要求。

由于顾客的需求不断变化，并日益提高，本公司将积极探求顾客的需求和期望，适应市场变化和企业发展的趋势，关注 GB/T 19000 族质量管理体系标准的修订，关注有关新的法律法规的规定，关注国家、地方和行业关于建筑工程的新标准、规程、规范的规定，不断完善和改进质量管理体系，同时，在质量管理体系修订前做好策划工作，保证任何的变更都不得影响质量管理体系的正常运行，保证质量管理体系的完善性。

5.5 职责、权限与沟通

5.5.1 职责和权限

通过质量管理体系策划，明确了企业组织机构和质量管理体系，对各职能部门、各岗位职责和权限给予了规定，并进一步在程序文件中明确了相关过程的职责、权限和相互关系。

本公司还将根据企业发展需要及时增加或修订各级人员的职责和权限，以改进质量管理体系，持续满足顾客的要求。

5.5.1.1 最高管理者（总经理）岗位职责

最高管理者是公司的法定代表人，依照法律和公司章程规定，对外代表公司行使职权。

1. 主持公司的日常生产经营活动。

2. 负责公司全面行政工作,对预拌混凝土质量和顾客负责。

3. 组织和制定年度生产、经营、发展、财务、人事等计划,主持制定年度预、决算报告。

4. 决定公司高级管理人员和职工的奖惩和处分。

5. 负责组织机构设置,批准发布组织的质量方针和质量目标,为质量方针和质量目标的实现,提供必要资源。

6. 执行国家及上级部门的有关方针政策和法规,并有责任向全体员工宣传满足顾客和法律法规要求的重要性。

7. 承担质量体系建立、完善和保持的决策责任,主持管理评审,并对质量体系的适宜性、充分性和有效性负责。

8. 任免各级人员,规定其职责和权限;赋予各部门质量职责和权限,确保其得到规定和沟通,赋予检测工作人员有独立行使的职责和权限。

5.5.1.2 总工程师(兼管理者代表)岗位职责

总工程师是最高管理者在技术管理方面的助手,在最高管理者领导下,对企业的技术工作全面负责。

1. 工作任务

1) 组织贯彻执行国家有关技术政策和行业主管部门和上级颁发的技术标准、规范、规程、规定以及各项技术管理制度。

2) 主持编制和组织执行企业的技术发展规划和技术组织措施。

3) 主持技术工作会议,发扬技术民主,研究处理生产中的技术问题。

4) 组织和指导生产安全的技术安排、检查和监督工作,负责处理质量、安全事故。

5) 组织领导新技术、新材料的试验、推广应用工作。

6) 组织领导对职工的技术培训和考核工作。

7) 负责计划、组织和监督检查技术档案和资料情报的建设、管理和利用工作。

2. 职权范围

1）参与公司的生产经营、技术改造和公司基本建设计划、方案研究和决策。

2）审核技术、质量管理制度和文件稿。

3）了解和考核公司技术人员，参加技术人员的使用安排、晋级和奖惩问题的审议和决定工作。

4）建议技术人员配备人选，检查、督促落实技术人员岗位责任制。

5）审核试验设备、测量仪器申报购置计划。

6）对施工生产中重大的技术问题作出决策。

7）对生产现场存在重大质量、安全隐患的负责人进行处罚。

8）负责产品实现过程的策划工作。如遇顾客产品有特殊要求时，要进行质量策划、编制施工方案并组织实施。

3. 工作责任

1）对未认真贯彻执行国家和上级颁发技术政策、法令、法规、规范、标准负有领导责任。

2）对重大技术问题决策负责。

3）对生产环节未编制安全、技术方案、安全技术措施负领导责任。

4）对提供给需方的档案资料不齐全，致使混凝土款不能及时索回负领导责任。

5）对质量事故、服务纠纷，负责制定方案、措施和处理。

5.5.1.3 总经济师岗位职责

1. 工作任务

1）在最高管理者的领导下，贯彻执行国家经济政策和法令，协调好各种社会关系，确定经营目标和对策。

2）建立健全全面市场管理体系，组织制定各项经营管理制度，不断提高企业的经营效果。

3）领导编制和实施企业的长、中期发展规划和年（季）度的综合计划，组织计划指标的制定、分解、执行和检查，组织开展经营活动分析，不断提高企业的经营管理水平，落实企业对国家和社会的经济责任。

4) 组织领导市场经营和横向经济联营工作,领导企业的经济情报管理,组织开展经济信息的收集,根据企业方针目标整理、加工和传递反馈工作。

5) 负责编制主管工作的方针目标,对分管范围内方针、目标的展开进行审定、检查和落实。

6) 负责企业经营目标的实施和完成。

7) 完成最高管理者交给的临时任务。

2. 职权范围

1) 主持召开企业的经营管理会议。

2) 领导公司各职能部门的计划、经营管理工作。

3) 审阅与外单位签定重大经济合同和经济联营协议。

4) 对于企业发生的违反法律法规,以及妨碍或损害企业统一经营目标、经营方针、经营计划实现的活动,进行检查、制止并提出处理意见,制止无效时,可及时向最高管理者汇报。

5) 对企业各类经营管理人员的调动、任免、奖励、晋级有建议权。

3. 工作责任

1) 对未正确贯彻执行国家经济政策和法令法规而造成计划不周、经营不善、统计工作混乱,发生重大失误负责。

2) 对审批上报的经营报表出现差错以及与外单位签定的经济合同和经营联营协议出现差错负责。

3) 对组织编制的长、中期发展规划缺乏科学性、预见性负责,对企业经营效果负责。

4) 对企业的年(季)度综合计划的执行,落实和完成出现严重失误,造成重大经济损失负责。

5) 对分管范围内的方针目标未按期编制和落实负责。

6) 对未完成经营目标和任务负责。

5.5.1.4 总会计师岗位职责

1. 工作任务

1) 总会计师在最高管理者的领导下，主管公司经济核算和财务管理工作。

2) 贯彻执行国家会计法规、经济政策和财务制度，严格维护财经纪律，确保各项财务计划和经营承包指标的完成。支持和督促财会人员正确行使职权，促使企业经济效益逐年提高。

3) 组织编制公司年度财务及成本费用、信贷计划，制定、落实计划完成的措施，审查财务决算，定期组织开展经济活动分析。

4) 负责建立健全各项经济核算制度，不断完善企业的经济核算制度，全面推广财务现代化管理。

5) 负责拟定公司经济核算、财务管理和内部分配方案等重大决策草案，参与企业经营方针、目标和年度计划、内部分配方案等重大问题的研讨和审查决策，组织资金的落实和调配工作，保证生产的需要，加速资金周转，全面完成企业各项经济技术指标。

6) 协调和审查各部门制定的生产、物资供应、工程决算、劳动工资、技术措施、固定资产投资的收支方案。

7) 负责组织固定资产、流动资金的管理、结算和监督。

8) 严格控制计划内各种费用的开支，对计划外的重大费用开支，必须经领导集体研究并经最高管理者审查批准后方能列支。

9) 贯彻审计法规，搞好公司内部审计和效能监察，对内部经济纠纷进行协调仲裁。

10) 根据公司经营方针和目标负责编制主管工作的方针目标，对分管范围内的方针目标开展进行审核检查和落实。

2. 职权范围

1) 审核公司财务、成本费用计划、信贷计划和会计报表。

2) 参与本企业的生产经营、技术改造和基本建设计划的研究和决策，并审核其经济效果。

3) 负责会签重大经济合同，审核经济核算和财务会计方面的文稿和制度。

4) 检查财务收支、资金使用和财务管理的执行情况,对违反财经纪律的行为予以制止,如制止无效时,应提请公司最高管理者处理。

5) 公司对财会人员的任免、调动、奖惩、晋级,应事先征求总会计师的意见。

3. 工作责任

1) 对未认真贯彻执行国家有关财经政策、法令、法规、制度,对出现截留利润、乱摊成本等违反财经纪律的行为负责。

2) 对签署的公司财务、成本费用计划和信贷计划及报表出现严重差错负责。

3) 对会签的重大经济合同、方案出现差错,造成公司重大经济损失负责。

4) 对未建立健全经济核算体系和制度,造成财务工作混乱负责。

5) 对未完成公司年度主要财务、成本指标,公司效益不能逐年提高负责。

6) 对由于经济核算和财会管理失误,致使公司发生重大经济损失负责。

7) 对资金管理不善,造成资金周转不灵,影响公司效益负责。

5.5.1.5 财务部职责

1. 贯彻执行国家的方针、政策、法令、财务法规、财务纪律及公司内部各项规章制度。

2. 认真按照公司的各项报表制度,准确、及时、如实填报各种报表。

3. 认真执行国家各种税收法律法规,按时向税务机关申报纳税。

4. 遵守会计人员职业道德,加强会计人员的政治思想道德修养,树立正确的人生观、价值观、世界观。及时参加会计人员业务考核和再教育工作。

5. 负责公司的资金筹措和资本运作及财务日常管理和成本核算工作。

6. 负责公司的日常开支、费用报销工作。

7. 会计人员调动按规定办理交接手续，遵守会计交接制度。

8. 使用会计科目符合现行会计制度要求，做好各项费用的预提、待摊分配工作，及时进行固定资产折旧、大修理费用的提取以及职工福利费、养老统筹金、失业保险金、住房公积金的计提、存储、交接。

9. 配合经营部及时做好工程款的回收工作，确保资金的正常运转。

10. 按照国家规定的现金管理制度办理现金、银行存款的收支工作，实行日清月结。

11. 按照会计制度设置账簿，开设账户，遵守现行记账规则及时准确编制各类报表，按时向各级领导提供各类准确的会计分类资料。

12. 在会计核算中，全面推行电子计算机应用，遵守会计电算化管理制度。

13. 及时核对往来账项，保证往来款项的及时入账。

14. 利用技术分析方法实行成本预测、成本控制，定期进行经济活动分析，并及时上报公司主管领导。

15. 负责整理、归集各种财务资料，建立健全会计档案的立卷、归档、保管、调阅和销毁等管理制度，切实把会计档案管好。

16. 为公司贯彻 ISO 9000 族标准提供必要的资金。

5.5.1.6　财务部经理岗位职责

1. 参与制定公司财务管理的方案和制度。

2. 编制公司年度经营收入开支计划及现金流量预算。

3. 对公司整个成本情况进行监督检查管理。

4. 负责筹集资金。

5. 负责财务部的日常核算。

6. 负责对财务各种账、证、表的收集归档以及保密工作。

7. 根据公司年度发展规划,制定公司年度收支计划和现金流量预算。

8. 定期检查成本情况,发现异常现象及时报告最高管理者。

9. 负责回收工程款及其他债权。

10. 对公司的费用报销进行审核把关。

11. 根据会计员提供的报表,对公司的营运情况进行财务分析,依据反馈信息,向公司领导提出公司发展规划的建议。

12. 负责对公司财务人员的计分考核,为财务人员的调整及工资挂钩提供依据。

5.5.1.7 财务部会计岗位职责

1. 收集计账凭证,做好记账、对账和结账工作。

2. 计算各种税金和应上缴的各项基金,及时依法纳税和上缴。

3. 负责对地方各种税费的交纳,每月按时编制上报公司的税务报表。

4. 妥善保管发票,及时核销;定期向税务机关上报发票使用的有关报表。

5. 负责审核原始单据,保证原始凭证的合法性。

6. 负责公司费用的核销和公司的成本核算工作。

7. 协助经营部门催收工程款。

8. 负责公司月度快报、季度、年度报表的编制,编写季报、年度报表说明书。

9. 负责公司季度、年度报表的汇总、编制。

10. 负责公司财务资料的保管,定期对电算化信息维护和备份。

11. 负责与银行往来账的核对,编制银行存款余额调节表。

12. 负责为财务分析提供所需资料,协助部门经理做好财务分析工作。

5.5.1.8 财务部出纳员岗位职责

1. 依据会计人员编制经审核无误的收付款凭证、复核凭证所反映的经济内容后办理收付业务。

2. 执行现金管理和银行结算制度，负责办理现金收支和银行结算。

3. 严格执行支票管理制度，认真登记支票登记簿。

4. 认真登记现金、银行存款日记账，做到日清月结。对于账实不符的情况，要及时查明原因，按规定认真处理。

5. 保管好现金、有价证券、支票和汇票等银行有关结算票据，按期编制现金盘点表、日报表和银行存款调节表。

6. 严格执行库存现金限额，超过部分及时送存银行，不坐支现金，不以白条抵现金。

5.5.1.9 办公室职责

1. 负责公司对地方政府有关部门的友好联系及内外关系的协调工作。

2. 负责企业内部各项规章制度的监督实施，做好生产过程中相关部门的配合接口协调工作。

3. 负责组织编制、更改、换版和实施公司质量手册、程序文件。

4. 负责实施员工培训和考核，为质量管理体系有效运行提供合格的人力资源。

5. 负责每年年初编制《年度内部质量审核计划》，并组织实施内部计划。

6. 负责人力资源的控制，人员工作调动、劳资定额以及职工劳动合同的签订及履行。

7. 负责上下级文件的收发和传递管理工作，负责公司企业荣誉、各类资料和档案的管理工作。

8. 负责组织内部审核、外部审核、管理评审中纠正和预防措施的实施和内部沟通工作，验证纠正和预防措施实施效果。

9. 负责公司人员教育和管理工作，不断提高人员的质量意识和业务素质。

10. 负责公司质量记录、计算机软硬件的管理。

11. 负责公司有关会议的筹备和组织工作。

12. 负责机关通信业务的管理及办公室用品的采购、保管和分发工作。

5.5.1.10 办公室主任岗位职责

1. 在最高管理者和管理者代表的领导下，全面负责企业内部的各项管理工作。

2. 协助管理者代表进行质量管理体系策划，确保质量方针和质量目标的实现。

3. 针对内、外审中的不合格项，及时验证纠正措施的实施效果，并将情况上报最高管理者和管理者代表。

4. 协助最高管理者组织质量体系管理评审，负责管理评审资料的整理，并将信息传递到相关部门和人员。

5. 负责组织召开企业各种会议，做好重要会议记录，督促检查会议决议的执行。

6. 负责安排作息时间和节假日值班工作。

7. 负责对外友好联系和协调，负责来客接待管理工作。

8. 根据企业发展需要，做好员工培训和人事管理调配工作。

9. 负责厂容厂貌的管理，办公用品的购置、保管和分发工作。

10. 围绕企业中心工作，了解和掌握生产经营状况，搞好调查研究，参与公司生产经营和行政管理，搞好服务。

11. 做好企业大事登记，文件、档案的管理工作。

12. 负责公司各业务部门的协调工作，监督、检查、指导各职能部门岗位职责落实情况。

13. 负责并参与公司生产经营系统有关规章制度的建立、修订和实施。

14. 负责审核公司拟发的行政公文、年度工作计划、总结、报告，签阅外来文件处理意见。

15. 负责公务车的调派、维修、检验工作。

16. 负责公司印信的管理，监制和管理各部门、单位行政印章。

5.5.1.11 办公室管理员岗位职责

1. 在主任的领导下，负责本部门的内务管理工作。

2. 负责公司质量管理体系、行政文件、外来文件的收发、登记、传递、归档和管理工作。

3. 积极配合搞好各种会议的筹备组织工作，做好会议记录。

4. 在有关部门协助下负责进行档案的鉴定、统计和处理工作。

5. 加强对新标准、新技术、新规范的学习，提高工作效率和业务能力、素质，严格遵守保密规定。

6. 负责有关证书、奖杯等企业荣誉的管理工作。

7. 协助搞好传真机、复印机的管理及电脑的调配、维护和有关文稿的打印工作。

8. 负责公司档案报表的编制上报工作。

9. 协助主任做好公司印信的管理工作。

注：其他相关职能部门及人员的岗位职责详见第3～6章内容。

5.5.2 管理者代表（兼总工程师）岗位职责

公司已任命公司总工程师为管理者代表（任命书），除其负责的总工程师的职能外，还负责：

1. 确保本公司质量管理体系所需过程的识别、建立、实施和保持，并根据内外部环境的变化不断改进。

2. 负责审批程序文件，主持开展内部审核。

3. 向公司领导报告质量管理体系的运行情况和改进的需求。

4. 确保提高全体员工的质量意识和创新意识，持续满足顾客需求。

5. 负责质量管理体系有关事宜的外部联络。

5.5.3 内部沟通

为确保各职能部门不同层次之间能够得到及时进行沟通，增进理解，公司建立了相关的内部信息沟通制度，就企业的质量管理动态、新技术、新标准规范的信息、政府或上级单位质量管理动态等信息，利用内部审核、管理评审的方法，通过会议形式和简报、会议、布告栏、电子媒体、文件等形式，在本公司职能部门、人员之间进行及时传递，保证各层次和职能、人员之间增进了解。

5.6 管理评审

5.6.1 总则

依照《管理评审控制程序》召开管理评审，对质量管理体系（包括质量方针、质量目标）的适宜性、充分性和有效性，质量目标的完成情况以及质量管理体系运行的效率进行评审，使质量管理体系能适应变化，满足市场、顾客潜在的和未来的需求和期望，达到和超过质量目标。

管理评审每年至少进行一次，时间间隔不超过12个月。当出现以下情况时，由公司领导及时召开管理评审，以满足变化的要求。

1. 在内部或认证机构审核中，发现重大或带全面性的问题。
2. 环境、政策发生重大变化时。
3. 发生重大质量事故或顾客连续投诉等严重问题时。
4. 组织机构、市场形势、法律法规等发生重大变化时等。

5.6.2 管理评审输入

评审前由办公室编制管理评审计划，经最高管理者批准后负责收集管理评审所需信息，包括：审核结果、顾客反馈意见、过程的业绩和产品的符合性、纠正和预防措施的状况、以往管理评审的跟踪措施、可能影响质量管理体系的变更、改进的建议等。

办公室负责将以上内容进行汇总、整理后提交管理评审。

5.6.3 管理评审实施

管理评审由最高管理者主持，公司领导、各职能部门负责人参加，办公室负责记录并保存。

5.6.4 管理评审输出

评审会议后，办公室负责根据会议记录编制管理评审报告，经管理者代表审核、最高管理者批准后实施。管理评审报告应包括质量管理体系及其过程有效性的改进、与顾客要求有关的产品的改进、资源的需求和适宜性、体系运行符合相关法律法规的要求、上次管理评审报告的实施结果等。

办公室负责跟踪和验证管理评审报告的实施。

6 资源管理

6.1 资源提供

为了实现质量方针、达到或超过质量目标，使各岗位人员有效地发挥其作用，有效地实施、保持和改进质量管理体系，持续满足顾客的要求和期望，本公司将根据企业发展的需求进行质量策划，确定并提供适宜的资源，包括人员、信息、技术、基础设施和财务资源等，并通过管理评审、内部审核，确保资源的有效提供。

6.2 人力资源

1. 为了对所有从事质量活动的人员进行教育、技能培训，提高全体员工的质量意识，使他们能够胜任所担负的工作，并不断提高技能，提高产品质量，满足顾客要求，编制了《人员考核培训程序》，由办公室负责，其他各部门协助实施。

2. 办公室负责确定从事影响质量活动并承担规定职责岗位能力的要求。

3. 所有从事对质量有影响的人员，包括管理人员、执行人员、关键岗位或关键、特殊过程操作人员、新员工进行分级分类教育和培训，使他们掌握本岗位的工作技能、技巧，提高质量意识和创新意识，意识到本人工作的重要性，为实现质量目标作出贡献，保证产品和服务的质量。

4. 每年初，由办公室负责进行人员资源分析，对人员工作技能进行评价，制定年度培训计划，经最高管理者批准后组织实施；或采取其他措施，如外聘专业人才、指派指导老师、规定自学的途径和方法等来提高人员的能力,保证满足工作的要求。

5. 办公室负责组织对员工进行理论考核、操作考核和观察、业绩评定等,评价和确定各级人员的能力,评价所采取措施的有效性。

6. 办公室负责加强质量方针和质量目标的宣传,加强质量意识、职业道德、法制意识等的宣传,使每一位员工意识到满足顾客和法律法规要求的重要性,意识到自己从事的活动与企业发展的相关性,能够自觉做好并改进本职工作。

7. 办公室负责保存职工教育、经历、培训、岗位资格、考核结果和技能确定评价的适当记录。

6.3 基础设施

本公司提供并维护必要的基础设施以保证所生产的产品符合要求,这些基础设施主要包括:生产用机械设备、检测设备及工具、计算机及其软件、通信和运输设施等。

1. 生产用机械设备由生产部负责管理和使用,保证满足生产需求,同时做好维护、保养等。

2. 检测设备及工具由试验室负责管理和使用,保证满足检测需求,同时做好维护、保养等。

3. 计算机及其软件、通信由办公室负责管理,使用部门负责维护、保养。

4. 运输设施由经营部负责管理、维护和保养等。

6.4 工作环境

办公室负责工作环境的控制和管理,按照地方政府的有关规定,保证生产过程中人员、设备及检测工作环境符合要求,通过制定和使用有关工作方法、安全规则和特殊设施,有效控制热、卫生、振动、噪声、湿度、污染、光、清洁度、空气流动等。保证必要的作业环境符合规定、健康、安全要求,从而提高员工的工作满意度和业绩,确保产品满足规定要求。

7 产品实现

7.1 产品实现的策划

为了保证产品实现，所需过程在产品实现前能全面正确的识别，并为这些过程提供输入和资源，由最高管理者组织相关部门负责对产品实现所需的目标、过程、文件和资源进行策划。

1. 根据与顾客签订的合同或协议，通过产品有关要求的确认和评审明确质量目标和要求。

2. 针对有特殊要求的混凝土工程，由总工程师编制生产供应方案。公司保证产品实现过程所需的资源配备。

3. 确定混凝土产品所要求的验证、监视、检验和试验活动。

4. 根据国家有关标准和合同要求，确定混凝土产品接受准则。

5. 确定为混凝土产品符合性提供证据的质量记录。

7.2 与顾客有关的过程

为了清楚地了解和掌握顾客的需求和期望，积极与顾客沟通，保证合同或协议能全面有效的履行，满足顾客和有关法律法规的要求，由经营部负责，其他部门协助实施。

7.2.1 与产品有关的要求的确定

经营部门负责收集和明确顾客的要求和期望，并作为与产品有关要求评审的输入，包括：

1. 确认顾客以产品明示和隐含的要求，包括产品质量、交付、支持性服务、价格等；

2. 确认与混凝土产品有关的法律法规要求；

3. 确认我公司附加要求，并得到顾客明确的答复；

4. 根据我公司和顾客的约定，确定履行期限、违约责任以及解决合同纠纷的方式。

7.2.2 与产品有关的要求的评审

在向顾客提出提供产品的承诺之前，由经营部负责组织，最高管理者主持，相关领导和部门参加评审。

1. 对每单位工程混凝土供应总量在 2000m^3 以上或有特殊要求的混凝土合同，采用会议形式评审。

2. 对每单位工程混凝土供应总量在 2000m^3 以下常规要求的

混凝土，由经营部和最高管理者评审。

3. 当合同有重大变更时，经营部要组织原参加评审人员对合同进行重新评审。

4. 通过评审以确保：
1) 所有的要求都已明确和理解，并得到规定；
2) 所有不一致的问题，都已经解决或取得一致意见；
3) 对顾客口头或其他非书面提出的要求，得到确认和明确；
4) 有能力满足规定的所有要求，包括与产品有关的进度、质量、人、机、材、环境保护、资金等。

5. 评审结果及评审所引起的措施报最高管理者审批，并保持记录，必要时传递至相关部门组织实施。

6. 若产品要求发生变更，经营部应确保相关文件得到修改，负责与顾客协商一致，并传达到相关部门或人员，必要时对更改内容重新进行评审，具体执行《合同评审程序》。

7.2.3 顾客沟通

经营部负责与顾客的沟通工作，确定并实施与顾客沟通的有效安排，沟通内容包括：产品信息；问询、合同或订单的处理，包括对其修改；顾客信息反馈，包括顾客抱怨等。保证所有问题及时得到解决或处理，取得一致意见，并将沟通信息及时传递到相关部门和人员。

沟通方式可以采用：文件沟通；电话、传真、信函、网络和直接面谈等。

7.3 设计和开发

我公司不涉及设计和开发的内容。

7.4 采购

为确保采购的物资或服务符合规定的要求，对采购活动进行有效地控制，本公司制定了《采购控制程序》，由材料部负责实施。

7.4.1 采购过程

1. 材料部要广泛收集材料供方信息，向拟采取物资供方发出考察报告，组织对其进行评估，对品质信誉好、供货质量好的供方报管理者代表批准后列为合格供方，并编制合格供方名册下发执行。

2. 对新合作的供方，由材料、经营、试验等部门负责收集有关资料，如营业执照、资质证书等，进行审查，并严格做好监视和测量。经试用和考核后，能够满足顾客及质量管理体系要求的，列入合格供方名册。

3. 试验室负责对供方提供的产品或服务进行日常监督检查，发现不合格时应要求及时整改，否则从合格供方名册中除名。

4. 材料部、经营部、试验室应定期组织对供方进行评价，合格的继续保留，不合格从名册中除名。

7.4.2 采购信息

1. 物资由材料部负责采购，采购必须签订采购合同，明确有关的要求，包括材料名称、规格、生产厂家、数量、价格、供货时间、交货地点、验证方式、质量要求等，经总经理批准后采购。

2. 采购必须在"合格供方名册"中进行，并及时索要材质证明等有关资料，由采购人员收集，交试验室资料室保存。

7.4.3 采购产品的验证

1. 物资采购后由材料质检员负责按国家有关标准、规范进行数量、规格、型号、品种、质量证明文件等核对和外观质量检验，并取样委托试验室检验，经检验合格后方可投入使用。

2. 对进入现场及仓库的材料，验证数量、目测外观质量（砂、石）不符合要求的、材质证明及合格证不齐全的、复验不合格的材料，应及时执行《不合格品控制程序》。

7.5 生产和服务提供

7.5.1 生产和服务提供的控制

为了保证产品放行、交付和回访活动正常进行，满足顾客的要求，本公司制定并实施《生产和服务过程控制程序》，必要时以生产方案或质量计划等方式加以控制。

1. 生产控制

1) 在执行供应合同过程中,每次浇筑混凝土前,根据顾客签发"预拌混凝土供货通知单",合理安排生产和供应。

2) 试验室依据"预拌混凝土供货通知单"中的技术特性和要求,按现有的试验数据,签发"生产用混凝土配合比通知单"和"生产用混凝土配合比调整通知单"。

3) 生产班长接到"生产用混凝土配合比调整通知单"后,将混凝土配合比数据输入生产程序中,按生产调度通知的生产时间生产。

4) 公司提供适宜的生产、检验和试验设备。

5) 材料部保持一定量的材料储备并保证生产的连续供应能力,同时应保障供应材料的质量。

6) 试验室负责混凝土生产时开盘鉴定和生产全过程的监督、抽查及混凝土或砂浆生产试件的制作。

7) 办公室负责各部门之间的生产协调工作。

2. 服务提供的控制

1) 办公室负责提供生产、服务控制环节的人力资源,确保混凝土生产和服务过程中各岗位人员都必须进行上岗培训,取得上岗资格,以证实在岗人员胜任相应的岗位工作,为保证产品质量符合规定要求提供合格的人力资源。

2) 经营部负责产品运输中的产品防护。

3) 试验室负责产品的交付服务。

4) 经营部、试验室负责产品交付中及交付后服务、回访、信息交流等工作。

7.5.2 生产和服务提供过程确认与控制

对生产和服务提供过程的输出不能由后续的监视和测量加以验证时,应在质量计划中明确规定生产的方法、连续监控的手段方法和措施,从人、机、料、法、环五个方面进行确认。

1. 生产过程的每一个环节的工艺规程或检验标准和方法。

2. 监测装置、计量设备应经有关部门检定;人员资格的鉴定，如操作工经培训考核持证上岗。

3. 使用的作业指导书或生产方案，经审批认可。

4. 产品实现过程的影响因素发生变化时或在规定的时间间隔，主管部门应组织对过程再确认，必要时应提出更改，确保对影响过程的变更作出及时反应。

5. 对过程的连续监控、检验、再确认和更改等，做好记录。

7.5.3 标识和可追溯性

对所有进入本公司的物资，必须作出明显标识，标识产品的规格、名称、日期、工序、区域等。根据监视和测量的要求标识产品的状态。保持标识的唯一性，当有追溯性要求时实现产品追溯。

7.5.4 顾客财产

顾客财产是指为顾客生产混凝土时，由顾客购送并用于顾客所需混凝土中的原材料。顾客财产由材料部负责进行归口管理。生产部负责顾客财产在生产过程中的正确使用和维护管理。试验室负责对顾客财产提供检验服务。顾客提供财产如在使用过程中的丢失、损坏或不适用时应予以记录，经营部负责向顾客报告，并对处理结果予以记录。

7.5.5 产品防护

本公司严格按照混凝土有关标准、规定实施产品防护，防止误用。

1. 材料部负责采购产品的防护。
2. 罐车司机负责混凝土运输的防护。
3. 现场服务人员负责混凝土交付的防护，防止不同等级的混凝土误用。

7.6 监视和测量装置的控制

为了保证使用的监视和测量装置，如试验设备等的准确性满足要求，本公司编制并实施《监视和测量装置控制程序》。

1. 根据产品特性所需监视和测量的准确度、精密度和不确定度，配备相应设备和符合资格或有经验的人员。

2. 监视和测量周检到期前一个月，由各级监视和测量装置负责人按照规定申请周检。

3. 在使用前按规定进行检查和调试，检查和调试方法按监视和测量装置说明书进行，并做好维护保养，保证在适宜的条件下使用，做好运转记录。

4. 设备保管人负责以检定证书或自检记录为依据，在装置上用标签标明其校准状态，分别用绿、黄、红三种颜色进行标识。

5. 监视和测量装置由设备使用部门保管人负责建立台账进行管理。

6. 当发现监视和测量装置不符合要求时，应对以往测量结果的有效性进行评价和记录，并对先前测量的设备及受影响的产品采取适当的措施。

7. 对测量或监视用的软件，在使用前对其预期使用能力进行确认，并在使用一定时间间隔或发生问题时，对其有效性进行再确认。

8 测量、分析和改进

8.1 总则

为了确保为顾客提供满意的产品和服务，对产品形成的过程、产品的特性、质量管理体系的过程应用统计技术、内部审核、管理评审、外部审核等适用的方法进行监视、测量、分析，保证质量管理体系的符合性和持续改进。

8.2 监视和测量

8.2.1 顾客满意

顾客满意是质量管理体系业绩的一种测量，由各部门负责定期收集反映产品符合性、满足顾客要求和期望及产品报价、交付等有关的顾客满意或不满意的信息，以评价质量管理体系当前的业绩、与顾客或市场需求的差距、在竞争中所处的位置等，并作为增进顾客满意、质量管理体系持续改进的主导性依据。

信息渠道包括：顾客投诉、与顾客的沟通、回访、问卷调查、各种媒体的报告和行业研究活动等。

针对收集的信息,按照全面质量管理的要求,采取必要的统计技术,进行分析,形成定性或定量的结果,找出差距,制定改进措施,实施并验证,作为质量管理体系改进的依据。

顾客满意度分析的结果由办公室负责作为输入提交管理评审。

8.2.2 内部审核

为了确保质量管理体系符合规定的要求,并能够持续有效地实施和保持,为管理评审、质量管理体系改进提供信息和依据,由办公室负责按照《内部审核控制程序》,其他相关职能部门协助开展内部审核。

1. 每年初由办公室制定年度审核方案,依据审核活动、区域的状况和重要程度、以往审核的结果,规定全年审核的准则、范围、频次和方法,经管理者代表审核,总经理批准后下发实施。

2. 每次审核前由办公室制定具体审核计划,组成审核组,经管理者代表批准后实施审核。

3. 办公室应选择与受审核区域无直接责任关系,并通过内部审核员培训和考核,取得内审资格的内部审核员参与审核,以保证审核过程的客观性和公正性。

4. 审核由审核组长组织进行,并负责编制内审实施计划,规定审核的目的、范围、准则、日程安排和方法,并报管理者代表审批。

5. 审核结束,由内审员负责及时开出《不合格项报告》,发给受审核方采取纠正措施并实施。审核组长负责对纠正措施进行跟踪和验证。审核组长及时编写审核报告,报管理者代表批准,作为管理评审输入的内容。

6. 内部审核所有的策划、实施和验证活动应形成记录,记录由办公室保存。

8.2.3 过程的监视和测量

办公室负责过程的监视和测量，证实过程结果是否达到预期的能力。过程的监视和测量包括对过程的设备能力的评定和检查，人员工作效率和执行工艺情况的评定和检查，生产过程各项指标的监控等。当发现存在不合格或其他不正常现象时及时采取纠正措施。各部门在日常运作中采取相应的统计技术，确保产品形成的全过程的监视、测量、评价，提高过程能力，实现持续改进。

8.2.4　产品的监视和测量

由办公室负责原材料、产品按规定进行监视和测量的管理，各部门具体组织实施。

1. 产品监视和测量包括：采购产品、过程产品和最终交付产品的监视和测量。

2. 产品监视和测量依据国家、地方、行业标准，顾客要求以及本公司确定高于行业标准或顾客要求的规定进行。

3. 材料部负责进场原材料出现的不合格品的控制和标识。

4. 试验室负责对混凝土产品生产及交付过程进行监视和测量。

5. 经营部负责产品运输过程的监视和测量。

8.3　不合格品控制

对不合格品进行控制，防止不合格品的非预期使用或转序，确保向顾客提供合格满意的产品，制定并执行《不合格品控制程序》，由试验室负责归口管理，生产部和材料部协助实施。

当发现不合格品时，由质检员或材料员及时进行标识、记录，并及时上报主管领导进行评审和处置。处置方式包括：

1. 采取措施消除不合格。

2. 经授权人批准，使用时经顾客批准，让步放行。

3. 降级使用。

4. 报废或拒收。

8.4　数据分析

为了确定质量管理体系的适宜性和有效性，识别可以实施的改进，通过运用有关统计技术，收集、分析并处置有关数据，由试验室负责，其他相关职能部门协助实施。

各职能部门负责通过调阅、交谈和调查等方式进行数据收集，并适当的整理。包括内外部的有关信息数据：

1. 质量管理的宗旨和方向，包括质量方针、质量目标和指标，质量管理体系的有效性。

2. 质量管理体系、过程和产品方面的信息，包括人员的状况、资金、风险、设备和工作环境等方面的信息。

3. 内部员工的经验交流和合理化建议等，质量管理体系持续改进的措施。

4. 各种证据性和结论性信息，包括监视和测量记录、内部审核报告、管理评审报告、质量目标完成情况报告以及检测数据等。

5. 不合格和潜在不合格方面的信息，包括各种不符合报告、不合格品分析以及纠正和预防措施方案等。

6. 紧急情况或事故类信息，包括严重的质量问题和质量事故等情况的信息和记录。

7. 国家、地方政府、上级主管部门发布的有关质量的政策法规、行政命令和指导书、技术文件以及标准、规范、规程等。

8. 地方质量技术监督部门、认证审核机构等监测或检查的结果及反馈的信息。

9. 建设市场新动向等。

10. 其他，如新技术应用、来自供方的信息数据等。

对收集的数据，由各相关部门按照相关要求采用必要的统计方法对数据进行分析，确定影响顾客满意度、产品符合性、过程产品的特性及趋势、供方等的信息和问题的原因，确定质量管理体系改进的方向，从而采取有效的纠正措施和预防措施，确保质量管理体系的适宜性和有效性。

8.5 改进

8.5.1 持续改进的策划

为了提高质量管理体系的有效性和效率,实现质量方针和质量目标,从质量管理体系、过程、产品三个方面进行持续改进。包括:

日常改进活动:根据审核的结果、不合格的信息、趋势的分析等及时采取纠正和预防措施,必要时对质量管理体系进行修改,保持质量管理体系持续有效运行和完善。

重大改进活动:将数据分析的结果、审核的结果、纠正预防措施实施的结果等作为输入,通过管理评审保持对质量方针、质量目标、现有过程和产品进行更改,增强资源的满足和提供,保证质量管理体系的持续改进。

8.5.2 纠正措施

为了消除现有不合格的原因,防止不合格再发生,制定了《纠正措施控制程序》,由办公室负责,其他相关职能部门协助实施。

对顾客投诉、不合格报告、管理评审输出、内审报告、外审报告、数据分析的输出、顾客满意、过程和产品测量的结果等采取统计技术或试验等方法进行评审,根据不合格的影响程度和现状,分析和确定产生的原因,针对原因制定纠正措施,并组织实施。办公室负责纠正措施实施后的跟踪验证,确定纠正措施达到了预期的目的,否则应进一步分析原因和制定纠正措施,确保消除不合格的原因,防止不合格的再发生。收集整理相关记录,对重大的纠正措施应提交管理评审。

8.5.3 预防措施

为了消除潜在不合格的原因,制定了《预防措施控制程序》,由办公室负责实施,其他相关职能部门协助实施。

对顾客投诉、不合格报告、管理评审输出、内审报告、数据分析的输出、顾客满意、过程和产品测量的结果、顾客的要求和期望、市场分析的结果、自身评价的结果、操作条件失控的早期报警等采取统计技术或试验等方法进行评审,根据潜在原因对成本、业绩、可信性、安全性、顾客满意等可能的影响程度,确定潜在不合格的主要原因,并针对原因制定预防措施,组织实施。

预防实施后由责任部门负责进行评审,以评价预防措施的完成情况,必要时应再分析原因制定预防措施,确保预防措施实施结果达到预定要求的程度。

责任部门负责记录预防措施的原因、内容、完成情况和达到预定要求和程度。

重大的预防措施由办公室负责收集,并作为输入提交管理评审。

2.3.2 程序文件(B层次文件)

程序文件是组织为完成某项质量活动所规定的方法的文件,是质量手册的支持性文件。应包含质量体系中采用的全部要素的要求和规定,其内容必须与质量手册的规定一致,特别要强调协调性、可行性和可检查性。要对检验活动过程中的每一个环节作出具体、细致的规定,以便于有关人员的理解、执行和检查。

质量管理体系程序文件包括:文件控制程序、质量记录控制程序、管理评审控制程序、内部审核控制程序、人员考核培训程序、合同评审程序、不合格品控制程序、采购控制程序、生产和服务过程控制程序、监视和测量装置控制程序、纠正措施控制程序、预防措施控制程序等。

一、文件控制程序

1 目的

对与质量管理体系有关的文件进行控制,确保各有关场所使用有效版本的受控文件。

2 适用范围

适用于质量管理体系有关文件的控制,包括对外来文件的控制。

3 职责

3.1 办公室

负责质量手册及程序文件的编制、修改及组织实施,并负责质量管理体系文件与外来文件和标准的发放和管理。

3.2 试验室

负责所有技术文件的控制和管理。

3.3 管理者代表

负责组织对质量管理体系文件的定期评审。

3.4 各相关部门

负责本部门相关的所有与质量管理体系有关文件的使用、保存和管理。

4 工作程序

4.1 文件的内容

文件包括:

1. 国家、地方有关部门下达的政策、法令、法规、规定。

2. 公司发出的各类文件(包括:质量手册、程序文件、作业指导书、张贴品、通知、备忘录、计划及各类质量记录等)。

3. 各类技术标准、规范、规程及有关参考文件(国外和国内的)。

4. 外部支持(如供应)信息资料等。

5. 软件。

这些文件可以承载在纸张上,也可能承载在声像磁带、软盘、光盘、优盘等电子介质网络上。

4.2 文件的标识、编制、审核、批准

4.2.1 文件的标识

1. 文件的标识由办公室统一管理,标识盖红色印章,标识方法分为"受控"、"作废"、"非受控"及"仅供参考"四种。

2. 除质量体系运行所产生的质量记录不盖红色标识章外,其他文件必须加盖控制标识。

4.2.2 文件的编号

1. 质量手册的编号:

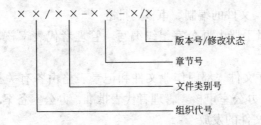

2. 程序文件的编号：

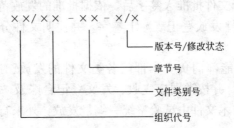

3. 作业指导书的编号：

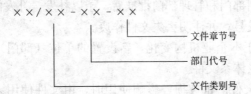

4. 记录的编号：

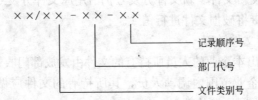

注：组织代号、文件类别号、部门代号：用缩写字母表示；
版本号：用 A、B、C……表示；
修改状态、文件章节号、记录顺序号：用 0、1、2、3……表示。

2.3 质量管理体系

4.2.3 文件的编制、审核、批准

1. 质量手册由办公室组织编写，管理者代表审核，最高管理者批准。

2. 程序文件、部门作业文件和记录表格由各有关执行部门组织编写，办公室审核，管理者代表批准，办公室备案。

4.3 文件的发放

1. 文件编制部门填写《文件编制、审核、批准及发放范围审批表》，经文件批准人签字后，依据批准的发放范围发放。领用人在《文件发放登记表》上签字，并注明文件分发号和领用日期。

2. 各职能部门负责本部门各类文件的发放、接受、标识、传递、存放，并按类别建立收、发文登记台账及"受控文件清单"。外来技术文件由试验室统一编号发放，外来行政文件由办公室发放。

3. 如使用部门或使用人文件丢失，应提出申请，说明原因，经文件使用部门和管理部门批准后，予以补发。补发的文件应给予新的分发号，并注明丢失文件作废。

4. 由于本企业机构变化，新设置的单位（部门）应及时申请补发质量体系文件。

5. 因文件严重破损，影响使用时，由文件使用人填写《文件领用审批表》，经文件使用和文件管理部门批准后，交回破损文件，补发新文件。新文件分发号仍沿用原文件分发号，文件管理部门负责将破损文件进行销毁。

4.4 文件转移

1. 调出本企业的人员所持有的文件由发放部门收回。

2. 本企业范围内调动人员，其所持有的文件应做相应的移交手续，交回原发放部门。

4.5 文件的评审与更改

本企业使用的文件应定期进行适宜性评审，必要时进行更新。

4.5.1 文件的评审

1. 质量手册和程序文件的评审由管理者代表主持,办公室负责组织各部门参加。

2. C层次文件或D层次文件发现不适宜时,由编制部门及时组织相关人员进行评审。

4.5.2 文件的更改

1. 当文件在评审后需要更改时,由该文件的原编制单位进行更改,并填写《文件更改审批表》。

2. 更改的文件,必须经原审核、批准人在《文件更改审批表》上签字同意后方可发放。

3. 由该文件的原发放部门将"更改单"发放到文件的持有者,持有者需在《文件发放登记表》上签字。

4. 原有文件的更改,发放部门均需在"受控文件清单"备注栏上注明更改单编号、更改原因和更改日期等。

4.6 文件的换版

文件经多次更改或需大幅度修改时应进行换版,由文件发放部门按《文件发放登记表》名单换发新版本,原版本作废。

4.7 文件的归档与处理

4.7.1 文件的保存

1. 一般情况,上级下达文件和外发文件应归档保存五年。

2. 与管理体系、组织机构相关的行政文件可作永久性保存。

3. 各种法令、法规、政策、规定保存期至有效期过后两年。

4. 检测实施细则、仪器操作规程、国家标准、行业标准、规范可长期保存,但有效版本与作废版本应分开存放。

5. 生产计量记录、检测原始记录及检测报告保存期为永久;其他质量记录保存期至少五年。

6. 外来文件,如供应商的记录、计量机构的检定证书或测试报告、客户的验证报告、权威机构的检测报告等由相关部门保存,没有特别规定保存期应不少于五年。

7. 记录的保管要有安全、防火、防盗、防水等措施,要妥善保管，对损坏或变质的资料，应及时修补和复印，确保档案的完整、安全。

4.7.2 文件的处理

1. 对作废的单行本标准、规范、作业指导书等，发放部门负责及时收回，收回时应在《文件发放登记表》中记录，并应加盖"作废"章；若是综合本，应在目录的相应位置加盖"作废"章，以防误用。

2. 对作废或保存期满的文件由发放部门分别列出清单，填写《文件作废申请、批准、销毁记录表》，报主管领导批准后方可组织销毁。

3. 对有继续保存价值的而保留的作废文件，应同时盖上"作废"及"仅供参考"印章。

4. 质量手册、程序文件对外提供使用时盖"非受控"章，发放时必须登记，但不受更改的控制。

5. 任何人不得在受控文件上乱涂、乱改乱划，确保文件清晰、整洁和完好、易于识别。

4.8 文件的借阅

1. 文件的借阅应办理有关借阅手续，按"文件借阅登记表"进行登记。

2. 文件使用者必须妥善保管文件，不得转借，不得擅自带离、拆散、删改或损坏，借阅的文件应及时归还。

5 相关文件

5.1 《记录控制程序》

5.2 《建筑安装工程资料管理规程》

6 相关记录

[1] 《文件编制、更改、审核、批准及发放范围审批表》

[2] 《文件一览表》

[3] 《文件发放回收登记表》

[4] 《外来文件登记表》

[5] 《文件借阅登记表》

[6]《文件作废申请、批准、销毁记录表》

[7]《文件更改申请批准记录表》

二、质量记录控制程序

1　目的

为了对质量管理体系所要求的记录予以控制，以提供质量管理体系运行过程符合要求和有效运行的证据，并为持续改进和实现可追溯性提供信息，建立本程序。

2　范围

适用于本公司质量管理体系运行中所产生的记录控制和管理。

3　职责

3.1　办公室

办公室负责本程序的归口管理。

3.2　各职能部门

各职能部门负责本部门记录编制、标识、收集、编目、保管、归档及处理，使之达到相应规定要求。

3.3　各岗位人员

各岗位人员负责相关记录的规范填写。

4　工作程序

4.1　质量记录内容

质量记录包括：

1. 质量管理体系内部审核、管理评审记录、报告及纠正、预防和改进措施的记录；

2. 验证活动评审记录；

3. 评价采购活动记录；

4. 仪器设备检定、使用、维修、保养记录；

5. 样品的保管与处理记录；

6. 合同评审记录；

7. 质量监督记录；

8. 外部检测机构出据的检测报告；

9. 试验原始记录、试验台账、试验报告等档案;

10. 人员技术档案;

11. 抱怨档案(客户投诉和申诉)记录;

12. 环境监控记录档案;

13. 有关生产过程的记录;

14. 有关材料和设备采购、验收、入库等记录;

其他与工作质量相关的质量活动记录。

4.2 记录方式

记录可采用书面记录、磁带、磁盘、光盘、照片等形式。

4.3 记录的要求

1. 所有记录应整洁、清楚、内容完整、及时准确。记录不得涂改、伪造、随意抽撤或损毁、丢失。如有需要修改的地方,在修改处加盖修改人图章或本部门负责人的图章。

2. 质量记录应分类归档、统一编号、相互衔接。

3. 记录归档应易于存取和检索。归档后存放在安全、干燥的地方,存放应做到防霉、防潮、防鼠、防虫蛀、防盗、防火。对于磁带、软盘中的记录还应做到防压、防磁、防晒,并及时备份,防止贮存的内容丢失。记录的形式可以是纸质记录(包括自动化仪表记录)、电子拷贝、图片等。

4. 记录格式需要更改时,按文件控制程序进行。

4.4 记录的填写

各种书面记录应使用钢笔、签字笔填写或计算机打印,填写要求及时、准确、完整、字迹清晰,能正确识别。发现错误时不得随意涂抹,特别是数据,应在错误的数据上划两道横线,并将正确值填写在旁边,改动人应在更改处签名或盖章。

4.5 记录的标识

1. 记录必须进行标识,有追溯要求的记录标识应保持唯一性。记录标识方法采用:编号、名称、填写单位、负责人及签署日期等。

2. 国家和地区市行政主管部门或行业统一编制的记录表格,

采用原表格上的编号标识。

3. 本企业的各部门自行编制记录表格的编号标识按《文件控制程序》规定进行表格的编号标识。

4.6 记录的收集分类、编目和检索

1. 办公室应汇集备案记录的原始样本，并建立本公司所有与质量管理体系相关的"质量记录清单"，内容包括名称、编号、保存期、使用部门等。

2. 公司承接合同的所有与质量体系相关的记录，包括在任务执行过程所产生的，由经营部负责收集、整理、标识、编目和保管。

3. 各相关部门负责收集、整理、分类、编目、标识和保管体系运行中的记录，建立本部门"质量记录清单"，以便控制和管理。

4. 记录的标识、收集、编目和归档应分类管理，便于存取和检索。

4.7 质量记录的保存、借阅与处置

质量记录的保存、借阅与处置按《文件控制程序》执行。

5 相关文件

5.1 《文件控制程序》

5.2 《建筑安装工程资料管理规程》

6 相关记录

[1] 《质量记录清单》

[2] 《质量记录借阅的登记表》

[3] 《质量记录销毁登记表》

三、采购控制程序

1 目的

对生产用的材料采购过程进行有效控制，保证所采购的产品符合规定的要求。

2 适用范围

适用于混凝土生产中所需产品的采购。

3 职责

3.1 最高管理者
审批材料采购计划和合同，提供所需的资金。
3.2 管理者代表
负责监督、检查材料采购的质量，主持合格供方的评审。
3.3 材料部
负责生产用材料的采购、验收、贮存、标识和防护的管理；负责组织对供方进行评审，建立合格供方档案；委托试验室对采购材料进行检验和试验；负责本程序的编制和修改。
3.4 试验室
负责对采购材料的复试，参加合格供方的评审，并根据国家和地方行政主管部门的要求对外送样检验。
3.5 生产部
密切关注进厂材料的贮存和标识，防止误用或使用不合格品。

4 工作程序
4.1 合格供方条件
1. 营业执照、资质证书、生产许可证、产品说明书等文件齐全。
2. 供货过程中产品质量、服务、价格能满足要求。
4.2 合格供方评审
1. 由材料部组织、管理者代表主持，相关部门和人员参加评审。
2. 合格供方评审按4.1内容进行，当一年中供方业绩两次出现严重问题，则取消合格供方资格。
3. 供方业绩评审一般在每年年初进行，评审符合"合格供方条件"的供方，应列入《合格供方名册》中，经管理者代表审批、最高管理者批准后由材料部加盖"受控"印章，发放至试验室和生产部。
4. 对初次发生业务往来的供方，材料部应收集相关信息，能证明符合合格供方条件时方可采购其材料，供应一个月后正式进行评价。

5. 参加人员应在《供方评审记录》中签署意见。

4.3 材料采购

1. 采购时，材料部必须在《合格供方名册》中选择供方，材料到厂时还应索要材质证明书，登记后移交试验室保存。

2. 材料部依据工程进度结合库存情况，编制《采购计划》，明确材料名称、供方、数量、规格、价格、供货时间等；采购计划及合同经最高管理者批准后实施。

3. 对于产品生产需用特殊材料或需方指定材料时，经营部应提前至少15天通知材料部和试验室，以便材料部备料、试验室做好充分的技术准备。

4. 初次发生业务往来的供方，由材料部和试验室对供方进行考察，确认其是否符合条件要求。

4.4 采购产品验收及检验

1. 在材料采购合同中应明确验收及检验方式，材料进厂后按合同规定执行。

2. 材料进厂时由材料部材料员负责验收。

3. 验收时材料员应首先每车对材料进行目测，外观检查质量明显存在问题，如骨料含泥过大、级配不良或砂子过细、石粉含量过多等情况时可拒收。如供方对目测结果提出异议，可共同抽样委托试验室进行检验，以检验结果作为最终判定的依据。

4. 对于水泥、掺合料、外加剂等材料，材料员应根据出厂质量证明书（合格证、检验报告等）对材料进行验收，符合要求取样委托试验室进行复试，并填写"原材料试验委托单"。

5. 当国家和地方主管部门有要求时，试验室负责对采购材料按规定送到有资质的对外检测机构检验。

6. 当材料在验收及检验过程中出现不合格品，材料员或试验员应及时通报相关人员，并执行《不合格品控制程序》。

4.5 采购产品的入库

1. 验收合格的产品，材料验收人员应在过磅单上签字，可作为入库手续。

2. 材料部应建立"原材料进场台账",保证所有进场材料入库账目清楚。

3. 在仓库及现场堆放的材料,应做到整齐、清洁、分类隔离存放合理,标识清楚;仓库堆放的材料应有防雨、防潮、防污染及防火措施等。

4. 待检产品不允许入库,有特殊原因需入库时,按特定区域进行隔离存放并加以标识。

4.6 采购文件的保管

材料部负责所有采购文件的收集、整理,按有关规定进行保管。

5 相关文件

5.1 《不合格品控制程序》

5.2 《质量记录控制程序》

5.3 《生产和服务过程控制程序》

6 相关记录

[1] 《原材料进场台账》

[2] 《供方评审记录》

[3] 《合格供方名册》

[4] 《采购计划》

[5] 《采购合同》

[6] 《原材料试验委托单》

[7] 《磅单》

[8] 《不合格品处置记录》

四、生产和服务提供控制程序

1 目的

对生产和服务过程进行控制,确保产品质量符合需方的要求。

2 适用范围

适用于本公司预拌混凝土生产和交付各阶段过程的控制。

3 职责

3.1 生产部

负责生产的安排,采取措施确保设备的正常运转,对生产现场进行管理。

3.2 试验室

负责产品生产过程的监视和测量及改进;负责技术文件的编制和发放;保证产品交付质量与服务让需方满意。

3.3 经营部

负责与需方保持联系,及时按需方要求签发"生产任务通知单",配合试验室在产品交付活动过程中就相关事宜与需方沟通,按有关规定组织回访工作。

3.4 材料部

负责原材料的采购、验证、贮存、标识及防护,确保原材料的供应满足生产需要。

3.5 办公室

保证各环节的人力资源满足生产和服务规模的需要。

3.6 财务部

负责为生产和服务实施过程提供足够的资金。

4 工作程序

4.1 生产计划与协调

1. 在合同执行过程中,经营部应随时与需方保持联系,需方需要混凝土时,经营部应提前24小时将需方提供的书面通知"预拌混凝土供货通知单"取回,并根据通知单要求及时向试验室、生产部、材料部及磅房下发"生产任务通知单",目的是让各相关部门提前了解生产任务,便于计划、安排下一步的工作,确保按时保质保量连续生产和供应混凝土。

2. 需方有特殊要求的,如需方需要特殊混凝土或使用特殊材料等,经营部应保证至少提前15天书面通知试验室和材料部,以便能够充分做好技术和材料储备。

4.2 生产和服务准备

4.2.1 试验室需做好的准备工作

1. 收到经营部下达的"生产任务通知单"后,及时安排资料员依据已有的试验数据打印相关的技术资料,确保技术资料在供应时第一车送到需方(需方有要求时提前送)。

2. 按"生产任务通知单"要求,技术负责人或质量负责人向质检组签发"生产用混凝土配合比通知单"。生产时,由质检组根据骨料含水率调整为生产配合比,并向生产部下达"生产用混凝土配合比调整通知单"。

3. 了解需方需要,提前做好技术储备,监督检验进场材料质量和准备情况。必要时,应编制过程控制作业指导书。

4. 当需方要求提供施工方案时,负责组织召开专题会议,编制施工方案报送需方。

4.2.2 生产部需做好的准备工作

1. 保证设备完好,满足生产需要。

2. 根据质检组下达的生产配合比,将数据正确输入计量系统,按通知的具体时间准时生产。

4.2.3 材料部需做好的准备工作

根据生产任务通知单要求,结合试验室下达的配合比,备足足够的原材料。

4.2.4 经营部需做好的准备工作

负责落实需方施工浇筑的准确时间,合理调配好车辆(包括运输车、泵车),并提前至少 1~2 小时通知生产部和试验室,确保按预约的时间将混凝土送到交货地点。

4.3 生产过程控制

4.3.1 试验室

生产过程的质量控制由质检组负责,并由具有一定专业技术知识和实践经验的人员担任。

1. 开盘鉴定

1) 每次不同结构部位、不同等级的混凝土正式生产时,质检组长应检查材料的使用和配合比的输入是否正确,经确认无误后方可计量生产。

2) 第一车搅拌二盘结束后，质检员配合组长进行混凝土拌合物的鉴定，鉴定合格后方可批量生产混凝土。

2. 混凝土配合比的调整

当不符合要求或由于某种原因需要对生产混凝土配合比进行调整。调整原因及要求如下：

1) 配合比调整的原因

（1）砂、石含水率的变化

由于砂、石含水率会因所处的区域不同而发生变化，由此造成混凝土坍落度发生变化。故生产混凝土时应随时注意砂、石含水率的变化，及时按规定调整配合比。

（2）混凝土坍落度损失的变化

由于运输时间、气候变化等常常会造成混凝土坍落度损失发生变化。运输时间长、气候干燥，坍落度损失就大；反之，坍落度损失就小。当出现这种变化时，应调整出厂坍落度。

（3）现场施工需要

施工现场由于浇捣部位不同，对混凝土坍落度要求也不一样，例如整个楼层整体浇筑时，剪力墙的坍落度要比顶板大；或因泵送距离缩短时可适当减小坍落度。

2) 混凝土配合比调整的基本要求

（1）调整要有足够的理由和依据，防止随意调整。

（2）调整应不影响混凝土质量，调整过程中混凝土水胶比不能发生变化。

（3）调整必须按规定程序进行，并做好调整记录。

3) 异常情况的控制与调整

（1）混凝土在生产和出厂检验过程中，可能会遇到异常情况，应及时查明原因，必要时停止生产。当混凝土拌合物坍落度出现忽然很小或很大或浆体含量忽然很小或很大等情况。质检人员应配合操作人员校准设备计量系统，检查骨料是否上错料仓，同时测定骨料含水率，如果与这些情况无关，也许是胶凝材料需水量有较大的变化或新到减水剂减水率发生较大变化造成，应保持水胶比不变调整混凝土配合比，并对胶凝材料和减水剂重新取样进行验证。发生以上情况，也有可能是运输车刷罐时水未放净造成。如果是计量系统故障问题引起，应在维修及校准正常后方可继续生产。

（2）出现异常情况后，有关人员必须及时向技术负责人及生产经理汇报，以便问题得到及时处理。

3. 当混凝土拌合物状态保持较稳定时，也应每车进行目测检验，确保出厂混凝土拌合物符合要求，并按有关规定留置试件。

4. 试验室技术负责人、质量负责人应对生产过程进行不定时监督检查，检查内容包括：使用材料、计量、搅拌时间、拌合物状态、试样留置等是否符合要求。并参与特制品的开盘鉴定。

5. 出厂质检员应随时核对"预拌混凝土发货单"是否正确，特别注意工程名称、强度等级、浇筑部位等不能发生错误。

6. 承担生产过程原材料进厂的检测试验，并将试验结果及时通知材料部。

4.3.2 生产部

1. 保证操作人员经培训合格，严格按试验室下达的配合比计量生产。

2. 负责每月进行一次静态计量装置校准，每工作班进行一次动态计量装置校准，确保设备计量装置精度符合规定要求。

3. 为了保证计量精度，生产时的计量值设在计量装置额定量程的20%～80%之间。计量精度直接影响混凝土质量，按照国家标准，混凝土原材料计量允许偏差应符合表2-3的规定。

混凝土原材料计量允许偏差 表2-3

原材料品种	水泥、水、掺合料和外加剂	砂和石
每盘计量允许偏差（%）	±2	±3
累计计量允许偏差（%）	±1	±2

4. 严格按输入计量系统的混凝土配合比计量生产，未经质检人员的许可不得随意改动数据。

5. 搅拌时间：每盘混凝土搅拌的最短时间（从全部材料投完算起）不少于30s，在配备C50以上强度等级的混凝土或采用引气剂、膨胀剂、防冻剂时应延长搅拌时间。

6. 搅拌过程中，操作人员应随时注意仪表盘和监视器，发现异常应停止操作，并及时通知组长或生产经理解决。

7. 做好仪器设备出现故障时的抢修准备工作，确保问题出现时能在最短的时间内得到解决，保证生产的连续性。

8. 负责生产环境安全、清洁卫生的管理。

4.3.3 材料部

1. 根据计划及时采购原材料，保证生产的需要。

2. 负责生产过程原材料进厂的验收、抽样送检。

3. 根据试验结果及时采取贮存、标识及防护。

4. 认真做好材料的各项记录，特别是使用情况记录，当发生质量问题时，保证这些记录能够实现可追溯性要求。

4.4 服务过程控制

4.4.1 经营部

1. 负责合同执行过程中与需方的联系，及时将需方需求信息通知到相关部门和人员，确保需方满意。

2. 根据供应方量大小、运距，合理调配车辆，保证供应的连续性。

3. 按《质量回访制度》组织相关人员对需方进行回访，根据回访信息，提出今后满足需方要求的改进措施。

4.4.2 试验室

1. 负责安排交货检验人员进行施工浇筑全过程的跟踪服务，确保交付的混凝土拌合物状态、供应速度符合施工要求。

2. 当运送到现场的混凝土拌合物状态不能满足施工要求时，执行《不合格品控制程序》。

3. 交货检验员负责核对"预拌混凝土发货单"是否正确，

监视浇筑部位和混凝土强度等级是否与"预拌混凝土供货通知单"相一致,协调、配合需方做好交货检验及见证取样工作。

4. 参与质量回访,根据需方提出的建议和要求,不断改进工作质量。

5 相关文件

5.1 《文件控制程序》

5.2 《质量记录控制程序》

5.3 《人员考核培训程序》

5.4 《不合格品控制程序》

5.5 《监视和测量装置控制程序》

5.6 《采购控制程序》

5.7 《纠正措施控制程序》

5.8 《预防措施控制程序》

6 相关记录

[1] 《预拌混凝土供货通知单》

[2] 《生产任务通知单》

[3] 《生产用混凝土配合比通知单》

[4] 《需方满意度调查表》

[5] 《生产用混凝土配合比调整通知单》

[6] 《预拌混凝土发货单》

[7] 《生产过程监督检查记录》

[8] 还包括原材料、混凝土的相关试验原始记录及报告等(详见第3章3.5试验室相关质量记录表格),以及原材料进厂验收、登记等记录(详见第6章6.5材料部相关质量记录表格)。

五、人员考核培训程序

1 目的

为了提高公司员工的综合素质,应有计划地对人员进行培训和考核,确保本企业所有从事与质量有关的人员具备相应的技能,更好地适应市场变化和满足公司发展的需要。

2 范围

适用于本公司所有从事对质量有影响的工作人员的教育培训工作。

3 职责

3.1 最高管理者

负责提供人员培训及考核所需的资源。

3.2 管理者代表

负责审批人员培训及考核计划,对人员培训及考核计划的实施过程进行监督。

3.3 办公室

办公室是公司员工培训及考核的主管部门,负责本程序的编制和管理,根据各部门对人员技能的需要,制定人员的年度培训及考核计划,组织人员的培训及考核工作,并归档保存人员的培训和考核记录。

3.4 其他部门

根据本部门对人员技能的需求,每年的1月份制定人员培训计划报办公室。

4 工作程序

4.1 培训和考核计划的制定和批准

1. 办公室负责根据各部门人员培训要求,结合本公司实际情况,每年初制定人员年度培训和考核计划,并根据以下内容策划、实施或调整人员的培训计划:

1) 人员上岗前(含临时聘用、外部调入及内部调动人员);

2) 每位人员上一年度的工作情况;

3) 新型仪器设备投入使用前需进行培训时;

4) 开展新项目或执行新标准、新方法前;

5) 由于人员技术缺陷形成质量隐患或造成事故后;

6) 法律法规或行业管理有要求时。

2. 制定的人员培训计划中应尽可能考虑到人员可能发生的调整情况,并明确培训的科目内容、培训时间、地点、参加人员、培训要求、应达到的效果及评价的方法等。

3. 培训和考核计划经管理者代表审批,最高管理者批准后下发到相关部门实施。

4.2 培训内容

1. 人员质量管理知识、质量意识和责任感重要性的教育培训。

2. 为增强满足需方要求的意识及有关法律法规、标准、规范及其他要求的教育培训。

3. 专业技能、知识更新、岗位资格培训以及岗位职责和操作规程,职业道德和劳动纪律,安全等内容的培训。

4.3 培训方式

公司员工培训分为定期和不定期培训两种方式。采取外培和内培相结合,考核分笔试、口试及现场操作;可采取脱产、半脱产的形式进行。

4.3.1 定期培训

定期培训要事先拟定计划,做好经费、教程安排。每期授课结束要进行考核,考试成绩记入员工档案,作为年终考评的依据之一。

4.3.2 不定期培训

根据公司的发展需要,在全体员工中开展不定期培训,不定期培训可以采取专题形式,针对热点问题安排学习内容。不定期培训还包括需要时的外部培训。

4.3.3 补充培训

可以以讲座、论坛等各种形式对人员进行培训,也可以在资深人员的指导或监督下进行工作,这些工作也应纳入培训计划中。

4.4 培训和考核计划的实施

4.4.1 内部培训和考核

1. 办公室负责本企业的质量方针和质量目标、质量管理体系的培训工作,并会同有关部门组织新员工的入厂培训。

2. 与质量有关的部门负责人应对人员进行岗位技能、操作步骤、设备性能、安全事项、紧急情况的应变措施、优质服务进行培训。岗前培训和转岗人员的培训及考核,合格后方可上岗。

3. 举办培训和考核的主管部门或负责人应针对培训对象的工作岗位,在培训前准备相关的学习资料或组织编写培训教程,做到人手一册。

4. 培训结束后应进行考核,对没有达到培训要求的人员,应再次安排培训和考核;培训及考核效果填写在"人员培训记录表"中。

5. 管理者代表应对培训计划的组织实施及实施效果进行监督,当发现问题时应及时采取措施,以保证培训计划的有效实施。

4.4.2 外部培训和考核

1. 国家或本地区建设工程行业对人员资格有要求的,由办公室负责跟踪联系,并及时组织本单位人员参加培训和考核;培训人员在培训合格后应主动将上岗证、结业证或其他合格证明等送交办公室存档备案。

2. 对于计划外的培训,且需在外接受培训的人员,必须提前填写"培训申请表",经部门负责人审批,最高管理者批准后实施。

4.4.3 培训考核总结

办公室每年底应对本企业年度培训工作进行总结,评价其培训效果,发现问题分析原因,制定纠正措施,改进培训工作,提高培训效果。

4.5 培训档案

本公司各类培训都必须建立档案,办公室、各执行部门负责归类、整理、保管。

5 相关文件

5.1 《文件管理工作程序》

5.2 《记录管管工作程序》

6 相关记录

[1]《人员登记表》

[2]《人员履历表》

[3]《人员年度培训计划表》

[4]《人员外部培训记录表》

[5]《人员内部培训记录表》

[6]《培训申请表》

六、合同评审程序

1 目的

对每份合同、订单、标书进行评审,避免因能力资源的欠缺而引起不符合工作的产生。

2 适用范围

适用于本企业承接预拌混凝土供应合同的评审。

3 职责

3.1 经营部

负责组织相关部门和人员进行合同评审,当合同的内容发生变更时负责修订,必要时应进行重新评审,并保存有关的记录和文件。

3.2 生产部

参加,确认生产能力是否满足合同供应的要求。

3.3 试验室

参加,确认技术能力是否满足合同要求,负责编制特制品的作业指导书。

3.4 材料部

参加,确认材料的采购和供应是否能满足合同要求。

3.5 办公室

参加,确认人力资源是否满足产品生产的需要。

3.6 财务部

参加,确认资金能力是否满足合同的要求。

4 工作程序

4.1 评审时间

在接受需方招标文件投标之前，签订合同、订单之前和合同修改之前。

4.2 评审内容

1. 对招标文件的各项要求进行评审，包括工期、供应数量、结构及其设计技术要求、施工方法、使用原材料、价格、付款方式、交付地点、生产能力、供应能力、现场道路、需方资信及特殊要求等，确认本公司是否有能力和资源满足要求。

2. 当保证能力不具备满足合同要求时，应采取措施或不承接该任务。

3. 必要时还应确定双方分别需要承担的法律责任。

4.3 评审方式与实施

1. 由经营部组织，最高管理者主持，采取会议的方式进行评审。参加评审的部门和人员范围可根据需要确定。

1）工程混凝土供应总量在 2000m³ 以下且无特殊要求的小工程，可由经营部与最高管理者评审决定；

2）工程混凝土供应总量超过 2000m³ 或承接特殊要求的混凝土时，与质量有关的所有部门负责人都应参加合同评审会议。

2. 对口头方式接到订单且无具体书面说明的场合，经营部都应记录在案，按第 1 条要求提交评审。

3. 参加评审的人员应在评审结束时提出评审意见，并签字确认。最高管理者综合各部门意见作出评审结论，经营部做好合同评审记录。

4.4 合同的修订

合同在执行过程中，如果发生与原合同偏离的情况或需方改变产品技术质量要求等，经营部应及时与需方取得联系，就合同有关条款的修订达成一致意见，并形成文件。将修订信息及时正确传递给相关部门，必要时进行重新评审。经营部保存合同修订的记录和文件。

4.5 合同的管理

1. 经评审通过的供应合同，由最高管理者或其委托代理人负责与需方签定合同。

2. 经营部负责合同的编号、保存。合同范围包括招标文件、投标书、订单、供应合同和合同修改等,这些文件应登记在"合同台账"中。合同评审记录和相关的记录也应存档。

5 相关文件

5.1 《建设工程施工合同管理办法》

5.2 《中华人民共和国招标投标法》

5.3 《中华人民共和国合同法》

5.4 《中华人民共和国建筑法》

5.5 《文件控制程序》

5.6 《质量记录控制程序》

6 相关记录

[1] 《合同台账》

[2] 《合同评审记录》

七、内部审核控制程序

1 目的

确保质量管理体系持续、有效地运行,并为质量管理体系的改进提供依据。

2 范围

适用于本公司质量管理体系内部审核活动的控制。

3 职责

3.1 最高管理者

批准年度内部审核计划。

3.2 管理者代表

1. 负责年度内审工作的策划和实施,任命审核组长及成员。

2. 深入审核现场,领导、协调内部审核工作,处理有争执的问题。

3. 批准内审实施计划、内部审核报告和纠正措施。

3.3 办公室

1. 按年度内部审核计划,组织实施内部审核工作。

2. 针对内审中提出的不合格项,组织纠正措施的跟踪验证工作。

3. 负责做好内审记录的收集和保存工作。

3.4 审核组长

全面组织本次内审工作,主持召开首末次会议,编制内审实施计划和审核报告。

3.5 内审员

负责编制内部审核检查表,具体实施现场审核。编写不合格报告,并跟踪、验证纠正措施实施情况。

3.6 各相关部门

按内审实施计划安排做好审核接待及提供审核资料证据等工作,积极配合,按时关闭不合格项。

4 工作程序

4.1 审核依据

质量手册、程序文件、作业指导书和有关标准。

4.2 审核频率

内部审核的频次一般每年不少于一次,两次内审时间间隔不超过12个月,每次内审涉及管理体系的全部要素和活动。如出现大的质量事故或客户投诉、申诉增多时,应增加审核次数,根据具体情况也可有针对性地进行局部审核。

4.3 年度内审计划的编制

办公室协助管理者代表负责组织年度审核方案的策划,应根据上年各相关部门质量控制情况,结合本年度质量工作安排,确定本年度内审的范围、频次、时间、方法,并形成年度内审计划,报最高管理者批准后实施。

4.4 审核准备

1. 管理者代表根据年度审核计划,任命选派本次审核组长和审核组成员,组成审核组。审核人员必须经过培训并有相应的资格证书,为确保审核工作的有效性,审核工作应由与被审核对象无直接责任的审核员来执行。

2. 审核组应编制《内部审核实施计划》，经管理者代表批准后，至少提前3天发放到被审核部门。

3. 内部审核实施计划的内容包括：受审核的部门、审核目的、审核依据、审核范围、审核组成员、审核日程安排等。

4. 受审核部门收到内部审核实施计划后应做好准备工作，如果对审核日期和审核的主要项目有异议，应在2天内通知审核组，经过协商可以再行安排。

5. 审核组长组织内审员研究审核的准则和方法，并编制《内部审核检查表》，检查表由审核组长批准。

6. 审核实施前内审员再次通知受审核部门，通知和确认审核时间。

4.5 现场审核

1. 审核组按审核实施计划和检查表进行现场检查审核。

2. 首次会议由审核组长召集审核组成员，审核所涉及的部门负责人及其他相关人员参加，会议的内容包括审核的目的、范围、审核依据、注意事项、日期和时间安排等。

3. 由审核组长控制审核全过程，审核员根据分工，通过与受审核部门人员面谈、查阅文件、检查记录、现场观察等方法寻找客观证据，并如实详细记录在《内部审核检查表》中。

4. 审核发现不合格时，审核员应当场取得受审核部门负责人对不合格事实的确认，若有异议可由审核组长或提请管理者代表处理。不合格项经审核组讨论确定后，由审核员填写《不合格报告》。

5. 审核组进行内部沟通，对审核结果作汇总分析，由审核组长组织编制不合格项汇总表，并对受审核部门作出符合性及有效性的综合评价。

6. 由审核组长主持召开末次会议，参加人员与首次会议相同，由审核组长对本次内审情况，对管理体系的符合性、有效性进行分析评价，提出改进建议，并说明不合格项的数量与分类，可能时提出采取纠正措施的计划，并发出《不合格报告》，要求各相关部门按《纠正措施控制程序》执行。

4.6 审核报告

审核报告由审核组长编写,其内容应该包括:内审目的、依据、范围、受审部门及审核过程、审核组成员、不合格项的汇总结果、纠正措施要求、审核综合评价及结论等。经管理者代表批准后上报最高管理者,并分发有关领导和部门。

4.7 纠正措施及其跟踪和验证

1. 责任部门应针对审核中发现的不符合项事实,调查该不符合项对结果的影响。

2. 责任部门在实施及完成纠正措施时均应主动通知办公室,办公室应及时安排有关人员进行跟踪验证纠正措施实施的有效性。如果责任部门不能在短期内落实不符合项的纠正,责任部门应写出原由,经管理者代表批准后移交办公室备案,办公室应延期跟踪验证。

3. 如果纠正措施需进行文件修改,则按《文件控制程序》执行。

4. 每年年末或每次管理评审活动前,管理者代表应对前一阶段的内审情况进行总结分析,并编写总结分析报告,如果不合格项集中在某一部门、某个要素,应确定重点加以控制,通过增加审核频度、加强动态监督来执行,同时,这种总结和分析将作为管理评审的输入。

4.8 内部审核资料的管理

内部审核的全部记录由审核组长移交办公室,按照本公司《质量记录控制程序》进行保管。审核资料包括:审核计划、审核记录、审核报告、不合格项报告、纠正措施记录和预防措施记录等。

5 相关文件

5.1 《文件管理控制程序》

5.2 《质量记录控制程序》

5.3 《纠正措施控制程序》

5.4 《预防措施控制程序》

6 相关记录

[1] 《年度内审计划》

[2] 《内部审核实施计划表》

[3] 《内部审核检查表》

[4] 《内部审核报告》

[5] 《不符合报告》

[6] 《不合格项分布表》

[7] 《会议签到表》

八、管理评审控制程序

1 目的

确保质量管理体系持续的适宜性、充分性和有效性,确保质量方针和质量目标的适宜性,以满足外部环境变化和本公司发展的需要。

2 范围

适用于本公司最高管理者对质量管理体系运行及其持续改进有关活动的评审,以及对质量方针、质量目标适宜性的评审。

3 职责

3.1 最高管理者

公司最高管理者负责主持管理体系评审工作。

3.2 管理者代表

管理者代表协助公司最高管理者做好管理评审前的组织工作和准备工作。

3.3 部门负责人及相关人员

各部门负责人及其他相关人员参加管理评审,并按职能分配表提供管理体系运行情况的信息和资料。

3.4 办公室

办公室负责做好管理评审资料的布置、收集、记录及管理评审报告,改进措施的跟踪、检查、督促和验证工作,以确保其有效性。

4 工作程序

4.1 管理评审的时机

4.1.1 常规

管理评审每年至少进行一次,每两次管理评审之间的时间间隔不超过 12 个月。每次管理评审包括所有部门、所有过程;管理评审一般放在内部审核之后进行。

4.1.2 特殊情况

在下述情况下可以增加管理评审:

1. 公司内组织机构、产品结构、资源等发生重大变化与调整时。
2. 需方投诉迅速上升,产品销售严重下滑时。
3. 在生产过程中发现严重的质量问题,如不合格率迅速上升、成品质量下降、质量事故等。
4. 市场发生重大变化且影响到本公司经营方向时。
5. 当法律、法规、标准及其他要求发生变更时。
6. 最高管理者认为有必要时。

4.2 管理评审计划

1. 办公室根据上述情况制定管理评审计划,经最高管理者审批后,提前发给参加管理评审的部门和人员。
2. 管理评审计划应明确规定管理评审内容、评审目的、参加人员、时间、地点及各部门应准备的评审材料。

4.3 管理评审的输入

管理评审内容一般由最高管理者确定。办公室及有关部门应提供相应报告,管理评审的输入可选择以下内容:

1. 内、外部质量体系审核的结果。
2. 质量方针、质量目标的贯彻实现情况及适宜性。
3. 现有质量体系文件的适宜性、有效性、协调性。
4. 客户反馈意见的汇总分析。
5. 客户申诉和质量事故分析。
6. 纠正和预防措施的实施情况及效果。

7. 过程的监视和测量情况。
8. 上次管理评审决定的改进措施执行情况。
9. 人力素质和人员培训情况。
10. 供应商的控制情况。
11. 改进的建议。
12. 其他有关事项。

4.4 管理评审的实施

1. 管理评审一般以会议形式进行，最高管理者主持，各有关部门和人员参加，对评审输入的各项内容进行评审。
2. 分析质量体系的适宜性、充分性和有效性，作出是否需要改进和完善的决议，提出评审后应采取的改进措施。
3. 办公室负责做好评审会议签到及会议详细记录。
4. 最高管理者对所涉及评审的内容明确作出结论。如：体系、资源、方针、目标是否调整，过程是否重置，产品是否改进等。

4.5 管理评审输出

1. 管理评审结束后，办公室根据管理评审记录编写"管理评审报告"，最高管理者批准后，发放到所有参加评审的人员和执行评审决定的部门。
2. 管理评审报告包括：评审的目的、时间、地点、参加人员、评审会议决议；采取相关的纠正和预防措施的要求；对质量管理体系及其有效性的评价结论等；并对相关的改进措施完成时间提出要求。
3. 评审会议结束后，办公室根据管理评审会议决议及时提出"纠正和预防措施通知单"，经最高管理者批准后下达到有关部门，有关部门按纠正和预防措施工作程序的规定明确责任和完成时间。
4. 办公室对责任部门的纠正和预防措施实施情况及其效果进行跟踪验证，填写验证结论，并向最高管理者或管理者代表报告。

5 相关文件

5.1 《质量记录控制程序》

5.2 《内部审核控制程序》

5.3 《纠正措施控制程序》

5.4 《预防措施控制程序》

6 相关记录

[1] 《管理评审计划》

[2] 《会议签到表》

[3] 《管理评审记录表》

[4] 《管理评审报告》

[5] 《纠正和预防措施通知单》

[6] 《纠正和预防措施记录表》

九、不合格品控制程序

1 目的

对不合格品进行控制，防止不合格品流入下道工序或出厂，确保为顾客提供合格满意的产品。

2 范围

适用于生产全过程及出厂后发生不合格品的处置。

3 职责

3.1 管理者代表

1. 负责顾客重大质量问题投诉的评审，提出处置意见。

2. 指导有关部门纠正和预防措施的制定及验证工作。

3.2 试验室

1. 负责本程序的编制、实施和管理。

2. 对出厂和交货过程中出现的不合格品进行评审和处置。

3. 检测发现原材料不合格时通知材料部，需要时补发报告。

4. 制定、实施、验证纠正和预防措施。

3.3 材料部

负责进场原材料不合格品的评审、标识和处置，并制定、实施纠正和预防措施。

3.4 生产部

随时注意进场原材料的标识,防止误用不合格品。

4 工作程序

4.1 进场不合格材料的标识、隔离、评审和处置

1. 材料员对进场原材料进行目测验收,如目测判定不合格可当场拒收,如供方对目测结果提出异议,可共同抽样送试验室进行复检,以复检结果作为最终判定的依据。

2. 对于检测结果不符合标准要求的材料,试验室应立即通知材料部,材料部接到通知后及时通知生产部,防止误用。并对不合格品进行标识,采取有效的隔离措施。

3. 材料部协助试验室对不合格材料进行评审和处置。

1) 对不合格品的评审结论有报废、拒收、让步接收。

2) 评审结果为报废或拒收的不合格品,材料部应及时通知供方,做好处置的协调工作。

3) 评审结果为让步接收的不合格品,经试验室试验确定,并出具技术处置方案后方可投入使用。

4. 评审结论为让步接收的所有不合格品,必须经让步接收人签字认可。相关部门应按规定做好详细记录,妥善保存,以便发生问题时能够追溯。

5. 材料部根据不合格品产生的原因,制定并实施纠正和预防措施,妥善保存相关记录,可作为评价供方的依据。

4.2 出厂、交货过程中出现不合格的评审和处置

1. 出厂、交货不合格品的处置方式

1) 消除不合格:混凝土出厂、交货过程中检验出的一般不合格(如坍落度不符合要求或离析等),质检组应查明原因,负责调整至合格。交货时发现的不合格不得交付需方,回厂并经调整合格后再返回施工现场。

2) 降级使用:对于混凝土出厂、交货中检查出的严重不合格(其质量对结构安全和使用功能有影响的),质检组应向主任汇报,由主任组织有关人员进行评审,分析原因,经技术处理后

可降级使用时。

3）报废：经主任评审无法满足顾客要求，且不能降级使用时，作报废处理。

2. 混凝土在出厂、交货过程中检验发现不合格时，检验人员应及时报告班组长，有权提出暂停生产或交付。

3. 试验室质检组长接到不合格报告后，若评审为一般不合格时，应及时按有关规定消除不合格，否则不得交付给需方。若评审为严重不合格时，应通知主任进行评审和处置。

4. 主任针对严重不合格，组织生产部和相关人员进行现场分析原因，根据评审结果，按第1条进行处置。

5. 纠正后的产品应由检验员重新进行验证，防止再发生。

6. 对不合格品的评审、处置发生争议时，由管理者代表组织裁决。

4.3 严重质量问题的评审和处置

需方投诉混凝土质量存在严重问题时，由管理者代表主持召开质量分析会，属本公司责任的判定为严重质量问题。提出处置方案，并将处置方案通报相关方需方，征求需方的意见后进行处置。

5 相关文件

5.1 《质量记录控制程序》

5.2 《采购控制程序》

5.3 《生产和服务过程控制程序》

5.4 《纠正措施控制程序》

5.5 《预防措施控制程序》

5.6 《监视和测量装置控制程序》

6 相关记录

[1] 《不合格品试验报告》

[2] 《不合格品评审及处置记录》

十、监视和测量装置控制程序

1 目的

加强监视和测量装置的管理,确保监视和测量结果的准确性和有效性符合法律、法规及相关规定的要求。

2 范围

适用于本公司各类监视和测量装置的控制。

3 职责

3.1 试验室负责监视和测量装置的归口管理。

3.2 各使用部门负责监视和测量装置的日常维护和保养。

4 工作程序

监视和测量装置属于计量器具,以下称为计量器具。

4.1 计量器具的购置、入库和验收

1. 各部门根据本部门的工作需要,需添置计量器具时,应填写购置计划,经最高管理者批准后购买。

2. 可凭供方的质量证明办理入库手续。

3. 必须经计量主管部门检定合格后方可办理验收手续,并贴上三色标志后方可投入使用。

4.2 计量器具的周期检定和校准

1. 使用部门负责根据有关规定要求,制定《监视和测量装置周期检定和校准计划》,并按计划实施。

2. 周期检定委托有资质的专业计量机构进行检定,由使用部门按计划提前至少15天报最高管理者批准后,由试验室负责实施送检或请检定单位来人检定。

3. 到期未检定或检定不合格的计量器具,严禁使用。

4. 不合格的计量器具经维修后应重新进行检定,经修理仍不合格的作报废处理。

4.3 计量器具的使用和维护

1. 操作人员必须经培训和考核合格,方可正式上岗。

2. 所有计量器具都应有编号,并登记在相关文件中。

3. 主要计量器具应有专人负责使用保管,并认真填写使用运转、维修及维护保养记录,确保在用仪器设备处于正常工作状态。

4. 主要的试验计量器具，检测前和结束后都应进行准确性检查，并做好记录。

5. 计量器具在使用中发生异常现象或故障时，使用人员应停止使用，送计量部门检修，精密计量器具严禁私自拆卸调整、修理，并对测量结果采取追溯和重新测量。

6. 应保护计量器具的硬件和软件，防止发生导致测量结果失效的调整。

7. 所有计量器具的使用环境应符合有关标准的规定要求，防止受到外部不良干扰而影响测量结果的正确性。

4.4 计量器具的标志

所有计量器具实行标志管理。分别贴上三色标志：合格证（绿色）、准用证（黄色）和停用证（红色）。监督人员和使用保管人员要经常检查其状态标识的有效性。其应用范围为：

4.4.1 合格证标志

1. 计量检定合格者。
2. 设备不必检定，经检查其功能正常者（如计算机、打印机）。
3. 设备无法检定，经对比或鉴定适用者。

4.4.2 准用证标志

1. 多功能计量器具，某些功能已丧失，但工作所用功能正常，且经校准合格者。
2. 计量器具某一量程精度不合格，但工作所用量程合格。
3. 降级使用者。

4.4.3 停用证标志

1. 计量器具损坏者。
2. 计量器具经计量检定不合格者。
3. 计量器具性能无法确定者。
4. 计量器具超过检定周期者。

4.5 计量器具的停用和启用

4.5.1 计量器具的停用

凡长期不用的计量器具,各使用部门应办理停用手续,经管理者代表批准后贴停用标记,进行封存。封存期内不安排周期确认,禁止使用,由使用单位认真维护、保管。

4.5.2 停用计量器具的重新启用

停用计量器具若重新启用,经管理者代表批准由计量部门重新确认合格后,方可使用。

4.6 计量器具的搬运

4.6.1 搬运前

计量器具在搬运前,一定要了解其注意事项和要求,防止搬运造成的损坏。

4.6.2 搬运后

计量器具在搬运结束后,在使用前应重新进行检定。

4.7 计量器具技术档案

各使用部门应每年清点一次计量器具,并建立《计量仪器设备一览表》、《计量仪器设备周期检定表》。主要仪器设备应建立档案(一机一档)。内容包括：使用说明书(进口仪器设备的外文说明书应译成中文)、操作规程、历年检定/校准证书、仪器验收记录、维修保养及使用运转记录等。

5 相关文件

5.1 《计量法》

5.2 《采购控制程序》

6 相关记录

[1] 《仪器设备一览表》

[2] 《计量器具周期检定表》

[3] 《仪器设备使用运转记录》

[4] 《仪器设备报废审批表》

[5] 《仪器设备停用和启用审批表》

[6] 《仪器设备故障、维修记录》

[7] 《仪器设备添置申请表》

[8]《仪器设备入库和验收记录》

[9]《仪器设备维护、保养记录》

十一、纠正措施控制程序

1　目的

对管理体系内审、外审中发现的以及在日常工作中产生的不合格项进行识别和控制，并确保当不符合项发生后所实施的纠正活动的有效性，使管理体系得到持续改进和不断完善。

2　范围

本程序适用于发生不符合其程序所采取的纠正以及纠正措施的制定、实施和验证。

3　职责

1. 管理者代表负责审批外部审核不合格项的评审、制定纠正措施并组织验证。

2. 办公室负责本程序的编制，对实施情况进行监控；并负责组织内部审核和日常体系运行监督检查中不合格的审核、评审及验证。

3. 各相关部门负责不合格项的评审、制定和实施纠正措施。

4　工作程序

4.1　当出现以下问题时应采取的纠正措施

1. 发生需方投诉、抱怨时。

2. 外审、内审发现不合格时。

3. 产品质量分析发生严重波动或质量下降时。

4. 产品测量发现不合格时。

5. 管理评审需采取纠正措施时。

4.2　不合格信息的报告

1. 检测发现的不合格，试验员应报组长或技术负责人。

2. 生产过程检验发现的不合格，质检员应报组长或技术负责人。

3. 需方投诉、抱怨导致企业形象或合同履约造成影响的事件，经营部应报管理者代表。

4. 管理评审输出的问题、外部审核发出的"不符合项"由办公室通知责任部门。

5. 内部审核发现的"不符合项"由内审组通知受审核部门负责人。

4.3 不符合项的原因分析与纠正措施制定

发生不符合项的责任部门，接到《不合格报告》后，应及时组织有关人员进行不合格评审，调查分析产生不合格的原因，并根据不合格产生的原因制定纠正措施，确定后填写《纠正措施实施计划与跟踪验证记录表》，并按 4.2 上报，经批准后实施。

4.4 纠正措施的验证与评价

对纠正措施结果进行验证与评价，以确定是否按规定的计划进行实施以及实施的有效性。

1. 质量事故、重大需方投诉等的纠正措施实施结果，由管理者代表负责组织相关人员进行验证与评价。

2. 一般不合格的纠正措施实施结果，由办公室委派内审员进行验证与评价。

3. 管理评审、外部审核、内部审核以及纠正措施实施结果，由办公室负责进行验证与评价。

当纠正措施实施结果经评价为无效，应重新进行原因分析、确定措施需求，制定纠正措施计划并实施，直至符合要求为止。验证与评价的结果填写在《纠正措施实施计划与跟踪验证记录表》中。

5 相关文件

5.1 《质量记录控制程序》

5.2 《内部审核控制程序》

5.3 《管理评审控制程序》

5.4 《不合格品控制程序》

5.5 《生产和服务过程控制程序》

5.6 《监视和测量装置控制程序》

5.7 《人员考核培训程序》
5.8 《采购控制程序》
6 相关记录
6.1 《不合格报告》
6.2 《纠正措施实施计划与跟踪验证记录表》

十二、预防措施控制程序

1 目的

为了防止不合格的发生而采取预防措施,确定不符合的潜在原因和所需的改进。

2 范围

适用于消除潜在不合格或其他潜在不期望情况的原因所采取的措施。

3 职责

3.1 最高管理者

最高管理者负责批准投入风险较大的预防措施。

3.2 管理者代表

管理者代表负责组织制定预防措施并对其有效性进行评价及实施监控。

3.3 各相关部门

各相关部门负责预防措施的实施。

4 工作程序

4.1 预防措施来源

1. 冬、夏、雨期施工。
2. 新技术、新材料使用,质量体系审核情况。
3. 需方满意度的测量,潜在的期望、意见与建议。
4. 生产过程中潜在不合格信息。
5. 重复出现不符合项或出现系统性的不符合项。

4.2 预防措施的制定、批准、实施及验证

4.2.1 生产部

负责对冬、夏、雨期及人、机、料、法、环在生产中潜在不

合格因素预防措施的制定,生产部实施,管理者代表批准,试验室协助实施并验证。

4.2.2 经营部

负责收集需方抱怨和意见的相关信息,整理、归纳、统计、分析市场的需求变化趋势,找出本公司面临的潜在危机,制定并实施预防措施,最高管理者批准,管理者代表验证。

4.2.3 试验室

负责检测数据的统计分析,注意检测过程可能存在潜在的不利于质量的因素、隐患或薄弱环节,并制定和实施预防措施,由管理者代表批准并进行跟踪验证。

4.2.4 办公室

负责内审中出现系统的不符合项预防措施的制定和实施,管理者代表批准并验证。

4.2.5 材料部

对供方的供货情况,包括质量波动情况、供货及时性等进行分析,找出供方存在的不利于提高产品质量的因素和潜在的不合格因素,针对潜在的不合格因素制定并实施预防措施,由管理者代表批准并验证。

4.3 有效性评审

1. 预防措施应由管理者代表组织有关人员进行有效性评审,除对运作程序评审外,预防措施还可涉及趋势和风险分析以及能力验证结果在内的资料分析。

2. 对效果不明显的预防措施,要重新制定、实施,直到达到满意。

4.4 特殊情况

如果预防措施所涉及的投入风险较大,由公司最高管理者批准。

4.5 开展自查

各部门制定、实施预防措施,将实施情况予以记录,同时要定期根据生产情况、记录、审核结果、服务报告、需方意见等分析原因开展自查，找出潜在影响质量的原因，并制定预防措施，予以实施。

4.6 衡量利弊

预防措施的制定和实施应与潜在问题的影响程度相适应，若采取预防措施的投入远大于不采取预防措施造成的损失，可以不制定预防措施。

4.7 存档

采取预防措施的全部记录要予以存档，预防措施及其实施情况应提交管理评审。

5 相关文件

5.1 《质量记录控制程序》

5.2 《内部审核控制程序》

5.3 《管理评审控制程序》

5.4 《不合格品控制程序》

5.5 《生产和服务过程控制程序》

5.6 《监视和测量装置控制程序》

5.7 《人员考核培训程序》

5.8 《采购控制程序》

5.9 《纠正措施控制程序》

6 相关记录

《预防措施实施计划及结果评审表》

2.4 相关质量记录表格

以下质量记录表格主要用于仪器设备、人员、内部质量体系审核、会议、文件和资料等方面的记录。为了减少这些表格占用空间，进行了压缩列出，实际使用时，可根据需要将行距和列距放大，并将每一种表格或横向或纵向单独打印使用，便于编目、归档保存。以下记录表格未编号，使用时应根据企业内部管理需要进行统一编号。

人员年度培训计划表

序号	培训内容与要求	工作部门	参加人员	培训部门或机构	培训时间	培训地点

编制：　　　　　　　　　　　批准：

人员外部培训记录表

培训目的							
培训内容							
培训地点							
培训机构							
授课教师				日　期			
参加人员及考核结果							
序号	姓名	工作部门	考核结果	序号	姓名	工作部门	考核结果
1				6			
2				7			
3				8			
4				9			
5				10			
情况说明：							

记录：　　　　　　　　年　月　日

人员内部培训记录表

培训目的	
培训内容	
培训地点	
授课教师	日　期

参加人员及考核结果							
序号	姓名	工作部门	考核结果	序号	姓名	工作部门	考核结果
1				6			
2				7			
3				8			
4				9			
5				10			

情况说明：

记录：　　　　　　　年　月　日

人员履历表

姓　名		性　别		身份证号		照片
职务、职称		参加工作时间		籍　贯		
学　历		所学专业		毕业院校		

培训情况	
工作简历	
工作业绩	

培训申请表

培训原因	
培训方式	
培训机构	
培训内容	
培训时间	
部门负责人意见： 签 名：　　　　　　日 期：	
公司领导意见： 签 名：　　　　　　日 期：	

申请人：　　　　　申请日期：

体系内审首/末次会议签到表

第　页共　页

会议名称	□首次会议　　□末次会议	
会议日期		会议地点
内　审　组　成　员		
内审组长签名		
内审员签名		
被审部门参加会议人员名单		
签　名	部　门	职　务

会议签到表

第　页共　页

会议名称			
主持人			
会议日期		会议地点	
参加会议人员			
签　名	部　　门		职　务

会议记录

第　页共　页

会议名称			
主持人			
会议日期		会议地点	

会议内容：

记录人：

质量体系内审及管理评审年度计划
20 年

审核及管理评审目的：	
审核范围：	
审核依据：	
内审时间安排：	
管理评审时间安排：	
备 注：	

编制：   批准：

质量体系内部审核实施计划

审核目的	
审核范围	
审核依据	
审核组长	
审核员	
审核日期	
内审日程安排： 时　　间　　　被审核部门　　　所涉及的要素	

编制：   批准：

内部质量体系审核检查表

审核编号：

受审部门		审核时间	
审核组长		审核员	
参考文件			
涉及要素	审核内容		审核结果记录

内部审核不合格项报告

受审部门		审核编号	

不合格项事实描述：

不符合：
严重程度：
受审部门代表：　　　　　　　　　审核员：
　　年 月 日　　　　　　　　　　　年 月 日

原因分析：	纠正措施：
部门负责人：	计划完成日期： 实施人：　　批准人：

纠正措施验证情况：

验证意见：

审核员：　　　年 月 日

内部审核报告

审核部门		审核日期	
审核组长		审核员	

审核及管理评审目的：
审核范围：
审核依据：
内部审核综述

编制：　　　　　　　管理者代表：

管理评审记录

评审时间		地点	
评审目的			

记录内容：

记录：

管理评审报告

评审时间		地点	
评审目的			
主持人			
参加人员			
评审摘要:			
评审结论:			

编制:　　　　　　　　批准:

受控文件一览表

文件名称	文件编号	起用日期	保管人

2.4 相关质量记录表格

不合格项分布表

ISO 9001:2000 要素编号	生产部	经营部	试验室	材料部	办公室	合计
4. 质量管理体系						
4.1 总要求						
4.2 文件要求						
4.2.1 总则						
4.2.2 质量手册						
4.2.3 文件控制						
4.2.4 质量记录的控制						
5. 管理职责						
5.1 管理承诺						
5.2 以顾客为中心						
5.3 质量方针						
5.4 策划						
5.4.1 质量目标						
5.4.2 质量管理体系策划						
5.5 职责、权限与沟通						
5.5.1 职责和权限						
5.5.2 管理者代表						
5.5.3 内部沟通						
5.6 管理评审						
5.6.1 总则						
5.6.2 评审输入						
5.6.3 评审输出						
6. 资源管理						
6.1 资源的提供						
6.2 人力资源						
6.2.1 人员安排						
6.2.2 能力、意识和培训						

续表

ISO 9001:2000 要素编号	生产部	经营部	试验室	材料部	办公室	合计
6.3　基础设施						
6.4　工作环境						
7. 产品实现						
7.1　产品实现的策划						
7.2　与顾客有关的过程						
7.2.1　与产品有关的要求的确定						
7.2.2　与产品有关的要求的评审						
7.2.3　顾客沟通						
7.4　采购						
7.4.1　采购控制						
7.4.2　采购信息						
7.4.3　采购产品的验证						
7.5　生产和服务提供						
7.5.1　生产和服务提供的控制						
7.5.2　生产和服务提供过程的确认						
7.5.3　标示和可追溯性						
7.5.4　顾客财产						
7.5.5　产品防护						
7.6　监视和测量装置的控制						
8. 测量、分析和改进						
8.1　总则						
8.2　监视和测量						
8.2.1　顾客满意						
8.2.2　内部审核						
8.2.3　过程的监视和测量						
8.2.4　产品的监视和测量						
8.3　不合格品的控制						

续表

ISO 9001:2000 要素编号	生产部	经营部	试验室	材料部	办公室	合计
8.4 数据分析						
8.5 改进						
8.5.1 持续改进						
8.5.2 纠正措施						
8.5.3 预防措施						
合　　计						

仪器设备购置申请表

仪器名称		购置数量	
型号规格		金额(元)	
生产厂家			
申请购置理由：			
申请人：		年　月　日	
管理者代表意见：			
签　字：		年　月　日	
最高管理者意见：			
签　字：		年　月　日	

仪器设备报废申请表

仪器名称		购置时间	
型号规格		设备编号	
生产厂家		出厂编号	

报废理由：

申请人：　　　　　　　　　　　　　　年　月　日

管理者代表意见：

签　字：　　　　　　　　　　　　　　年　月　日

最高管理者意见：

签　字：　　　　　　　　　　　　　　年　月　日

仪器设备故障、维修记录

仪器名称		设备编号	
规格型号		出厂编号	
主要技术指标		使用部门	
主要用途			

故 障 维 修 记 录

维修日期	发生故障原因	维修情况	记录人

仪器设备维护、保养记录

仪器名称		设备编号	
规格型号		出厂编号	
主要技术指标		使用部门	
主要用途			

维护、保养记录		
维护、保养日期	维护、保养情况	记录人

外来文件登记表

收文日期	来文机关	文别	来文编号	收文编号
事由				
附件				
承办部门：				
			年 月 日	
领导批示：				
			年 月 日	
备注：				

文件借阅登记表

序号	文件名称	文件编号	借阅日期	归还日期	借阅人	批准人	保管人

仪器设备使用运转记录

仪器名称		设备编号	
规格型号		出厂编号	
主要技术指标		使用部门	
主要用途			

使 用 情 况						
起			止			
月	日	时	仪器情况	月	日	时	仪器情况	使用人

月	日	时	仪器情况	月	日	时	仪器情况	使用人

仪器设备入库和验收记录

名　称		设备编号	
型　号		购价(元)	
制造厂		购置时间	
精　度		检定证书号	
出厂编号		放置地点	
状　态	□全新　□用过　□改装	使用说明书	□有　　□无
验收情况(包括主要技术指标)：			
参加验收人员：		使用部门： 接收人员：	
验收日期：　年　月　日		验收日期：　年　月　日	

纠正措施实施计划与跟踪验证记录

不符合项要点			
来　源			
提出人		提出日期	
纠正措施			
完成纠正期限			
责任人		制定人	
纠正措施完成情况			
完成日期		报告人	
整改跟踪验证记录			
跟踪验证人		验证日期	
备　注			

预防措施实施计划及结果评审表

预防目标	
主要预防措施	
计划评审意见	

制定人： 制定日期：	批准人： 批准日期：

预防措施过程监控及结果评审	
起始日期	
实施负责人	
监控负责人	
实施参加人员	
监控总体评价	
结果评审意见	
附件	□预防措施具体实施计划 □实施过程记录 □效果证明资料 □修改前后的文件(修改部分)

仪器设备停用和启用审批表

仪器名称		购置时间	
型号规格		设备编号	
生产厂家		出厂编号	
停用或启用理由： 申请人： 年 月 日			
管理者代表意见： 签 字： 年 月 日			
最高管理者意见： 签 字： 年 月 日			

文件编制、审核、批准及发放范围审批表

文件名称		文件编号	
编制部门		日 期	
文件发放范围： 发文部门负责人： 日期：			
审核意见： 审核人： 日期：			
审批意见： 批准人： 日期：			

文件更改申请批准记录表

文件名称			文件编号	
更改原因:				
更改申请部门:		申请人:		日期:
更改前:				
更改后:				
发文部门负责人:				日期:
审核意见:				
审核人:				日期:
审批意见:				
批准人:				日期:

文件发放回收登记表

序号	文件编号	文件名称	发放号	受控状况		文件发放		文件回收		回收原因
				受控	非受控	日期	领取人	日期	接收人	

编制: 　　　　　　　　批准:

文件作废申请、批准、销毁记录表

序号	文件名称	文件编号	作废、销毁事由	批准人	处理人	销毁日期	备注

文件编制、更改、审核、批准及发放范围审批表

序号	文件名称	文件编号	作废、销毁事由	批准人	处理人	销毁日期	备注

仪器设备一览表

共 页第 页

序号	仪器设备名称	型号	出厂编号	技术指标		制造厂	购置日期	保管人
				测量范围	准确度			

质量记录清单

序号	质量记录名称	编号	建立日期	保存期限	保管人	备注

质量记录借阅的登记表

序号	质量记录名称	编号	借阅日期	归还日期	借阅人	批准人	保管人

质量记录销毁登记表

序号	质量记录名称	作废、销毁事由	批准人	处理人	销毁日期	备注

计量器具周期检定表

共 页第 页

序号	仪器设备名称	型号	出厂编号	所用仪器的技术指标		检定周期	检定单位	最近检定日期	检定证书号	送检负责人
				测量范围	准确度					

人员登记表

姓名	性别	文化程度	职务/职称	政治面貌	所学专业	进公司时间	现在岗位	本岗工作年限	身份证号	上岗证号

第3章 试验室管理

预拌混凝土生产企业试验室是企业内部产品质量和成本控制的核心部门。在新产品应用、技术服务等方面起关键作用。其人员素质、检测能力、技术与管理水平的高低决定和代表了预拌混凝土生产企业的管理水平和企业形象。地方主管部门、质量体系认证机构、建设单位、工程监理及施工单位等,无不把试验室作为重点检查和考评对象。因此,搅拌站试验室应严格按照有关规定加强管理,不断完善检测手段,以促进检测水平的不断提高,为顾客提供更好的产品和服务。

3.1 组织机构

3.1.1 组织机构

试验检测工作是产品质量保障的重要技术手段。客观、准确、及时的试验检测数据,是指导、控制和评定产品质量的科学依据。为了做到试验检测工作的"公正性、科学性和先进性",更好地适应行业发展的需要,必须建立一个功能齐全、能满足所开展业务要求的组织机构。搅拌站试验室组织机构设置可参考图3-1。

3.1.2 人员素质要求与权利委派

1. 人员素质要求

质量是企业的生命,也是明日的市场。预拌混凝土的质量主要是靠试验室来控制,而人员素质是保证质量的重要因素。因

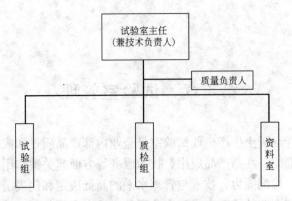

图 3-1　试验室组织机构设置框图

此，企业应对试验室人员素质提出更高的要求。

试验室主任（兼技术负责人）：具有工程师或高级工程师职称或多年从事试验工作，熟悉预拌混凝土生产工艺，具备较丰富的质量管理经验和良好职业道德，有一定的组织能力，能坚持原则，熟知与本企业有关的各种标准和质量法规，业务上应该有较高的水平。

质量负责人：具备初级以上技术职称，具有良好职业道德，经过专业训练，掌握预拌混凝土生产理论知识和检验技术，熟知有关的标准和规章制度，坚持原则，认真负责。

试验员：具有高中（或相当于高中）以上文化水平，责任心强，熟知本岗位的操作规程，控制项目、指标范围及检验方法，经专门培训、考核，取得岗位合格证书。

试验室人员要相对稳定，业务骨干的调动应征求主任意见。

为了尽快提高试验室人员的整体业务素质，应对试验人员进行定期或不定期培训，必要时应派人员参加外部机构组织的培训，并采取岗位轮换制来实现目标。虽然这在近期内会增加主任和质量负责人的精力消耗，但经过一定的时间以后，在管理上会更加轻松。因为在同一岗位上工作的时间太长，人员容易产生惰性，换换工作环境和内容，使他们有学习和接受新知识的机会，不仅对员工个人有益，对公司同样受益，在提高整体业务素质的同时增强了团队凝聚力。

作为试验室工作人员,在工作中应加强团结协作、克服困难,正确对待工作中存在的问题或矛盾,凡事要以公司和顾客的利益为中心。要掌握好大我和小我的问题,大我即公司和顾客的利益,小我即个人利益。因此小我必须服从大我,把大我放在第一位。不因个人情绪而影响工作质量,这是作为公司员工应尽的责任和基本要求。

作为试验室工作人员,要在行动中增长才干。不懈地行动就要克服困难和懒惰,要获得人生的知识就要亲自去实践。知识是没有谁能教会谁的,要真正掌握知识,将知识变成自己的财富,主要是靠自己,要清楚地认识到自学的重要性,行动的重要性。师傅的作用、书的作用好比将你领到一桌丰盛的宴席,但吃不吃最终还在于自己。因此,要满怀热情地努力工作和学习,在行动中不断总结经验,努力使自己成为一个全面的优秀人才,为迎接新的机遇和挑战做好充分的准备。一个对待每项工作都认认真真的人,即使处在一个不起眼的角落,最终也会脱颖而出。

2. 权利委派

试验室主任对整个机构的工作全部负责;质量负责人协助主任对整个机构的检测工作的质量负责,当主任不在时代行其职权;当试验室主任和质量负责人同时不能履行职责时,由试验组长暂理有关业务工作。相互代理要有相应的记录。

3. 试验室人员配置

试验室人员的配置见第 2 章。

3.2 检测能力与设备配置

3.2.1 检测能力

试验室的检测试验能力对预拌混凝土的生产质量及其控制有

很重要的影响。试验人员应努力对有关标准、规范、方法的学习，不断提高检测试验能力，为产品生产过程质量控制提供可靠的依据。预拌混凝土生产企业试验室应具有至少原材料的常规检验和混凝土的基本性能的检测能力，见表3-1。

检测能力一览表　　　　　　　表3-1

被检产品	参 数 名 称
水 泥	细度、体积安定性、凝结时间、标准稠度用水量、胶砂强度
砂	颗粒级配、含泥量、泥块含量、含水率、压碎值指标、堆积密度、紧密密度、表观密度、石粉含量(亚甲蓝法)
石	颗粒级配、含泥量、泥块含量、含水率、压碎值指标、堆积密度、紧密密度、表观密度、针片状颗粒总含量
粉煤灰	细度、烧失量、需水量比、含水量
矿渣粉	流动度比、比表面积、烧失量、活性指数、含水量
外加剂	减水率、含固量、抗压强度比、含气量、凝结时间之差、细度、限制膨胀率、限制干缩率、钢筋锈蚀、pH值
混凝土	混凝土配合比设计、表观密度、稠度、含气量、泌水性、凝结时间、抗压强度、抗折强度、抗渗性能、抗冻性能及回弹法结构强度检测
备注	需其他性能检验时,可委托有资质的对外检测机构检测

3.2.2 检测仪器设备的配置

检测仪器设备是试验室正常开展检测工作的重要资源之一，对其配置是否适宜直接影响试验数据和检测结果的准确性。根据国家和行业有关标准、规范规定，需方及公司对产品质量控制的要求，配备相应的检测仪器设备，以满足规定和检测工作的需要。主要仪器设备的配置可参考表3-2。

主要仪器设备的配置参考表　　　　表 3-2

序号	仪器设备名称	序号	仪器设备名称
1	2000kN 压力试验机	19	混凝土搅拌机
2	300kN 压力试验机	20	混凝土贯入阻力测定仪
3	5000N 抗折试验机	21	沸煮箱
4	水泥负压筛析仪	22	电热鼓风干燥箱
5	水泥净浆搅拌机	23	箱式电阻炉
6	行星式水泥胶砂搅拌机	24	针、片状规准仪
7	混凝土拌合物含气量测定仪	25	100kg 台秤
8	震击式标准振筛机	26	电子天平
9	透气仪	27	15kg 电子秤
10	混凝土回弹仪	28	雷氏夹测定仪
11	混凝土振动台	29	坍落度筒
12	标准养护室设备	30	膨胀收缩测量仪
13	水泥胶砂振实台	31	标准负压筛
14	水泥稠度、凝结时间测定仪	32	水泥胶砂流动度测定仪
15	万分之一分析天平	33	钢筋锈蚀测量设备
16	恒温恒湿养护箱	34	砂、石子筛
17	冷冻箱	35	抗压夹具
18	混凝土渗透仪	36	压碎指标测定仪

3.3 人员岗位责任制

岗位责任制是试验室的一项重要制度，对各级人员的职责和权限作出明确的规定，使各级人员在不同岗位上同心协力、各负其责，共同做好各项工作。发生问题时可以及时查明原因，分清责任，以便今后工作的改进。

3.3.1 主任（兼技术负责人）岗位责任制

1. 负责试验室全面管理工作，认真贯彻国家、部委及地方有关的政策法规，执行公司制定的有关规章制度。

2. 审核并签发试验报告，对签发的试验报告负技术责任。

3. 经常检查、总结试验工作，针对工作中存在的问题及时采取纠正和预防措施。

4. 加强对试验人员的业务技术培训，努力提高全室人员的技能和业务素质，保证试验人员持证上岗。

5. 经常深入施工现场，熟悉工程进展及工程结构，了解顾客对产品的需求、期望和抱怨，不断提高技术与管理水平。

6. 根据检测需要及时添置仪器设备，保证仪器设备的配置及其精度满足检测要求，并始终处于良好的运行状态，严格按检定周期检定计量仪器设备。

7. 负责混凝土配合比的设计，组织试验人员试配，及时提出生产用混凝土配合比，保证所出具的配合比既满足设计和施工要求，又经济合理。解决技术难题，做好技术储备工作。

8. 负责外部技术的协调工作，善于处理工作中存在的各种问题。

9. 经常进行混凝土生产检查，检查内容主要有配合比及其计量精度、原材料的使用、拌合物质量和搅拌时间等。

10. 应定期或不定期进行各项检测工作、质量记录的检查，不断提高检测工作质量和完善质量记录。

3.3.2　质量负责人岗位职责

1. 协助主任做好试验室的日常管理工作。

2. 及时掌握新规范、新方法，努力提高专业技术水平，指导试验员正常开展各项检测试验工作。

3. 审核试验报告，对所签发的试验报告正确性负责。

4. 经常开展生产用混凝土配合比的验证工作，当原材料有显著变化且不能满足设计和施工要求时，应及时向主任汇报。

5. 负责制定高强、高性能及特殊混凝土的"作业指导书"，并做好实施指导工作。

6. 加强生产过程的监视，经常深入施工现场，熟悉工程结构,了解施工工艺,根据需要及时调整混凝土配合比。

7. 熟悉本岗位的工作内容,制定质量控制措施,提高解决疑难问题、处理质量问题的能力。

8. 定期对原材料质量和混凝土质量进行分析,分析一个统计期内原材料和混凝土的质量变化,提出存在的问题和改进措施。

9. 负责建立试验仪器设备档案,监督仪器设备的维护、保养和"三色"标志情况,保证检测工作所使用的仪器设备符合规定要求,运转正常。

10. 检查检测工作环境卫生,确保仪器设备摆放有序。

11. 及时向主任汇报检测质量情况。

3.3.3 质检组长岗位职责

1. 负责混凝土出厂检验和交货检验的具体管理工作,配合车辆调度,确保混凝土浇筑的连续供货。

2. 熟悉混凝土配合比设计和拌合物性能试验方法,根据骨料含水率,负责将"生产用混凝土配合比调整通知单"及时下达到生产部。

3. 负责生产时的配合比计量输入复核,确保数据准确无误,并做好混凝土的"开盘鉴定"工作,严格按有关规定调整配合比,保证出厂和交货混凝土拌合物状态符合要求。

4. 负责出厂检验和交货检验人员的工作安排,供应过程中应随时与他们保持联系,确保供应速度与施工速度相协调。

5. 随时监督检查生产配合比计量、原材料的使用、搅拌时间及混凝土出厂检验试件的留置是否符合要求,发现异常问题应及时处理,必要时向主任、质量负责人汇报。

6. 认真做好"站内值班记录"。

7. 指导、监督班组其他人员工作质量,对人员的工作表现及时考核,提出奖惩建议和意见。

8. 做好换班时的交接工作。

3.3.4 试验组组长岗位职责

1. 全面负责试验组的日常管理工作,确保检测及时、数据准确真实、记录清晰完整。
2. 随时了解原材料进厂情况,领导试验人员按现行国家有关标准、规范进行原材料进厂的复试工作。
3. 负责按要求开展试验员间和试验室间的能力对比试验,认真分析产生误差的原因,努力提高检测水平和精度,并妥善保存相关记录备查。
4. 必须做到原材料的试验批次和数量与进厂台账、见证取样单、试验台账、试验委托单及试验原始记录相一致。
5. 随时检查主要试验仪器设备的运转情况,按要求做好运转记录和检测环境有温、湿度要求的记录。
6. 对试验数据的真实性、正确性负责。及时组织试验人员进行不同龄期试件的试验。
7. 严格按操作规程使用仪器、设备,做到事前检查、事后维护保养,保持检测环境清洁卫生。拒绝与检测无关的物品放入室内。
8. 试验原始记录要做到字迹清晰、不得涂改,妥善保管质量记录,及时移交资料室存档。
9. 加强原材料的检验工作,紧盯原材料质量变化,了解生产情况,经常开展"生产用混凝土配合比"的验证工作,充分发挥以试验指导生产的作用。
10. 负责按地方主管部门规定要求,及时将材料送有相关资质的对外检测机构检验。
11. 及时向资料室提供试验原始记录,配合资料室做好技术资料工作,保证需方满意。
12. 应随时向主任、质量负责人汇报检测工作情况。

3.3.5 试验员岗位职责

1. 遵守劳动纪律和各项规章制度,服从领导。

2. 严格按有关标准规定进行样品的标识、检测和记录工作，做到及时准确。

3. 加强标准规范和试验方法的学习，不断提高检测水平，认真做好各种质量记录，对试验原始数据的正确性负责。

4. 严格按操作规程使用试验仪器设备，随时做好试验仪器设备的维修、保养，保证仪器设备处于正常的运行状态。

5. 有权拒绝行政或其他方面对正常检测工作的干预；有权越级向上级领导反映各级领导违反检测规程或对检测数据弄虚作假的现象。

6. 负责做好主要计量仪器设备的使用运转记录，对有温、湿度要求的环境，严格控制确保达到要求，并做好相关记录。

7. 负责混凝土试件的脱模、编号、养护和试验工作。

8. 随时保持试验环境、试验设备清洁卫生，用具摆放整齐，与工作无关的物品不得带入工作场所。

3.3.6　出厂检验员岗位职责

1. 严格遵守各项规章制度，服从组长安排。

2. 熟悉检验规则，严格按有关规定要求进行混凝土拌合物的出厂检验与试件标识，并做好相关记录。

3. 对成型的混凝土试件真实性、代表性负责，不得弄虚作假或漏样。

4. 认真按要求做好砂、石含水率的测定，及时将信息反馈当班组长，为当班组长调整生产混凝土配合比提供准确依据。

5. 协助质检组长做好混凝土开盘鉴定工作，当同一配合比混凝土拌合物和易性较稳定时，每车也应进行目测，同时观察黏聚性和保水性。

6. 混凝土出厂坍落度的控制应以"生产用混凝土配合比通知单"为依据，并经常测定坍落度损失，准确掌握出厂坍落度，对不符合要求的混凝土拌合物不得放行出厂，发现异常情况应及时向主管领导汇报，不得擅自处理。

7. 负责收集、整理相关的质量记录，及时移交资料室存档。

3.3.7 交货检验（现场调度）员岗位职责

交货检验人员要有强烈的形象意识，其谈吐、举止、行为，不再仅仅是个人文化素质的直观反映，也是企业形象的再现。因此，要克服困难，努力提高服务质量，塑造良好的个人和企业形象。

1. 自觉遵守各项规章制度，努力做到现场服务让需方满意。
2. 到达施工现场必须穿公司统一工装，戴好安全帽，随时注意安全。
3. 熟悉交货检验规则及试验方法，积极配合或督促施工单位做好交货检验的有关工作，认真填写"交货检验记录"，并及时交资料室保存。
4. 当混凝土拌合物质量不能满足施工要求、供应速度与施工速度不协调时，或浇筑过程中出现异常情况等，应及时将信息反馈当班组长，以便得到及时处理和解决。
5. 阻止施工单位向混凝土中任意加水。
6. 混凝土浇筑结束前，应对混凝土的需要量进行准确估算，防止浪费。
7. 混凝土供应量按施工图纸计算的工程，应监督施工单位的浇筑部位是否与供货通知单一致，当供应量有较大差异或浇筑部位与通知单不符时，应及时向有关领导汇报。
8. 对施工现场成型的试件，应及时做好标识和取样记录，并负责妥善将试件运回试验室。
9. 发现施工单位对浇筑后的混凝土结构及试件的养护不当时，应及时与相关人员进行沟通，尽力避免问题的发生。
10. 做好现场值班记录。

3.3.8 资料员岗位责任制

1. 根据现有试验资料，按"生产任务通知单"要求，及时打印技术资料,并提供给需方。

2. 向需方补报的 28d 龄期试验报告,应在试验结束后十天内提出并移交经营部,由经营部送到需方。

3. 负责及时收集并保存原材料的出厂合格证和检验报告。

4. 认真复核打印的每一份试验报告,保证试验数据、结论与原始记录相一致。

5. 负责各种文件和资料以及质量记录的整理、归档和保存,不得随意办理借阅、复制手续。

6. 需销毁过期文件和资料及质量记录时,应提出书面申请,经试验室主任批准后,方可处置。

7. 负责按月进行混凝土抗压强度的统计评定工作,并报送主任和质量负责人。

8. 拒绝无关人员随意进入资料室。

3.3.9 抽样人员岗位职责

1. 严格按照有关规范、标准认真抽取试样,按时完成受检产品的抽样任务。
2. 产品质量检验抽样记录必须填写准确、工整。
3. 负责样品的包装、运输和样品的入库、交接工作。
4. 对所抽样品的代表性、真实性负责。
5. 承办试验室领导交给的其他任务。

3.3.10 样品管理员岗位职责

1. 负责抽(送)样样品的登记、编号、留样、发放和处理工作。
2. 严格按照有关规定期限保存样品,做好登记和处理工作。
3. 对保存样品的失真、丢失和保管不善负责。
4. 保持样品的清洁卫生,做好防潮、防火、防盗工作。
5. 销毁过期样品时,应请示质量负责人批准。

3.4 试验室管理规章制度

试验室必须建立完善的各项规章制度,这是保证检测工作能够正常进行的基本前提。

3.4.1 试验室管理制度

为了保证检测的准确性和有效性,需对人员、设施与环境加以控制,根据有关要求特制定本制度。

1. 试验室是进行检测的工作场所,必须保持清洁、整齐。由试验人员负责工作台、水池、门、窗、墙面以及仪器设备的清洁卫生工作。

2. 试验室内禁止随地吐痰、吸烟、吃东西,不允许做与检测无关的活动,不得堆放与检测无关的物品。

3. 非检测人员未经同意不得随意进出试验室。有温、湿度控制要求的,检测人员也应避免频繁进出,以免影响环境条件的控制。

4. 建立卫生值日制度,每天有人打扫卫生,每周彻底清扫一次。

5. 做好节假日人员值班安排,保证标准养护室处于正常控制范围,确保必要的检测工作正常进行。

6. 仪器设备的零部件要妥善保管,连接线、常用工具应排列整齐。

7. 建立不合格品试验台账,出现不合格项目应及时向主管领导报告。

8. 不得带电作业,电源线应排列整齐,不得横跨过道。

9. 仪器设备应保持状态完好,使用完毕应立即填写相应的使用记录,如有异常情况,检测人员应及时向领导请示处理。

10. 试验室应设置消防设施、消火栓或灭火桶,任何人不得私自挪动位置或挪做他用。

11. 检测样品应按"未检"、"已检"、"留样"等状态分别放在规定处，不能随处放置，以免混淆、丢失、损坏；特殊样品应采取有效防护措施，防止样品污染变质或对环境造成危害。

12. 各类图书、文件、标准以及记录表格，应由资料员统一管理，正在使用的应由试验员妥善放好，不得随意乱放。

13. 为保障检测工作过程中人身和仪器设备安全，试验人员应严格遵守有关安全管理的规定。

14. 工作人员离开岗位时，要认真检查水、电是否关闭；离开检测室时要关好门窗。

3.4.2 试验工作质量控制规定

1. 严格按现行国家标准、规范的试验方法进行原材料的取样复验和混凝土供应的出厂检验和交货检验，对原材料及混凝土的质量负责。

2. 在试验过程中，试验人员一般不应少于2人，记录人员采用复颂法，以防止数据在传递过程中发生差错。

3. 定期进行混凝土强度、原材料质量的统计和分析工作，并按时上报有关领导。

4. 负责收集与混凝土有关的新技术、新产品信息，并积极进行技术开发、创新和技术储备。

5. 发现生产过程中存在重大问题时，质检人员有权暂停生产，并提出处理意见。

6. 严格执行公司制定的有关质量管理的规定，负责试验室人员的组织、教育、管理工作，不断提高人员的质量意识和业务素质。

7. 负责及时向需方提供必需的各项技术资料。

8. 因停水、停电而中断的试验，凡影响质量时，必须重新进行试验，并将情况记录在案备查。

9. 因仪器设备故障损坏中断试验时，可用相同等级满足试验要求的代用仪器重新进行试验，无代用仪器设备且一时无法修复时，应及时送到有对外检测资质的机构进行检验。

10. 试验工作失误或试件本身的原因造成试验数据失真，所有试验数据作废，重新取样试验，试验报告以第二次试验数据为准，并由试验人员写出事故原因，当不能重新取样试验时，应对材料的使用作追溯性检测。

11. 试验室应布局合理，相邻区域如有互不相容的检测工作时（如灰尘、电磁干扰、辐射、温度、湿度、光照和振动），应进行有效的隔离，并采取措施防止交叉污染。

12. 试验结束后，检测人员应对全部试验数据进行认真整理、计算和审核。

3.4.3 原始记录管理制度

原始记录是试验检测过程的真实记载，不允许随意更改、删除。

1. 原始记录应印成一定格式的记录表，其格式根据检测的要求不同可以有所不同。原始记录表主要应包括：产品名称、型号、规格；编号或批号、代表数量、生产单位或产地；主要仪器及使用前后的状态；检验编号、检验依据、检验项目、环境温、湿度；检验原始数据、数据处理结果、试验日期等。

2. 原始记录应字迹清楚、不得用圆珠笔填写，并有试验人员与和审核人员签名。

3. 审核人必须认真审核，确保检验数据、计算结果及评定无误。

4. 为及时向需方提出试验报告，试验组应及时将原始记录移交资料室，并由资料室整理保管。

5. 原始记录中数据不允许随便更改、删减，如需更改，应画两条平行线，并由当事人签名或加盖个人印章。

6. 试验人员和审核人员必须是经当地建设主管部门统一培训、考核并获得岗位合格证书后，方可有签署权。

7. 不得使用非法计量单位。

3.4.4 试验仪器、设备管理制度

1. 所有试验仪器设备应按使用说明书要求进行安装和调试。

2. 试验员必须熟悉试验仪器设备的操作规程，否则不得使用。

3. 使用仪器设备时，应做到事前检查、事后维护保养，如有异常情况应向领导汇报，以便得到及时处理。

4. 建立"试验仪器设备台账"、"检定周期表"等，并每年更新一次。

5. 严格按检定周期检定仪器设备，根据检定结果作出三色标识，凡检定不合格或超过检定周期的仪器设备一律不准使用，检定不合格应进行修理，修理后经检定合格方可使用，无法修理的申请报废。

6. 主要仪器设备应有专人使用管理，做到管好、用好、会保养、会检查、会排除一般性故障，确保使用的仪器设备处于正常运转状态，并认真填写运转、维修及维护保养记录。

7. 试验仪器、设备的使用环境应符合检验标准的有关要求，防止受到外部不良干扰而影响检测结果的准确性。

8. 各种用电仪器设备使用完毕后应随手关电闸。

9. 主要仪器设备应建立档案（一机一档）。

3.4.5 试验报告审核、签发制度

1. 各种试验报告，按原始记录的内容，加上报告日期和统一编号，经报告人、审核人、签发人签字，加盖有效印章方可发出。

2. 试验报告签字人员资格和责任：

签发人：试验室主任（技术负责人）和质量负责人有试验报告的签发权，并对签发的试验报告负技术责任。

审核人：具有相应上岗证的人员才有审核签字权，对试验报告的正确性负责。

报告人：对出具的试验报告与原始记录一致性负责。

3. 各类试验报告必须编号连续，不得缺号，并及时归档，由资料员按年度或单位工程装订成册，妥善保存。

4. 试验报告至少一式四份，第一份存档备查，其余三份报送需方。

3.4.6 试件标准养护管理制度

1. 混凝土试件

1) 混凝土试件成型后应立即用不透水的薄膜覆盖表面。

2) 采用标准养护的试件，应在温度为 20±5℃ 的环境中静置一昼夜至两昼夜后编号、拆膜。拆膜后应立即放入温度为 20±2℃、相对湿度为 95% 以上的标准养护室中养护，或在温度为 20±2℃ 的不流动的 $Ca(OH)_2$ 饱和溶液中养护。

3) 标准养护室内的试件应放在支架上，彼此间隔 10~20mm，试件表面应保持潮湿，并不得被水直接冲淋。

4) 标准养护龄期为 28d（从搅拌加水开始计时）。

2. 水泥试件

1) 水泥试件成型后做好标记，并立即放入温度保持在 20±1℃、相对湿度不低于 90% 的雾室或湿箱中水平养护，养护时不应将试模放在其他试模上，直到规定的时间取出脱模。

2) 水泥试件脱模做好标识后，立即水平或竖直放置在 20±1℃ 的水中养护，水平放置时刮平面应朝上。

3) 试件放在不易腐烂的篦子上，并彼此间保持一定间距，让水与试体的六个面接触。养护期间试件之间间隔或试体上表面的水深不得少于 5mm。

4) 每个养护池只养护同类型的水泥试件。

5) 强度试验试体的养护龄期，从水泥加水搅拌开始试验时算起。不同龄期强度试验在下列时间里进行：

——24h±15min；

——48h±30min；

——72h±45min;
——7d±2h;
——≥28d±8h。

3.4.7 质检组工作职责

质检组的主要工作任务是负责混凝土拌合物出厂、交货质量和施工现场的服务。

1. 负责生产全过程的质量控制工作，并严格执行相关工作程序和作业指导书。

2. 严格按国家规范标准规定进行混凝土拌合物的出厂检验和交货检验，并留置试样。

3. 负责随时对生产过程中的配合比执行情况、配料计量、搅拌等环节的质量进行监督检查，发现问题有权上报、暂停生产及提出处理意见。

4. 负责组织混凝土生产的开盘鉴定，有权在规定的范围内进行混凝土配合比调整。当不能准确掌握时，应及时上报主任。

5. 负责根据骨料含水率及时调整生产混凝土配合比，确保混凝土拌合物和易性满足要求。

6. 配合生产调度按预约时间及时发车，不得无故拖延时间，确保混凝土施工浇筑的连续性，并积极配合需方做好施工现场的服务工作。

7. 负责本班组人员的教育、管理工作，不断提高人员的质量意识和业务素质。

8. 负责各种质量记录的填写和整理、保存和移交归档工作。

9. 负责每月进行一次生产质量控制总结，提出改进意见或建议。

3.4.8 试验组工作职责

负责原材料和混凝土性能的试验工作。

1. 原材料进厂复验要做到及时，对试验项目检测数据的真实性和准确负责。

2. 负责不同龄期混凝土试件的检验。

3. 做好主要试验仪器设备的运转记录和试验环境有温、湿度要求的记录。

4. 严格按操作规程使用仪器、设备，并做到事前检查，事后维护保养。

5. 保证试验原始记录符合规定要求，妥善保管，及时移交资料室存档。

6. 负责经常开展生产用混凝土配合比的验证工作。

7. 负责检测项目的能力对比试验和外检送样。

8. 做好试验样品的留样登记、保管及处置工作。

9. 负责随时保持试验工作区域的环境卫生。

3.4.9 资料室工作职责

1. 负责根据"供货通知单"要求，及时向需方提出混凝土出厂质量保证技术资料。

2. 负责按原始记录打印混凝土、原材料 28d 及其他龄期试验报告，并应在试验结束后十天内报出。

3. 保证打印的每一份试验报告数据、结论与原始记录相一致。

4. 负责各种文件和资料、质量记录的收集、分类、登记、编目、归档整理和保存，采取相应措施保证完好无损。

5. 按规定要求做好文件和资料、质量记录的保密工作。

6. 按月统计评定混凝土抗压强度。

3.4.10 样品管理制度

1. 样品接收登记

试验室在受理委托检验时，负责对送样样品的完整性和用于检测要求的适宜性进行检查，样品状况符合要求接收并登记编号。

2. 样品识别

收样员应在接收样品包装上或样品瓶上作出明显标识，标识包括"未检"、"已检"、"留样"等字样。

3. 样品留样

样品留样入库应有专人负责，接收后应及时登记入库，并分类存放，做到账物一致，样品室要通风干燥，具有一定的安全性。

4. 样品有效期

样品保留的有效期应符合国家现行规范要求，胶凝材料的存放期应不少于三个月，外加剂的存放期应不少于六个月。

5. 样品处理

样品的保留超过有效期由质量负责人批准后处理，并做好处理记录。

3.4.11 生产混凝土配合比调整规定

在生产过程中，由于某种原因造成混凝土拌合物不能满足要求时，需要对配合比进行调整，调整由质检组长负责按以下要求进行：

1. 调整依据

1）骨料含水率、颗粒级配或粒径发生明显变化。

2）胶凝材料需水量比出现较大波动。

3）减水剂减水率发生变化。

4）混凝土坍落度损失发生明显变化。

5）由于其他原因导致产生混凝土的状态不能满足施工要求。

2. 调整原则

1）调整要有足够的理由和依据，防止随意调整。

2）调整时，水胶比不能发生变化，不得影响混凝土质量。

3）要做好调整记录。

3. 调整方法

调整方法按表3-3进行。

生产混凝土配合比调整方法 表3-3

混凝土拌合物不良状态	调 整 方 法
坍落度小于要求,黏聚性和保水性合适	保持水胶比不变,增加水泥浆用量,相应减少砂石用量(砂率不变)
坍落度大于要求,黏聚性和保水性合适	保持水胶比不变,减少水泥浆用量,相应增加砂石用量(砂率不变)
坍落度合适,黏聚性和保水性不好	保持砂石总量不变,增加砂率;或保持水胶比不变,调整胶凝材料用量,相应调整砂石用量
砂浆含量过多	减少砂率(保持砂石总量不变,提高石子用量,减少砂用量)

4. 配合比调整的权限

生产混凝土配合比的调整以试配记录为基准,质检组长有以下调整权限:

1) 砂率:允许调整±2%。

2) 外加剂:允许调整胶凝材料总用量的±0.2%。

3) 用水量:允许调整±10kg以下。

在以上允许调整范围内如仍不能满足要求,质检组长应及时向试验室主任或质量负责人汇报。

3.4.12 能力对比制度

为了提高检测能力和水平,减小相对试验误差,试验室应开展能力对比试验。

1. 技术负责人负责能力对比试验的组织和实施,并对试验结果进行分析,针对影响试验误差的原因提出纠正或预防措施。

2. 试验室间的能力对比试验可一年进行一次;本室试验人员间的能力对比试验可半年进行一次。

3. 参加能力对比试验的人员可作为能力考核的依据。

4. 试验室应保存能力对比试验的所有资料。

3.4.13 委托试验管理制度

1. 原材料进厂由材料员负责按国家标准及有关规范要求进行取样,并委托试验室试验。

2. 委托时应按要求填写"委托试验单",填写内容包括:材料名称、生产厂家或产地、等级、规格或型号、代表数量、出厂编号及委托日期等,填写时字迹清楚整洁,严禁涂改,出现错误重新填写。

3. 收样人应检查所送试样是否与委托单内容相符,凡不符合要求的一律退回,对符合要求的应及时进行登记、编号和标识,送、收双方应在委托试验单上签字。

4. 收样人员及时将样品移交试验人员进行试验,并办理移交手续。

3.4.14 混凝土配合比管理制度

1. 混凝土的配合比应根据《普通混凝土配合比设计规程》JGJ 55—2000 的规定以及国家现行有关标准、规范的规定进行设计。

2. 混凝土的配合比应根据原材料性能及混凝土的技术要求进行计算,并经试验试配结果调整后确定。

3. 根据本单位常用的材料,设计出常用的混凝土配合比备用;在使用过程中,应根据原材料情况及混凝土质量检验的结果予以调整。但遇有下列情况之一时,应重新进行配合比设计:

1) 对混凝土性能指标有特殊要求时;

2) 水泥、外加剂或矿物掺合料品种、质量有显著变化时;

3) 该配合比的混凝土生产间断半年以上时。

4. 为保证配合比的适应性和可靠性,常用的混凝土配合比每月至少验证三次。

5. 混凝土配合比在使用过程中,应根据混凝土出厂检验结果及时进行统计分析,必要时应进行调整。

6. 有关混凝土配合比设计的计算书、试配调整及相关的试验记录、原材料试验记录、常用配合比的验证记录等，必须完整齐全，及时归档备查。

3.4.15 奖罚制度

为确保混凝土质量，加强检测工作管理力度，提高员工积极性和工作责任心，特制定本制度。

一、处罚

1. 原材料及混凝土漏取试样，每批次罚责任人____元。
2. 出厂检验不认真，造成混凝土坍落度过大或过小致需方退货者，按直接经济损失的____％处罚。
3. 交货检验员车辆调配不当，造成现场断车（其他原因造成除外），断车 20～30min 罚____元；断车达 30min 以上罚____元。
4. 交货检验员车辆调配不当，造成现场压车时间过长，使混凝土坍落度损失过大而废弃者，按直接经济损失的____％处罚。
5. 凡去施工现场不穿工装或不戴安全帽者，发现一次罚____元。
6. 同一交货检验员多家需方对其服务质量不满者，作辞退处理。
7. 上班时间迟到、早退、打牌、睡觉、擅自离岗或做其他与工作无关的事情者，发现一次罚____元。
8. 试验员不按操作规程操作，造成试验仪器设备损坏，罚试验员直接经济损失的____％。
9. 未按要求及时做好质量记录者，罚责任人____元。
10. 交货检验员发现施工人员向混凝土中加水不予制止者，罚责任人____元。

二、奖励

1. 凡检验出不合格原材料，并得到厂家或供应商签字认可且接受退货，奖试验员____元。

2. 发现原材料使用不对、生产计量装置失准，奖发现人____元/次。

3. 交货检验员发现施工单位混凝土强度等级浇错部位（可通过现场了解证实）并及时制止者，奖____元。

4. 凡发现混凝土在运输过程中未转罐（除带砂浆车），及时汇报者，奖____元。

5. 发现原材料存在严重质量问题者（经验证证实，如F类粉煤灰安定性不合格等），奖相关人员____元/次。

6. 凡检验出属于废品的材料，如水泥安定性不合格、水泥初凝时间不合格等，奖相关人员____次。

凡检验不合格的材料，应保留足够的试样备用。

3.5 试验室相关质量记录表格

质量记录是提供产品质量符合要求和质量体系有效运行的证据，并为持续改进和实现可追溯性提供信息。因此，质量记录表格包括的内容是否完整和清楚，对工作质量和效果将产生一定的影响。

试验室相关质量记录包括仪器设备、人员、文件资料和检测试验相关的记录等，此章未列出者参见第2章。以下表格有些进行了缩列，实际使用时可根据需要将行距和列距放大，将每一种表格或横向或纵向单独打印使用，便于编目、归档，并根据企业内部管理要求进行统一编号。

混凝土配合比设计检验原始记录（一）

设计检验编号：　　　　　　检验日期：　　年　月　日

混凝土标记		环境温度	℃
设计检验依据		搅拌方法	
使用设备	状态	成型方法	
	名称		

一、组成材料

材料名称		种类	产地、厂家	规格、型号	试验编号	备注
水						
水泥						
细骨料	①					
	②					
粗骨料	①					
	②					
掺合料	①					
	②					
外加剂	①					
	②					

二、计算理论配合比

1. 确定试配强度（$f_{cu,0}$）

$f_{cu,0} = f_{cu,k} + 1.645\sigma =$ 　　（MPa）

注：$\sigma=$　　MPa（见统计编号　　号）。

2. 计算水灰比

$$W/C = \frac{\alpha_a \times f_{cc}}{f_{cu,0} + \alpha_a \times \alpha_b \times f_{ce}}$$

$$= \frac{0.46 \times \cdots\cdots}{\cdots\cdots + 0.46 \times 0.07 \times \cdots\cdots}$$

$=$

3. 确定用水量（m_{w0}）

选用单方用水量 $m_{w0} =$ 　　kg/m³

4. 计算水泥用量（m_{c0}）

$m_{c0} = \dfrac{m_{w0}}{W/C} =$ 　　kg/m³

5. 选择砂率（β_s）

选用砂率 $\beta_s =$ 　　%

6. 计算掺合料用量

①计算粉煤灰用量（m_{f0}）

选粉煤灰取代水泥　　%；超量系数：

$m_{f0} = m_{c0} \times$　　% $\times$　　$=$　　kg/m³

②计算矿粉用量（m_{k0}）

选矿粉取代水泥　　%；

$M_{k0} = m_{c0} \times$　　% $=$　　kg/m³

7. 计算掺合料取代后的水泥用量（m_c）

$m_c = m_{c0} - m_{f0} - m_{k0}$

$=$　　kg/m³

8. 计算外加剂用量

① 　　　　（m_{a1}）

选取掺量为　　%，得：

$m_{a1} = m_{c0} \times$　　$=$　　kg/m³

② 　　　　（m_{a2}）

选取掺量为　　%，得：

$m_{a2} = m_{c0} \times$　　$=$　　kg/m³

混凝土配合比设计检验原始记录（二）

9. 计算砂、石用量

(1)按重量法计算：

假定混凝土拌合物表观密度 $m_{cp}=$ _____ kg/m³，得：

$$m_c+m_{wo}+m_{fo}+m_{ko}+m_{go}+m_{so}+m_{a1}+m_{a2}+m_{a3}=m_{cp}$$

$$\beta_s=\frac{m_{so}}{m_{go}+m_{so}}\times 100\%$$

$m_{so}=$ _____ kg/m³； $m_{go}=$ _____ kg/m³

(2)按体积法计算：

材料密度：水 $\rho_w=1$；水泥 $\rho_c=$ _____；石子 $\rho_g=$ _____；砂 $\rho_s=$ _____；粉煤灰 $\rho_f=$ _____；矿粉 $\rho_k=$ _____；含气量 $\alpha=$ _____；

$$\frac{m_c}{\rho_c}+\frac{m_{go}}{\rho_g}+\frac{m_{so}}{\rho_s}+\frac{m_{wo}}{\rho_w}+\frac{m_{fo}}{\rho_f}+\frac{m_{ko}}{\rho_k}+\cdots+0.01\alpha=1$$

$$\beta_s=\frac{m_{so}}{m_{go}+m_{so}}\times 100\%$$

$m_{so}=$ _____ kg/m³； $m_{go}=$ _____ kg/m³

通过以上计算，得理论配合比如下：

$m_{wo}:m_c:m_{so}:m_{go}:m_{fo}:m_{ko}:m_{a1}:m_{a2}$
= _____ : _____ : _____ : _____ : _____ : _____ : _____

三、试配，提出基准配合比

按理论配合比，试拌_____L拌合物，经试拌调整后的基准配合比见下表：

水	水泥	砂		石子		掺合料		外加剂		坍落度(mm)	扩展度(mm)	表观密度(kg/m³)	和易性
		①	②	①	②	①	②	①	②				

四、检验强度，确定试验室配合比

1. 检验混凝土拌合物性能

根据基准配合比，另计算一个小于基准0.05和一个大于基准0.05的水灰(胶)比配合比进行试配，试拌时各拌_____L拌合物，检验和易性、坍落度、扩展度等。结果见下表：

配合比编号	水	水泥	砂		石子		掺合料		外加剂		砂率(%)	坍落度(mm)	扩展度(mm)	和易性
			①	②	①	②	①	②	①	②				
1. 基准														
2. +0.05														
3. −0.05														

混凝土配合比设计检验原始记录（三）

2. 抗压强度检验结果

以上拌合物分别制作试块进行强度检验。结果如下：

配合比编号	抗压强度（MPa）		
	3d	7d	28d
1. 基准			
2. +0.05			
3. −0.05			

3. 求出与混凝土配制强度相对应的灰水比

根据28d强度检验结果，用作图法求出与混凝土配制强度（$f_{cu,o}$）相对应的灰水比值（C/W），见下图：

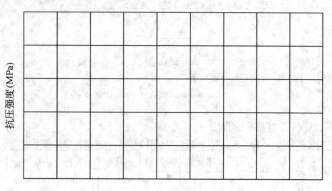

混凝土抗压强度与灰水比关系曲线图

根据上图可知相应于配制强度_____MPa的灰水比值为：_____。

4. 确定最终试验室配合比

按最佳C/W进行计算（表观密度可取基准配合比拌合物实测值_____kg/m^3）：

试验室配合比（kg/m^3）

水胶比	水	水泥	砂		石子		掺合料		外加剂		坍落度（mm）	砂率（%）
			①	②	①	②	①	②	①	②		

备注：1. 曲线图应采用每格为1mm的网格纸准确画出；
   2. 应将原材料试验记录、抗压强度试验记录同时归档保存；
   3. 当有其他性能试验时，如凝结时间、抗渗、抗折等试验记录，均应附后集中归档保存

技术负责人：   审核：   检验：

混凝土配合比汇编

共 页第 页

设计检验编号		搅拌方法	
混凝土标记		成型方法	
配制强度(MPa)		试配日期	

一、原材料及配合比

材料名称		种类	产地、厂家	规格、型号	用量(kg/m³)	备 注
水						
水泥						
细骨料	①					
	②					
粗骨料	①					
	②					
掺合料	①					
	②					
外加剂	①					
	②					

水胶比： 砂率： %

二、其他性能试验结果

编制： 技术负责人：

注：1. 为了便于管理和使用，采用该表将设计检验确定的最终试验室配合比汇编成册，即：常用混凝土配合比汇编。
2. 该汇编配合比可根据原材料情况及实际验证结果予以调整。
3. 为保证配合比的适应性和可靠性，常用配合比还应经常进行试配验证，每月应不少于验证三次。
4. 遇有下列情况之一时，应重新进行配合比设计：
   a. 对混凝土性能指标有特殊要求时；
   b. 水泥、外加剂或矿物掺合料品种、质量有显著变化时；
   c. 该配合比的混凝土生产间断半年以上时。

混凝土配合比设计验证原始记录

验证编号： 　　　　　　　　　　验证日期： 　年　月　日

混凝土标记			设计编号	
检验依据			环境温度	℃
使用设备	名称		搅拌方法	
	状态	使用前：　；使用后：	成型方法	

一、原材料及配合比

材料名称		种类	产地、厂家	规格、型号	用量(kg/m³)	备注
水						
水泥						
细骨料	①					
	②					
粗骨料	①					
	②					
掺合料	①					
	②					
外加剂	①					
	②					

水胶比： 　　　　　　　　　　砂率： 　　%

二、验证结果

1. 拌合物性能

坍落度、扩展度(mm)						表观密度 (kg/m³)	和易性
初始		放置(min)		放置(min)			
坍落度	扩展度	坍落度	扩展度	坍落度	扩展度		

2. 抗压强度

试件尺寸(mm)	养护方法	试验日期	龄期(d)	破坏荷载(kN)	单块强度(MPa)	平均值(MPa)

3. 其他性能

备注：相关的其他试验记录及原材料试验记录见附表

审核： 　　　　　　　　检验：

预拌混凝土配合比试验报告

需　方		报告编号	
工程名称		配比验证号	
结构部位		成型日期	
混凝土标记		报告日期	

一、混凝土组成材料及配合比

项目	种类	厂家、产地	型号、规格	用量(kg/m³)	备注
水					
水泥					
细骨料					
粗骨料					
掺合料					
外加剂					
水胶比		砂率(%)			

二、混凝土性能检验结果

项目	坍落度(mm)	标养抗压强度(MPa)			抗渗水压值(MPa)	其他性能
		3d	7d	28d	d	
配制值						
验证值						

备注	1. 该配合比为干料比,生产时应根据骨料含水率进行调整。 2. 该表应根据现有试验资料,结合经营部下达的"生产任务通知单"要求向需方报送

报告人：　　　　审核人：　　　　签发人：　　　　　　检测单位：

生产用混凝土配合比通知单

配合比报告编号：　　　　　　　　　　本通知单编号：

需　方		配比验证号	
工程名称		混凝土标记	
结构部位		生产数量(m^3)	

混凝土组成材料及配合比						
使用材料	水	水泥	细骨料	粗骨料	掺合剂	外加剂
厂家或产地						
等级或规格						
用量(kg/m^3)						

备注：1. 该配合比为干料比，依据"混凝土配合比设计验证记录"签发，由质检组在生产时根据骨料含水率调整为"生产用混凝土配合比调整通知单"，并下达到生产部。
　　　2. 当原材料有显著变化时，不得按此配合比生产。
　　　3. 其他：

签发人：		接收人：	
签发时间： 年 月 日		接收时间： 年 月 日	

生产用混凝土配合比调整通知单

生产用配比通知单编号：　　　　　　　本通知单编号：

需　方		混凝土标记	
工程名称		生产数量(m^3)	
结构部位		搅拌时间(s)	

混凝土生产用配合比						
使用材料	水	水泥	细骨料	粗骨料	掺合剂	外加剂
厂家或产地						
规格						
用量(kg/m^3)						

砂含石量(%)：　　　；砂含水率(%)：　　　；石含水率(%)：

备注：1. 当骨料含水率有显著变化时，应重新测定含水率，另下调整通知单。
　　　2. 当原材料有显著变化时，不得按此配合比生产。
　　　3. 其他：

下达人：		接收人：	
下达时间： 月 日 时		接收时间： 月 日 时	

混凝土含气量试验原始记录

检验编号：

混凝土标记		配比设计编号	
检验依据		检验日期	
使用仪器		容器容积值(L)	

1. 骨料含气量

细骨料质量(g)	粗骨料质量(g)	气室压力(MPa)	气室压力进入容器后压力(MPa)			含气量 a_g (%)
			1	2	平均	

2. 原材料及配合比

材料名称	水	水泥	砂	石	掺合料	外加剂
产地、厂家						
品种、规格						
配合比(kg/m³)						

3. 含气量

气室压力(MPa)	气室压力进入容器后压力(MPa)			含气量 a_0 (%)
	1	2	平均	

4. 混凝土拌合物含气量计算

$$a = a_0 - a_g =$$

结　论：

试验：　　　　　　　审核：

混凝土含气量测定仪容器容积标定记录

仪器编号		率定日期	
率定依据		使用仪器	

一、含气量测定仪容器容积的率定

干燥含气量仪质量(kg)	水、含气量仪质量(kg)	水的密度(kg/m^3)	容器容积(L)

二、含气量与气体压力值率定

含气量(%)	压力 (MPa)		
	1	2	平均值
0			
1			
2			
3			
4			
5			
6			
7			
8			

根据以上率定结果,绘制含气量与气体压力之间的关系曲线图如下:

含气量(%)

压力(MPa)

审核:　　　　　　　　试验:

混凝土凝结时间测定记录

配合比编号				检验编号		
混凝土标记				检验日期		
检验依据				环境温度(℃)		
使用设备				运转情况		

混凝土配合比 (kg/m³)							
水	水泥	砂	石	掺合料	外加剂	砂率(%)	坍落度(mm)

测定结果

拌合物加水时间							
试针面积(mm²)	20		50		100		
测试时间							
贯入压力(N)							
贯入阻力(MPa)							

采用绘图拟合方法确定时,根据以上测定数据,以贯入压力纵坐标,经过的时间为横坐标,绘制凝结时间曲线图:

贯入阻力(MPa)

经时(h)

结论:

试验:　　　　　　审核:

混凝土强度检验评定表

评定日期： 年 月 日

需 方		混凝土标记	
工程名称		供货日期	
浇筑部位		代表量(m³)	
龄期(d)		执行标准	
配合比编号		评定方法	

混凝土抗压强度值					
序号	试件编号	强度值(MPa)	序号	试件编号	强度值(MPa)

混凝土强度检验评定结果			
试件组数	平均值(MPa)	最小值(MPa)	最大值(MPa)	标准差(MPa)
评 定 公 式		计 算 结 果	
评定结论：				

评定人： 审核人： 评定单位：

混凝土外加剂对水泥的适应性试验原始记录

操作环境	温度	（℃）	试验编号	
	湿度	（%）	试验日期	
使用设备			检验依据	

一、受检材料

项目	水泥	外加剂	水用量
生产厂家			174g 或 210g （外加剂为水剂时， 应扣除其含水量）
品种、规格			
用量	600g	按掺量	

二、水泥净浆流动度测试

序号	外加剂		流动度（mm）		
	掺量(%)	用量(g)	初始	放置 30min	放置 60min
1					
2					
3					
4					
5					
6					

检测结果分析（绘制以掺量为横坐标，流动度为纵坐标的曲线图）：

结论：

审核： 试验：

仪器设备档案表

一、仪器设备概况

名　称		设备编号	
型　号		购价(元)	
制造厂		购置时间	
精　度		启用日期	
出厂编号		放置地点	
状　态	□全新　□用过　□改装	使用说明书	□有　　□无

验收情况(包括主要技术指标)：

　　验收人：　　　　　　　　年　　月　　日

二、使用保管人更换记录

保管人姓名	保管时间	交　接　记　事

三、检定记录

序号	最近检定日期	检定证书号	检　定　单　位	检定结果	下次检定日期

四、故障、维修记录

维修日期	发生故障原因	维修情况	记录人

五、维护、保养记录

日期	维护、保养情况	记录人

　　该表使用时每一项目可分成独立表，并装订成册使用，主要仪器设备应做到一机一档。

细骨料试验原始记录

种类		委托编号	
产地		检验编号	
代表批量		送样日期	
样品状态		试验日期	
主要仪器	名称		检验依据	
	状态	使用前： ；使用后：	环境温度	

一、10.0mm以上颗粒含量

试样质量(g)	10.0mm以上颗粒质量(g)	10.0mm以上颗粒含量(%)

二、筛分析试验(试样质量：500g)

筛孔公称尺寸		5.0mm	2.50mm	1.25mm	630μm	315μm	160μm	筛底	细度模数
分计筛余量(g)	1								$M_{x1}=$
	2								
分计筛余(%)	1								$M_{x2}=$
	2								
累计筛余(%)	1								$M_x=$
	2								
累计筛余均值(%)									

三、含泥量、石粉含量 / 四、泥块含量

序号	试样质量(g)	冲洗烘干质量(g)	含泥量(%)	平均值(%)	序号	试样质量(g)	冲洗烘干质量(g)	泥块含量(%)	平均值(%)
1	400				1	200			
2	400				2	200			

五、石粉含量（亚甲法）

试样质量(g)	亚甲蓝溶液加入量(mL)	悬浊液滴于滤纸上状态	试验结果
200	30		

六、压碎指标 / 七、氯离子含量

公称粒径	试样(g)	筛余量(g)	压碎值(%)	单级值(%)	总压碎值(%)	试样质量：500(g)	
5.00～2.50mm						硝酸银标准溶液	浓度(mol/L)
2.50～1.25mm							样品滴定消耗的体积(mL)
1.25mm～630μm							空白试验消耗的体积(mL)
630～315μm							氯离子含量(%)

检验结论	按所检项目 评定，该批 砂符合 区颗粒级配；属 砂，可用于 C 以下的混凝土

试验： 　　　　　　审核：

粗骨料试验原始记录

种类			委托编号	
产地			检验编号	
代表数量			送样日期	
样品状态			试验日期	
主要仪器	名称		检验依据	
	状态	使用前： ;使用后：	环境温度	

一、筛分析试验(试样质量：   g)

公称粒径(mm)	31.5	25.0	20.0	16.0	10.0	5.00	2.50	筛底	最大粒径
分计筛余量(g)									
分计筛余(%)									(mm)
累计筛余(%)									

二、含泥量

序 号	试样质量(g)	冲洗烘干质量(g)	含泥量(%)	平均值(%)
1				
2				

三、泥块含量

序 号	试样质量(g)	冲洗烘干质量(g)	泥块含量(%)	平均值(%)
1				
2				

四、针片状颗粒含量

试样质量(g)	针片状颗粒总质量(g)	针片状颗粒总含量(%)

五、压碎指标

序号	试样质量(g)	筛余质量(g)	压碎指标(%)	平均压碎指标(%)
1				
2				
3				

检验结论	按 评定,该批碎(卵)石符合 ～ mm 连续(单)颗粒级配,所检项目 ,可用于 C 以下的混凝土

试验：   审核：

粉煤灰检验原始记录

生产厂家		委托编号	
等级		检验编号	
样品状态		代表数量	
出厂编号		送样日期	
检验依据		检验日期	
使用设备	运行名称	使用前：　　；使用后：	试验环境	温度：　℃ 湿度：　%

一、含水率

试样质量(g)	烘干后试样质量(g)	含水率(%)

二、烧失量

试样质量(g)	灼烧后试样质量(g)	烧失量(%)

三、细度

试样质量(g)	筛余物的质量(g)	筛　余(%)

四、需水量比

对比胶砂		试验胶砂		需水量比(%)
用水量(mL)	流动度(mm)	用水量(mL)	流动度(mm)	

检验结论：根据《用于水泥和混凝土中的粉煤灰》GB/T 1596—2005 评定,该批粉煤灰所检项目符合：

审核：　　　　　　　试验：

混凝土抗压强度试验报告

报告编号：

需方		养护条件	
工程名称		龄期(d)	
工程部位		强度等级	
检验依据		报告日期	

试 验 结 果					
试件编号	试件尺寸(mm)	成型日期	试验日期	抗压强度(MPa)		达到设计的(%)
				单块值	平均	
备注						

报告：　　　　　校核：　　　　　签发：　　　　　单位盖章：

水泥物理性能试验报告

生产厂家		报告编号	
品种、等级		检验编号	
代表数量(t)		成型日期	年 月 日
出厂编号		报告日期	年 月 日
检验依据			

试 验 结 果				
细度(%)	凝结时间 (h,min)		体积安定性	
	初凝时间	终凝时间	试饼法	雷氏法

抗折强度(MPa)			抗压强度(MPa)		
龄期	单块值	平均	龄期	单块值	平均
3d			3d		
28d			28d		

结论：根据《通用硅酸盐水泥》GB 175—2007 评定，该批水泥所检项目符合：

报告：　　　　　校核：　　　　　签发：　　　　　单位盖章：

细骨料试验报告

产地		报告编号	
种类		检验编号	
规格		检验日期	年　月　日
检验依据		报告日期	年　月　日

试　验　结　果				
含泥量 (%)	泥块含量 (%)	细度模数 (M_x)	总压碎值 (%)	石粉含量 (亚甲蓝法)

筛分析	筛孔公称尺寸	累计筛余(%)		累计筛余平均值 (%)
		1	2	
	5.00mm			
	2.50mm			
	1.25mm			
	630μm			
	315μm			
	160μm			

检验结论	按　　　　评定,该批　　　　砂符合　　区颗粒级配;属　　　　砂; 所检项目　　　　　　,可用于 C　　以下的混凝土

报告:　　　　　校核:　　　　　签发:　　　　　单位盖章:

粗骨料试验报告

产地		报告编号	
种类		检验编号	
规格		检验日期	
检验依据		报告日期	

试　验　结　果				
试验项目	试验结果	筛　　分　　析		
		筛孔尺寸(mm)	分计筛余(%)	累计筛余(%)
含泥量(%)		31.5		
		26.5		
泥块含量(%)		19.0		
		16.0		
针片状颗粒含量(%)		9.50		
		4.75		
压碎指标值(%)		2.36		
		<2.36		

检验结论	按　　　　评定,该批碎(卵)石符合　　　～　　mm连续(单) 颗粒级配,所检项目　　　　　,可用于 C　　以下的混凝土

报告:　　　　　校核:　　　　　签发:　　　　　单位盖章:

混凝土膨胀剂试验报告

生产厂家				报告编号		
型号				检验编号		
代表数量(t)				检验日期	年 月	日
出厂编号				报告日期	年 月	日
检验依据						
项目	单位		标准要求	试验结果	单项结论	
细 度 (%)	0.08mm 筛筛余		≤12			
	1.25mm 筛筛余		≤0.5			
凝结时间 (min)	初 凝		≥45			
	终 凝		≤600			
限制膨胀率 (%)	水中	7d	≥0.025			
		28d	≤0.10			
	空气中	21d	≥-0.020			
抗折强度 (MPa)	7d		≥4.5			
	28d		≥6.5			
抗压强度 (MPa)	7d		≥25.0			
	28d		≥45.0			
备注	外加剂掺量为水泥质量的 %					
结论	根据 评定,该批膨胀剂所检项目符合					

报告: 校核: 签发: 单位盖章:

混凝土减水剂试验报告

生产厂家			报告编号		
品种、型号			检验编号		
代表数量(t)			成型日期	年 月	日
出厂编号			报告日期	年 月	日
检验依据					
项目	单位		试验结果	单项结论	
凝结时间差	min				
减水率	%				
抗压 强度比	1d	%			
	3d				
	7d				
	28d				
对钢筋锈蚀作用	/				
备注	外加剂掺量为水泥质量的 %				
结论	根据 评定,该批 减水剂所检项目符合				

报告: 校核: 签发: 单位盖章:

粉煤灰试验报告

生产厂家				报告编号		
等级				检验编号		
代表数量(t)				检验日期	年 月 日	
出厂编号				报告日期	年 月 日	
检验依据						
项目	标准规定值			试验结果		
	Ⅰ级	Ⅱ级	Ⅲ级			
细度(%)	12.0	25.0	45.0			
烧失量(%)	5.0	8.0	15.0			
需水量比(%)	95	105	115			
结论	根据　　　　评定,该批粉煤灰所检项目符合　　　级					

报告：　　　　校核：　　　　签发：　　　　单位盖章：

矿粉试验报告

生产厂家				报告编号		
等级				检验编号		
代表数量(t)				检验日期	年 月 日	
出厂编号				报告日期	年 月 日	
检验依据						
项目		标准规定值			试验结果	
		S105	S95	S75		
比表面积,m²/kg,不小于		350	350	350		
烧失量,%,不大于		3.0	3.0	3.0		
活性指数,% 不小于	7d	95	75	55		
	28d	105	95	75		
结论	根据　　　　标准评定,该批矿粉所检项目符合　　　级					

报告：　　　　校核：　　　　签发：　　　　单位盖章：

混凝土泵送剂试验报告

生产厂家				报告编号		
型号				检验编号		
代表数量(t)				检验日期		年 月 日
出厂编号				报告日期		年 月 日
检验依据						
项 目		单位	标准要求		试验结果	单项结论
			一等品	合格品		
坍落度保留值	30min	mm	120	100		
	60min		100	80		
坍落度增加值(≥)		mm	100	80		
抗压强度比(%)		3d	90	85		
		7d	90	85		
		28d	90	85		

备注：外加剂掺量为水泥质量的　　%

结论：根据　　　　评定,该批泵送剂所检项目符合

报告：　　　　　校核：　　　　　签发：　　　　　单位盖章

混凝土抗渗试验报告

需方				试验编号		
工程名称				报告编号		
结构部位				成型日期		年 月 日
设计等级				试验日期		年 月 日
检验依据				报告日期		年 月 日
养护条件				龄期(d)		
试件序号	1	2	3	4	5	6
最大水压力(MPa)						
渗水情况						
结论	依据　　　标准,该批混凝土抗渗性能符合设计 P　　要求,评为合格					

报告：　　　　　校核：　　　　　签发：　　　　　单位盖章：

回弹法检测混凝土抗压强度原始记录

第　　页共　　页

检测依据：

工程名称															强度等级			
结构部位															浇筑日期			
测区	回								弹					值		R_m	碳化深度(mm)	强度换算值(MPa)
	1	2	3	4	5	6	7	8	9	10	11	12	13	14	15	16		
1																			
2																			
3																			
4																			
5																			
6																			
7																			
8																			
9																			
10																			
11																			
12																			
13																			
测面状态	侧面、表面、底面，风干、潮湿，光洁、粗糙														回弹仪	型号	备注	
检测角度	水平，向上，向下															率定值		

记录：　　　　　　计算：　　　　　　检测日期：　　年　　月　　日

检测：

回弹法检测混凝土抗压强度报告

报告编号：

工程名称									浇筑日期			
结构部位									检测日期			
强度等级									报告日期			
施工方式									回弹仪	型号		
检测依据										生产厂		
检测原因										编号		
检测环境										检定证号		

测区号	检 测 结 果											
	1	2	3	4	5	6	7	8	9	10	11	12
测区平均回弹值												
角度修正值												
浇筑面修正值												
修正后回弹值												
碳化深度(mm)												
强度换算值(MPa)												
泵送混凝土修正值(MPa)												
修正后强度值(MPa)												

混凝土抗压强度换算值(MPa)		现龄期混凝土强度推定值(MPa)	
平均值			
标准差			
最小值			

检测：	审核：	签发：	检测单位：
			备注

站内值班记录

需方		开盘时间	
工程名称		结束时间	
结构部位		生产方量	
混凝土标记		出厂检验负责人	
天气情况		现场值班人	

生产原材料及配合比						
材料名称	水	水泥	砂	石子	掺合料	外加剂
生产厂家						
品种规格						
配合比(kg)						

备注	砂含水率(%)		砂含石量(%)	
	出厂塌落度(mm)		石子含水率(%)	
	抗压共成型 组、试件编号分别为			
	抗渗共成型 组、试件编号分别为			

取样情况	
生产及供应情况	

记录人：　　　　　　　　　　　　　　日期： 年 月 日

混凝土坍落度及损失测定记录

测试日期(日,时,分)	环境温度(℃)	强度等级	配合比编号	混凝土拌合物坍落度(mm)										测试人
				出机			经时:1min				经时:2min			
				1	2	平均	1	2	平均	损失	1	2	平均	损失	

混凝土温度测定记录

年　月

检测日期	环境温度(℃)	工程名称及结构部位	强度等级	配合比编号	混凝土温度(℃)			检测人
					出机	入泵	入模	

该表一般在大体积混凝土、冬期、高温天气等施工情况下使用。

混凝土生产过程抽查记录

年　月

抽查时间	工程名称及结构部位	配合比编号	原材料使用情况	搅拌时间(s)	计量偏差(%)					抽查人
					水	水泥	砂	石子	粉煤灰	外加剂	

注：原材料计量偏差严格按《预拌混凝土》(GB/T 14902—2003)规定控制。

骨料含水率测定记录

年　月

测定时间	种类	规格	烘干前试样质量(g)		烘干后试样质量(g)		含水率(%)		平均值	测试人
			1	2	1	2	1	2		

3.5　试验室相关质量记录表格

试样样品留样及处置记录

序号	样品名称	品种规格	生产厂家	出厂编号	检验编号	留样日期	保管人	处置日期	处置人

备注：水泥、矿粉样品的保存期限为 3 个月；外加剂保存期限为 6 个月；超过保存期经质量负责人同意后由保管人处理

试验仪器设备一览表

共 页 第 页

序号	仪器设备名称	型号	出厂编号	技术指标		制造厂	购置日期	保管人	备注
				测量范围	准确度				

试验仪器设备周期检定表

共 页 第 页

序号	仪器设备名称	型号	出厂编号	所用仪器的技术指标		检定周期	检定单位	最近检定日期	检定证书号	计划下次检定日期	送检负责人
				测量范围	准确度						

实验室人员一览表

姓名	性别	文化程度	职务/职称	所学专业	现在岗位	本岗年限	身份证号	上岗证号

3.5 试验室相关质量记录表格 191

水泥养护池温度记录

年 月

日期	温度(℃)			记录人
	上午	下午	平均	

注:温度按《水泥胶砂强度检验方法》(ISO法)GB/T 17671—1999规定控制

标准养护室(箱)温、湿度记录

年 月

日期	温度(℃)			湿度(%)			记录人
	上午	下午	平均	上午	下午	平均	

注:记录时间上午九点左右,下午四点左右

注:该表也可用于水泥操作室温、湿度记录。

原材料试验台帐

( )

序号	厂家或产地	品种	等级、规格	代表数量(t)	试验编号	试验日期	试验结果	试验人	备注

注：该表按原材料种类分册登记。

混凝土试件试验台帐

( )

序号	成型日期	工程名称及结构部位	设计等级	代表数量( )	试验编号	试验日期	试验项目	试验结果	试验人	备注

注：该表按混凝土性能分册登记。

3.5 试验室相关质量记录表格

预拌混凝土出厂检验原始记录

200 年 月

试件编号	取样时间	工程名称及结构部位	强度等级	生产配比编号	代表数量 ( )	坍落度 (mm)	拌合物和易性能	试件成型组数 抗压	试件成型组数 抗渗	测试人 制作人	备注

说明：如混凝土拌合物有含气量、凝结时间要求，应另有测试详细记录。

混凝土抗压强度检验原始记录

检验依据：《普通混凝土力学性能试验方法标准》GB/T 50081—2002

试件编号	试验编号	强度等级	成型日期	抗压日期	龄期 (d)	养护条件	试件规格 (mm×mm)	单块破坏荷载 (kN)	单块强度值 (MPa)	平均值 (MPa)	达设计的 (%)	样品状态

审核：　　　　　试验：

水泥物理性能检验原始记录

生产厂家		样品状态			检验编号	
品种等级		出厂编号			送样日期	
代表数量		检验依据			检验日期	
检验设备					运行状态	使用前： 使用后：

检 验 记 录						
标准稠度用水量	用水量（mL）	距底板（mm）	检验环境条件 温度（℃）	检验环境条件 湿度（%）	细度	0.08mm筛余量（g）
						检验结果（%）
凝结时间	加水时间				月 日 时 分	
	初凝 达到时间	终凝 达到时间（h，min）				
	结 果（h，min）	结 果	养护箱 温度（℃）	养护箱 湿度（%）	成型时间	月 日 时 分
					破型时间	月 日 时 分
体积安定性	雷氏法	煮前距离 A（mm）	煮后距离 C（mm）	增加距离 C-A（mm）	检验环境条件	温度：℃；湿度：%
				平均值（mm）	强 度	抗折 单块强度（MPa）
	试饼法					平均（MPa）
	结 果					抗压 单块强度（MPa）
						平均（MPa）

检验结论：根据《通用硅酸盐水泥》GB 175—2007 评定，该批水泥所检项目符合：

试验：   审核：

矿渣粉检验原始记录

生产厂家		样品状态		检验编号	
级别		使用水泥		送样日期	
出厂编号		检验依据		试验日期	
检验名称				检验环境 温度	
设备状态				湿度	
比表面积	试样质量(g)	标准试样比表面积(m^2/kg)		试验样品比表面积(m^2/kg)	
流动度比	对比样流动度	标准试样液面降落时间(s)		试验样品液面降落时间(s)	流动度比(%)
烧失量	试样质量(g)		灼烧后质量(g)		烧失量(%)
活性指数	龄期	7d		28d	
	破型日期	月 日		月 日	
	检验环境	温度 ℃;湿度 %		温度 ℃;湿度 %	
	样品	对比样品	试验样品	对比样品	试验样品
	破坏荷载(kN)				
	单块强度(MPa)				
	平均值(MPa)				
	活性指数(%)				
结论	根据 评定,该批矿渣粉所检项目符合:				

试验: 审核:

混凝土减水剂试验原始记录

生产厂家		检验依据		检验编号	
样品型号		主要仪器		送样日期	
代表数量		运行状态		试验日期	

检测结果(%)

减水率	基准混凝土单位用水量(kg/m³): 1: 2: 3:	受检混凝土单位用水量(kg/m³): 1: 2: 3:

凝结时间差	基准混凝土凝结时间 初凝 1: 2: 3: 终凝 1: 2: 3:	受检混凝土凝结时间 初凝 1: 2: 3: 终凝 1: 2: 3:	凝结时间差(min) 初凝 终凝

龄期	基准混凝土 破坏荷载(kN)	单块强度(MPa)	平均(MPa)	受检混凝土 破坏荷载(kN)	单块强度(MPa)	平均(MPa)	抗压强度比(%)
1d							
3d							
7d							
28d							

抗压强度比

试验环境 温度(℃) 湿度(%)

配合比	1. 基准混凝土为:水:水泥:砂:石子= 2. 受检混凝土为:水:水泥:砂:石子:减水剂=

结论	根据 评定,该批减水剂所检验项目:

说明:1. 凝结时间差应另附详细记录;2. 需要其他检验项目另外设计表格。

试验: 审核:

混凝土限制膨胀率及限制干缩率试验记录

试件状态：

设计等级		试验编号	
试件尺寸(mm)		配合比编号	
检验依据		成型时间	
仪器设备	名称	混凝土	补偿用（ ）
	运行状态		填充用（ ）

一、原材料及配合比

名称	水泥	砂	石	水	掺合料	外加剂		坍落度 (mm)
						减水剂	膨胀剂	
产地、厂家								
品种、规格								
配合比(kg/m³)								

二、限制膨胀率及限制干缩率试验

龄期	水中 14d	水中 14d，空气中 28d	28d 抗压强度 (MPa)
设计性能指标	限制膨胀率≥1.5 或 2.5(×10⁻⁴)	限制干缩率≤3.0(×10⁻⁴)	
初始读数	试件 1： 2： 3：		
龄期读数			
单块值			
平均值			
结论			

审核： 试验：

混凝土膨胀剂试验原始记录

样品状态：

生产厂家			检验依据			检验编号	
代表数量			主要仪器			送样日期	
样品型号			运行状态			检验日期	
细度	试样质量(g)			筛余质量(g)		筛余(%)	
凝结时间	加水时间	初凝(h,min)		终凝(h,min)		养护温度(℃)	养护湿度(%)
		达到时间	结果	达到时间	结果		
		7d	(指标≥4.5MPa)	28d	(指标≥6.5MPa)		
抗折强度(MPa)	单块值						
	平均值						
抗压强度(MPa)	破坏荷载(kN)	7d	(指标≥25.0MPa)	28d	(指标≥45.0MPa)		
	单块值						
	平均值						
限制膨胀率	龄期	水中7d		水中28d		空气中21d	
	性能指标(%)	≥0.025		≤0.10		≥-0.020	
	初始读数						
	龄期读数	试件1：		2：		试件a： b： c：	
	单块值			3：			
	平均值						
备注	试验增量均为(%)：						
结论	按《混凝土膨胀剂》JC 476—2001 评定，这批膨胀剂所检项目：						

审核： 试验：

混凝土泵送剂试验原始记录

生产厂家				检验依据			检验编号	
代表数量				主要仪器			送样日期	
样品型号				运行状态			检验日期	
密度（或细度）			试样质量(g)		筛余质量(g)		结 果（%）	
坍落度增加值			基准混凝土坍落度(mm)		受检混凝土坍落度(mm)		坍落度增加值(mm)	
坍落度保留值			初始坍落度(mm)		放置 30min 坍落度(mm)		放置 60min 坍落度(mm)	
抗压强度比	龄期	基准混凝土			受检混凝土			抗压强度比（%）
		破坏荷载(kN)	抗压强度(MPa)	平均值(MPa)	破坏荷载(kN)	抗压强度(MPa)	平均值(MPa)	
	3d							
	7d							
	28d							
配合比	1. 基准混凝土：水：水泥：砂：石子 ＝ 2. 受检混凝土：水：水泥：砂：石子：泵送剂 ＝							使用度盘范围
结论	根据《混凝土泵送剂》JC 473—2001 评定 该批泵送剂所检项目符合：							

试验：　　　　　　　　　　　　　审核：

混凝土抗渗试验原始记录

工程名称		配比编号		试验编号	
结构部位		养护方法		成型日期	
设计等级		检验依据		检验日期	
检验设备		运行状态		龄期(d)	

试验压力(MPa)	加压时间	渗水情况						试验压力(MPa)	加压时间	渗水情况					
		1	2	3	4	5	6			1	2	3	4	5	6
0.1	日 时 分							0.8	日 时 分						
0.2	日 时 分							0.9	日 时 分						
0.3	日 时 分							1.0	日 时 分						
0.4	日 时 分							1.1	日 时 分						
0.5	日 时 分							1.2	日 时 分						
0.6	日 时 分							1.3	日 时 分						
0.7	日 时 分							1.4	日 时 分						

计 算 $H=$ $P=10H-1=$

结 论 根据 ,评定,该批混凝土抗渗性能达到 级

审核: 试验:

预拌混凝土出厂合格证

合格证编号：

需 方		合同编号		配合比编号	
工程名称		混凝土标记		供货量(m³)	
浇筑部位		供货日期		执行标准	《预拌混凝土》GB/T 14902—2003

原 材 料 及 配 合 比								
材料名称	水泥	细骨料		粗骨料		掺合料		外 加 剂
		I	II	I	II	I	II	I	II	III
厂家或产地										
品种、规格										
复验编号										

混 凝 土 性 能 及 评 定				
项 目	抗压强度(MPa)		抗渗水压力值(MPa)	其他性能
	28d	60d		
性能指标				
检验结果				
质量评定				

备注	1. 性能指标：指工程结构设计和施工要求的数值。 2. 检验结果：指该混凝土配合比检验结果。 3. 质量评定：指生产取样检验实测值，应另附"混凝土强度检验评定表"，需要时还应附其他性能试验报告

填报人：　　　　　　技术负责人：　　　　　　填报日期：　年　月　日　　供方（盖章）

第4章 生产管理

预拌混凝土从生产到交货的过程是技术输入转化为输出的过程,是实现质量目标和降低成本的重要环节。生产部是生产搅拌过程的管理部门;试验室是生产过程质量控制和现场服务的责任部门。这些活动过程中还需要经营部和材料部等部门的紧密配合,共同来圆满完成各项任务。因此,生产管理是一项综合性的管理,也是企业内部重要管理之一,组织应提供适宜的各项资源以确保目标的实现。

4.1 预拌混凝土搅拌站的环保要求

随着经济的发展、人民素质的提高和自我保护意识的增强,环保问题越来越受到人们的关注。关于预拌混凝土生产企业的环保要求,主要有以下几点:

a. 预拌混凝土在生产过程中应尽量减少对周围环境的污染,搅拌站机房宜为封闭的建筑,所有粉料的运输及称量工序均应在密封状态下进行,并应有收尘装置。

b. 砂石料场宜采取防止扬尘的措施。

c. 严格控制生产用水的排放,应采取措施充分回收利用。

d. 应设置专门的运输车冲洗设施,运输车出厂前应将车外壁及料斗壁上的混凝土残浆清理干净。

4.2 预拌混凝土生产工艺和生产设备

4.2.1 生产工艺

预拌混凝土的生产工艺主要有原材料贮存、原材料计量和混凝土搅拌三个部分组成。

1. 工艺布置

预拌混凝土生产的工艺布置主要由原材料计量系统（特别是骨料计量）的形式而确定，目前主要有塔楼式布置、拉铲式布置和皮带秤式布置等三种。

2. 生产工艺流程

预拌混凝土的生产工艺流程从整体上看没有太大的区别。它的基本组成部分为：供料系统、计量系统、搅拌系统、电气系统及辅助设备（如空气压缩机、水泵等），用以完成混凝土原材料的输送、上料、贮存、配料、称量、搅拌和出料等工作。图 4-1 给出了一般生产工艺流程。

3. 计量系统

计量系统是预拌混凝土生产的核心，按照国家标准的规定，在预拌混凝土生产中通常都采用重量法计量。计量精度直接影响预拌混凝土质量，计量速度直接影响预拌混凝土生产能力。

1) 砂和石的计量

如前所述，砂和石的计量形式决定了预拌混凝土生产的工艺布置。在塔楼式工艺布置中，砂和石的计量一般设置在搅拌机的上方，砂石采用分别计量。而在拉铲式和皮带秤式工艺布置中，砂和石的计量布置在地面（或较低的位置），计量后再用皮带机送至设在搅拌机上方的中间仓内，有的砂石采用叠加计量的方法，即砂和石在同一计量斗内计量，生产时先将砂（或石）计量到规定（设定）值后，再自动切换，进行另一种料的计量。

2) 水泥和掺合料的计量

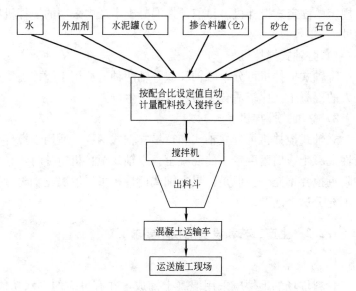

图 4-1 预拌混凝土生产工艺流程图

水泥和掺合料的计量一般设在搅拌机上方,有分别计量的,也有叠加计量的。

3) 水计量

水计量一般设在搅拌机上方,目前基本都是采用重量法。

4) 外加剂

外加剂有液体和粉状两种。液体外加剂的计量有两种方法:

(1) 外加剂原液计量后同计量好的水一起加至搅拌机。这种方法较简单,但对外加剂的计量精度要求较高。

(2) 根据混凝土用水量及外加剂掺量,先将一定量的外加剂与一定量的水混合,配料时外加剂同水一起计量后加至搅拌机。这种方法外加剂掺量准确,但需要有专用的水池供混合用。

粉状外加剂通常预先计量后分装在塑料袋或盛器内,配料时直接加至搅拌机。

4. 搅拌机

搅拌机应采用符合《混凝土搅拌机》GB/T 9142—2000 标

准规定的固定式搅拌机。目前预拌混凝土生产中采用的搅拌机有两种。

1) 卧轴式搅拌机

卧轴式搅拌机可分单卧轴和双卧轴两种，适用于搅拌坍落度较大的混凝土，比较适合于预拌混凝土生产。

2) 立轴式搅拌机

立轴式搅拌机可分立轴式和行星立轴式两种，适用于搅拌干硬性混凝土或坍落度较小的混凝土。立轴式搅拌机搅拌时，在立轴附近搅拌不充分，但是行星立轴式搅拌机可以解决立轴附近搅拌不充分这个问题。

4.2.2 生产工艺和设备的技术要求

1. 骨料堆场

骨料堆场的地坪应采用混凝土铺成，并有可靠的排水功能，雨天不积水。不同规格的骨料应分别堆放，并有醒目的标志，标明品种、规格，防止混料和误用。

2. 筒仓

1) 筒仓主要用来存放粉状原材料，每一台搅拌机一般配置4~6只筒仓，分别存放水泥和矿物掺合料等。筒仓的容量取决于混凝土的产量和原材料的供应情况。筒仓应能保证混凝土正常生产，通常情况下，每只筒仓的容量在100~300t之间，200t左右筒仓使用较多。

2) 每只筒仓应有醒目的标志，标明其所存放的原材料的品种。在每只筒仓的进料口也应有与筒仓相一致的标志，必要时进料口可加锁，并有专人负责进料管理。这些措施可防止进料和用料发生错误，造成质量事故。

3) 筒仓还应保证密封性能良好，防止原材料受潮。为了防止筒仓因内部起拱造成出料不畅，一般在筒仓锥体部位设置高压空气进气口用于破拱。

4) 筒仓的出料通常采用螺旋输送机。在螺旋输送机和筒仓之间应设有闸门,这有利于螺旋输送机的维修和保养。

4.2.3 配料系统技术要求

配料系统是预拌混凝土生产的重要部分,主要有水泥、水、骨料、掺合料和外加剂等原材料的进料设备(相对于搅拌机来说)、计量设备、卸料设备和控制设备等组成。由于预拌混凝土的生产特点决定了预拌混凝土配料系统,因此应满足以下几个要求:

1. 配料系统自动控制

对于预拌混凝土搅拌站,配料系统应实现自动控制。目前广泛采用计算机控制,当混凝土配合比或混凝土配合比编号输入计算机后,原材料的上料、计量、搅拌、卸料、数据采集和信息储存全部由计算机控制和操作,操作人员只要开启开关即可。

2. 配料速度

在预拌混凝土搅拌站,搅拌机每拌制一个周期约 1.5min,其中搅拌时间约 40s,因此配料速度要与生产要求相适应。实践证明配料速度直接影响搅拌机的产量,特别对一些叠加式计量装置(如砂和石叠加、水泥和掺合料等),工艺设计时一定要经过正确的计算。此外在计量料斗和搅拌机之间设置一只中间料斗是合理的,这样可保证配料速度和搅拌机生产能力的发挥。

3. 计量精度

1)计量精度直接影响混凝土质量,按照国家标准,混凝土原材料计量允许偏差应符合表 2-3 的规定。

2)混凝土各原材料的计量应按重量计。

3)为了保证计量精度,应选择合理量程的计量装置,通常情况下生产时的计量值应在计量装置额定量程的 20%~80% 之间。

4. 计量装置的检定和校准

1)计量装置的检定

计量装置必须按规定由法定计量单位进行检定,检定周期按有关规定执行，当计量装置经过大修或搬迁后也要进行检定。

2）静态计量装置校准

静态计量装置校准由生产部门进行，试验室参与。正常情况下每季度或每月一次，当发生下列情况时也要进行校准。

(1) 停产一个月以上，需要恢复生产前。

(2) 生产大方量前。

(3) 发生异常情况时。

静态计量装置校准的方法可参照计量检定方法。一般在计量料斗内逐级加入规定数量的标准砝码，比较计量料斗内标准砝码的数量与搅拌机操作台显示仪上显示的值，由此判定计量装置的计量精度。如果发现问题应及时找出原因，需要时由法定计量部门重新进行检定。

静态计量装置校准的加荷总值（计量料斗内标准砝码的数量）应与该计量料斗实际生产时需要的计量值相当。静态计量装置校准加荷时应分级进行，分级数量不少于五级。

3）动态计量装置校准

动态计量装置校准由搅拌机操作人员在生产时进行，生产时应及时检查原材料设定值与实际计量值的误差，以便及时调整，使原材料的计量误差符合表2-3的规定。试验部门也要进行抽查，一般每工作班不少于一次。

5. 计量记录

由于预拌混凝土有些质量指标（如强度等）在出厂时难以直接检测，混凝土出厂检验或最终的有些项目在出厂时必须通过间接检测。间接检测的途径主要来自三个方面：

1）混凝土配合比是成熟的，经过试验或应用证明按照所设计的混凝土配合比能生产出合格的混凝土。

2）生产混凝土所用的原材料是符合国家有关规定的，且满足混凝土配合比的要求。

3）出厂混凝土中各种原材料的实际数量是与混凝土配合比的要求相一致的。

为了保证预拌混凝土质量，掌握预拌混凝土的实际情况，要求能逐盘记录混凝土实际计量值。因此计量记录不仅反映混凝土搅拌系统的计量精度，更能反映出混凝土的实物质量，是一项重要的质量记录。

在预拌混凝土搅拌站，计量逐盘记录的方式主要有电脑存盘（硬盘或软盘）和逐盘打印两种。从管理和数据处理角度来看采用电脑存盘（特别是数据自动保存在硬盘后能备份至软盘）方式较好。

4.3 质量要求

4.3.1 原材料及配合比质量要求

各种材料必须分仓或隔离贮存，避免混杂和污染，并应有明显的标识。

1. 水泥

1）水泥应符合《混凝土结构工程施工质量验收规范》GB 50204—2002 的规定。

2）水泥进场时应具有质量证明文件。进场时进行复验的项目及复验批量的划分应按 GB 50204—2002 标准的规定执行。

2. 骨料

1）骨料应符合《普通混凝土用砂、石质量及检验方法标准》JGJ 52—2006 及其他国家现行标准的规定。

2）骨料进场时应具有质量证明文件。对进场骨料应按 JGJ 52—2006 等其他国家现行标准的规定按批进行复验。但同一骨料生产厂家能连续供应质量稳定的骨料时，可一周至少检验一次。在使用海砂以及对骨料中氯离子含量有怀疑或有氯离子含量要求时，应按批检验氯离子含量。

3. 拌合用水

拌制混凝土用水应符合《混凝土用水标准》JGJ 63—2006

的规定。混凝土搅拌及运输设备的冲洗水在经过试验证明对混凝土及钢筋性能无有害影响时可作为混凝土部分拌合用水使用。并加强日常用冲洗水固体含量的控制,试验证明,当冲洗水固体含量超过8%时,混凝土拌合物的流动性和强度明显降低,且影响外加剂的应用效果。

4. 外加剂

1) 外加剂的质量应符合《混凝土外加剂》GB 8076—1997等国家现行标准的规定。

2) 外加剂进场时应具有质量证明文件。对进场外加剂应按批进行复验,复验项目符合《混凝土外加剂应用技术规范》GB 50119—2003等国家现行标准的规定,复验合格后方可使用。

5. 矿物掺合料

1) 粉煤灰、粒化高炉矿渣粉、天然沸石粉应分别符合《用于水泥和混凝土中的粉煤灰》GB 1596—1991、《用于水泥和混凝土中的粒化高炉矿渣粉》GB/T 18046—2000、《天然沸石粉在混凝土与砂浆中应用技术规程》JGJ/T 112—1997 的规定。当采用其他品种矿物掺合料时,必须有充足的技术依据,并应在使用前进行试验验证。

2) 矿物掺合料应具有质量证明文件,并按有关规定进行复验,其掺量应符合有关规定并通过试验确定。

6. 混凝土配合比

1) 预拌混凝土配合比设计应根据合同要求由供方按《普通混凝土配合比设计规格》JGJ 55—2000 等国家现行有关标准的规定进行。

2) 设计的配合比配制出的混凝土质量必须满足 4.3.2 的要求,并应按 4.6 的规定检验合格。

4.3.2 混凝土质量要求

1. 强度

混凝土强度的检验评定应符合 GBJ 107 等国家现行标准的

规定。

2. 坍落度

混凝土坍落度实测值与合同规定的坍落度值之差应符合表 4-1 的规定。

混凝土坍落度允许偏差　　　　　表 4-1

规定的坍落度(mm)	允许偏差(mm)
≤40	±10
50～90	±20
≥100	±30

3. 含气量

混凝土含气量与合同规定值之差不应超过 ±1.5%。

4. 氯离子总含量

氯离子总含量应符合表 4-2 的规定。

氯离子总含量的最高限值（%）　　　　　表 4-2

混凝土类型及其所处环境类别	最大氯离子含量
素混凝土	2.0
室内正常环境下的钢筋混凝土	1.0
室内潮湿环境；非严寒和寒冷地区的露天环境、与无侵蚀性的水或土壤直接接触的环境下的钢筋混凝土	0.3
严寒和寒冷地区的露天环境、与无侵蚀性的水或土壤直接接触的环境下的钢筋混凝土	0.2
使用除冰盐的环境；严寒和寒冷地区冬季水位变动的环境；滨海室外环境下的钢筋混凝土	0.1
预应力混凝土构件及设计使用年限为 100 年的室内正常环境下的钢筋混凝土	0.06

注：氯离子含量系指其占所用水泥（含替代水泥量的矿物掺合料）重量的百分率。

5. 放射性核素放射性比活度

混凝土放射性核素放射性比活度应满足《建筑材料放射性核

素限量》GB 6566—2001标准的规定。

6. 其他

当需方对混凝土其他性能有要求时，应按国家现行有关标准规定进行试验，无相应标准时应按合同规定进行试验，其结果应符合标准及合同要求。

4.4 预拌混凝土的生产

当原材料的供应得到保证、生产设备运行可靠、混凝土配合比输入和原材料得以确认、混凝土运输和施工现场准备工作完毕、技术资料报需方审核且无异议后，方可生产混凝土。

4.4.1 生产前的组织准备

预拌混凝土生产前的组织准备工作主要包括签发"生产任务通知单"和"生产用混凝土配合比调整通知单"、原材料的供应、设备检查与运转、预拌混凝土供应安排等，这些工作是保证预拌混凝土正常生产的前提。

1. 生产准备的信息

需方浇筑混凝土前，按结构设计和施工需要书面向供方签发"预拌混凝土供货通知单"。其内容至少包括合同编号、工程名称、浇筑部位、浇筑方式、混凝土标记、交货地点、供货日期、供货数量（m^3）、发车时间以及联系人等。供货通知单由需方提前24小时电话通知索取，以便供方提前做好材料、技术资料、生产等安排。

2. "生产任务通知单"的签发

"生产任务通知单"是预拌混凝土生产的主要依据，预拌混凝土生产前的组织准备工作和预拌混凝土的生产是依据"生产任务通知单"而进行的。"生产任务通知单"是由经营部依据"预拌混凝土供需合同"和"预拌混凝土供货通知单"等向材料部、生产部和试验室签发。"生产任务通知单"主要包括需方单位、工程名称、结构部位、混凝土标记、交货地点、供应日期和时间、供应数量以及其他特殊要求。生产任务通知单的填写应正确、清楚、项目齐全,确保各项内容已被生产部和试验室正确理解,并做好签收记录。

3."生产用混凝土配合比通知单"的签发

试验室技术负责人或质量负责人,根据经营部签发的"生产任务通知单"中的有关内容,结合现有的试验资料,向质检组和材料部签发"生产用混凝土配合比通知单"。

预拌混凝土搅拌站作为一个专业生产混凝土的企业,试验室应做好技术储备工作,具有较齐全而成熟的常用混凝土配合比,即不同性能的混凝土和强度等级、不同坍落度、不同原材料和不同季节均有成熟的混凝土配合比。但这些成熟的常用混凝土配合比还应进行经常验证,确保所签发混凝土配合比坍落度、和易性及强度等能满足设计和施工要求。当不能满足要求时,可作适当的调整。混凝土配合比设计资料及验证资料均作为签发"生产用混凝土配合比通知单"的依据。

4."生产用混凝土配合比调整通知单"的签发

"生产用混凝土配合比调整通知单"由试验室质检组组长向生产部签发。

由于"生产用混凝土配合比通知单"中的配合比是干料比(砂含水率小于0.5%、石含水率小于0.2%),因此在生产前应测定骨料含水率,质检组长严格按照"生产用混凝土配合比通知单"中的内容,根据骨料含水率,经计算后向生产部签发"生产用混凝土配合比调整通知单"。

5. 原材料的供应

材料部依据"生产任务通知单"和"生产用混凝土配合比通知单",组织原材料的供应,做好材料进场验收、复试取样、标识和存放保管,保证原材料的品种、规格、数量和质量符合标准及通知单要求。

6. 设备检查与运转

1) 设备检查

生产前（班前）应做好配料系统计量装置的检查。重点检查各计量料斗的工作情况，防止计量料斗的卡顶现象发生；检查荷重传感器和有关导线的接触情况，防止导线脱落。对传感器灵敏度进行检查，可以在各计量料斗内放置一定数量的标准砝码，并按"静态计量装置校准"的方法检验，确定计量系统的灵敏度和计量误差，并保证计量显示器的零点复位正常。

2) 搅拌机的空运转

生产前应对搅拌机进行一次检查，包括搅拌机各部位的连接情况、润滑情况，在检查无误的情况下，启动搅拌机进行空运转，运转正常后方可生产。

7. 技术资料报审

混凝土生产前，试验室应向需方提供预拌混凝土技术资料，经需方审核无异议后方可组织生产（若需方未提出要求可随车报送需方）。

8. 供应组织

混凝土生产前，应根据供应量、施工要求及交货地点合理安排运输车辆，明确运输路线，确保混凝土能连续供应，并做好施工现场服务人员的安排。

4.4.2 生产

供方按需方要求，生产时做好以下工作：

1. 混凝土配合比的输入和原材料的确认

生产前，操作人员必须根据"生产用混凝土配合比调整通知单"，将混凝土配合比数据输入计算机配料系统。为了防止出错，正式生产时质检组长应进行复核确认，同时，对所用的原材料是否正确进行检查，确保无误后方可搅拌生产。

2. 计量与记录

生产时应严格按输入计算机中的混凝土配合比进行计量，并保证计量的准确性。生产计量记录是一项重要的记录，当混凝土发生质量问题时，是追溯混凝土质量的重要依据，因此必须逐盘记录并保存，可按月存盘（硬盘或软盘）保存备用。

3. 搅拌

《预拌混凝土》（GB/T 14902—2003）标准规定了混凝土搅拌的最短时间：当采用搅拌运输车运送混凝土时，其搅拌的最短时间应符合设备说明书的规定，并且每盘搅拌时间（从全部材料投完算起）不得低于30s，在制备C50以上强度等级的混凝土或采用引气剂、膨胀剂、防水剂时应相应增加搅拌时间。

4. 混凝土配合比的调整

混凝土在生产过程中由于某种原因，需要对"生产用混凝土配合比调整通知单"所规定的数值进行调整。调整原因及要求如下：

1）配合比调整的原因

（1）骨料含水率的变化

生产过程中一般每一工作班测定骨料含水率不应少于一次，当含水率有显著变化时，应增加测定次数，依据检测结果及时调整水和骨料用量。但骨料含水率会因骨料所处的区域不同而发生变化，由此造成混凝土坍落度发生变化。故生产混凝土时应随时注意骨料含水率的变化，及时按规定调整配合比，确保混凝土拌合物满足施工要求。

（2）混凝土坍落度损失的变化

由于运输时间、气候变化等常常会造成混凝土坍落度损失发生变化。运输时间长、气候干燥，坍落度损失就大；反之，坍落度损失就小。当出现这种变化时，应调整出厂坍落度。常用的方法是在保证混凝土水灰比不变的情况下调整用水量或外加剂。

（3）现场施工需要

施工现场由于浇捣部位不同，对混凝土坍落度要求也不一样，例如整个楼层整体浇捣时，剪力墙的坍落度要比顶板大；施工因泵送距离缩短可适当减小坍落度；楼梯用混凝土坍落度一般要求较小等。

2) 混凝土配合比调整的基本要求

（1）调整要有足够的理由和依据，防止随意调整。

（2）调整应不影响混凝土质量，调整过程中混凝土水胶比不能发生变化。

（3）调整必须按规定程序进行，应由具有一定专业技术知识的人员进行。

（4）要做好调整记录。

4.5 供货及供货量

4.5.1 供货

预拌混凝土生产企业负责将经过检验合格的混凝土拌合物运送到交货地点，运送时应逐车向需方提供"发货单"。"发货单"至少应包括合同编号、供货单编号、需方及工程名称、浇筑部位、混凝土标记、供货日期、供货数量（m^3）、运输车号、发车时间及供方名称等，供需双方应指定专人负责及时对预拌混凝土的质量、数量进行确认，并做好"发货单"签收和归档工作。预拌混凝土在运送及卸料过程中应做好以下工作：

1. 运输车在运送时应能保持混凝土拌合物的均匀性，不应产生分层离析现象。

2. 混凝土搅拌运输车应符合《混凝土搅拌运输车》JG/T 5094—1997 标准的规定。翻斗车仅限于用于运送坍落度小于 80mm 的混凝土拌合物，并应保证运送容器不漏浆，内壁光滑平整，具有覆盖设施。

3. 运输车在装料前应将筒内积水排尽。

4. 严禁向运输车内的混凝土任意加水。需要增加混凝土坍落度时，卸料前可掺入外加剂，外加剂掺入后搅拌运输车应快速进行搅拌，搅拌时间及外加剂掺量应通过试验确定。

5. 混凝土的运送时间是指从混凝土由搅拌机卸入运输车开

始至该运输车开始卸料为止。运送时间应满足合同规定,当合同未作规定时,采用搅拌运输车运送的混凝土,宜在1.5h内卸料;采用翻斗车运送的混凝土,宜在1.0h内卸料;当最高气温低于25℃时,运送时间可延长0.5h。如需延长运送时间,则应采取相应的技术措施,并应通过试验验证。

6. 混凝土的运送频率,应能保证混凝土施工的连续性。

7. 运输车在运送过程中应采取措施,避免遗洒。

4.5.2 供货量

1. 预拌混凝土供货量以体积计,以立方米（m^3）为计算单位。

2. 预拌混凝土体积的计算,应由混凝土拌合物表观密度除运输车实际装载量求得。

注:一台运输车实际装载量可由用于该车混凝土中全部材料的重量和求得或由卸料前后运输车的重量差求得。

3. 预拌混凝土供货量应以运输车的发货总量计算。如需要以工程实际量（按施工图计算,不扣除混凝土结构中钢筋所占体积）进行复核时,其误差应不超过±2%。

4.5.3 现场配合及信息反馈

预拌混凝土生产企业应安排具有相应资格的人员负责预拌混凝土的交货检验工作,并将现场信息及时反馈技术质量部门或生产部门。

1. 质量情况的反馈

1）混凝土运送到施工现场时,派往现场的人员应积极配合施工单位做好交货的有关工作。特别在夏季气温较高、运输路程较长时,混凝土坍落度会发生变化,当不能满足施工要求时,或混凝土拌合物存在其他问题时,应及时将信息反馈回厂内值班质检人员,以便调整和出厂的准确控制。

2）混凝土在浇筑过程中,部位不同或浇筑工艺不同对混凝土坍落度要求一样时,也应及时将信息反馈回厂内的有关人员知道。

2. 供应速度和供货量的反馈

1)施工浇筑的部位不同速度有一定的差别,有时又要移动泵管,或因运输出现交通问题等,如果掌握不当往往容易造成供需不协调。因此,现场服务人员必须总结经验,密切配合施工需要,始终保持与供货司机及生产调度的联系,准确掌控供应速度,确保既不断车也不多压车,以期达到供需的基本平衡。当遇到不可预见的情况时,如泵管堵塞、停电等情况,要立即通知厂内停止发货,避免造成浪费。

2)混凝土浇筑即将结束时,要对混凝土的需要量有一个正确的估计,防止浪费。

3. 现场配合和督促

1)配合和督促施工单位做好预拌混凝土的交货检验工作。

2)督促施工单位不得向混凝土中任意加水。

3)督促施工单位做好预拌混凝土的接收工作,防止混凝土等候的时间过长(一般不应超过合同规定的时间)或不同强度等级的混凝土浇错结构部位。

4.6 检 验 规 则

以下内容以《预拌混凝土》(GB/T 14902—2003)标准为依据。

4.6.1 出厂检验

预拌混凝土搅拌站应在混凝土出厂时对其质量指标进行检验,以判定混凝土质量是否符合要求,出厂检验工作由试验室质检组负责。

1. 一般规定

1)出厂检验的取样试验工作应由供方承担。

2)当判断混凝土质量是否符合要求时,强度、坍落度及含气量应以交货检验结果为依据;氯离子总含量以供方提供的资料为依据;其他检验项目应按合同规定进行。

3)进行预拌混凝土取样及试验的人员必须具有相应资格。

2. 检验项目

检验项目应根据设计、合同规定和施工需要而定,一般通用品检验混凝土强度和坍落度;特制品还应检验合同规定的其他项目;掺有引气型外加剂的混凝土应检验其含气量。

3. 取样与组批

1)出厂检验的混凝土试样应在搅拌地点采取。

2)每个试样量应满足混凝土质量检验项目所需用量的1.5倍,且不宜少于0.02m³。

3)混凝土强度检验的取样频率:

(1)每100盘相同配合比的混凝土取样不得少于一次。

(2)每一工作班相同配合比的混凝土不足100盘时,取样不得少于一次。

4)混凝土坍落度检验的取样频率:混凝土坍落度检验的取样频率应与强度检验的取样频率一致。检测时还应观察混凝土拌合物的黏聚性和保水性,如不符合要求时,应立即分析原因并处理,直至拌合物符合要求。正常情况下每车也应进行目测。

5)对有抗渗、抗冻要求的混凝土取样频率应为同一工程、同一配合比的混凝土不得少于一次。留置组数可根据实际需要确定。

6)预拌混凝土的含气量及其他特殊要求项目的取样检验频率应按合同规定进行。

4.6.2 交货检验

预拌混凝土运送至施工现场应进行质量指标检验,以判定混凝土质量是否符合要求。

前面所述，混凝土的质量是以交货检验为依据。因此，交货检验对于预拌混凝土生产企业来说，是一项十分重要的工作，应积极配合和督促需方做好交货检验的取样、试件制作、养护和检验等工作。

1. 一般规定

1）交货检验的取样工作应由需方承担，当需方不具备试验条件时，供需双方可协商确定承担单位，其中包括委托供需双方认可的有试验资质的试验单位，并应在合同中予以明确。

2）当判断混凝土质量是否符合要求时，强度、坍落度及含气量应以交货检验结果为依据；氯离子总含量以供方提供的资料为依据；其他检验项目应按合同规定进行。

3）交货检验的试验结果应在试验结束后15天内通知供方。

4）进行预拌混凝土取样及试验的人员必须具有相应资格。

2. 检验项目

检验项目应根据设计、合同规定和施工需要而定，一般通用品检验混凝土强度和坍落度；特制品还应检验合同规定的其他项目；掺有引气型外加剂的混凝土应检验其含气量。

3. 取样与组批

1）交货检验的混凝土试样应在交货地点采取。

2）交货检验的混凝土试样采取及坍落度试验应在混凝土运到交货地点时开始算起20min内完成，试件的制作应在40min内完成。

3）交货检验的混凝土试样应随机从同一运输车中抽取，混凝土试样应在卸料过程中卸料量的1/4～3/4之间采取。

4）每个试样量应满足混凝土质量检验项目所需用量的1.5倍，且不宜少于0.02m³。

5）混凝土强度检验的取样频率：

（1）每拌制100盘且不超过100m³相同配合比的混凝土，取样不得少于一次。

（2）每一工作班拌制相同配合比的混凝土不足100盘时，取样不得少于一次。

（3）当一次连续浇筑超过 1000m³ 时，相同配合比的混凝土每 200m³ 取样不得少于一次。

注：系指超过 1000m³ 时的量按 200m³ 取样一次，1000m³ 以内仍按 100 盘或 100m³ 取样一次。如一次连续浇筑 1400m³ 时，应该取样 12 次；1450m³ 时取 13 次。

（4）每一楼层、相同配合比的混凝土取样不得少于一次。

（5）每次取样应至少留置一组标准养护试件，同条件养护试件的留置组数应根据实际需要确定。

6）对有抗渗、抗冻要求的混凝土结构，其混凝土试件应在浇筑地点随机取样。同一工程、同一配合比的混凝土取样不得少于一次。留置组数可根据实际需要确定。

7）混凝土坍落度检验应与强度检验的取样频率一致。正常情况下每车也应进行目测。

8）预拌混凝土的含气量及其他特殊要求项目的取样检验频率应按合同规定进行。

4. 预拌混凝土出厂合格证

供方应按子分布工程分混凝土品种、强度等级向需方提供预拌混凝土出厂合格证。出厂合格证内容至少应包括：出厂合格证编号、合同编号、工程名称、需方、供方、供货日期、浇筑部位、混凝土标记、其他技术要求、供货量（m³）、原材料情况（品种、规格、级别及复验报告编号）、混凝土配合比编号、质量评定等。

关于预拌混凝土出厂合格证问题，目前有不少施工技术人员或工程监理要求在供应混凝土时提供，这是不正确的。因为强度等级是评定混凝土的重要技术指标，其检验结果没有的情况下，还不能证明供方出厂的混凝土是合格的。因此，预拌混凝土出厂合格证应是在出厂检验结束后，通常是在该验收批混凝土 28d 强度检验完成后，且在评定合格的情况下，才能向需方提供出厂合格证。

4.6.3 合格判断

1. 混凝土强度的试验结果其评定应符合 GB 107 等国家现行标准的规定。
2. 坍落度符合表 4-1 规定为合格；含气量的试验结果与合同规定值之差不超过 $\pm 1.5\%$ 为合格。若不符合要求，则应立即用试样余下部分或重新取样进行试验，若第二次试验结果符合要求时，仍为合格。
3. 氯离子总含量的计算结果符合表 4-2 中规定为合格。
4. 混凝土放射性核素放射性比活度满足 GB 6566—2001 标准规定为合格。
5. 其他特殊要求项目的试验结果符合合同规定的要求为合格。

4.7 质量控制和检查方法

4.7.1 检查依据

预拌混凝土质量控制和检查的方法依据主要有两个：一是有关标准、规范和规定；二是合同要求。

1. 标准、规范和规定

标准、规范和规定是科学技术和成果，是实践经验的总结，成为预拌混凝土和预制混凝土构件设计、生产和使用等所共同遵循的基础，也是质量控制和检查的重要依据。质量控制和检查常用标准、规范和规定如下：

1)《预拌混凝土》(GB/T 14902—2003)
2)《普通混凝土配合比设计规程》(JGJ 55—2000)
3)《混凝土质量控制标准》(GB 50164—1992)
4)《混凝土强度检验评定标准》(GBJ 107)
5)《普通混凝土用砂、石质量及检验方法标准》(JGJ 52—

2006)

6)《混凝土结构工程施工及验收规范》(GB 50204—2002)

7)《混凝土外加剂匀质性试验方法》(GB/T 8077—2000)

8)《水泥混凝土路面施工及验收规范》(GBJ 97—1987)

9)《水泥细度检验方法　筛析法》(GB/T 1345—2005)

10)《混凝土外加剂》(GB 8076—1997)

11)《混凝土和砂浆用粒化高炉矿渣微粉》(DB31/T 35—1998)

12)《普通混凝土拌合物性能试验方法标准》(GB/T 50080—2002)

13)《普通混凝土力学性能试验方法标准》(GB/T 50081—2002)

14)《普通混凝土长期性能和耐久性能试验方法》(GBJ 82—1985)

15)《混凝土泵送施工技术规程》(JGJ/T 10—1995)

16)《混凝土外加剂应用技术规范》(GB 50119—2003)

17)《混凝土用水标准》(JGJ 63—2006)

18)《混凝土泵送剂》(JC 473—2001)

19)《混凝土、砂浆防水剂》(JC 474—1999)

20)《混凝土防冻剂》(JC 475—2004)

21)《混凝土膨胀剂》(JC 476—2001)

22)《水泥胶砂流动度测定方法》(GB/T 2419—2005)

23)《水泥化学分析方法》(GB/T 176—1996)

24)《通用硅酸盐水泥》(GB 175—2007)

25)《建筑用砂》(GB/T 14684—2001)

26)《建筑用碎石或卵石》(GB/T 14685—2001)

27)《建筑工程冬期施工规程》(JGJ 104—97)

28)《水泥胶砂强度检验方法（ISO 法）》(GB/T 17671—1999)

29)《轻骨料混凝土技术规程》(JGJ 51—2002)

30)《粉煤灰混凝土应用技术规范》(GBJ 146—1990)

31)《用于水泥和混凝土中的粒化高炉矿渣粉》(GB/T 18046—2000)

32)《用于水泥和混凝土中的粉煤灰》(GB/T 1596—2005)

33)《地下防水工程质量验收规范》(GB 50208—2002)

34)《天然沸石粉在混凝土和砂浆中应用技术规程》(JGJ/T 112—1997)

35)《水泥标准稠度用水量、凝结时间、安定性检验方法》(GB/T 1346—2001)

36)《混凝土外加剂定义、分类、命名与术语》(GB/T 8075—2005)

37)《回弹法检验混凝土抗压强度技术规程》(JGJ/T 23—2001)

38)《建筑材料放射性核素限量》(GB 6566—2001)

39)《钢纤维混凝土结构设计与施工规程》(CECS 38：92)

40)《钢纤维混凝土》(JG/T 3064—1999)

41)《钢纤维混凝土试验方法》(CECS 13：89)

2. 合同要求

合同要求代表顾客的需要，也是生产的目的，凡是与标准、规范和规定不抵触的、与设计要求不矛盾的合同要求同样是生产、质量控制和检查的依据。

4.7.2 检查内容

预拌混凝土检查主要有生产基本条件、生产过程质量控制、保证资料和产品质量四个部分。

1. 生产基本条件

生产基本条件是确保正常生产的基础，也是稳定地生产合格产品的根本保证，生产基本条件的主要内容有：

1) 生产工艺；
2) 生产设备和设施；

3) 生产技术；
4) 技术管理人员；
5) 标准、规范和规定的理解和执行；
6) 质量保证体系的建立和执行；
7) 试验和检验。

2. 生产过程质量控制

生产过程质量控制要按照预拌混凝土生产工艺和要求进行。生产过程质量控制的主要内容有：

1) 原材料的管理和贮存；
2) 生产过程控制；
3) 混凝土性能抽测；
4) 试验和检验；
5) 生产设备和环境。

3. 质量保证资料

质量保证资料是对生产活动和质量控制的真实记录，能正确、全面地反映产品质量。质量保证资料主要内容有：

1) 生产台账（生产日志）；
2) 原材料的质量证明书、复试报告；
3) 混凝土配合比设计资料；
4) 混凝土配合比的通知单和混凝土配合比的调整记录；
5) 混凝土用原材料的计量记录；
6) 混凝土用原材料的计量误差检查记录；
7) 计量器具的计量检定证书或检验资料；
8) 混凝土拌合物质量检验记录；
9) 混凝土强度检验报告及其强度评定报告和其他质量检验报告；
10) 试验和检验资料。

4. 产品质量

产品质量反映了生产活动和质量控制的最终成果。产品质量应按有关标准的要求进行取样和试验，经检验合格的产品方可在建设工程中使用。

4.7.3 检查方法

4.7.3.1 原材料的管理和贮存

预拌混凝土生产用的原材料应有"质量证明书"和"复试检验记录",并在存放处作出明显标志。对于"质量证明书"复印件,必须在复印件上注明原件存放单位,应有复印人签名,并盖原件存放单位红色图章。

1. 水泥

1) 检查方法

(1) 现场检查水泥的存放、标志和水泥筒仓或仓库的防潮措施。

(2) 查阅水泥"质量证明书"和"复试检验记录",检查其数量和有效性。

2) 质量要求

(1) 水泥进厂(场)必须有出厂"质量证明书"(合格证或检验报告),并对其品种、强度等级、出厂日期等检查验收。

(2) 水泥应按同生产单位、同品种、同强度等级分批验收,散装水泥以500t为一检验批,不足时也作一批。

(3) 水泥应按批检验凝结时间、安定性、细度和强度,需要时,还应检验其他性能。

(4) 配制混凝土所用的水泥应符合现行国家标准的规定。

(5) 水泥应按品种、强度等级等分别贮存在专用的储仓内,对存期超过三个月的水泥,使用前应重新检验,并按检验结果使用。

2. 骨料

1) 检查方法

(1) 现场目测检查骨料的存放、标志、含泥量、泥块含量、堆场和杂物等(砂还应目测检查细度模数;石还应目测检查针片状)。对骨料的质量有怀疑时,应取样检验。

(2) 查阅骨料的"质量证明书"和"复试检验记录",检查其数量和有效性。

2) 质量要求

(1) 供应单位应提供"质量证明书"或"质量检验报告"。

(2) 骨料应按同产地、同品种、同规格分批验收,以 600t 或 400m³ 为一检验批,不足上述数量时也作一批。但对同一骨料生产厂能连续供应质量稳定的骨料时,可一周至少检验一次。

(3) 骨料应按批进行颗粒级配、含泥量、泥块含量检验(砂还应检验细度模数;石还应检验针片状和压碎指标值);需要时,还应检验其他性能,所检项目应符合现行国家标准的规定。

(4) 骨料应按品种、规格分别堆放,不得混杂,在其装卸和贮存时应采取措施,保持洁净。

(5) 堆场应用硬地坪,并有可靠排水措施。

3. 外加剂

1) 检查方法

(1) 现场检查外加剂的存放和标志。

(2) 查阅外加剂的"质量证明书"和"复试检验记录",检查其数量和有效性。

2) 质量要求

(1) 选用的外加剂应具有"质量证明书"。

(2) 外加剂应按批验收,以同一厂家、同一品种、掺量小于 1‰按 100t 为一检验批,掺量大于 1‰按 50t 为一检验批,不足上述数量时也作一批。

(3) 外加剂必须按批检验,所检项目符合现行国家标准的规定。

(4) 不同品种的外加剂应分别存放、做好标志。

4. 掺合料

1) 检查方法

(1) 现场检查掺合料的存放、标志和筒仓的防潮措施。

(2) 查阅掺合料的"质量证明书"和"复试检验记录",检查其数量和有效性。

2）质量要求

(1) 用于混凝土中的掺合料应符合有关规定。

(2) 选用的掺合料应使混凝土达到预定改善性能的要求，或在满足性能要求的前提下取代水泥，其掺量应通过试验确定，其取代水泥的最大掺量应符合有关规定。

(3) 粉煤灰应以同一厂家、同一等级连续供应200t为一检验批，不足上述数量时也作一批。

(4) 粉煤灰应逐车检验细度，其他项目按每批一验。

(5) 矿粉应以同一厂家、同一等级连续供应200t为一检验批，不足上述数量时也作一批。

4.7.3.2 生产过程控制

1. 配合比设计

1）检查方法

查阅混凝土配合比设计和试配资料。

2）质量要求

(1) 混凝土配合比应根据设计和施工要求，经过设计计算和试配确定。

(2) 预拌混凝土配合比应根据有关标准的要求和合同规定进行，但是对坍落度的确定，应考虑运输途中的损失。当合同有要求时，所有原材料的产地或品种有显著变化时以及该配合比的混凝土生产间断半年以上时应重新设计。

(3) 混凝土配合比的设计应按《普通混凝土配合比设计规程》(JGJ 55—2000) 等有关规定进行。

(4) 混凝土配合比设计时选择的参数（水泥强度、试配强度、水胶比、砂率、掺合料的选用及其掺量等）应符合有关标准的要求。

(5) 混凝土配合比的设计计算应正确、无误。

(6) 混凝土配合比设计时有关资料（原材料检验报告、设计计算书、试配资料及其检验资料）应完整保存。

(7) 为了便于管理和使用，宜将常用混凝土配合比汇编成册，即"混凝土配合比汇编"。

(8) "混凝土配合比汇编"中各种混凝土配合比是经过设计计算和试配确定的，实际生产时，还应通过验证。

2. 混凝土配合比通知单

1) 检查方法

(1) 现场（拌台）检查"生产用混凝土配合比调整通知单"，需要时应与"骨料含水率"、"生产用混凝土配合比通知单"和"混凝土配合比设计资料"等对应检查。

(2) 查阅"生产用混凝土配合比调整通知单"资料时，可与"生产台账"等对应检查。

2) 质量要求

(1) 混凝土配合比应按照国家现行标准通过设计计算和试配确定，不得随意改变配合比。

(2) "生产用混凝土配合比调整通知单"应根据"生产用混凝土配合比通知单"签发。

(3) "生产用混凝土配合比通知单"应同"生产任务单"和"混凝土配合比设计资料"的要求相一致。

3. 混凝土配合比调整

1) 检查方法

(1) 现场（拌台）检查"生产用混凝土配合比调整通知单"，检查其有效性和及时性。

(2) 检查混凝土配合比调整的必要性和调整依据。

(3) 查阅混凝土配合比调整存档资料。

2) 质量要求

(1) 混凝土配合比在使用过程中，应根据混凝土质量的动态信息，及时调整。

(2) 生产过程中需要调整混凝土配合比时，应有专人负责，并重新签发"生产用混凝土配合比调整通知单"及调整记录。

(3) 调整依据应充分，并有相应的试验资料或技术要求。

4. 计量检定和设定

1) 检查方法

(1) 现场检查计量设备的检定标志和零点校准（复零）记录。

(2) 查阅"计量设备的检定证书"，检查其有效期和有效性。

2) 质量要求

(1) 用于计量的各设备（装置），检定周期应符合有关规定，由法定计量部门进行。但当经过大修、中修或搬迁后应重新进行检定。

(2) 每个工作班前，应对计量设备进行零点校准（复零）。

(3) 计量设定值应严格按照"生产用混凝土配合比调整通知单"的要求设定，并应有人复核。

5. 静态计量校准

1) 检查方法

查阅"静态计量校准"资料。检查其校准周期和有效性。

2) 质量要求

(1) 用于计量的各设备（装置），每季度不少于一次，由生产部门进行校准，试验室参加，当生产大方量混凝土、特制品混凝土或停产一个月以上重新生产及出现异常情况时，也应进行静态计量校验。

(2) 静态计量校准的加荷值应与实际生产情况相符，加荷应分级进行，分级数量不少于 5 级。

6. 计（称）量抽查

1) 检查方法

(1) 现场抽查各种原材料的计量精度。

(2) 检查计（称）量和设备的完好情况。

(3) 查阅"计（称）量记录"资料（盘片或打印记录）。

2) 质量要求

(1) 企业必须积累完整的混凝土生产全过程的计（称）量

记录。

(2) 计（称）量记录设备应完好。

(3) 各种原材料的计量精度必须符合表 2-3 要求。

7. 搅拌抽查

1) 检查方法

(1) 抽查拌合物质量和搅拌时间等。

(2) 查阅"搅拌抽查"资料，检查其有效性。

2) 质量要求

(1) 每个工作班不少于一次进行搅拌抽检，抽检项目主要有材料使用情况、拌合物质量和搅拌时间。

(2) 对于搅拌抽检发现的问题，应采取有效的措施。

4.7.3.3 混凝土性能

拌合物稠度：

1) 检查方法

现场抽测混凝土拌合物稠度（坍落度或维勃稠度）。

2) 质量要求

(1) 拌合物稠度抽检频率应与强度抽测一致。

(2) 拌合物稠度应符合混凝土配合比设计要求和生产用混凝土配合比调整通知单要求，其允许偏差应符合有关标准的要求。坍落度小于 40mm，允许偏差±10mm，坍落度 50～90mm，允许偏差±20mm，坍落度大于 100mm，允许偏差±30mm。

4.7.3.4 混凝土强度抽测

1. 检查方法

1) 现场随机抽查 1～3 组混凝土标准强度试件，进行强度检验。

2) 查阅"混凝土强度检验记录或报告"，检查其数量和有效性，需要时可与"生产台账"对应检查。

3) 查阅"混凝土强度统计"资料。需要时可与"混凝土强度检验记录或报告"对应检查。

2. 质量要求

1）出厂检验抗压强度试件的成型批次应符合 4.6.1 要求。

2）混凝土强度应分批进行检验评定，应符合《混凝土强度检验评定标准》(GBJ 107) 标准要求。

4.7.3.5 其他检验

1. 检查方法

查阅"其他检验"存档资料。需要时可与"生产台账"对应检查。

2. 质量要求

其他检验应根据合同或其他有关要求进行。

4.7.3.6 检验试验

1. 检验试验

1）检查方法

（1）旁站观察试验人员的操作。

（2）查阅检验试验应用标准、规范和规定及其执行情况。

（3）查阅"检验试验"记录。

2）质量要求

（1）试验人员必须熟练检测项目。

（2）检验试验记录必须完整，符合有关规定要求。

（3）试验工作必须严格遵循国家、部门和地区颁发的有关标准、规范和规定。

2. 试验仪器设备

1）检查方法

（1）现场检查试验仪器设备的检定标志和完好情况。

（2）查阅试验仪器设备的检定证书。

（3）查阅试验仪器设备的运转记录和运转正常情况。

2）质量要求

试验仪器设备的性能精度应符合有关标准和规定，有专人管理，标志清楚，定期检定，台账、相关记录连续完整。

3. 试件制作

1）检查方法

抽查试件制作的数量和制作质量。

2) 质量要求

混凝土质量检验的取样、试件制作、养护和试验必须符合国家标准的要求。

4. 人员、环境和文件

1) 检查方法

（1）查阅工作制度和设备操作规程的适应性与执行情况。

（2）检查人员配备及持证情况。

（3）检查试验室环境、布置和试件管理情况。

（4）检查试验标准、规范及检验方法的有效性和执行情况。

2) 质量要求

（1）试验室应有完善的工作管理制度和设备操作规程，并上墙明示，设备应有管理人员标志。

（2）试验室检测人员的配备应与检测任务相适应，且必须持证上岗。

（3）试验室应具备与检测任务相适应的工作环境，采光、照明、温湿度应满足检测要求。

（4）试验室应有齐全的国家现行试验标准、规范及检验方法，并严格执行。

（5）试件养护条件必须符合有关规定要求。

4.7.3.7 生产和环境

1. 检查方法

检查生产设备的适宜性、设备的维护保养、设备的运行、生产环境（包括材料堆场）等。

2. 质量要求

生产设备应符合产品、生产规模和产品质量的要求，且设备的维护良好、运行可靠，生产环境能满足生产、环保和安全的要求。

4.8 生产部人员岗位责任制

4.8.1 生产部经理岗位责任制

1. 在总经理领导下,全面负责生产部工作。
2. 认真贯彻公司确定的质量方针和质量目标,树立质量第一、用户至上的思想。
3. 根据经营部下达的生产任务,合理安排工作人员,做到及时、准确、安全,确保正常生产。
4. 严格要求操作员按试验室下发的混凝土配合比计量生产,生产过程中检查材料的使用是否与配合比单相一致,防止误用。
5. 负责本部门各种质量记录的建立和使用情况的监督检查,并按有关规定要求归档,妥善保存。
6. 按规定做好生产计量设备(装置)的周期检定工作,在平时的生产过程中,组织有关人员按时自校静态计量设备(装置)。
7. 随时检查设备维护保养情况,当设备出现故障时,要组织有关人员抢修,对于易耗、易损零部件,应提前购置备用,确保及时排除故障,保证生产正常进行。
8. 负责本部门员工的培训和考核工作,保证相关人员懂专业技术,确保特殊工种持证上岗。
9. 监督检查生产设备和生产区域的环境卫生,对生产范围的卫生负责。

4.8.2 生产组长岗位责任制

1. 协助本部门经理工作,认真执行各项管理制度。
2. 督促操作员严格按试验室下发的混凝土配合比计量生产,不得随意更改配合比。
3. 负责组织人员搞好生产设备、生产区域和操作环境的卫生工作。

4. 根据生产需要，合理安排工作人员，确保安全、正常生产，按时圆满完成各项任务。

5. 负责生产过程的计量系统（装置）校准，确保计量精度符合规定要求，对设备完好性负责。

6. 做好设备的维护保养，当设备出现故障要及时排除，不能排除时尽快通知有关人员维修或向上级领导汇报。

7. 监督检查生产过程中的材料使用情况，特别是人工添加膨胀剂、早强剂、防冻剂等，防止少掺或多掺，对混凝土搅拌质量负责。

8. 随时检查、观察设备运行情况，注意电路、油路、气路、水路有无异常情况。

9. 对违反操作规程和技术质量规范行为有权制止，杜绝一切可能影响产品质量的现象。

10. 督促操作员做好生产记录和交接班记录。

4.8.3 主机操作员岗位责任制

1. 加强安全意识，熟悉生产设备各部位功能，严格按操作规程进行生产，做到安全文明生产。

2. 严格按照"生产用混凝土配合比调整通知单"数据设定计量值，按质检人员的要求调整生产配合比，不得任意更改、套用配合比。

3. 坚守工作岗位，随时做好生产准备，接到具体生产任务后，每一单位工程不同等级的混凝土应通知质检人员重新确认配合比，否则不得开盘，并按技术人员的要求设定搅拌时间。

4. 当设备在运行中自动卸料系统出现故障不能排除时，在部门经理许可的情况下可暂改为手动。当设备出现异常情况不能满足计量精度要求时，应立即停止生产，并及时向主管领导汇报。

5. 班前应对计量设备进行零点校验（复零），复零时应检查容器是否清理干净,确保计量精度符合规范要求。

6. 未经公司领导同意,微机控制室不得让无关人员随意进出(包括外来人员)。

7. 放料前,认真观察运输车是否到位,搅拌罐运转方向是否正常,确定无误后方可放料。

8. 严禁无证操作,酒后操作,做与工作无关的事,设备运行时严禁离岗,无特殊情况搅拌机不得带料启动,并做好设备运行记录。

9. 必须做好生产搅拌逐车记录,主要内容有混凝土强度等级、生产方量、生产时间、车号、工程名称及结构部位等,每车生产完毕,立即清楚无误地通知磅房。

10. 交班时必须做好交接班记录,并打扫操作室卫生,各种工具摆放整齐。

11. 生产结束后,各类材料计量斗保持排空,并清洗搅拌机,离开操作室时要关闭计算机、操作台和总电源,上锁后方可离去。

4.8.4 机电维修工岗位职责

1. 严格遵守安全管理制度,坚守工作岗位,熟悉设备构造和原理。

2. 设备出现故障应及时修理,确保设备正常运转,不得无故推脱修理任务,对确实不能维修的设备应及时上报主管领导帮助解决。

3. 进行仪器设备维修时必须做好安全保护,不得带电进行机械修理,修好后试车时必须通知操作员。

4. 严格按相关规程从事电工、电焊、气割等操作,确保工作安全。

5. 每工作班应检查各系统有无缺油、漏油、漏气、漏电现象,电器、电机有无过热现象,有无异常噪声,仪表指示是否正常等。主要检查内容包括:

1）搅拌系统：检查搅拌叶片、衬板的磨损情况，卸料门是否活动自如，对搅拌振动及噪声进行跟踪，及早处理异常现象。

2）计量部分：检查水泥秤、水秤、外加剂秤、砂石秤是否正常，严禁料斗有影响计量精度的异物，如有故障及时清除。

3）传动系统：电机、三角皮带的张紧度，变速箱及连接盘间隙是否正常。

4）气动系统：各部汽缸、电磁阀、气动翻板阀，动作是否准确有效，对油水分离器组合件是否能将分离出的水有效泄出，油雾化器中的润滑充分气路中有无泄气、漏气现象。

5）润滑系统：搅拌机轴头部分，大门两瓦架部分，油雾化入罐储油部分，皮带上料机变速器箱部分。

6. 做好机械设备清洁、润滑、紧定、调整、检修工作，负责站区电路检查、电器更换等工作。严格禁止无油运行。

4.8.5 辅助工岗位职责

1. 严格执行公司制定的各项规章制度，服从领导，听从指挥。
2. 保证生产时各种原材料下料顺畅，不得出现断料情况。
3. 需要时，协助机电工做好设备的维护、保养及修理工作。
4. 生产过程中发现问题及时向主管领导汇报。
5. 按要求及时认真清理搅拌机内的残留混凝土，保证正常运转。
6. 加强责任心，对采用人工添加的材料，严格按技术人员的要求计量掺入，不得少掺或多掺，对违反者按有关规定进行处罚，如混凝土质量出现问题时追究其责任。
7. 负责保持生产区域的环境清洁、卫生工作。

4.8.6 铲车司机岗位职责

1. 负责生产过程中砂、石的及时上料工作，保证不断料，确保连续生产。

2. 按材料管理要求，做好料场材料的整理堆放，保持整洁不混料。

3. 加强责任心，上料时应做到先进先用，特别是细骨料，由于先进和后进的含水率差距较大，混用不利于产品质量的控制。

4. 按有关规定做好铲车的维护保养，保证正常运转，确保生产的需要。出现故障需修理时，上报领导批准。

5. 随时注意上料安全，对发生的意外事故负责。

4.9 生产部管理规章制度

4.9.1 生产部职责

1. 负责人、机、料、法、环的协调和调配工作，及时处理生产过程中出现的问题，做到安全、文明生产。

2. 根据经营部下发的"混凝土生产任务通知单"，合理安排生产。

3. 建立"生产设备台账"、"生产台账"、"混凝土生产记录"、"生产交接班记录"、"计量设备零点（复零）校验记录"、"静态计量设备（装置）自校记录"等重要质量记录。

4. 生产计量设备（装置）在正常情况下按检定周期进行检定，但当经过大修、中修或搬迁后应重新进行检定，检定合格后方可使用。

5. 每月组织进行一次静态计量设备（装置）自校，但当生产大方量混凝土、特制品混凝土或停产一个月以上重新启用或计量设备出现异常情况时，也应进行自校，以确保计量精度符合规范要求。

6. 生产计（称）量记录是一项重要的质量记录，必须按月保存"计（称）量逐盘记录"资料（盘片或打印记录），以备需要时检查。

7. 负责本部门的人员教育和管理工作，不断提高人员的质量意识和业务素质，做好生产过程中的与其他部门的配合接口工作。

8. 负责公司水、电、机械设备的维修工作，保证正常使用。

4.9.2 安全生产管理规定

生产大计，安全第一，以安全促生产，以安全保生产，这是本公司的基本原则。

1. 生产操作时，在平皮带、斜皮带启动前，操作员必须先打警铃数次，确保人员安全。

2. 严禁各岗位工作人员带病上岗、疲劳上岗、酒后上岗，禁止各种有可能致安全事故的不规范行为。

3. 各岗位工作人员，凡发现机械设备、电气、电路部位存在故障，有可能导致事故时，有权拒绝进入运行状态，并立即通知部门经理，尽快解决。

4. 穿拖鞋、裤头、背心及留长发的人员，不准参与设备的维修工作，更不准在生产设备运转的情况下，在配料、机械转动等工作部位滞留。

5. 非工作人员不得随意进入生产区，特别是搅拌楼、上料和地垄等区域。

6. 维修设备时，应切断电源后方可进行，维修过程中试运转时，操作人员要确认有关人员已离开不安全区域方可通电操作。

7. 例行清理搅拌锅和卸料门时，清理人员必须事先通知操作员，并确认切断电源后方可进行，操作人员必须密切配合，防止意外情况发生。

4.9.3 交接班管理制度

1. 主机操作人员在换班时，必须做好交接工作。交接内容包括生产情况、配合比及原材料使用情况、车辆调配情况、设备维修保养及运转情况、存在问题或注意事项等,并做好书面交接班记录。

2. 生产过程中操作人员必须认真填写各种质量记录,做到准确、及时、规范,不得随意涂改,并在换班时完整移交接班人员。

3. 离开时,操作员应打扫操作室卫生。

4.9.4　搅拌站微机操作规程

1. 按下控制电源,启动计算机进入系统控制程序。
2. 启动空压机和搅拌机。
3. 预热10分钟,保证传感器进入正常状态。
4. 进入系统调零画面进行调零。
5. 进入配合比修改画面,根据需要输入或修改配合比。
6. 进入生产调度画面,选择配合比,设置盘方量和车方量。
7. 按下皮带机启动电铃,启动皮带机。合上配料开关和卸料开关,进入生产画面,开始生产。

4.9.5　搅拌楼微机操作规程

1. 按下控制电源启动按钮,启动计算机进入系统控制程序。
2. 系统预热10分钟后,保证传感器进入正常工作状态。
3. 进入系统调零画面,按要求进行重新调零。
4. 进入系统参数画面,按需要进行修改。
5. 进入配合比画面,输入或选择所需配合比。
6. 按下搅拌层电铃,启动搅拌机。
7. 进入生产控制画面,开始生产。

4.9.6　搅拌楼进料层操作规程

1. 打开控制电源,启动进料层电源。
2. 选择骨料种类,将回转料斗口对准所选骨料仓口。
3. 启动上料皮带机,待皮带指示灯亮后,启动地垄皮带机。

4. 打开所选择骨料的地垄料斗门，开始上料。
5. 关机时，应先关闭地垄料斗门。
6. 待骨料上完后，先关闭地垄皮带机，再关闭上料皮带机。
7. 待所需全部骨料上完后，关闭总电源，结束上料。

4.9.7 搅拌楼（站）维护保养制度

1. 保证机器及周围环境的清洁。
2. 及时清除秤斗内的积料，使秤能正常回零。
3. 每天检查各润滑点的润滑油是否足够，气路中油雾器油是否正常，若不足，应及时添加。
4. 经常查看各电机、电器工作是否正常，仪表指示是否正常，信号指示是否正常。
5. 每班检查各系统，如有漏气、漏灰、漏油、漏电等现象应及时处理。不生产时应注意将搅拌机清理干净，将润滑油加足。
6. 不生产时应放掉储气筒、空压机内的积水，并检查空压机油位。
7. 空压机、螺旋输送机按使用说明书更换油，也可根据运转实际情况加油。
8. 空压机气压表及整个气路上的气压表读数经常作对比，发现不准确或损坏应及时更换。
9. 检查皮带周围是否有障碍物，检查弧门动作是否灵活。
10. 应保持操作室卫生清洁，操作台应无灰尘。

4.10 生产部相关质量记录表格

生产部相关质量记录包括仪器设备、人员、文件资料和生产过程控制相关记录等，本章未列者参见第2章。以下表格有些进行了压缩列出，实际使用时应根据需要调整行距和列距，每一种表格或横向或纵向单独打印使用，便于编目、归档保存。并根据企业内部管理要求进行统一编号。

静态计量装置校准记录

生产线编号		校准日期	年 月 日
计量料斗名称		最大计量值	（kg）

校 准 结 果				
加荷百分比(%)	加荷值(kg)	显示值(kg)	误差值(kg)	误差(%)
0				
20				
40				
60				
80				
100				
80				
60				
40				
20				
0				

校准意见和结论：

记录人：　　　　　　　　　　　　　　负责人：

生产计量装置零点校准（复零）记录

生产线编号									校准时间		

班前计量装置零点校准情况											
料斗名称	水秤	水泥秤		砂秤		石秤		掺合料秤		外加剂秤	
		1#	2#	1#	2#	1#	2#	1#	2#	1#	2#
校前量值											
复零											
备注	为确保校准的准确性,复零时容器必须清理干净										
校准意见											

校准人： 参加人： 校准日期： 年 月 日

生产交接班记录

本班生产情况：
待处理的问题：
交班人： 接班人： 交班时间： 接班时间：

交接日期： 年 月 日

预拌混凝土生产记录

生产班组：

需 方		日期	
工程名称		生产时间	开盘
结构部位			结束
混凝土标记		操作员	
生产线编号		配比确认人	
生产任务单编号		生产调整配合比单编号	

逐 车 生 产 情 况 记 录

车次	车号	搅拌时间		生产量(m³)		备注	车次	车号	搅拌时间		生产量(m³)		备注
		起	止	本车	累计				起	止	本车	累计	

机修班交接班记录

仪器设备运行情况：	
仪器设备故障记录：	
仪器故障处理记录：	
遗留问题：	
交班人： 交班时间：	接班人： 接班时间：

交接日期： 年 月 日

混凝土生产量报表
( )月□、季□、年□

序号	混凝土强度等级	生产量(m³)	备注

制表： 审核： 填报日期： 年 月 日

预拌混凝土生产台账

序号	生产任务单编号	生产调整配合比单编号	需方	工程名称	结构部位	混凝土标记	生产量 (m³)	生产时间			记录人
								日期	开盘	结束	

第5章 经营管理

预拌混凝土生产行业由于受产品特性的限制，销售范围一般仅在几十公里以内的区域进行，且该行业是高风险行业，与其他商品营销相比更具难度和挑战性。因此，加强经营管理对于预拌混凝土生产行业尤显重要。

俗话说："会干的不如会算的"。的确如此，经营管理水平的高低，直接影响企业的经济效益，因此，经营管理是企业内部管理的重要内容之一。本章阐述的主要是预拌混凝土生产企业在开拓经营业务、经营风险防范、合同签订、合同履行、供货量签证、应收账款及索赔等方面的管理。

5.1 经营活动的基本准则

5.1.1 守法

守法，就是要依法经营。这是任何一个民事行为能力的单位或个人最起码的行为准则。

1. 在核定的范围内展开经营活动。这里所指的核定的范围是单位资质证书中填写的、经建设资质管理部门审查确认的经营业务范围。不得承接核定经营业务范围以外的任何业务，否则就是违法经营。

2. 不得伪造、涂改、出租、出借、转让、出卖《资质等级证书》。

3. 供货合同一经双方签订，即具有一定的法律约束力（除违背国家法律、法规的无效合同），应按照合同的规定认真履行，不得无故或故意违背自己的承诺。

4. 遵守行规、行德，不恶意霸市，搞恶意竞争。

5. 遵守国家关于企业法人的其他法律、法规的规定，包括行政的、经济的和技术的。

5.1.2 诚信

所谓诚信，简单地讲，就是忠诚老实、讲信用。为人处事都要讲诚信，这是做人的基本品德，也是考核企业信誉的核心内容。一方面，预拌混凝土供应合同签订以后，必须按时向需方提供保质、保量的产品和良好的服务，一心一意为需方着想，急需方所急；另一方面，开拓经营业务时不应有意夸大自身实力，签订供应合同的混凝土总量要视本企业的实际生产能力和供应能力而为，防止承揽任务过剩而无法全面履行合同，更不该把供应业务转包给其他搅拌站。诚信是企业经营活动基本准则的重要内容之一，一个讲诚信重信誉的企业，必然会赢得更多的客户。

5.2 取得供货业务的途径

按照市场经济体制的观念，需方把供应委托给哪个搅拌站是需方的自由，搅拌站愿意接受哪个需方的供应任务是搅拌站的权力。自由交易，这是市场经济的基本规律。搅拌站在建筑市场中开展经营活动，也必须遵守这个规律。另一方面，自由竞争也是市场经济的基本规律之一。搅拌站必须参与市场竞争，通过竞争承揽业务，在竞争中求生存，求发展。

搅拌站承揽混凝土供应业务的表现形式有两种：一是通过投标竞争获得；二是需方直接委托获得。通过投标竞争获得混凝土供应业务，这是市场经济体制下逐渐普遍的形式。在特定条件下，或者工程规模较小、比较单一时，或者是对原搅拌站的续用等情况，需方都可能不采用招标的形式而直接把混凝土供应业务委托给搅拌站。

5.3 提高中标率要点

为了提高中标率,预拌混凝土生产企业应在平时的经营活动中严格管理,保证混凝土质量,为顾客提供良好的服务,给业内人士留下良好的形象和口碑,为今后激烈的竞争创造有利条件。投标时,按照招标文件规定统一要求递交投标文件,争取获得实施资格。招标方一般根据投标方提出的实施计划和价格,然后通过评审比较选出信誉可靠、技术能力强、管理水平高、价格合理的可信赖单位,以合同的形式委托其完成供货任务。因此,为了提高中标率,预拌混凝土生产企业应做好以下工作。

5.3.1 注重企业信誉

在平时的经营活动中,企业应把信誉放在第一位。信誉是建立在过去为顾客经营服务和质量基础之上的,企业信誉的好坏将在顾客的心目中留下深深的烙印,顾客会将信息相互传递,不是企业自我评价产生的。因此,搅拌站在经营活动中,应认真贯彻"平等互利、讲求实效、共同发展"的经济合作方针和"守约、保质、薄利、重义"的经营原则,努力在市场上树立良好的信誉,为中标创造良好的条件。

5.3.2 重视技术能力

技术能力在一定条件下决定了产品质量的优劣。企业应选拔、培养各类技术人才,重视人员技术能力即是重视质量本身,产品质量的优劣是影响企业信誉的重要因素。一个具有很强技术能力的组织,并严格按照现行标准、规范及顾客要求为顾客提供满意的产品,能充分体现当代混凝土技术的发展水平,也是提高企业中标率的有利因素。

5.3.3 提高管理水平

预拌混凝土生产企业应加强供货质量、供货速度和交货服务的控制。因为，顾客往往就根据这几方面来评价企业的管理水平。加强这几方面的规范控制和管理，是预拌混凝土生产企业提高资信度、获得更多竞争机会的核心内容。

5.3.4 精耕细作编制实施计划

根据招标文件中的内容和要求，生产企业应编制详细的实施计划，为了提高中标率，必要时可增加标书要求以外的附加内容。实施计划实际上就是投标文件，其主要内容一般包括：企业资质、业绩、生产能力、技术能力、报价、垫资情况、质量保证控制措施、供货能力保证及提供其他服务等均应在投标文件中详细叙述，投标文件的编制是中标的主要内容，因此要精耕细作。

5.3.5 报价合理

对于预拌混凝土，招标方主要是以报价和运费作为比较要素，选择总价格最低者中标。因此，投标时应根据市场预测，结合招标工程特点，薄利但不违反行规行约，合理进行报价以提高中标率。

5.3.6 投标注意事项

进行投标活动时，应注意其有效性，当出现以下情况之一为废标：
1. 投标书未按招标文件中规定封记；
2. 逾期送达的标书；
3. 未加盖法人或委托授权人印鉴的标书；
4. 未按招标文件中的内容和要求编写、内容不全或字迹无法辨认的标书；
5. 投标人不参加开标会议的标书。

5.4 合同管理

合同管理的过程是一个动态过程，是指组织合同管理机构或管理人员为实现预期的目标，运用管理职能和管理方法对供应合同的订立和履行行为施行管理活动的过程。

5.4.1 合同订立前的管理

合同是明确供需双方权利和义务的文件，一经签订就具有法律效力，意味着必须全面履行。所以，在合同订立前，应采取谨慎、严肃、认真的态度，做好签订前的准备工作。

1. 市场预测

加强加快信息交流、沟通，通过调查、统计、分析准确进行预测，包括政府对城市的规划与投资、市场需求量、本城市本行业的供应能力、竞争对手实力等进行预测，采取有效的预测方法和决策，能够提高中标率或更具竞争力。

2. 需方资信调查

为了降低经营风险，应对需方资信度作为重点进行调查考评，特别是新的需方。调查考评内容包括：需方单位当前的社会信誉如何、其当事人是否具有合法的合同签订资格、是否有履约能力、是否有固定的办公地点和住址等。

3. 合同评审

合同评审应在提出投标前或接受合同或订单前，由经营部组织各相关部门负责人对合同进行认真评审。要评审每项要求是否合理、明确、有能力满足，应对每份合同、订单、标书评审，不仅对质量要求方面、价款及付款方面评审，还要对包括生产能力、供应能力、现场道路、需方资信及特殊要求等进行评审，并形成文件。以确保：

1) 各项要求都有明确规定并形成文件；
2) 任何与合同不一致的要求已得到解决；
3) 具有满足合同要求的能力。

具体评审方法与要求按第 2 章 2.3.2 程序文件中《合同评审程序》进行。合同评审是企业经营过程中重要的环节，应形成书面记录。

5.4.2 合同签订后的管理

合同签订后,在履行过程中,经营部应随时与需方保持联系,必要时派业务人员到现场了解工程施工进度情况,将信息及时与相关部门进行沟通,并做好以下工作:

1. 合同依法签订后,经营部应及时进行合同交底,要让相关部门进一步了解正式合同的内容,便于下一步工作的安排和认真履行合约。

2. 需方要求供应混凝土时,每次浇筑前,经营部应派人到需方索取书面供货通知,即"预拌混凝土供货通知单",供货通知单是合同履行过程中的重要依据之一,也是经营部向试验室、生产部、材料部下达"生产任务通知单"的依据。各相关部门通过相互配合、同力协作,确保交付的混凝土满足需方供货通知单的各项要求,包括技术要求和交货服务等。试验室应及时向需方提供所需的相关技术资料。

目前,有些生产企业对供货通知单的作用不够重视,往往仅按电话通知要求发送混凝土,这对供方不利。因为如若混凝土强度等级或其他性能出现错误,可能供方将承担全部责任。故为了预防意外情况的发生或减少纠纷,降低企业经营风险,最好在供货前到需方取回书面供货通知单,不要图省事。

3. 为了不断提高内部管理或持续改进工作,达到质量和服务让需方满意的目的,应由经营部组织相关部门做好回访工作,做好这项工作也表明了供方履行合同的诚意,同时也提高了供方的资信度。

5.4.3 解决合同争议的方式

合同当事人之间发生争议,有时是难免的。如果争议发生了,当事人之间首先应当依据公平合理和诚实信用的原则,本着互谅互让的精神,进行自愿协商解决争议或者通过调解解决纠纷。如果当事人不愿和解、调解或者和解、调解不成的,可以依据"或裁或审制"的规定，请求仲裁机构仲裁，或者向人民法院起诉，以求裁判彼此之间的纠纷。

5.5 支付结算管理

支付结算管理是经营活动过程中的一项重要工作。为了达到要求需方按合同履约支付货款的目的，供货量及货款的结算签证工作应做到及时有效。

1. 在每次混凝土浇筑完毕，经营部应及时派专人到需方核对混凝土供货量及货款的结算签证工作，以确保供货量的不一致取得及时解决，为及时索要货款做好准备。

2. 供货量的计算方式应按合同中明确的方式进行，双方经复核一致认可后应在"预拌混凝土供应结算单"上签字、盖章，该结算单双方各执两份，作为货款支付的凭证。待到合同规定付款期，经营部应会同财务部派专人到需方及时办理货款支付手续。

3. 当供货量很难与需方达成一致无法办理签证手续时，或需方恶意拖延不予办理时，或需方不按合同履约支付货款时，应停止继续供货。必要时，组织相关人员按"5.6 索赔"方法向需方提出索赔要求的有关证据。

5.6 索赔管理

索赔是当事人在合同实施过程中，根据法律、合同规定及惯例，对并非由于自己的过错而是应由合同对方承担责任的情况造成的且实际发生了损失，向对方提出给予补偿要求。索赔与混凝土供需合同同时存在，在履行过程中的各个阶段，都有可能发生索赔。

5.6.1 索赔的作用

对于供需合同的双方来说，索赔是维护双方合法利益的权利。它的主要作用有：

1. 保证合同的实施。合同一经签订，合同双方即产生权利和义务关系。这种权益受法律保护，这种义务受法律制约。索赔是合同法律效力的具体体现，并且由合同的性质决定。如果没有索赔和关于索赔的法律规定，则合同形同虚设，对双方都难以形成约束，这样合同的实施得不到保证，不会有正常的社会经济秩序。索赔能对违约者起警戒作用，使其能考虑到违约的后果，以尽力避免违约事件的发生。所以索赔有助于供需双方更加紧密合作，有助于合同目标的实现。

2. 落实和调整合同双方经济责任关系。有权利，有利益，同时又应承担相应的经济责任。谁未履行责任，构成违约行为，造成对方损失，侵害对方权益，则应承担相应的合同处罚，予以赔偿。离开索赔，合同的责任就不能体现，合同双方的责权关系就不平衡。

3. 维护合同当事人正当权益。索赔是一种保护自己，维护自己正当权益，避免损失，增加利润的手段。如果供方不能进行有效的索赔，不精通索赔业务，往往使损失得不到合理的、及时的补偿，不能进行正常的生产经营，甚至要倒闭。

5.6.2 索赔的依据

1. 合同中明示的索赔

合同中明示的索赔是指供方所提出的索赔要求，在该工程混凝土供需合同文件中有文字依据，供方可以据此提出索赔要求，并取得经济补偿。这些在合同文件中有文字规定的合同条款，称为明示条款。

2. 合同中默示的索赔

合同中默示的索赔，即供方的该项索赔要求，虽然在该工程混凝土供需合同文件中没有专门文字叙述，但可以根据该合同条件的某些条款的含义，推论出供方有索赔权。这种索赔要求，同样有法律效力，有权得到相应的经济补偿。这种有经济补偿含义的条款，在合同管理工作中被称为"默示条款"或"隐含条款"。

默示条款是一个广泛的合同概念，它包含合同明示条款中没有写明、但符合双方签订合同时设想的愿望和当时环境条件的一切条款。这些默示条款，或者从明示条款所表述的设想愿望中引申出来，或者从合同双方在法律上的合同关系引申出来，经合同双方协商一致，或被法律和法规所指明，都成为合同文件的有效条款，要求合同双方遵照执行。

5.6.3 索赔的原因

在合同履行过程中，供方向需方提出索赔要求是不可避免的。几乎任何详细的供需合同都无法避免索赔事件的发生，其主要原因如下：

1. 施工条件变化

在施工过程中，施工现场会发生停电、设备故障、道路不畅等，需方未能及时解决，造成运往现场的混凝土报废；或在大雨、大雪、大风等恶劣天气，供方提出不宜施工要求，但需方仍然强制要求供货却又未能将混凝土浇筑，并造成了供方经济损失。所有这些情况，都迫使供方提出索赔要求，以弥补自己所不应承担的经济损失。

2. 需方违约

需方违约常常表现为未能按合同规定的时间内付款，或工期无期限拖延，或单方随意终止合同，或随意往混凝土里加水导致混凝土报废等，势必引起索赔要求。

3. 供货量变化

在施工过程中，供货量的变化是不可避免的。特别是按图纸计算混凝土方量的工程，可能会发生实际供货量（按混凝土表观密度求得的）明显超过按图纸计算的供货量，尤其是不规则、大型或较复杂的垫层或基础部位，发生这种较大误差的可能性会更多；或需方将混凝土浇筑到图纸以外的部位，如预制构件、临时路面、塔吊基础；或工程结构图纸变更产生供货量的增加，而需方未将变更图及时提供给供方等。这些情况都将引起索赔要求。

4. 物价上涨

物价上涨是市场普遍的现象,尤其是一些发展中国家。由于物价上涨,使人工费和材料费不断增长,引起了混凝土成本的增加。因此,一般情况下,混凝土生产企业不应与需方签订固定价合同,当材料费上涨而造成混凝土成本的增加时,可以向需方提出索赔要求。固定价合同仅适用于工期短、规模小的工程。

5.6.4 索赔的程序

当索赔事件发生后,供方应抓住索赔机会,迅速作出反应。索赔须做好以下具体工作:

1. 事态调查,即寻找索赔机会。通过对合同实施的跟踪、分析、诊断,发现了索赔机会,则应对它进行详细的调查和跟踪,以了解事件经过、前因后果、掌握事件详细情况。

2. 损失调查,即为索赔事件进行原因分析。分析这些损害事件是由谁引起的,它的责任应由谁来承担。在实际工作中,损害事件的责任常常是多方面的,故必须进行责任分解,划分责任范围,按责任大小承担损失。这里特别容易引起合同双方争执。

3. 索赔根据,即索赔理由,主要指合同文件。必须按合同判明这些索赔事件是否违反合同,是否在合同规定的赔偿范围之内。只有符合合同规定的索赔要求才有合法性、才能成立。

4. 收集证据。索赔事件发生后,供方就应抓紧收集证据,并在索赔事件持续期间一直保持有完整的当时记录。同样,这也是索赔要求有效的前提条件。如果在索赔报告中提不出证明其索赔理由、索赔事件的影响、索赔值的计算方面的详细资料,索赔要求是不能成立的。所以,供方必须对这个问题有足够的重视。

5. 起草索赔报告。索赔报告是上述各项工作的结果和总括。它表达了供方的索赔要求和支持这个要求的详细依据。它决定了供方索赔的地位,是索赔要求能否获得有利和合理解决的关键。

6. 索赔报告递交。供方应在索赔事件发生后的 28 天内向需方递交索赔报告。索赔报告的内容应包括：事件发生的原因，对其权益影响的证据资料，索赔的依据，此项索赔要求补偿的款项和详细计算等有关材料。当索赔事件的影响持续存在时，如按图纸计算方量的工程，每次浇筑需方要求的供货量都超过实际浇筑的量，而剩余的混凝土供方又无法处理，由此产生的持续性经济损失，供方可定期陆续报出每一个时间段内索赔证据资料和索赔要求。

当然，有些索赔事件的责任非常明确，如施工现场停电、需方设备发生故障等，造成运往现场的混凝土无法浇筑而报废，这些情况如果需方同意给予经济损失赔偿，并且很快得到签字认可，则可不必递交索赔报告。

5.7　经营风险及其防范

在经营活动过程中，道德和信用失常的情况屡见不鲜，赖账盛行、骗子猖獗。然而，骗子并不可怕，只要详尽了解各种骗术的手法，并与诈骗分子展开反欺诈的心理战，就能攻破各种骗术。随着《合同法》的普及以及人们对合同的重视程度不断加大，合同欺诈现象近几年有愈演愈烈之势。

5.7.1　常见商务欺诈和陷阱

1. 合同欺诈

签定合同者身份不能代表公司或公司本身不合法。这种情况主要是一些工程总承包方将工程转包，而分包方不具备签订合同的资格，以总承包方的名义签订供需合同，所提供的《企业法人营业执照》或复印件为伪造证明；或提供了正式证明，但虚报注册资金，根本没有合同履行能力，在合同签订后不能履行付款义务，采取瞒、拖、推卸责任的做法赖账或潜逃。

2. 内部"吃里爬外"欺诈

一般是公司员工与骗子内外勾结欺诈本企业。骗子从该公司骗走货时，此职员是在履行职责；当被骗事实无法掩盖时，此人引咎辞职。

3. 预付款或定金欺诈

一些骗子先交一部分预付款或定金，但当所供货款超过预付款或定金时，把欠款作为要挟的条件，使其继续供货，而厂家总是满怀着收款的期望一次次让步，厂家的妥协从侧面助长了骗子"合理欠款"的嚣张气焰。直到工程结束也不能完全收回货款，甚至再也找不到骗子去向。

4. 先小后大逃债

开始合作时能够做到小额及时付款，取得供方信任后，在后期或大额合同不履行付款义务，然后赖账或逃债。

5.7.2 商务欺诈和陷阱的预防

1. 开展业务时需要特别警惕的几种情况：
1) 不请自来的顾客；
2) 非常年轻的老板或负责人；
3) 老的或退休的负责人；
4) 难以确定的经历背景；
5) 令人迷惑的复杂的组织结构（特别是新顾客）。

2. 预防商业欺诈的几条定律：
1) 提高观察和判断能力，增强防范意识，多问几个"为什么"。
2) 进行广泛的资信调查，骗子总有露破绽的地方。
3) 了解业务过程，摸透风险可能存在的地方并采取措施加以防范。
4) 在企业内部加强有关业务人员的培训，采用传、帮、带等形式，增强整体抗风险能力。
5) 重视市场调查、统计、分析，加强加快信息交流、沟通，依靠集体智慧决策。

6）学习法律知识，慎重签订合同，尽量避免盲目操作，造成"一失足成千古恨"。

7）记住：天上不会凭空掉馅饼，更没有免费的午餐。

总之，商务风险是客观存在的，但企业管理者既不能忽视风险，也不能被风险吓倒。而作为一名合格的业务人员首要的一条就是避免被欺诈，掌握预防商业欺诈的基本技能，平时多交流预防商业欺诈的经验和体会，把典型的案例和教训总结出来，供内部其他业务人员学习。

5.8 应收账款催讨要领

应收账款是指公司在赊销、提供劳务后应得收入，或者其他应收账项。它是公司流动资产的组成部分，在公司与欠款人之间形成债权债务关系。为了公司应收账款及时回收，加速公司资金的良性循环，提高资金周转效率，防止坏账的发生，减少收账费用及财务损失，是每位业务人员应尽的责任和义务。

但是，多年来，建筑业欠资、赖账的情况屡见不鲜，所形成的三角债问题一直是困扰建筑业的一大难题。混凝土公司作为建筑工程施工中的主要材料供应商，也经常会遇到一些需方不按合同规定及时履行付款义务。在这种情况下，为了企业的生存和发展，应采取何种办法催讨应收账款呢？

1. 业务人员

1）应调查了解需方欠资、赖账的真实情况，对于以往资信度较好且确实是工程款暂未到位者，不必紧追蛮缠，只要对方承诺的付款期可以接受，应暂停催讨。否则，对方认为不给面子继而产生厌烦，可能会适得其反。如果确认对方属于恶意赖账，应该向其声明立即停止供货，不要怕得罪对方。

2）业务人员在进行催讨应收账款过程中，应做到"先礼后兵"。对于欠账时间不长的需方，应该给予一定的信任，并礼貌相待，不要把关系很快闹僵，这不利于双方今后的合作，也许从此失去这个客户,同时还会在业内留下不好的影响,不利于将来业务的开拓。但是,如果客户不讲信用,一拖再拖,应采取或电话或到其办公室经常催讨,使其没有不给的理由。

3) 催讨应收账款时,业务员不能公式化或敷衍了事,会令对方觉得你态度冷淡、没有礼待他们而造成不满,或认为该笔账款对你并不重要,从而增加了收款的难度。当然,对于那些实属恶意赖账的顾客,要理直气壮,必要时也可以用付诸法律的口气相对。

4) 眼观四路,脑用一方。要密切关注对方的口头语和身体语信号,掌握好时机并采取措施,可产生奇效。

5) 经常与需方相关人员保持联络,建立良好的友谊关系,关注他们的需求,必要时给予一定的帮助,将能收到事半功倍的效果。

6) 有些客户经济的确困难,仅想支付一部分货款,虽然距应收账款有较大的差距,但只要付,千万不要嫌少,万一客户转移财产逃避债务或失踪,将一分也得不到。

7) 在催讨应收账款过程中,业务员应该做好相关记录;或向对方下达"催款通知书",并让对方在通知书上签字;或采用挂号信向对方下达催款涵,要妥善保存这些证据,当发生诉讼时,是重要的法律依据。

2. 经营部和财务部

经营部是供应结算和回收应收账款的主管部门,财务部是办理收支流量的主管部门。因此,两个部门都必须随时了解、调控、处理好应收账款相关事宜。

1) 经常组织业务人员召开供应结算和款项回收会议,及时了解结算、收款过程中遇到的问题,针对实际情况调整应对措施,并将详细情况书面向公司最高管理者汇报。

2) 为业务人员提供必备的资源,鼓励业务人员遇到困难时要充满信心,勤奋执着,深思熟虑,以求尽快解决问题。

3) 对于业务员追款不力或恶意赖账的客户,要采取强硬但不违法的有力措施，意在尽快收回应收账款。如组织年长的人员组成催讨队，能提高应收账款的回收效果。

4) 对于那些经济实力不强、信誉较差，或者经营状况恶化、或者负债累累、或者有转移财产逃避债务可能的需方单位，且有催讨无望的"问题账款"，应及时采取诉讼解决。起诉要掌握好时机，避免过期起诉法院无法受理，或受理胜诉后对方已资不抵债，将造成账款回收无法执行。

5) 对于客户中那些经济实力较强、信誉较好的大型建筑施工企业，虽然拖欠一段时间货款，但是不会成为死账，债权迟早能够得到实现，而且将来还要与其继续合作，所以，对这类客户的确不能轻易起诉，不能因小失大。

5.9 经营部人员岗位责任制

5.9.1 经营部经理岗位责任制

1. 在最高管理者的领导下，负责经营部全面管理工作。
2. 组织本部门人员认真学习法律法规和经营技巧，不断提高业务素质和水平。
3. 负责市场的调研、预测和信息分析，计划、落实、分配混凝土年销售任务。
4. 负责经营开拓业务的管理，组织投标报价、合同评审及合同交底，指导业务人员预、结（决）算等经营工作。
5. 负责供需合同的审核，报最高管理者审批后执行。
6. 负责合同管理，为确保合同的良好履行，应组织相关人员进行需方调查和回访，并总结需方对产品质量、服务的要求和期望，及时制订纠正和预防措施。
7. 负责合同履行过程中与其他部门的沟通，保证每一供应合同按期完成，并对资金回收率负责。
8. 负责混凝土运输供应能力的调整，确保供应能力满足需方要求。

9. 指导本部门业务人员工作，对经营部人员的工作失误有处理权，对人员的辞退招聘有建议权，对本部门工作质量及行为负责。

10. 为了预防或降低经营风险，签订合同前应组织有关人员对有疑问的需方进行资信度调查考评，确认当事人身份是否符合合同法规定要求，是否有合同履行能力等，方可签订正式合同。

11. 经公司领导层决定索赔的事件，负责及时、准确提出索赔依据，并组织相关人员实施。

12. 在合同履行过程中发生争议时，负责与需方协商解决争议，必要时可采取其他解决措施。

13. 负责随时向最高管理者汇报经营工作情况。

5.9.2　经营部副经理岗位责任制

1. 协助经营经理搞好经营管理工作。
2. 负责开展市场调查、信息跟踪、信息分析等工作。
3. 了解工程进度，熟悉每一份合同，协助经理会同财务部及时回收应收账款。
4. 负责开拓经营业务，参与投标报价、预结（决）算、签证、变更、索赔等经营工作。
5. 负责起草公司对外、对内各种经营活动合同的拟订。
6. 刻苦钻研业务，增强法律经营意识，努力提高业务水平。
7. 监督检查业务人员供应签证工作的落实，随时与需方保持联系，落实有关需方需要的服务提供。
8. 负责落实上报统计报表，及时向经理汇报工作情况。

5.9.3　业务员岗位责任制

1. 在经营部经理的领导下，认真完成各项工作。
2. 努力学习法律法规和经营技巧，不断提高业务水平。
3. 必须"以客为尊"。为需方服务时，不得流露出厌恶、冷淡、愤怒、紧张和僵硬的表情。

4. 做好售后服务的日常回访工作,及时向部门领导汇报情况。

5. 无论方量多少,办理合同签订前必须先经最高管理者批准,不得随意与需方订立合同。

6. 时刻掌握所负责的工程施工进度情况,及时与需方沟通,确保按合同规定准时回收货款。

7. 懂得混凝土方面的基本知识,对公司要有较深的了解,包括历史状况、公司理念、获得过的荣誉、生产能力、供应能力、技术水平、质量管理措施等。在承揽任务时,正确向需方及有关人员讲解、宣传,不应该有夸大虚构的成分。

8. 不是职权范围内的承诺应及时承报经营部经理或最高管理者。

9. 及时分析未成交或暂未成交的原因,视具体情况,采取相应的补救措施。

10. 努力完成公司下达的年销售分配任务,参与投标报价,负责预结(决)算、签证及索赔工作的取证等工作。

11. 注意个人仪表,工作时衣装整洁,待人热情礼貌。

5.9.4 经营部预算员岗位责任制

1. 在经营部经理的领导下,及时完成各项工作任务。

2. 负责及时按发货单统计或施工图预算混凝土供货量,做好结算单的编制,为供货量签证做好充分的准备。

3. 积极与业务员密切配合,共同高效完成混凝土供应量的预结算和签证工作,签证结算单需方签字盖章后,应及时交经理保存,为经理和财务部按合同规定索要货款提供可靠依据。

4. 负责协调、保持与需方的良好关系,确保签证工作的顺利。

5. 当供货量与需方有较大出入时,应进行重新计算,找出存在差距的原因。必要时,可对浇筑结构部位进行实测实量,对于按施工图结算的工程，这项工作应在混凝土浇筑前进行，避免事后在供货量上双方发生分歧，影响双方良好合作的关系。

6. 需方计算的混凝土供货量少于率超过 2% 时，只要肯定自己计算的量是准确的，不得签字认可，要求需方重新计算或共同重新计算。发现需方有拖、赖账行为，应及时向经理汇报。

7. 签证结算单时，应注意冬施费、抗渗费、抗冻费以及混凝土增加的损耗等应收费用不能发生遗漏和错误。

8. 参与索赔工作，负责提供有效证据。

5.9.5 车队长岗位职责

1. 在经营部经理的领导下，负责公司混凝土运输车的管理。

2. 负责会同生产调度员进行运输车供货安排，做到公平合理，并对各车辆运输量、出车次数的均衡合理性负责。

3. 做好交通管理部门的协调工作，保证混凝土供应的顺利进行。

4. 按规定要求及时办理车辆交通养路费、保险费等应交费用。

5. 经常开展运输司机岗位培训和教育，包括文明驾驶、职业道德和环保教育等。

6. 严格对新聘用司机的技能考核，对不胜任的坚决不聘用。

7. 负责处理交通问题和交通事故，对情节严重的必须及时向公司领导汇报。

8. 负责做好日常车辆的维修、维护保养、管理工作，对运输司机违规行为有处理权。

9. 负责随时监督、检查生产调度员车辆运输安排的执行情况，杜绝不良行为的发生。

10. 每月统计各车辆的运输量、出车次数，并上报经理和最高管理者。

11. 负责做好有关运输车辆的其他相关工作。

5.9.6 生产调度员岗位职责

1. 严格遵守公司各项规章制度，协助车队长做好车辆调度安排，做到公平合理。
2. 根据"生产任务通知单"提供的信息，结合工作中的实践经验，合理安排供应车辆。
3. 供货前，必须将每一单位工程车辆的安排（如车号）及行车路线等向运输司机、质检组、生产组作详细交底。
4. 混凝土供应时，随时与需方现场管理人员和我方现场服务人员保持联系，根据实际情况增减供应车辆或根据需要发送不同要求的混凝土，以确保混凝土施工的连续供应，供需协调一致。
5. 根据混凝土生产计划安排及设备维护保养需要，配合生产部合理安排生产，做到生产、维护保养两不误。
6. 建立"混凝土供货车辆安排登记台账"和"运输供货量统计表"，准确掌握各车辆的送货量，对车辆运输量、出车次数的均衡合理性负责。
7. 对运输司机违规行为有处理建议权。
8. 做好换班的交接工作。

5.9.7 混凝土运输司机岗位职责

1. 必须保证在出车前有充足的休息时间，确保行车安全。
2. 服从调度安排，装车时不得随意加队扰乱秩序。
3. 值班时，不准随意脱岗，必须做到随叫随到。
4. 上班期间必须身着工装，出车前应检修车辆，确保运输车辆正常运行，并不得开"病车"。
5. 接料前，车内刷车水必须倒净。
6. 每车混凝土出厂时，认真细看《预拌混凝土发货单》内容，核实工程名称、施工部位、强度等级等，如有疑问，应及时与有关人员沟通，确保混凝土准确无误送到交货地点。

7. 运送混凝土时,搅拌罐必须旋转搅拌(带砂浆者除外),对混凝土的运输质量负责。

8. 到达工地后,听从需方有关人员指挥,当施工人员对混凝土质量不满时,应及时向值班调度或质检人员反映情况。

9. 严禁向车内的混凝土中加水,如需调整混凝土坍落度必须通知由质检人员进行,否则后果自负。

10. 严禁乱拿工地材料,提高自身修养,维护公司形象。将混凝土私自卸在交货地点以外的其他地方者,一经查实,将从严处罚。

11. 必须持证驾驶,不按通行证上规定路线行驶、违反交通规则被扣、罚款,由个人承担。发生交通问题和事故应及时向车队长汇报。

12. 注意仪表,文明驾驶。不准将车辆交经无执照人员驾驶,否则后果自负。

13. 混凝土卸完后,做好《预拌混凝土发货单》(结算凭证)的签证工作,并每天上交经营部管理人员一次,不得无故迟交,如发生丢失或需方验收人未签字,所产生的经济损失由责任人承担。

14. 未经主管领导批准,不准外出私自接活。

15. 是否刷车或停运,应先经调度人员允许。

5.10 经营部管理制度

5.10.1 经营部管理制度

1. 遵守国家有关法律、法规、政策,按公司制定的经营策略承揽供应任务和回收混凝土货款,对销售量、回款率负责。

2. 掌握市场信息,对工程项目进行跟踪,对市场进行分析和预测,负责公司经营业务的开拓,确保经营业务的顺利开展。

3. 负责公司经济合同的编写、审查、审核和管理,组织相关部门和人员进行合同评审及合同签订后的交底工作。

4. 收集需方的反馈信息，负责对需方满意程度进行监视和测量，及时会同相关部门处理满意不满或投诉，不断提高需方满意度。

5. 负责合同履行过程中的需方联系，做好预算、签证、结算工作，处理争议和索赔事项。

6. 负责对本部门人员的教育和管理工作，不断提高人员的业务素质，做好生产供应过程中与其他部门的沟通、接口工作。

7. 合同签订后，应随时与需方联系，要求需方在混凝土浇筑时提前24小时下达"预拌混凝土供货通知单"，并按通知单要求及时向相关部门下发"生产任务通知单"。

8. 负责对混凝土运输车辆的管理和考核，确保混凝土的连续供应。

9. 根据公司制定的《质量回访制度》要求，按时对需方进行回访，以保证产品质量和服务质量得到不断提高和持续改进。

10. 负责经营情况各类报表的编制和上报工作。

5.10.2 合同管理规定

为加强对本公司的合同管理，防范发生合同纠纷，维护公司的合法权益，根据合同法等法律法规的规定，特制定本规定。

1. 经营部负责销售合同的谈判及必要时进行需方资信度调查考评工作。

2. 签订正式合同前，经营部应按合同评审程序组织相关部门和人员进行评审，并经最高管理者批准方可签订正式合同。

3. 合同签订后，经办人和经营部应当做好合同履行的准备工作，在合同履行过程中，要注意收集整理与履行相关的一切材料，并归档存查。

4. 当需方未按合约支付货款时，应当及时书面通知对方，并要求对方作出答复。

5. 发生合同纠纷时，经办人和经营部要及时报告最高管理者提出处理决定。

6. 由于经办人和经营部相关人员在签订和履行合同过程中的过错造成公司经济损失的，应承担__%的责任。

7. 经营部应建立合同台账，对每一份签订合同进行登记归档管理。

8. 过期合同的销毁由管理人员提出书面申请，经经营经理审核，最高管理者批准后方可处理。

9. 本规定经公司办公会议讨论通过，自__年__月__日起施行。

5.10.3 混凝土运输管理制度

为了确保混凝土运输的有序、安全、正常进行，特制定本制度。

1. 在混凝土运输过程中，严格遵守交通法规，服从民警指挥，做到文明驾驶。

2. 各运输车辆必须听从调度指挥，按时完成供应任务。

3. 司机在出车前应对车辆进行检查，并启动观察、倾听有无异常情况，确认正常后方可起步，保证行驶安全。

4. 不准开带病车，车辆出现故障时，应及时排除故障。如需外出修理时，应由车辆司机及车队长两人在修理清单上签字。

5. 对于野蛮行车，造成事故或损坏车辆零部件者，给予__%的罚款以教育当事人。

6. 除加油，燃油箱一律上锁。

7. 罐车重载车速不得超过每小时 60 公里，转弯时必须减速，不得急速转弯，罐的转速每分钟保持在 3~5 转，空车行驶不许转罐。

8. 若罐车在行驶途中发生故障或交通事故，应及时通知车队长进行处理。

9. 在雨、雪、雾天应低速行驶，注意交通安全。

10. 驾驶途中需通过桥梁、遂道、涵洞时，司机应正确判断能否通过，必要时停车观察，进一步确认能否通过。

11. 进行维护保养或检修时，应将内燃机熄灭，拉紧手刹制动器，将车轮楔牢。

12. 对于酒后、穿拖鞋等违规驾驶者，将给予经济处罚，情节严重者予以开除。

13. 供应结束或运行时间超过 8 小时，应刷车、清理罐内积灰，保持罐车的内外清洁。

5.10.4 应收账款管理规定

为了保证公司经营活动的顺利进行，加强资金的管理，确保账款的及时回收，特制定本规定。

1. 财务部是办理应收账款的部门，经营部负责货款签证和催收。

2. 经营部应不定期检查销售资金的回笼情况，对没有及时回收的应收账款，要登记造册，安排专人催收。

3. 应收账款实行每月报告一次制度。经营部于每月 5 日前将上月的应收账款情况上报主管领导和财务部。应收账款报表内容包括：欠款单位、应收金额、应付时间、经办人、是否发出催债的书面通知等。

4. 财务部应随时与需方联络和对账，以确定收账款的真实性。

5. 应收账款到账后，财务部应及时办理相关手续，包括内部的和外部的。

6. 财务部应协助经营部或经办人（经办承接任务人）对应收账款的催收，催收工作主要由经办人负责。经办人应随时向财务部和经营部领导汇报催款情况，以便发生不正常情况时采取其他措施催款。

7. 对于欠款单位赖账不还的，公司领导层应视情节和利与弊，研究解决催收办法。当决定采取法律手段解决时，由财务部和经营部共同按法律程序办理。

8. 诉讼时，应当在诉讼时效期间内依据有关规定向法院提起诉讼，准确掌握时机，避免超过诉讼时效而丧失胜诉权。

9. 由经办人责任导致账款回收无望而使，公司遭受经济损失时，由经办人承担法律责任。

10. 本规定自发布之日起施行。

5.11 预拌混凝土供需合同（样本）

订立合同是一种法律行为，双方应当认真、严肃拟定合同条款，做到合同合法、公平、有效。下面拟定的"预拌混凝土供需合同"样本条款，可供预拌混凝土供需双方参考。

1. 封面内容如下：

预拌混凝土供需合同

需方（甲方）：＿＿＿＿＿＿＿＿＿＿＿＿＿＿＿＿

供方（乙方）：＿＿＿＿＿＿＿＿＿＿＿＿＿＿＿＿

工程名称：＿＿＿＿＿＿＿＿＿＿＿＿＿＿＿＿＿

工程地址：＿＿＿＿＿＿＿＿＿＿＿＿＿＿＿＿＿

需方资质证书编号：＿＿＿＿＿＿＿＿＿＿＿＿＿

供方资质证书编号：＿＿＿＿＿＿＿＿＿＿＿＿＿

合同编号：＿＿＿＿＿＿＿＿＿＿＿＿＿＿＿＿＿

2. 具体条款内容如下：

预拌混凝土供需合同

需方（甲方）：＿＿＿＿＿＿＿＿＿＿＿＿＿＿＿＿

供方（乙方）：＿＿＿＿＿＿＿＿＿＿＿＿＿＿＿＿

依据《中华人民共和国民法通则》、《中华人民共和国合同法》及其他相关法律、法规，结合本工程使用预拌混凝土具体情况，经甲、乙双方协商一致，签订本预拌混凝土供需合同。

第一条 工程概况及供货量

1.1 工程名称：

1.2 建筑面积：

1.3 工程地点：
1.4 工程工期：
1.5 混凝土总方量（m³）：
1.6 本工程混凝土的供应（□全部、□部分）由乙方承担。
第二条 预拌混凝土的结算
2.1 结算价格
预拌混凝土的结算由以下项目组成。
2.1.1 预拌混凝土价格

经双方协商一致，本工程混凝土供应价按本市建设工程造价管理办公室的同期基准价格下浮＿‰，当基准价格调整时，按此下浮率作相应调整。当前签订本合同预拌混凝土优惠后的价格见下表：

序号	混凝土标记	基准价(元/m³)	出厂价(元/m³)	备注
1				此价格为混凝土的拌制出厂价(不含运费)，其他费用另计，见2.1.2
2				
3				
4				

2.1.2 其他费用结算价格

以下费用产生时另外计取：

1. 运费：本合同预拌混凝土的运费价按＿＿元/m³。
2. 泵送费：拖泵：＿＿元/m³，汽车泵：＿＿元/m³。
3. 外加剂费用：

① 抗渗：P6 ＿＿元/m³，P8 ＿＿元/m³，P10 ＿＿元/m³，P12 ＿＿元/m³。

② 抗冻：F50 ＿＿元/m³，F100 ＿＿元/m³，F150 ＿＿元/m³。

③ 冬施费：＿＿元/m³（冬期施工掺入混凝土中的早强或防冻费）。

4. 其他费用：＿＿＿＿＿＿＿＿＿＿＿＿＿＿＿＿＿。

2.1.3 供货量结算方式

1. 经双方协商一致同意，本工程供货量的结算方式按：□发货单计；□图纸计。

2. 预拌混凝土供货量以体积计，以立方米（m^3）为计算单位。

3. 预拌混凝土体积的计算，由混凝土拌合物表观密度除运输车实际装载量求得，即以供方电子衡计量打印的"发货单"重量计算。在生产供货过程中，需方可派专人到供方逐车监磅签字确认，每车混凝土运至施工现场时，需方应派专人负责逐车验收签字，并以此为结算依据。

4. 预拌混凝土供货量以运输车的发货总量计算。当供货量以需方工程结构施工图纸计算时，由需方向供方提供与施工完全一致的结构图，并在结构图计算供货量的基础上增加____%的损耗补偿；当结构施工图发生变更时，需方还应向供方提供变更图。

5. 混凝土表观密度以供方混凝土配合比为依据，也可经双方验证后确定。

6. 泵送润管砂浆表观密度按____ kg/m^3 计算，其单价按同等级的混凝土单价计算。

7. 每次混凝土浇筑完毕后，三日内双方指定专人对账核算，确认每次混凝土供货总量，双方应在"预拌混凝土结算单"上签字盖章，作为双方结算付款的依据。

第三条　付款方式

3.1　本工程混凝土浇筑至_____完毕，需方向供方付所供混凝土款的____%；以后每月付所供混凝土款的____%，余款在该工程主体封顶后____日内全部付清。

3.2　本合同生效____日内，需方向供方预付混凝土款____万元。

3.3　_____。

3.4　需方付款时，供方委派专人（以法人委托书为据）负责办理收款手续，其他人员无权办理任何支款事宜。

第四条 双方责任和义务

4.1 需方责任和义务

4.1.1 需方保证施工现场水通、电通、路通，确保混凝土的正常交货浇筑，并免费提供混凝土泵送所需的水、电资源。

4.1.2 负责混凝土施工期间的现场指挥，负责提供安全的工作环境及便利的条件，并保证施工现场运输车辆、施工机械及人员的安全，负责泵管的安装、拆除、清洗、保管及泵管堵塞处理。

4.1.3 合理制定施工计划，提前至少24小时向供方下达"预拌混凝土供货通知单"，供货通知单内容包括混凝土标记、数量、浇筑部位及其他相关要求；具体供货时间提前1~2小时电话通知。

4.1.4 安排专人负责施工卸料，若因需方责任不能及时卸料浇筑而造成混凝土报废时，由需方承担相关损失。

4.1.5 混凝土运送到工地后，需方不得往混凝土里随意加水或添加其他材料。否则，发生质量问题由需方承担责任。

4.1.6 需方应严格按照《混凝土结构工程施工质量验收规范》(GB 50204—2002)要求进行浇筑、维护和养护，对混凝土结构的实体质量负责。

4.1.7 当同时浇筑几个等级的混凝土时，需方应严格按照有关规范施工，若发生混凝土浇错部位，负全部责任。

4.1.8 若需方发现供方所供应的混凝土数量、质量不符合合同规定，应在供应后的24小时内以书面形式及时通知供方，经双方到现场核实确认后，共同商定处理措施。

4.1.9 需方应依照合同规定按时向供方支付混凝土款。若不能按合同约定付款，则所用混凝土不再享受本合同的优惠价格，均按本市主管部门制定的同期基准价格结算，且供方有权停止供货。

4.1.10 工程连续停工或停止要货45天以上，需方应在一个月内付清供方全部混凝土货款。

4.1.11 需方应指定专人核算并确认每次混凝土的供货总量,需方无故不按时签证时,供方有权暂停供货,因此造成的损失由需方承担。

4.1.12 供方所使用的原材料货源和质量相对较稳定,为了便于混凝土质量的控制,需方不再指定原材料的货源和提供原材料。

4.2 供方责任和义务

4.2.1 供方负责精心组织,精确计量生产混凝土,并按预约时间及时将混凝土运送到需方指定的地点交付。

4.2.2 供方应根据需方施工浇筑的需要,合理调度车辆,保证混凝土的连续供应。

4.2.3 车辆和服务人员进入施工现场后,应服从需方合理调配,遵守施工现场的安全管理规定。

4.2.4 供方应严格按照《普通混凝土配合比设计规程》(JGJ 55—2000)及其他有关规范、标准的规定,进行混凝土配合比设计及验证,保证混凝土质量符合设计和施工要求。

4.2.5 按有关规定要求,及时向需方提供预拌混凝土相关的技术资料。

4.2.6 供方应派专人到施工现场进行浇筑全过程的服务,并积极配合需方及监理方对混凝土交货时的质量验收工作。

4.2.7 当需方提供原材料时,经供方检验不合格的,有权拒收和退货。否则,若混凝土发生质量问题,由需方承担所有责任。

4.2.8 当出现异常情况中断或停产时,供方应及时通知需方,并协助需方采取应急措施。

4.2.9 供方应派专人按照《预拌混凝土》(GB/T 14902—2003)规范要求和本合同要求进行混凝土的出厂检验,保证为需方提供合格的产品。

第五条 混凝土质量验收

5.1 当判断混凝土质量是否符合要求时,强度、坍落度、含气量以交货检验结果为依据；氯离子总含量、放射性核素放射性比活度以供方提供的资料为依据。

5.2 交货检验时，供需双方均应委派符合资格的技术人员负责，当需方认为拌合物不合格，经供方确认后可以退货。

5.3 交货检验的取样和试验工作由需方承担，当需方不具备试验条件时，可委托供需双方认可的有试验资质的检测机构进行试验，本工程检测机构是＿＿＿＿＿＿＿＿＿＿。

5.4 需方进行交货检验时，混凝土拌合物的取样和试验必须符合《普通混凝土拌合物性能试验方法》（GB/T 50080—2002）的规定；混凝土试件的制作、养护、抗压强度试验方法必须符合《普通混凝土力学性能试验方法标准》（GB/T 50081—2002）的规定。否则，其试验数据不能作为评定的依据。

5.5 坍落度的允许偏差

本工程混凝土交货时坍落度的允许偏差按《预拌混凝土》（GB/T 14902—2003）规范规定执行。

5.6 强度评定

5.6.1 预拌混凝土强度的评定方法按照《混凝土强度检验评定标准》（GBJ 107）进行，满足评定要求视为预拌混凝土合格。

5.6.2 当混凝土中掺加粉煤灰时，其强度评定龄期按《粉煤灰混凝土应用技术规范》（GBJ 146—90）规定执行。

5.7 若需方认为供方供应的混凝土有质量问题，且双方产生分歧时，应由双方认可的质量仲裁机构确认。

5.8 氯离子总含量

本工程供方供应混凝土氯离子总含量应不超过＿＿＿＿＿％。

注：结构设计无要求时，可不作规定。

5.9 放射性核素放射性比活度

混凝土放射性核素放射性比活度应满足 GB 6566—2001 标准的规定。

5.10 其他性能

第六条 违约责任及解决争议的方法

6.1 供方违约责任

供方未按本合同规定向需方提供合格混凝土和服务,所造成的需方经济损失,应给予需方经济损失赔偿。

6.2 需方违约责任

需方未按本合同规定履行义务时,应给予供方经济损失赔偿,或依据国家人民银行的有关规定,承担违约所产生的经济损失。

6.3 供需双方如因不可抗力的原因不能履行合同,经有关部门证实后,不以违约论,但必须及时告知对方有关情况:_____。

6.4 双方发生争议无法协商解决时,可提请仲裁机构仲裁,或者向人民法院起诉,依法裁决。

第七条 其他

7.1 本合同生效后,双方均应按照合同约定履行义务,不得擅自变更或解除合同;单方解除合同者,违约方支付对方违约金____万元整。

7.2 本合同如有未尽事宜,经双方协商一致可签定补充协议,补充协议与本合同具有同等效力;任何单方修改条文均为无效。

7.3 当市场原材料价格发生较大波动时,双方可协商相应调整混凝土价格。

本合同经双方签字盖章后生效,壹式肆份,供需双方各执贰份。

需方(章): 供方(章):

地址: 地址:

法定代表人: 法定代表人:

委托代理人: 委托代理人:

电话: 电话:

传真: 传真:

开户银行：　　　　　　开户银行：
账号：　　　　　　　　账号：
邮政编码：　　　　　　邮政编码：
签约日期：　　　　　　签约日期：

5.12 经营部相关质量记录表格

经营部相关质量记录包括设备、人员、文件资料和经营过程控制相关记录等。以下未列者参见第2章。以下表格有些进行了压缩列出，实际使用时可根据需要将行距和列距放大，可将每一种表格或横向或纵向单独打印使用，便于编目、归档保存，并根据企业内部管理要求进行统一编号。

预拌混凝土供货通知单

需方			编号	
工程名称			供货数量	
交货地点			到货时间	
混凝土浇筑部位及性能要求				
序号	结构部位		混凝土标记	是否泵送
1				
2				
3				
供方联系人		联系电话		
需方联系人		联系电话		
备注：				

需方单位：　　　　　　供方单位：
　年　月　日　　　　　　年　月　日

生产任务通知单

供货通知单编号：

需方		编号	
工程名称		供货数量	
交货地点		到货时间	

混凝土浇筑部位及性能要求			
序号	结 构 部 位	混凝土标记	是否泵送
1			
2			
3			

需方联系人		联系电话	

备 注：

收到人工作部门	姓 名	日 期
		年 月 日
		年 月 日
		年 月 日
		年 月 日

下达人签字： 　　　　　　　　　　　　　日期： 年 月 日

合同评审记录表

需方单位		交货期	
工程名称		总方量(m^3)	
工程概况			
需方需求概况			

评审内容记录：

部门	意见	签字
生产部		
试验室		
经营部		
材料部		
财务部		
办公室		
管理者代表		
最高管理者		
备注		

记录：　　　　　　　　　评审日期：　年　月　日

顾客满意度调查表

尊敬的_____

  您好！

  我们是_____混凝土有限公司，衷心感谢贵单位使用我们的产品，真诚希望我公司的产品能给您带来更好的经济效益。为了双方共同的发展，深知您的满意是我们进步的动力。请您在百忙中抽时间把我公司产品在使用中的情况反馈我们，以促使我们为您更好的服务。

顾客名称		地址	
电话、传真		联系人	
订购产品的时间、订购方式、产品标记、数量等：			

质量	□很满意	□一般	□不满意
	原因说明		
价格	□很满意	□一般	□不满意
	原因说明		
交货	□很满意	□一般	□不满意
	原因说明		
服务	□很满意	□一般	□不满意
	原因说明		
其他意见、要求或建议（如与其他企业同类产品的差距、改进建议等）：			

                    年 月 日

顾客满意度统计表

序号	需方	满意项	不满意项	满意度(%)	备注
1					
2					
3					
4					
5					
6					
7					
8					
9					
10					
11					
12					

其中：

1. 质量满意度：

2. 价格满意度：

3. 交货期满意度：

4. 服务满意度：

5. 总满意度：

分析结果：

统计： 审核：

预拌混凝土合同签订登记台账

序号	需方单位	工程名称	工程概况	交货期	总方量(m³)	签订		日期	合同编号	备注
						需方代表	供方代表			

登记人：

预拌混凝土销售台账

序号	需方单位	工程名称	结构部位	混凝土标记	供应日期	供货总量(m³)	备注

制表人：

预拌混凝土结算单

工程名称：　　　　　　　　　　　　　　　　　　　　　　　　　合同编号：

供货日期	结构部位	混凝土标记	总方量 (m³)	结算价 (m³/元)				备注
				混凝土费	运费	泵费	外加剂费	合计	
总计(人民币大写)									

需方单位：　　　　　　　　　　　　　　　　　　　　　　　　　供货单位：
经办人：　　　　　　　　　　　　　　　　　　　　　　　　　　经办人：
　　　　年　月　日　　　　　　　　　　　　　　　　　　　　　　　年　月　日

5.12 经营部相关质量记录表格　283

混凝土供货车辆安排登记台账

供货日期	需方	工程名称	工程地点	运距(km)	计划供货量(m³)	供货车号

运输车供货量统计表

20　年　月

车号	出车次数	累计供货量(m³)	备注	车号	出车次数	累计供货量(m³)	备注

第6章 材料管理

预拌混凝土生产企业的生产活动，随时都在消耗大量的材料，材料的采购成本要占销售成本的70%左右。因此，材料的供应与管理对企业的技术经济效果产生重大影响，最终会影响到企业的生存与发展。

随着市场经济的发展和完善，生产资料的发展渐趋成熟，使材料采购渠道日益增多。能否选择经济合理的采购对象、采购批量，并按质、按量、按时进入企业，对于促进供应生产，充分发挥材料的使用效能，提高产品质量，降低生产成本，提高企业经济效益都具有重要的意义。

6.1 采购方式

采购方式是采购主体获取资源或物品、服务的途径、形式与方法。它决定着企业能否有效地组织、控制物品资源，以保证其正常地生产和经营以及较大利润空间的实现。采购方式的选择主要取决于企业制度、资源状况、环境优劣、专业水准、资金情况及储运水平等。目前人们对采购的认识正处于从满足库存到实现订单，再到资源管理；从执行任务到实现利润，再到争取市场的思想转变过程之中，采购方式愈来愈引起企业的重视。预拌混凝土生产企业的材料采购方式一般有以下几种。

6.1.1 现货采购

现货采购是指经济组织与物品或资源持有者协商后，即时交割的采购方式。这是最为传统的采购方式。现货采购方式银货两清，当时或近期成交，方便、灵活、易于组织管理，能较好地适应需要的变化和物品资源市场行情的变动。现货采购中易出现的问题主要有价格不稳定、有缺货风险、易滋生腐败行为。

6.1.2 远期合同采购

远期合同采购是供需双方为稳定供需关系，实现物品均衡供应而签订的采购方式。它通过合同约定，实现物品的供应和资金的结算，并通过法律和供需双方信誉与能力来保证约定交割的实现。这一方式只有在商品经济社会并且具有良好的经济关系、法律保障和企业具有一定的信誉和能力的情况下才能得以实施。如今，更多的供需双方自由选择"远期合同订购"。远期合同采购应注意以下问题：

1. 要掌握对方资信情况和能力，避免发生经济损失。
2. 在经济秩序恶化的环境中，或处于经济变革、经济衰退的环境中宜慎用。
3. 注意价格风险及履行能力，期限一般在一年以内，隔年交割以签约为准。
4. 遵循"适时、适量、适质、适价、适地"的签约原则。
5. 合约条款要清楚、准确、双方无分歧。
6. 技术要求要尽量采用国家或本行业的规定，便于验收，减少分歧。

6.1.3 直接采购

直接采购是指采购主体自己直接向物品制造厂家采购的方式。目前，大多数企业均使用从物品源头实施采购的方式，满足自身生产的需要。它的优点是费用低于间接采购费用，且环节少，时间短，手续简单，意图表达准确，信息反馈快，易于供需双方交流、支持、合作及售后服务与改进。同时，在实施 ISO 9000 质量标准体系中，便于对供应商进行资信认证，完成企业

质量管理体系建设。长期发展下去,能形成战略伙伴关系,实现供应链管理。为了搞好直接采购工作,应该注意以下几点:

1. 做好采购前的准备工作

了解资源渠道,竞争情况,市场情况,分析企业自身的供、销、存动态信息,学习与把握当前有关采购的法律、政策和规定,总结已有资料,做好实时的信息分析,选择有能力和信誉且能提供最佳的性能价格比和售后服务的供应商。

2. 搞好采购计划与决策

采购单位从内容和过程上要解决订购什么物品、订购多少、总量与批量、向谁订购、什么时间订购和送达等问题,也就是采购过程要适时、适量、适质、适价、适地。

3. 正确签约与控制交易主动权

企业应与供应商达成明确的质量保证协议,以明确规定供应商负责的质量保证责任,还应与供应商就检验项目及方法,达成明确的协议,并明确争端的解决方法和渠道。

4. 把好验收检测关

物品送达企业后,应及时严格按照有关规范、标准进行取样和检测,确保合格的材料才能使用于产品的生产。

6.1.4 间接采购

间接采购是指通过中间商实施采购行为的方式,也称委托采购或中介采购,主要包括委托流通企业采购和调拨采购,靠有资源渠道的贸易公司、物资公司等流通企业实施,或依靠专门的采购中介组织执行。间接采购的优点是能充分发挥工商企业各自的核心能力;减少流动资金占用,增加资金周转率;分散采购风险,减少物品非正常损失;减少交易时间和费用,从而降低采购成本。间接采购应注意以下几点:

1. 订单计划

订单计划就是采购计划,是根据产品需求状况、生产计划、库存容量(包括生产线吸纳情况)来制定的。

2. 认证准备

认证的职责是为了建立有效的采购环境,当物品的需求计划下达时,需方企业应尽快寻找合适的供应商并对其进行筛选确认,包括技术测评和商务条款的制订、谈判、签约、检验等准备工作。

3. 选择中间商

根据已有物品供货信息及市场调查情况,实行比质比价评估,选择性能价格比最佳的流通企业或中介组织作为供货方。

4. 签订合约

根据自己对物品的需求、库存情况、结算能力,签订有利于自己并得到中间商认可的合同,注意对物品适时、适量、适质、适价、适地的把握和理解。

5. 过程监督查询

为了保证所需物品及时送达,满足生产和最终客户的需要,对供货进度和过程要有一个清楚的了解和必要的监督,以防意外的情况出现,影响本单位生产,造成缺货损失。

6. 接收检验

当中间商将所需物品按要求送达时,应做好接收、检验准备工作,包括搬运、检验、库位与库容、帐本单据等方面的准备。

7. 入库管理

接收检验工作完成后,应及时办理入库手续,并将物品存放到指定的地点,妥善保管,还应将到货情况按管理要求反馈给有关单位和人员。

8. 付款操作

物品入库后,应办理相关手续。当品种、规格、厂家、数量、价格、进度等指标得到确认后,方可办理结算手续,支付中间商货款。

9. 采购评估

由中间商提供所送物品供应数据、检查记录和检测结果,对采购物品指标进行评估,并附带考核其供货进度、到位情况、服务水准等项目。

6.2 采购管理

每个企业都不同程度地依靠外部企业提供生产经营用的物品，因此，采购是每个企业共有的职能。所谓采购是指企业材料部门通过各种渠道，从外部购买生产经营所需物品的有组织的活动。要想取得最佳效益，必须把它与营销、试验、生产、财务一样，作为一个职能领域来看待。材料部门能否准确及时地以适宜的价格购进材料，往往对企业经营生产产生重大影响。

采购既要考虑外部环境因素的影响，诸如市场供应状况、价格波动、物流运营、供应商的发展等，又要受到企业内部条件的制约，诸如管理体制、生产批量、操作水平、供应时间、库存条件等，这样就使得采购业务变得错综复杂，因此，必须加强对采购的管理。

6.2.1 采购管理的目标

采购是为企业的生产经营活动服务的，采购管理的目标，当然应该与企业总目标相一致。对生产企业来说，就是要为生产的正常进行提供物质保证，合理利用资源，并努力降低成本，增加企业利润。具体目标如下：

1. 适用

适用即必须依据生产经营任务的要求，结合生产技术水平来采购材料。品种规格要对路，质量和技术性能要适宜，数量要准确。这是由于生产中所使用的材料质量要求严，有较强的质的规定。如果采购的材料质量不合适、数量不足，直接影响生产的正常进行，也造成企业经济效益的下降。因此，适用性是采购管理中的首要目标。为此，材料部门必须同试验、生产等相关部门一起，正确地选择和核算，做到物美价廉，努力降低采购成本，并随时掌握使用情况。

2. 及时

及时是指进货时间安排必须与生产使用时间相互衔接,要防止采购不及时造成停工待料。材料部必须掌握生产进度,摸准各种用料情况和规律,合理安排进货,同时要充分了解供应商按时组织供货的可靠性和运输条件的可能性。

3. 协作

协作指供需双方要建立良好的协作关系,相互协调密切配合才能保证供应质量,保证企业生产的顺利进行。因此,材料部在与供应商的关系处理中要重合同、守信用,注意双方的经济利益,在双赢中建立长期的合作关系。

6.2.2 采购计划

预拌混凝土生产企业的采购计划可按月度来进行编制。月度采购计划的编制应在每月1日进行,依据上月的生产量和对本月生产量的估计来进行编制。编制月度采购计划的目的在于与企业的进、存、销售能力的平衡,与企业的资金、成本、费用等指标的平衡。按具体品种规格编制月度采购计划,实际上是企业提前做好资金准备和销售准备,有利于企业的良性发展。

6.2.3 采购合同

材料采购合同,是指平等主体的自然人、法人、其他组织之间,以材料买卖为目的,出卖人(简称卖方)转移材料的所有权于买受人(简称买方),买受人支付材料价款的合同。

1. 材料采购合同的订立方式

企业应根据市场和自身情况,可按6.1采购方式确定材料采购合同的订立方式。

2. 材料采购合同的主要条款

依《合同法》规定,材料采购合同的主要条款如下:

1)双方当事人的名称、地址,法定代表人的姓名,委托代订合同,应有授权委托书并注明代理人的姓名、职务等。

2）合同标的。材料的名称、品种、型号、规格等应符合合同的规定。

3）技术标准和质量要求。质量条款应明确各类材料的技术要求、试验项目、试验方法、试验频率以及国家法律规定的国家强制性标准和行业强制性标准。

4）材料数量及计算方法。材料数量的确定由当事人协商，应以材料清单为依据，并规定交货数量的正负尾差、合理磅差和计量方法。计量单位采用国家规定的度量衡标准，计量方法按国家的有关规定执行，可由当事人协商执行。

5）材料的包装。材料的包装是保护材料在储运过程中避免损坏不可缺少的环节。包装可由双方商定，以保证包装适合材料的运输方式为原则。

6）材料交付方式。材料交付可采取送货、自提和代运三种不同方式。由于生产用料数量大、时间性强，当事人应采取合理的交付方式，明确交货地点，以便及时、准确、安全、经济地履行合同。

7）材料的交货期限。由于预拌混凝土的生产是连续性的，因此，可根据不同材料的需求与库存，以买方电话通知为时限，对不同的材料作出不同的具体规定。

8）材料的价格。材料的价格应在订立合同时明确定价，可以是约定价格，也可以是政府定价或指导价。

9）付款方式。在合同中，当事人应对付款方式作出明确规定。

10）违约责任。在合同中，当事人应对违反合同所负的经济责任作出明确规定。

11）特殊条款。如果双方当事人对一些特殊条件或要求达成一致意见，也可在合同中明确规定，成为合同的条款。当事人对以上条款达成一致意见形成书面协议后，经当事人签名盖章即产生法律效力，若当事人要求签证或公证的，则经签证机关或公证机关盖章后方可生效。

12) 争议解决的方式。如果争议发生了,当事人之间首先应当依据公平合理和诚实信用的原则,本着互谅互让的精神,进行自愿协商解决争议,或者通过调解解决纠纷。如果当事人不愿和解、调解或者和解、调解不成的,可以依据"或裁或审制"的规定,请求仲裁机构仲裁或者向人民法院起诉,以求裁判彼此之间的纠纷。

3. 材料采购合同的履行

材料采购合同订立后,应依《合同法》的规定予以全面地、实际地履行。

1) 按约定的标的履行

卖方交付的材料必须与合同规定的名称、品种、型号、规格等相一致,除非买方同意,不允许以其他材料代替合同,也不允许以支付违约金或赔偿金的方式代替履行合同。

2) 按合同规定的时间、地点交付材料

交付材料的时间、地点必须按合同规定执行。提前交付买方可拒绝接受,逾期交付的应承担逾期交付的责任。

3) 按合同规定的数量和质量交付材料

对于交付材料的数量应当场检验,清定账目后,由双方当事人签字。对质量的检验,外在质量可当场检验,对内在质量,需做物理或化学试验的,以试验结果为验收的依据。卖方在交付时,应将产品出厂质量证明资料随同产品交买方据以验收。

4) 按约定的价格及结算条款履行

买方在验收材料后,应按合同规定履行付款义务,否则承担法律责任。

5) 违约责任

(1) 卖方的违约责任。卖方不能交货的,应向买方支付违约金;卖方所交货的材料与合同规定不符的,应根据情况由卖方负责由此造成的买方损失。

(2) 买方的违约责任。买方无故中途退货,应向卖方偿付违约金;逾期付款,应按国家人民银行关于延期付款的规定向卖方偿付逾期付款的违约金。

6.2.4 材料储备

预拌混凝土生产企业的材料消耗量较大,生产是连续不断地进行的,这样就存在供应与消耗之间有时间间隔和空间距离的矛盾,为了解决这一矛盾,确保正常生产,不发生停产待料现象,就需要有一定量的材料储备,这部分材料储备属于正常情况下的材料储备。但当材料供应发生意外情况或因销售速度突然加快,材料的平均日耗量加大时,仅靠上述正常情况下的材料储备是不够的,还应考虑非正常情况下的材料储备。

材料储备量不宜过多或过少,过多会使大量的材料积压,占用资金,造成浪费,且妨碍资金的周转,影响企业的发展;过少又不能保证生产规模的需要。所以,必须保证材料有一个合理的储备量。储备量的多少应进行准确分析和预测,对于市场不会出现紧缺时,为了减少企业资金周转的压力,储备量可相对少一些。但是,当预测材料可能会出现紧缺时,应对能够存放的材料及时大量采购储备(如砂、石);对于无法大量储备的材料(如水泥等),可向资信度、质量比较好的生产厂家主动多支付预付款,并签定合同,当市场水泥价格上调时,使生产厂家在预付款内供应的水泥无法调价。某些地方的建筑材料每年都会出现一到两次紧缺,紧缺时价格有明显的上调,准确预测的目的就是要抓住这一时机,当市场材料果然出现紧缺且价格上涨时,混凝土的市场供应价同时也会跟着提价。准确的预测和充分的材料储备可增加企业的利润。

6.2.5 材料的质量选择及验收

混凝土的组成材料有水泥、骨料、外加剂、掺合料等,其质量优劣直接影响混凝土的质量。因此,优选原材料,是确保混凝土质量和降低成本的关键。

6.2.5.1 水泥

水泥是混凝土的重要组成材料，对混凝土的质量影响重大。在实际生产过程中，预拌混凝土生产企业很难做到真正意义上的分批检测、分批验收和分批贮存，一般情况下多数是即进即用。因此，为了确保混凝土质量，必须慎重选用水泥，加强检测手段。

1. 应优选生产规模较大的厂家生产的旋窑水泥。旋窑水泥生产工艺先进，技术可靠，质量比立窑生产的水泥稳定，不易发生体积安定性不合格。另外，生产规模较大的厂家一般能保证水泥的连续供应，有利于预拌混凝土的质量控制。

2. 尽可能采用同一厂家、同一品种的水泥。切忌"朝三暮四"，因为不同厂家生产的水泥其成分和性能有一定的差距，水泥与外加剂的适应性也有一定的差距，经常更换水泥厂家或水泥品种，不利于工程技术人员熟练掌握和使用。

3. 提高检测手段，加强验收工作。为了确保预拌混凝土质量，可采用快速测定的方法来掌握水泥质量和进行验收。

4. 经常与水泥生产厂家保持联络，及时将质量情况反馈到生产厂家，必要时提出质量要求，从而实现共同把好水泥质量关的目的。

5. 应用统计技术，综合评价水泥质量。

6. 水泥进厂（场）时，应按批对其强度、安定性、凝结时间、细度进行复验。需要时还应检验其烧失量硫、三氧化硫等指标。

7. 水泥进厂（场）时，必须附有水泥生产厂的"质量证明书"（合格证或试验报告）。验收人员应认真检查核对生产厂名、品种、强度等级、重量、出厂日期、出厂编号等，并按规定留取试样。

8. 水泥试样的采集应按下述进行：预拌混凝土一般使用散装水泥，按同一生产厂家、同品种、同强度等级、同一批号且连续进厂（场）的水泥为一批。但一批的总量不得超过500t。取样方法按 GB 12573 进行，取样数量为 20kg，经混拌均匀后分成两份，一份用于复验，另一份封存备用，封存期为三个月。

9. 贮放期超过三个月的水泥，使用前必须重新取样复验，并按复验结果使用。

10. 应建立水泥进厂（场）及使用台账，便于水泥质量出现异常情况时进行追溯，确定处理方案。

6.2.5.2 骨料

对进场骨料应按 JGJ 52—2006 及其他国家现行标准的规定按批进行复验。但对同一骨料生产厂家能连续供应质量稳定的骨料时，可一周至少检验一次。在使用海砂以及对骨料中氯离子含量有怀疑或有氯离子含量要求时，应按批检验氯离子含量。

1. 骨料的选择

1）粗骨料

采购时，应根据工程结构截面尺寸、施工工艺等选用粗骨料，其最大颗粒粒径不得超过构件截面最小尺寸的 1/4，且不得超过钢筋最小间距的 3/4；对混凝土实心板，骨料的最大粒径不宜超过板厚的 1/3，且不得超过 40mm。对于泵送混凝土，还应满足最大粒径与输送管径的要求。其他性能指标应符合《普通混凝土用砂、石质量及检验方法标准》(JGJ 52—2006) 的规定。

2）细骨料

应尽量选用中砂，且符合Ⅱ区颗粒级配。注意人工砂的总压碎值，指标大的将降低混凝土强度，因此应尽量选用指标较小的。其他性能指标应符合《普通混凝土用砂、石质量及检验方法标准》(JGJ 52—2006) 的规定。

2. 验收、运输和堆放

1）供货单位应提供砂或石的产品合格证及质量检验报告。

使用单位应按砂或石的同产地同规格分批验收。采用大型工具（如火车、汽车、货船）运输的，以 400m^3 或 600t 为一验收批；采用小型工具（如拖拉机等）运输的，以 200m^3 或 300t 为一验收批。不足上述数量者，应按一验收批进行验收。

2) 每验收批砂或石至少应进行颗粒级配、含泥量、泥块含量检验。对于碎石或卵石，还应检验针片状颗粒含量；对于海砂或有氯离子污染的砂，还应检验氯离子含量；对于海砂，还应检验贝壳含量；对于人工砂及混合砂，还应检验石粉含量。对于重要工程或特殊工程，应根据工程要求增加检测项目。对其他指标的合格性有怀疑时，应予以检验。

当砂或石的质量比较稳定、进料量又大时，可以1000t为一验收批。

当使用新产源的砂或石时，供货单位应按《普通混凝土用砂、石质量及检验方法标准》（JGJ 52—2006）第三章的质量要求进行全面检验。

3) 砂或石的数量验收，可按质量计算，也可按体积计算。测定质量，可用汽车地量衡或船舶吃水线为依据。采用其他小型运输工具时，可按方量确定。

4) 砂或石的运输、装卸和堆放过程中，应防止颗粒离析、混入杂质，并应按产地、种类和规格分别堆放。碎石或卵石的堆料高度不宜超过5m，对于单粒级或最大粒径不超过20mm的连续粒级，其堆料高度不宜超过10m。

3. 取样

1) 每验收批取样方法应按下列规定执行：

（1）从料堆上取样时，取样部位应均匀分布。取样前应先将取样部位表层铲除，然后从不同部位抽取大致相等的砂8份，石子为16份，组成各自一组样品。

（2）从皮带运输机上取样时，应在皮带运输机机尾的出料处用接料器定时抽取砂4份，石子为8份，组成各自一组样品。

（3）从火车、汽车、货船上取样时，应从不同部位和深度抽取大致相等的砂8份，石子为16份，组成各自一组样品。

2) 除筛分析外，当其余检验项目存在不合格时，应加倍取样进行复验。当复验仍有一项不能满足标准要求时，应按不合格品处理。

注：如经观察，认为各节车皮间（汽车、货船间）所载的砂、石质量相差甚为悬殊时，应对质量有怀疑的每节列车（汽车、货船）分别取样和验收。

3) 对于每一单项检验项目，砂、石的每组样品取样数量应分别表 6-1 和表 6-2 的规定。当需要做多项检验时，可在确保样品经一项试验后不致影响其他试验结果的前提下，用同组样品进行多项不同的试验。

每一单项检验项目所需砂的最少取样质量　　　　表 6-1

检验项目	最少取样质量(g)
筛分析	4400
表观密度	2600
吸水率	4000
紧密密度和堆积密度	5000
含水率	1000
含泥量	4400
泥块含量	20000
石粉含量	1600
人工砂压碎值指标	分成公称粒级 5.00～2.50mm；2.50～1.25mm；1.25mm～630μm；630～315μm；315～160μm 每个粒级各需 1000g
有机物含量	2000
云母含量	600
轻物质含量	3200
坚固性	分成公称粒级 5.00～2.50mm；2.50～1.25mm；1.25mm～630μm；630～315μm；315～160μm 每个粒级各需 100g
硫化物及硫酸盐含量	50
氯离子含量	2000
贝壳含量	10000
碱活性	20000

每一单项检验项目所需碎石或卵石的最少取样质量（kg） 表 6-2

检验项目	最大公称粒径(mm)							
	10.0	16.0	20.0	25.0	31.5	40.0	63.0	80.0
筛分析	8	15	16	20	25	32	50	64
表观密度	8	8	8	8	12	16	24	24
吸水率	8	8	16	16	16	24	24	32
紧密密度和堆积密度	40	40	40	40	80	80	120	120
含水率	2	2	2	2	3	3	4	6
泥块含量	8	8	24	24	40	40	80	80
含泥量	8	8	24	24	40	40	80	80
针、片状含量	1.2	4	8	12	20	40	—	—
硫化物及硫酸盐含量	1.0							

注：有机物含量、坚固性、压碎值指标及碱-骨料反应检验，应按试验要求的粒级及质量取样。

4) 每组样品应妥善包装，避免细料散失，防止污染，并附样品卡片，标明样品的编号、取样时间、代表数量、产地、样品量、要求检验项目及取样方式等。

4. 贮存

1) 应按品种、规格分别堆放，不得混杂或混入杂物。

2) 堆放场地应进行硬化，并有排水措施，以防止积水混入泥土。

6.2.5.3 粉煤灰

粉煤灰进厂（场）时，必须附有生产厂的质量证明书。检查核对生产厂名、等级、重量、出厂日期及编号等。

粉煤灰质量的优劣主要以烧失量、细度、需水量比等技术指标为依据，尽量选择较小于规范规定值。对于混凝土强度等级较高或有特殊要求的混凝土，应优先选用Ⅰ级粉煤灰制备。

1. 编号：以连续供应的 200t 相同等级、相同种类的粉煤灰为一编号。不足 200t 按一个编号论，粉煤灰质量按干灰（含水量小于1%）的质量计算。

2. 取样：

1) 每一编号为一取样单位，当散装粉煤灰运输工具的容量超过该厂规定出厂编号吨数时，允许该编号的数量超过取样规定吨数。

2) 取样方法按 GB 12573—1990 进行。取样应有代表性，可连续取，也可从10个以上不同部位取等量样品，总量不少于3kg。

3. 拌制混凝土和砂浆用粉煤灰，必要时，买方可对粉煤灰的技术要求进行随机抽样检验。

4. 拌制混凝土和砂浆用粉煤灰，进厂（场）检验项目为细度、烧失量、需水量比和含水量。

5. 检验后，若其中任一项不合格，应从同一批产品中加倍取样进行复验。复验仍不能满足标准要求，则该批粉煤灰应降级或作不合格品处理。

6. 粉煤灰的贮放应按不同生产厂家、等级及不同批号分别贮放，筒仓应密封、防水、防潮，并做好明显标识，严防混入杂物。

6.2.5.4 矿粉

1. 矿渣粉进厂（场）时，必须附有生产厂的质量证明书。检查核对生产厂名、等级、重量、出厂日期及批号。

2. 矿渣粉的检验以连续供应的200t相同等级为一批。不足200t按一个编号论。

3. 每批矿渣粉应检验其活性指数、流动度比、比表面积、烧失量、含水量。

4. 矿渣粉的检验试样应从20个以上不同部位采取，每份不少于1kg，总量不少于20kg，混合拌匀，按四分法缩取比试验所需量大一倍的试样。

5. 检验后，若其中任一项不符合要求，应从同一批产品中加倍取样进行不符合项的复验。复验仍不能满足标准要求，则该批矿渣粉应降级或作不合格品处理。

6. 矿渣粉的贮放应按不同生产厂家、等级及不同批号分别贮放，严防混入杂物，不得受潮，并做好明显标识。

6.2.5.5 外加剂

由于工程对混凝土要求的高性能化，混凝土施工与应用环境条件的复杂化及混凝土施工工艺和原材料的多样化，使合理选用外加剂成为一项重要的技术工作。选用外加剂的基本原则：一是其性能应符合工程结构的使用要求；二是具有合理的经济性。

1. 混凝土外加剂的选用

混凝土外加剂的选用应把握如下几点：

1) 根据工程设计对混凝土性能的要求而定：如强度等级、弹性模量、抗渗性、抗冻融性等物理力学性能。

2) 满足施工工艺、施工季节、混凝土功能、特征和体积等要求。

3) 结合实际工程提供的原材料，如水泥品种、强度等级、掺合料品种和技术性能及砂、石技术性能等。

2. 混凝土外加剂的验收

国家或行业规范仅对混凝土外加剂的生产厂作出了检验批数量的规定，但未对使用单位验收批量作出具体的规定，笔者建议使用单位按以下批量进行进厂时的验收：

1) 按不同生产厂家、不同型号、不同出厂编号进行分别验收，当掺量大于1%（含1%）时，以100t为验收批；当掺量小于1%时，以50t为验收批；不足100t或50t时，按一个验收批计。必要时，可对减水率、细度和外加剂对水泥的适应性等，进行每车一检，待合格后卸货。

2) 每一编号取样量不少于0.2t水泥所需用的外加剂量。

6.2.5.6 材料验收注意事项

1. 当采用体积法量方时，一定要注意运输车司机或供方提供的卷尺，防止卷尺是非法生产的特制"短寸尺"，避免企业受到经济损失。

2. 有些地方供应的河砂中含有 20% 以上的卵石，用这种砂拌制混凝土必然增加生产成本。因此，签订合同时应作出明确的规定，在验收时可根据检验结果按合同规定进行折算。

3. 某些供方故意往砂中加水，使进厂（场）的砂含水率可高达到 7%～10%。因此，签订合同时应作出明确的规定，在验收时可根据检验结果按合同规定进行扣除。

4. 某些供方为了能顺利地通过卸料前的目测检验，故意将外观质量较好的砂或石堆放在车厢的上部，而下部有可能是劣质的。因此，在验收时，材料员应跟踪检验卸车后的材料质量，杜绝劣质材料进入公司或用于生产混凝土。

5. 当骨料采用体积法量方时，一定要注意材料是否卸净，特别是深夜，这种情况有可能发生。这种故意不卸净的情况在其他材料也有可能发生。

6. 由于水泥熟料磨细时有可能出现温度过高，使部分二水石膏脱水生成半水石膏或无水石膏，如果使用这种水泥生产混凝土，可能会导致拌合物流动性很快丧失，出现假凝现象。因此，应加强进厂水泥的取样和检验，进行凝结时间及与外加剂的相溶性检验，避免由此产生的经济损失和名誉损失。

材料的验收是一项重要的工作，管理不善就会给企业造成重大的经济损失，企业应加强监督管理机制，必要时可制订奖罚制度对验收人员行为进行约束。

6.3 材料部人员岗位责任制

6.3.1 材料部经理岗位责任制

1. 在最高管理者的领导下，全面负责材料部管理工作，执行公司制订的各项规章制度。

2. 组织本部门人员学习法律法规、技术规范和材料验收技巧，不断提高业务素质和水平。

3. 负责监督、指导物资的验收、保管、标识、登记、发放等工作，当好企业的好管家，管好物、理好财、服好务。

4. 负责随时进行市场的调研、预测和信息分析，当好最高管理者与供方签定合同的好参谋。

5. 按计划落实材料的采购任务，必要时可作相应调整，保证材料供应满足生产需要。

6. 负责组织相关部门和人员每年年初对供应商进行一次评审，根据评审结果建立合格供应商名册，并确保所采购的材料均为合格供方。

7. 随时保持与试验室有关人员沟通，确保所采购的材料物美价廉，为降低生产成本，提高公司经济效益作出更大的贡献。

8. 负责材料账务、现场、库存收支的管理，按时上报月报表。

9. 参与材料质量问题的调查、分析，针对问题提出处理意见，制订纠正或预防措施。

6.3.2 材料员岗位职责

1. 在材料部经理的领导下，负责进厂材料的验收、取样、入库、保管、标识、记账等工作。

2. 负责各种材料按产地、生产厂家、品种、规格分批验收，存放地点应有明显标志。

3. 认真做好材料验收工作，必须对每车骨料进行目测检验，发现存在质量问题有权拒收，经试验室检验仍达不到规定要求的按《不合格品控制程序》进行处理。对于砂含水率、含石量超过合同规定的，必须折扣重量。

4. 忠于企业，精打细算，不弄虚作假，不见利忘义，为企业的利益而努力工作。对工作范围内的失误负责。

5. 指挥车辆将材料卸在指定地点或罐仓，对重要的材料如水泥、外加剂、粉煤灰等必须每车监督入库（仓），防止意外情况发生。

6. 随时掌握水泥、外加剂、粉煤灰等材料库存情况，及时与供方联系，保证供应满足生产需要。

7. 负责每批原材料进厂时向供方索取出厂合格证和各龄期检验报告，登记后交试验室保存。

8. 负责每批原材料进厂复试的取样工作，对样品的真实性和代表性负责，及时委托试验室检验，按要求认真填写"试验委托单"。

9. 协助生产部抓好文明生产的材料管理，做到材料堆放整齐、环境清洁。

10. 严格按照有关规定进行库存材料的保管，做到防变质、防受潮、防污染、防受冻、防破损并做好记录。

11. 按种类建立原材料进厂台账，每日一累计，每月一统计，按时向有关领导和部门上报材料进厂日、月报表。

6.3.3 磅房计量员岗位职责

1. 磅房计量员负责全厂各种进出材料的称重计量，认真操作打印票据。

2. 进厂的各种原材料，经材料员验收合格料后方可打印"材料入库单"，材料入库单未经验收人员签字的不得交与供方。入库单一式三份，第一份存根，第二份交结算人员，第三份交供方。

3. 进厂原材料、出厂混凝土必须做到"空、重"车过磅称重，准确计量，并注意车内人员的增减问题，如有失误根据情节轻重处罚。

4. 生产期间，对每一个单位工程供应的混凝土标记、施工单位、工程名称、浇筑部位及有无特殊要求等准确掌握，正确打印"预拌混凝土发货单"。发货单一式四份，第一份存根，其他交运输司机。

5. 经常检查地磅有无异常，防止因过多的落料影响磅的准确性，发现磅称计量失准应及时报告经理解决，保证显示器与打印机处于正常工作状态。

6. 凡超过电子汽车衡最大载重的车辆，禁止上称，通知材料员按体积量方。

7. 外来车辆过磅，所收费用应及时交给财务部。

8. 负责搞好电子汽车衡和工作室卫生。

6.4 材料部管理制度

6.4.1 材料部管理制度

1. 负责各种原材料、辅助材料等物资的采购、供应、贮存、保管、标识工作，对采购成本负责。

2. 认真执行国家现行技术标准、公司制订的各项规章制度，保证适时、适量、适质、适价、适地采购原材料，保证满足生产需要。

3. 负责材料供应过程中出现的不合格品的处置，及时采取纠正措施，必要时应制订预防措施。

4. 负责对本系统中的人员教育和管理工作，不断提高人员的质量意识和素质，做好生产过程中的与其他部门的配合接口工作。

5. 会同试验室，正确选择和核算，做到物美价廉，努力降低采购成本。

6. 按时统计、上报各种材料的进厂、消耗报表。

7. 负责收集整理、保存、传递各种材料的有关技术、资质、质量证明等相关资料，必要时组织试验室对供方生产能力、供应能力、资信度等进行调查、考核，按《采购控制程序》做好合格供方评审，保证所采购的材料均为合格供方。

6.4.2 原材料管理制度

质量是企业的生命，加强原材料管理是保证混凝土质量的基本条件之一,也是增加企业经济效益的重要环节。因此,特制订本制度。

1. 原材料的主管部门为材料部;试验室负责复试检验,并随时监督原材料进厂质量,提出不合格品的处理意见。

2. 材料部严格按照有关标准、规定对进厂原材料的验收和取样送检。

3. 加强原材料进厂的验收工作,对于骨料,材料管理员必须每车进行目测检验,目测不合格应要求供方退回,如供方不服,可共同取样复验,对复验不合格的按《不合格品控制程序》进行处理。

4. 维护企业利益,对于砂含水率、含泥量超过合同规定的,必须根据检验结果折量或折价,对工作不认真的验收人员或见利忘义导致企业利益受损者严肃处理,情节严重者开除。

5. 重要原材料(指胶凝材料和外加剂)不得漏取漏试,违反者每批次罚责任人____元。

6. 凡取样检验结果为不合格的原材料,每批次奖相关人员____元。

7. 对进厂的各种材料必须分仓或隔离贮存,避免混杂和污染,在堆放处或罐仓的明显位置,做出标识。

8. 对于重要的原材料,如水泥、粉煤灰、矿粉等,为了避免出错,进料口应上锁,入仓时验收人员必须到场监视。

6.5 材料部相关质量记录表格

材料部相关质量记录包括设备、人员、文件资料、材料采购、供应、验收等管理过程所产生的记录。本章未列者参见第2章。以下表格有些进行了压缩列出,实际使用时可根据需要将行距和列距放大,并将每一种表格或横向或纵向单独打印使用。采用以下质量记录表格时,应根据企业内部管理要求进行统一编号。

材料入库单

供货日期：20 年 月 日   单据编号：

供货单位			规格	
材料名称			车牌号	
毛重(kg)		皮重(kg)		净重(kg)	
备注				
计量员		验收人		供方经办人	

注：白—存根　红—结算　黄—供方　　　　　材料验收（盖章）：

预拌混凝土发货单

发货时间： 年 月 日 时 分   发货单编号：

需方名称		混凝土标记	
工程名称		车　次	
结构部位		车　号	
毛重(kg)		皮重(kg)		净重(kg)	
备注			
计量员		质检员		需方收货人	

注：白—存根　红—结算　黄—需方　蓝—承运　　　需方（盖章）：

合格供方名录

序号	供方名称	产品名称及类别	首次列入日期	年复评结果	评审日期

编制人：　　　　　　审核人：　　　　　　　　批准人：

供方评审记录表

评审日期： 年 月 日

供方单位		联系人	
地址		联系电话	
邮编		传真	
供方单位是否通过质量体系认证：		为本公司供应任种产品：	

评审情况
生产能力：
供货能力：
服务：

产品质量情况						
供货期	供货批次	合格批次	不合格批次	合格率(%)	备注	

评审结论

参加评审人员		
工作部门	职务	签名

顾客供料登记表

序号	顾客名称	备用工程名称及结构部位	材料名称	规格/型号	数量(t)	保管人	供应日期	备注

记录:

原材料进厂（场）台账

材料名称:

序号	厂家或产地	品种、规格	批号	批量	出厂日期	合格证编号	出厂检验报告编号	记录人	备注

20___年___月材料采购计划单

序号	材料名称	规格、型号	计划采购数量	单价(元)	金额(元)	计划到货日期	供方

其他有关事项:

编制人: 　　　　审核人: 　　　　批准人: 　　　　填表日期:

不合格品台账

序号	材料名称	生产厂家	规格、型号	数量(t)	不符合描述	进厂时间	处置情况	处置人

材料库存日报表

项目		水泥		粉煤灰	矿粉	减水剂	
		1#罐	2#罐	3#罐 4#罐	5#罐	1#罐	2#罐
1#生产线	生产厂家						
	等级、型号						
	库存量(t)						
2#生产线	生产厂家						
	等级、型号						
	库存量(t)						
备注							

填表: 　　　　　　　　　　　　　　　　　　　　　　　　填报时间:

注: 材料部应每天进行两次材料库存量的统计和报表。本报表一式四份, 复写页页报总经理、生产部、试验室, 以便相关领导和人员了解材料的消耗情况, 有利于及时采取相关措施。

第7章 预拌混凝土的组成材料

7.1 水　泥

水泥是混凝土的重要组成材料之一。1796年，英国人派克（J. Parker）将黏土质石灰岩磨细制成料球，在高温下煅烧，然后磨细制成水泥。这种水泥被称为"罗马水泥"。差不多在罗马水泥的同时期，法国人采用泥灰岩也制造水泥。该泥灰岩被称为水泥灰岩，其制成的水泥则称为天然水泥。1824年，英国利兹城的泥水匠约瑟夫·阿斯普丁（Joseph Aspdin）通过"把石灰石捣成细粉，配合一定量黏土，掺水后以人工或机械搅和均匀成泥浆。置泥浆于盘上，加热干燥。将干料打击成块，然后装入石灰窑煅烧，烧至石灰石内碳酸气体全部逸出。煅烧后的烧结块冷却后打碎磨细，制成水泥"。因其凝结后的外观颜色与英国波特兰出产的石灰石相似，故称之为波特兰水泥（我国称为硅酸盐水泥），并获得英国第5022号的"波特兰水泥"专利证书。从这时起，水泥及其制造工艺进入了新的发展阶段。

现代水泥的生产工艺过程可概括为"两磨一烧"，即将配合好的原材料在磨机中磨成生料，然后将生料入窑煅烧成熟料。熟料配以适量的石膏，或根据水泥品种组成要求掺入混合材，入磨机中磨至适当细度，便制成水泥成品。

水泥加入适量水后搅拌成塑性浆体，能在空气和水中硬化，并能把砂、石等材料牢固地胶结在一起，具有一定的强度。水泥的密度一般为 $3000 \sim 3200 \text{kg/m}^3$；松散堆积密度为 $1000 \sim 1200 \text{kg/m}^3$，紧密时可达 1600kg/m^3；水泥的比表面积由过去的

300m²/kg 左右增加到现在的 360～400m²/kg。水泥颗粒越细需水量越大，水化反应速度越快，提高了早期强度，但对混凝土的体积稳定性不利，会增加混凝土结构裂缝。

改革开放以来，我国水泥工业飞速发展，水泥总产量连续19年居世界首位。全国水泥生产量是：1996年为4.8亿t；2003年为8.6亿t；2004年为9.34亿t；至2006年已超过了12亿t。在今后几年内，我国水泥年产量预计仍有较大的递增率。面对水泥工业飞速增长的态势，业内专家的态度是喜忧参半。据有关部门调查，我国能生产水泥的石灰石储藏量仅500亿t，照这样的消耗速度，水泥工业生产维持不到50年。混凝土是主要的工程材料，水泥消耗量巨大，因此，加大掺合料的应用力度，发展和应用高强高性能和绿色混凝土，是节约水泥、使混凝土行业走可持续发展道路的有效途径。

1956年，我国首次发布了第一个水泥标准。随着科学技术的不断进步和生产工艺的不断提高，最早的五大通用水泥至今已进行了六次修订，复合硅酸盐水泥进行了三次修订。从1999年开始，我国水泥水泥强度的检验方法等同采用了ISO国际标准，标志着我国水泥标准已与国际接轨。目前，我国最新的水泥标准《通用硅酸盐水泥》（GB 175—2007），是将《硅酸盐水泥、普通硅酸盐水泥》（GB 175—1999）、《矿渣硅酸盐水泥、火山灰质硅酸盐水泥及粉煤灰硅酸盐水泥》（GB 1344—1999）和《复合硅酸盐水泥》（GB 12958—1999）三个标准合并为一个标准，统称为通用酸盐水泥。该标准于2007年11月9日发布，2008年6月1日起实施。

水泥的品种较多，本节仅介绍预拌混凝土常用的通用酸盐水泥。

7.1.1 定义

以硅酸盐水泥熟料和适量的石膏及规定的混合材料制成的水硬性胶凝材料，称为通用硅酸盐水泥。

7.1.2 分类

通用硅酸盐水泥按混合材料的品种和掺量分为硅酸盐水泥、普通硅酸盐水泥、矿渣硅酸盐水泥、火山灰质硅酸盐水泥、粉煤灰硅酸盐水泥和复合硅酸盐水泥。

7.1.3 组分

水泥中组分材料所占质量百分比对水泥品种和代号起决定作用，通用硅酸盐水泥的组分应符合表7-1的规定。

通用硅酸盐水泥的组分　　　　表7-1

品种	代号	组分(质量分数,%)				
		熟料＋石膏	粒化高炉矿渣	火山灰质混合材料	粉煤灰	石灰石
硅酸盐水泥	P·Ⅰ	100	—	—	—	—
	P·Ⅱ	≥95	≤5	—	—	—
		≥95	—	—	—	≤5
普通水泥	P·O	≥80且<95	>5且≤20①			
矿渣水泥	P·S·A	≥50且<80	>20且≤50②	—	—	—
	P·S·B	≥30且<50	>50且≤70②	—	—	—
火山灰质水泥	P·P	≥60且<80	—	>20且≤40③	—	—
粉煤灰水泥	P·F	≥60且<80	—	—	>20且≤40④	—
复合水泥	P·C	≥50且<80	>20且≤50⑤			

① 本组分材料为符合标准要求的活性混合材料，其中允许用不超过水泥质量8%且符合标准要求的非活性混合材料或不超过水泥质量5%且符合标准要求的窑灰代替。
② 本组分材料为符合GB/T 203—1994或GB/T 18046—2000的活性混合材料，其中允许用不超过水泥质量8%且符合标准要求的活性混合材料或非活性混合材料或符合标准要求的窑灰中的任一种材料代替。
③ 本组分材料为符合GB/T 2847—2005的活性混合材料。
④ 本组分材料为符合GB/T 1596—2005的活性混合材料。
⑤ 本组分材料为两种（含）以上符合标准要求的活性混合材料或/和符合标准要求的非活性混合材料组成，其中允许用不超过水泥质量8%且符合标准要求的窑灰代替。掺矿渣时混合材料掺量与矿渣硅酸盐水泥重复。

7.1.4 强度等级

1. 硅酸盐水泥的强度等级分为：42.5、42.5R、52.5、52.5R、62.5、62.5R 六个等级（R 表示早强型水泥）。

2. 普通硅酸盐水泥的强度等级分为：42.5、42.5R、52.5、52.5R 四个等级。

3. 矿渣硅酸盐水泥、火山灰质硅酸盐水泥、粉煤灰硅酸盐水泥和复合硅酸盐水泥 32.5、32.5R、42.5、42.5R、52.5、52.5R 六个等级。

7.1.5 技术要求

1. 化学指标

通用硅酸盐水泥化学指标应符合表 7-2 的规定。

通用硅酸盐水泥化学指标　　　　表 7-2

品种	代号	化学指标（%）				
		不溶物	烧失量	三氧化硫	氧化镁	氯离子
硅酸盐水泥	P·Ⅰ	≤0.75	≤3.0	≤3.5	≤5.0①	≤0.06③
	P·Ⅱ	≤1.50	≤3.5			
普通水泥	P·O	—	≤5.0			
矿渣水泥	P·S·A	—	—	≤4.0	≤6.0②	
	P·S·B	—	—		—	
火山灰质水泥	P·P			≤3.5	≤6.0②	
粉煤灰水泥	P·F					
复合水泥	P·C					

① 如果水泥压蒸试验合格，则水泥中氧化镁的含量（质量分数）允许放宽至 6.0%。
② 如果水泥中氧化镁的含量（质量分数）大于 6.0%时，需进行水泥压蒸试验并合格。
③ 当有更低要求时，该指标由买卖双方确定。

2. 碱含量（选择性指标）

水泥中碱含量按 $Na_2O+0.658K_2O$ 计算值表示。若使用活性骨料，用户要求提供低碱水泥时，水泥中碱含量应不大于0.60%或由买卖双方协商确定。

3. 物理指标

1）凝结时间

硅酸盐水泥初凝时间不小于 45min，终凝时间不大于 390min。

普通硅酸盐水泥、矿渣硅酸盐水泥、火山灰质硅酸盐水泥、粉煤灰硅酸盐水泥和复合硅酸盐水泥初凝时间不小于 45min，终凝时间不大于 600min。

2）安定性

沸煮法合格。

3）强度

不同品种不同强度等级的通用硅酸盐水泥，其不同龄期的强度应符合表 7-3 的规定。

通用硅酸盐水泥强度指标（MPa）　　　　表 7-3

品　种	强度等级	抗压强度		抗折强度	
		3d	28d	3d	28d
硅酸盐水泥	42.5	≥17.0	≥42.5	≥3.5	≥6.5
	42.5R	≥22.0		≥4.0	
	52.5	≥23.0	≥52.5	≥4.0	≥7.0
	52.5R	≥27.0		≥5.0	
	62.5	≥28.0	≥62.5	≥5.0	≥8.0
	62.5R	≥32.0		≥5.5	
普通硅酸盐水泥	42.5	≥17.0	≥42.5	≥3.5	≥6.5
	42.5R	≥22.0		≥4.0	
	52.5	≥23.0	≥52.5	≥4.0	≥7.0
	52.5R	≥27.0		≥5.0	
矿渣硅酸盐水泥 火山灰质硅酸盐水泥 粉煤灰硅酸盐水泥 复合硅酸盐水泥	32.5	≥10.0	≥32.5	≥2.5	≥5.5
	32.5R	≥15.0		≥3.5	
	42.5	≥15.0	≥42.5	≥3.5	≥6.5
	42.5R	≥19.0		≥4.0	
	52.5	≥21.0	≥52.5	≥4.0	≥7.0
	52.5R	≥23.0		≥4.5	

4）细度（选择性指标）

硅酸盐水泥和普通硅酸盐水泥的细度以比表面积表示，其比表面积不小于 $300m^2/kg$；矿渣硅酸盐水泥、火山灰质硅酸盐水泥、粉煤灰硅酸盐水泥和复合硅酸盐水泥的细度以筛余表示，其 $80\mu m$ 方孔筛筛余不大于 10% 或 $45\mu m$ 方孔筛筛余不大于 30%。

7.1.6 判定规则

化学指标、凝结时间、安定性和强度检验结果符合规定技术要求为合格品。否则，任何一项技术要求不符合为不合格品。

7.2 砂

按《普通混凝土用砂、石质量及检验方法标准》(JGJ 52—2006) 标准，砂分为天然砂和人工砂两类。我国建筑用砂主要以河砂（天然砂）为主。天然砂是一种地方资源，在短时间内不能再生。随着我国基本建设的日益发展和环境保护需要，天然砂资源逐步减少、质量下降，限采和禁采天然砂与混凝土供需矛盾日益突出，因此，发展和应用人工砂（机制砂）势在必行。实践证明，采用良好的人工砂与天然砂混合应用，能够满足普通混凝土的性能要求，而且混凝土抗压强度有一定的提高。

7.2.1 定义

1. 天然砂

由自然条件作用而形成的，公称粒径小于 5.00mm 的岩石颗粒。按其产源不同，可分为河砂、海砂、山砂。

2. 人工砂

岩石经除土开采、机械破碎、筛分而成的，公称粒径小于 5.00mm 的岩石颗粒。

3. 混合砂

由人工砂和天然砂按一定比例组合而成的砂。

4. 含泥量

砂中公称粒径小于 $80\mu m$ 颗粒的含量。

5. 泥块含量

砂中公称粒径大于 1.25mm，经水洗、手捏后变成小于 $630\mu m$ 的颗粒含量。

6. 石粉含量

人工砂中公称粒径小于 $80\mu m$，且其矿物组成和化学成分与被加工母岩相同的颗粒含量。

7. 表观密度

骨料颗粒单位体积（包括内封闭空隙）的质量。

8. 紧密密度

骨料按规定方法颠实后单位体积的质量。

9. 堆积密度

骨料在自然堆积状态下单位体积的质量。

10. 坚固性

骨料在气候、环境变化或其他物理因素作用下抵抗破裂的能力。

11. 轻物质

砂中表观密度小于 $2000kg/m^3$ 的物质。

12. 压碎值指标

人工砂、碎石和卵石抵抗压碎的能力。

13. 碱活性骨料

能在一定条件下与混凝土中的碱发生化学反应并导致混凝土产生膨胀、开裂甚至破坏的骨料。

7.2.2 砂的质量要求

1. 砂的粗细程度按细度模数 μ_f 分为粗、中、细、特细四级，其范围应符合下列规定：

粗砂：$\mu_f=3.7\sim3.1$

中砂：$\mu_f=3.0\sim2.3$

细砂：$\mu_f = 2.2 \sim 1.6$
特细砂：$\mu_f = 1.5 \sim 0.7$

2. 砂筛应采用方孔筛。砂的公称粒径、砂筛筛孔的公称直径和方孔筛筛孔边长应符合表 7-4 的规定。

砂的公称粒径、砂筛筛孔的公称直径和方孔筛筛孔边长尺寸

表 7-4

砂的公称粒径	砂筛筛孔的公称直径	方孔筛筛孔边长
5.00mm	5.00mm	4.75mm
2.50mm	2.50mm	2.36mm
1.25mm	1.25mm	1.18mm
630μm	630μm	600μm
315μm	315μm	300μm
160μm	160μm	150μm
80μm	80μm	75μm

3. 砂的颗粒级配

除特细砂外，砂的颗粒级配可按公称直径 630μm 筛孔的累计筛余（以质量百分率计，下同），分成三个级配区（表 7-5），且砂的颗粒级配应处于表 7-5 中的某一区内。

砂的颗粒级配区 表 7-5

公称粒径 \ 累计筛余(%) 级配区	Ⅰ区	Ⅱ区	Ⅲ区
5.00mm	10～0	10～0	10～0
2.50mm	35～5	25～0	15～0
1.25mm	65～35	50～10	25～0
630μm	85～71	70～41	40～16
315μm	95～80	92～70	85～55
160μm	100～90	100～90	100～90

砂的实际颗粒级配与表 7-5 中的累计筛余相比，除公称粒径为 5.00mm 和 630μm（黑体字）的累计筛余外，其余公称粒径的累计筛余可稍有超出分界线，但总量不应大于 5%。

当天然砂的实际颗粒级配不符合要求时，宜采取相应的技术措施，并经试验证明能确保混凝土质量后，方允许使用。

配制混凝土时宜优先选用Ⅱ区砂。当采用Ⅰ区砂时，应提高砂率，并保持足够的水泥用量，满足混凝土的和易性；当采用Ⅲ区砂时，宜适当降低砂率；当采用特细砂时，应符合相应的规定。

4. 天然砂中含泥量应符合表 7-6 的规定。

天然砂中含泥量　　　　　　　　表 7-6

混凝土强度等级	≥C60	C55～C30	≤C25
含泥量(按质量计,%)	≤2.0	≤3.0	≤5.0

对于有抗冻、抗渗或其他特殊要求的不大于 C25 混凝土用砂，其含泥量不应大于 3.0%。

5. 砂中泥块含量应符合表 7-7 的规定。

砂中泥块含量　　　　　　　　表 7-7

混凝土强度等级	≥C60	C55～C30	≤C25
含泥量(按质量计,%)	≤0.5	≤1.0	≤2.0

对于有抗冻、抗渗或其他特殊要求的不大于 C25 混凝土用砂，其泥块含量不应大于 1.0%。

6. 人工砂或混合砂中石粉含量

由于人工砂是机械破碎制成，其颗粒尖锐有棱角。石粉主要是由 40～75μm 的微粒组成，经试验证明，人工砂中有适量石粉的存在能起到完善其颗粒级配、提高混凝土密实性等益处。人工砂或混合砂中石粉含量应符合表 7-8 的规定。

7. 砂中的有害物质含量

当砂中含有云母、轻物质、有机物、硫化物及硫酸盐等有害物质时，其含量应符合表 7-9 的规定。

人工砂或混合砂中石粉含量　　　　表 7-8

	混凝土强度等级	≥C60	C55~C30	≤C25
石粉含量（%）	MB<1.40（合格）	≤5.0	≤7.0	≤10.0
	MB≥1.40（不合格）	≤2.0	≤3.0	≤5.0

砂中的有害物质含量　　　　表 7-9

项　目	质　量　指　标
云母（按质量计,%）	≤2.0
轻物质（按质量计,%）	≤1.0
硫化物及硫酸盐含量（折算成 SO_3 按质量计,%）	≤1.0
有机物含量（用比色法试验）	颜色不应深于标准色。当颜色深于标准色时,应按水泥胶砂强度试验方法进行强度比对试验,抗压强度比不应低于 0.95

对于有抗冻、抗渗要求的混凝土用砂，其云母含量不应大于 1.0%。

当砂中含有颗粒状硫酸盐或氯化物杂质时，应专门检验，确认能满足混凝土耐久性要求后，方可采用。

8. 砂的坚固性

砂的坚固性采用硫酸钠溶液检验，试样经 5 次循环后，其质量损失应符合表 7-10 的规定。

砂的坚固性指标　　　　表 7-10

混凝土所处的环境条件及其性能要求	5 次循环后的质量损失（%）
在严寒及寒冷地区室外使用，并经常处于潮湿或干湿交替状态下的混凝土；有腐蚀介质作用或经常处于水位变化区的地下结构或有抗疲劳、耐磨、抗冲击要求的混凝土	≤8
其他条件下使用的混凝土	≤10

9. 人工砂的总压碎值指标

人工砂的总压碎值指标应小于 30%。

10. 砂的碱活性

对于长期处于潮湿环境的重要混凝土结构用砂，应采用砂浆棒（快速法）或砂浆长度法进行骨料的碱活性检验。经上述检验判断为有潜在危害时，应控制混凝土中的碱含量不超过 $3kg/m^3$，或采用能抑制碱—骨料反应的有效措施。

11. 砂的氯离子含量

砂的氯离子含量应符合下列规定：

1) 对于钢筋混凝土用砂，其氯离子含量不得大于 0.06%（以干砂的质量百分率计）；

2) 对于预应力混凝土用砂，其氯离子含量不得大于 0.02%（以干砂的质量百分率计）。

12. 海砂中贝壳含量

海砂中贝壳含量应符合表 7-11 的规定。

海砂中贝壳含量　　　　　表 7-11

混凝土强度等级	≥C40	C35～C30	C25～C15
贝壳含量（按质量计,%）	≤3.0	≤5.0	≤8.0

对于有抗冻、抗渗或其他特殊要求的不大于 C25 混凝土用砂，其贝壳含量不应大于 5.0%。

7.3 石

石分碎石和卵石两种，是混凝土的主要组成材料之一，占混凝土总体积的 40% 左右，在混凝土中起主要骨架作用。卵石表面光滑，制成的混凝土和易性好，易捣固密实，缺点是与水泥浆的粘结力较碎石差。碎石表面粗糙且有棱角，与水泥浆的粘结比较牢固，故在配制高强混凝土时宜选用碎石。

制备混凝土应尽量选择颗粒级配良好的碎石或卵石，良好的级配则空隙率小，可用较少的水拌制出工作性良好的混凝土拌合物，易于平仓振捣和抹面，得到均匀密实的混凝土，同时可以达到节省水泥用量的效果。特别是配制高强混凝土、泵送混凝土、自密实混凝土以及抗裂要求高的混凝土时,颗粒级配尤为重要。

7.3.1 定义

1. 卵石

由自然条件作用而形成的,公称粒径大于 5.00mm 的岩石颗粒。

2. 碎石

由天然岩石或卵石经机械破碎、筛分制得的,公称粒径大于 5.00mm 的岩石颗粒。

3. 针、片状颗粒

凡岩石颗粒的长度大于该颗粒所属粒级的平均粒径 2.4 倍者为针状颗粒;厚度小于平均粒径 0.4 倍者为片状颗粒。平均粒径指该粒级上、下限粒径的平均值。

4. 泥块含量、含泥量、坚固性、压碎值指标的定义与 7.2.1 相同。

7.3.2 石的质量要求

1. 石的公称粒径、石筛筛孔的公称直径与方孔筛筛孔边长

石筛应采用方孔筛。石的公称粒径、石筛筛孔的公称直径与方孔筛筛孔边长应符合表 7-12 的规定。

公称粒径、公称直径和方孔筛筛孔边长尺寸 表 7-12

石的公称粒径(mm)	石筛筛孔的公称直径(mm)	方孔筛筛孔边长(mm)
2.50	2.50	2.36
5.00	5.00	4.75
10.0	10.0	9.5
16.0	16.0	16.0
20.0	20.0	19.0
25.0	25.0	26.5

续表

石的公称粒径(mm)	石筛筛孔的公称直径(mm)	方孔筛筛孔边长(mm)
31.5	31.5	31.5
40.0	40.0	37.5
50.0	50.0	53.0
63.0	63.0	63.0
80.0	80.0	75.0
100.0	100.0	90.0

2. 石的颗粒级配

碎石或卵石的颗粒级配应符合表 7-13 的要求。混凝土用石应采用连续粒级。单粒级宜用于组合成满足要求的连续粒级，也可与连续粒级混合使用，以改善其级配或配成较大粒度的连续粒级。当卵石的颗粒级配不符合表 7-13 要求时，应采取措施并经试验证实能确保混凝土质量后，方允许使用。

碎石或卵石的颗粒级配范围　　表 7-13

级配情况	公称粒径(mm)	累计筛余,按质量(%) 方孔筛筛孔边长尺寸(mm)									
		2.36	4.75	9.5	16.0	19.0	26.5	31.5	37.5	53	63	75	90
连续粒级	5~10	95~100	80~100	0~15	0	—	—	—	—	—	—	—	—
	5~16	95~100	85~100	30~60	0~10	0	—	—	—	—	—	—	—
	5~20	95~100	90~100	40~80	—	0~10	0	—	—	—	—	—	—
	5~25	95~100	90~100	—	30~70	—	0~5	0	—	—	—	—	—
	5~31.5	95~100	90~100	70~90	—	15~45	—	0~5	0	—	—	—	—
	5~40	—	95~100	70~90	—	30~65	—	—	0~5	0	—	—	—

续表

级配情况	公称粒径(mm)	累计筛余,按质量(%)											
		方孔筛筛孔边长尺寸(mm)											
		2.36	4.75	9.5	16.0	19.0	26.5	31.5	37.5	53	63	75	90
单粒级	10～20	—	95～100	85～100	—	0～15	0	—	—	—	—	—	—
	16～31.5	—	95～100	—	85～100	—	—	0～10	0	—	—	—	—
	20～40	—	—	95～100	—	80～100	—	—	0～10	0	—	—	—
	31.5～63	—	—	—	95～100	—	75～100	45～75	—	—	0～10	0	—
	40～80	—	—	—	—	95～100	—	70～100	—	30～60	—	0～10	0

3. 针、片状颗粒含量

碎石或卵石中针、片状颗粒含量应符合表 7-14 的规定。

针、片状颗粒含量　　　　表 7-14

混凝土强度等级	≥C60	C55～C30	≤C25
针、片状颗粒含量(按质量计,%)	≤8	≤15	≤25

4. 含泥量

碎石或卵石中含泥量应符合表 7-15 的规定。

碎石或卵石的含泥量　　　　表 7-15

混凝土强度等级	≥C60	C55～C30	≤C25
含泥量(按质量计,%)	≤0.5	≤1.0	≤2.0

对于有抗冻、抗渗或其他特殊要求的混凝土,其所用碎石或卵石中含泥量不应大于 1.0%。当碎石或卵石的含泥是非黏土质的石粉时,其含泥量可由表 7-15 的 0.5%、1.0%、2.0%,分别提高到 1.0%、1.5%、3.0%。

5. 泥块含量

碎石或卵石中泥块含量应符合表 7-16 的规定。

碎石或卵石的泥块含量　　　　表 7-16

混凝土强度等级	≥C60	C55～C30	≤C25
泥块含量(按质量计,%)	≤0.2	≤0.5	≤0.7

对于有抗冻、抗渗或其他特殊要求的强度等级小于 C30 的混凝土，其所用碎石或卵石中泥块含量不应大于 0.5%。

6. 压碎值指标和抗压强度

1) 碎石的抗压强度和压碎值指标

碎石的抗压强度可用岩石的抗压强度和压碎值指标表示。岩石的抗压强度应比所配制的混凝土强度至少高 20%。当混凝土强度等级不小于 C60 时，应进行岩石的抗压强度检验。岩石强度首先应由生产单位提供，工程中可采用压碎值指标进行质量控制。碎石的压碎值指标宜符合表 7-17 的规定。

碎石的压碎值指标　　　　表 7-17

岩石品种	混凝土强度等级	压碎指标值(%)
沉积岩	C60～C40	≤10
	≤C35	≤16
变质岩或深成的火成岩	C60～C40	≤12
	≤C35	≤20
喷出的火成岩	C60～C40	≤13
	≤C35	≤30

注：沉积岩包括石灰岩、砂岩等；变质岩包括片麻岩、石英岩等；深成的火成岩包括花岗岩、正长岩、闪长岩和橄榄岩等；喷出的火成岩包括玄武岩和辉绿岩等。

2) 卵石的抗压强度和压碎值指标

卵石的强度可用压碎值指标表示。其压碎值指标宜符合表

7-18 的规定。

卵石的压碎值指标　　　　　　表 7-18

混凝土强度等级	C60～C40	≤C35
压碎值指标(%)	≤12	≤16

7. 有害物质

碎石或卵石中的硫化物和硫酸盐含量以及卵石中有机物等有害物质含量，应符合表 7-19 的规定。

碎石或卵石中的有害物质含量　　　　　表 7-19

项　目	质　量　要　求
硫化物及硫酸盐含量 （折算成 SO_3 按质量计,%）	≤1.0
有机物含量 （用比色法试验）	颜色不应深于标准色。当颜色深于标准色时，应配制成混凝土进行强度比对试验，抗压强度比应不低于 0.95

当碎石或卵石中含有颗粒状硫化物和硫酸盐杂质时，应专门检验，确认能满足混凝土耐久性要求后，方可采用。

8. 碎石或卵石的的碱活性

对于长期处于潮湿环境的重要结构混凝土，其所使用的碎石或卵石应进行碱活性检验。

进行碱活性检验时，首先应采用岩相法检验碱活性骨料的品质、类型和数量。当检验出骨料中含有活性二氧化硅时，应采用快速砂浆棒或砂浆长度法进行骨料的碱活性检验；当检验出骨料中含有活性碳酸盐时，应采用岩石柱法进行碱活性检验。

经上述检验，当判定骨料存在潜在碱—碳酸盐反应危害时，不宜用作混凝土骨料；否则，应通过专门的混凝土试验，作最后评定。

当判定骨料存在潜在碱—硅反应危害时，应控制混凝土中的碱含量不超过 3kg/m³，或采用能抑制碱—骨料反应的有效措施。

9. 坚固性

碎石或卵石的坚固性应用硫酸钠溶液法检验，试样经 5 次循环后，其质量损失应符合表 7-20 的规定。

碎石或卵石的坚固性指标　　　　表 7-20

混凝土所处的环境条件及其性能要求	5 次循环后的质量损失(%)
在严寒及寒冷地区室外使用，并经常处于潮湿或干湿交替状态下的混凝土；有腐蚀介质作用或经常处于水位变化区的地下结构或有抗疲劳、耐磨、抗冲击要求的混凝土	≤8
其他条件下使用的混凝土	≤12

7.4 拌合用水

水是混凝土的主要组成材料之一。拌合用的水质不纯，可能产生多种有害作用。最常见的有：①影响混凝土的和易性及凝结；②有损于混凝土强度的发展；③降低混凝土的耐久性，加快钢筋腐蚀及导致预应力钢筋脆断；④污染混凝土表面等。为保证混凝土的各项技术性能符合使用要求，必须使用合格的水拌制混凝土。

7.4.1 术语

1. 混凝土用水

混凝土拌合用水和混凝土养护用水的总称，包括饮用水、地表水、地下水、再生水、混凝土企业设备洗刷水和海水等。

2. 地表水

存在于江、河、湖、塘、沼泽和冰川等中的水。

3. 地下水

存在于岩石缝隙或土壤孔隙中可以流动的水。

4. 再生水

是指污水经适当再生工艺处理后具有使用功能的水。

5. 不溶物

在规定的条件下,水样经过滤,未经过滤模部分干燥后留下的物质。

6. 可溶物

在规定的条件下,水样经过滤,过滤模部分干燥蒸发后留下的物质。

7.4.2 技术要求

1. 混凝土拌合用水

1) 按我国现行标准《混凝土用水标准》(JGJ 63—2006)规定,混凝土拌合用水水质要求应符合表 7-21 的规定。对于设计使用年限为 100 年的结构混凝土,氯离子含量不得超过 500mg/L;对使用钢丝或经热处理钢筋的预应力混凝土,氯离子含量不得超过 350mg/L。

混凝土拌合用水水质要求 表 7-21

项 目	素混凝土	钢筋混凝土	预应力混凝土
pH 值	≥4.5	≥4.5	≥5.0
不溶物(mg/L)	≤5000	≤2000	≤2000
可溶物(mg/L)	≤10000	≤5000	≤2000
Cl^-(mg/L)	≤3500	≤1000	≤500
SO_4^{2-}(mg/L)	≤2700	≤2000	≤600
碱含量(mg/L)	≤1500	≤1500	≤1500

注:碱含量按 $Na_2O+0.658K_2O$ 计算值来表示。采用非碱活性骨料时,可不检验碱含量。

2) 地表水、地下水、再生水的放射性应符合现行国家标准《生活饮用水卫生标准》GB 5749—2006 的规定。

3）被检验水样应与饮用水样进行水泥凝结时间对比试验。对比试验的水泥初凝时间及终凝时间差均不应大于 30min；同时，初凝和终凝时间应符合现行国家标准《通用硅酸盐水泥》GB 175—2007 的规定。

4）被检验水样应与饮用水样进行水泥胶砂强度对比试验，被检验水样配制的水泥胶砂 3d 和 28d 强度不应低于饮用水配制的水泥胶砂 3d 和 28d 强度的 90%。

5）混凝土拌合水不应有漂浮明显的油脂和泡沫，水不应有明显的颜色和异味。

6）混凝土企业设备洗刷水不宜用于预应力混凝土、装饰混凝土、加气混凝土和暴露于腐蚀环境的混凝土；不得用于使用碱活性或潜在碱活性骨料的混凝土。

7）未经处理的海水严禁用于钢筋混凝土和预应力混凝土。

8）在无法获得水源的情况下，海水可用于素混凝土，但不宜用于装饰混凝土。

2. 混凝土养护用水

混凝土养护用水可不检验不溶物、可溶物、水泥凝结时间和水泥胶砂强度，其他检验项目应符合生活饮用水标准的规定。

7.4.3 检验规则

1. 取样

1）水质检验水样不应少于 5L；用于测定水泥凝结时间和胶砂强度的水样不应少于 3L。

2）采集水样的容器应无污染；容器应用待采集水样冲洗三次再灌装，并应密封待用。

3）地表水宜在水域中心部位、距水面 100mm 以下采集，并应记载季节、气候、雨量和周边环境的情况。

4）地下水应在放水冲洗管道后接取或直接用容器采集；不

得将地下水积存于地表后再从中采集。

5）再生水应在取水管道终端接取。

6）混凝土企业设备洗刷水应沉淀后，在池中距水面100mm以下采集。

2. 检验期限和频率

1）水样检验期限应符合下列要求：

（1）水质全部项目检验宜在取样后7d内完成；

（2）放射性检验、水泥凝结时间检验和水泥胶砂强度成型宜在取样后10d内完成。

2）地表水、地下水和再生水的放射性应在使用前检验；当有可靠资料证明无放射性污染时，可不检验。

3）地表水、地下水、再生水和混凝土企业设备洗刷水在使用前应进行检验；在使用期间，检验频率宜符合下列要求：

（1）地表水每6个月检验一次；

（2）地下水每年检验一次；

（3）再生水每3个月检验一次；在质量稳定一年后，可每6个月检验一次；

（4）混凝土企业设备洗刷水每3个月检验一次；在质量稳定一年后，可一年检验一次；

（5）当发现水受到污染和对混凝土性能有影响时，应立即检验。

7.5 掺合料

采用硅酸盐类水泥拌制混凝土时，为改善混凝土的某些性能，节约水泥，可掺用粉煤灰、粒化高炉矿渣、沸石粉等矿物质掺合料。其掺量应通过试验确定。

7.5.1 粉煤灰

粉煤灰是一种火山灰质工业废料掺合料。其颗粒多数呈球形，表面光滑。密度 1950～2400kg/m³，干灰堆积密度 550～800kg/m³。

1. 定义和术语

1）粉煤灰

电厂煤粉炉烟道气体中收集的粉末称为粉煤灰。

2）对比样品

符合 GSB 14—1510《强度检验用水泥标准样品》。

3）试验样品

对比样品和被检验粉煤灰按 7：3 质量比混合而成。

4）对比胶砂

对比样品与 GSB 08—1337 中国 ISO 标准砂按 1：3 质量比混合而成。

5）试验胶砂

试验样品与 GSB 08—1337 中国 ISO 标准砂按 1：3 质量比混合而成。

6）强度活性指数

试验胶砂抗压强度与对比胶砂抗压强度之比，以百分数表示。

2. 分类

按煤种分为 F 类和 C 类。

1）F 类粉煤灰：由无烟煤或烟煤煅烧收集的粉煤灰。

2）C 类粉煤灰：由褐煤或次烟煤煅烧收集的粉煤灰，其氧化钙含量一般大于 10%。

3. 等级

拌制混凝土和砂浆用粉煤灰分为三个等级：Ⅰ、Ⅱ、Ⅲ级。

4. 技术要求

1）按我国现行标准《用于水泥和混凝土中的粉煤灰》(GB/T 1596—2005) 规定，拌制混凝土和砂浆用粉煤灰应符合表7-22中技术要求。

拌制混凝土和砂浆用粉煤灰技术要求　　表7-22

项　目		技术要求		
		Ⅰ	Ⅱ	Ⅲ
细度(45μm方孔筛筛余),不大于(%)	F类粉煤灰	12.0	25.0	45.0
	C类粉煤灰			
需水量比,不大于(%)	F类粉煤灰	95	105	115
	C类粉煤灰			
烧失量,不大于(%)	F类粉煤灰	5.0	8.0	15.0
	C类粉煤灰			
含水量,不大于(%)	F类粉煤灰	1.0		
	C类粉煤灰			
三氧化硫,不大于(%)	F类粉煤灰	3.0		
	C类粉煤灰			
游离氧化钙,不大于(%)	F类粉煤灰	1.0		
	C类粉煤灰	4.0		
安定性:雷氏夹沸煮后增加距离,不大于(mm)	C类粉煤灰	5.0		

2) 放射性：合格。

3) 碱含量：粉煤灰中的碱含量按 $Na_2O+0.658K_2O$ 计算值表示,当粉煤灰用于活性骨料混凝土,要限制掺合料的碱含量时,由买卖双方协商确定。

4) 均匀性：以细度（45μm方孔筛筛余）为考核依据,单一样品的细度不应超过前10个样品细度平均值的最大偏差,最大偏差范围由买卖双方协商确定。

7.5.2 粒化高炉矿渣粉

粒化高炉矿渣粉是铁矿石在冶炼过程中与石灰石等溶剂化合所得以硅铝酸钙为主要成分的熔融物,经急速与水淬冷后形成的玻璃状颗粒物质,经粉磨工艺达到规定细度的产品。粒化高炉矿渣粉具有潜在水硬性和良好的活性，混凝土中掺入磨细矿渣粉，无论是早期或后期强度都比未掺的高，是优质的混凝土掺合料和水泥混合材。在高强、高性能混凝土中，可取代水泥量的20%～60%。

粒化高炉矿渣粉随着细度增大，密度提高。比表面积 $350m^2/kg$ 其密度为 $2.90～2.93g/cm^3$；堆积密度为 $800～1100kg/m^3$。当今，粉体工程迅速进展，已经能开发出比表面积 $1100m^2/kg$（平均粒径 $3.5\mu m$），$1700m^2/kg$（平均粒径 $2.0\mu m$）以及 $3000m^2/kg$ 左右的矿渣超细粉。在5℃水中养护，与硅灰混凝土相比，不管哪一个龄期，含矿渣超细粉混凝土的强度均高于硅灰混凝土。

国家标准《用于水泥和混凝土中的粒化高炉矿渣粉》（GB/T 18046—2000）中规定，在拌制水泥混凝土和砂浆时，作为掺合料的粒化高炉矿渣粉成品技术要求应符合表 7-23 的规定。

粒化高炉矿渣粉质量指标　　　　表 7-23

项目		级别		
		S105	S95	S75
密度(g/cm^3)　不小于		2.8		
比表面积(m^2/kg)　不小于		350		
活性指数(%)　不小于	7d	95	75	55[①]
	28d	105	95	75
流动度比(%)　不小于		85	90	95
含水量(%)　不大于		1.0		
三氧化硫(%)　不大于		4.0		
氯离子[②](%)　不大于		0.02		
烧失量[②](%)　不大于		3.0		

① 可根据用户要求协商提高。

② 选择性指标。当用户有要求时，供方应提供矿渣粉的氯离子和烧失量数据。

7.5.3 沸石粉

沸石粉是指以天然沸石岩为原料,经破碎、粉磨加工制成的粉状物料。密度为 $2100\sim2400kg/m^3$;松散堆积密度为 $700\sim800kg/m^3$。

沸石粉是含水化硅铝酸盐为主的矿物火山灰质活性掺合材料。沸石粉本身没有活性,但在水泥或石灰等碱性物质激发下,其所含的活性硅和活性铝与 $Ca(OH)_2$ 反应生成含水化硅酸钙,从而使混凝土结构致密,强度增长,抗渗性能提高。沸石粉掺入混凝土中,可取代水泥 $10\%\sim20\%$;能改善混凝土的黏聚性,减少泌水,宜用于泵送混凝土,可减少混凝土离析及堵泵。沸石粉的品质要求应符合表 7-24 的规定。

沸石粉的品质指标　　　　　　表 7-24

项　目	技术要求 I	技术要求 II
细度(80μm 方孔筛筛余)(%)　不大于	4	10
水泥胶砂需水量比(%)　不小于	125	120
吸铵值(meq/100g)　不小于	130	100
28d 活性指数(%)　不小于	75	70

7.5.4 硅灰

硅灰是在冶炼硅铁合金或工业硅时,通过烟道排出的硅蒸气氧化后,经收尘器收集得到的以无定形二氧化硅为主要成分的产品。色呈浅灰到深灰,其颗粒极其细微,根据氮吸附法测试的比表面积,在 $15000m^2/kg$ 以上,平均粒径为 $0.1\mu m$,是水泥平均颗粒直径的 $1/100\sim1/50$;硅灰的密度为 $2.2\sim2.5g/cm^3$,而堆积密度为 $160\sim320kg/m^3$。硅灰由于其超细特性和二氧化硅含量高(85%以上),因此表现出显著的火山灰活性材料特征,是高强高性能混凝土理想的掺合料。

硅灰在混凝土中的商业应用，已有近 30 年时间。世界许多国家和地区都在应用硅灰，如挪威、丹麦、加拿大、法国、美国、日本、澳大利亚等。由于掺硅灰可显著提高混凝土的强度和耐久性，因此在高强高性能混凝土中被普遍应用。掺硅灰的混凝土具有良好的抗氯离子渗透性能，适用于暴露在氯污染环境的混凝土。掺用硅灰能改善混凝土拌合物的粘附性能和硬化性能，减少平面结构施工的抹面工作，提高混凝土的密实性、稳定性和早期性能等，是喷射混凝土和自密实混凝土的优质掺合料。硅灰已成为多种混凝土的必要组成成分。但是，硅灰的使用受到一定条件的限制，并不适用所有的场合。如果应用不当将得不到预期的效果。硅灰在混凝土中的应用应注意以下事项：

1. 硅灰应同时与高效减水剂使用，且水胶比不宜过大，一般情况下，水胶比小于 0.4 掺用硅灰才能发挥其特有的性能，才具有技术经济意义。

2. 由于硅灰的颗粒极其细微，需水量较大，且掺用硅灰的混凝土随着硅灰掺量的增加坍落度损失和黏性越大，可泵性越差，因此不宜在混凝土中大量掺用硅灰。一般合适的掺量为取代水泥质量的 5%～10%。

3. 硅灰如果与粉煤灰、磨细矿渣粉同时使用，混凝土性能可以得到更好的改善。

4. 掺用硅灰的混凝土对塑性收缩裂缝很敏感，因此，应加强对混凝土结构的保湿养护，养护时间应不少于 14d。如果掺硅灰的混凝土得不到适当保湿养护，很难得到硅灰带给混凝土的优点。

5. 掺用硅灰的混凝土应适当延长搅拌时间，使硅灰能均匀分散在混凝土中，从而达到预期的效果。

6. 由于硅灰密度较轻，施工时混凝土不宜过度振捣，也不宜过多收面。否则，将引起其颗粒上浮于混凝土表面，不仅影响硅灰的效果，而且将增加混凝土表面的塑性收缩裂缝。

7.6 外加剂

混凝土技术的发展与外加剂技术的开发和应用密不可分,外加剂已发展成为拌制混凝土不可缺少的组分。使用外加剂对改善新拌混凝土和硬化混凝土性能具有重要的作用,可节省水泥和能源,提高施工速度和质量,改善工艺和劳动条件,具有显著的经济效益和社会效益。

7.6.1 定义

混凝土外加剂是一种在混凝土搅拌之前或拌制过程中加入的,用以改善新拌混凝土和(或)硬化混凝土性能的材料。以下简称外加剂。

7.6.2 分类

混凝土外加剂按其主要使用功能分为四类:
1. 善混凝土拌合物流变性能的外加剂,包括各种减水剂和泵送剂等。
2. 调节混凝土凝结时间、硬化性能的外加剂,包括缓凝剂、促凝剂和速凝剂等。
3. 改善混凝土耐久性的外加剂,包括引气剂、防水剂、阻锈剂和矿物外加剂等。
4. 改善混凝土其他性能的外加剂,如膨胀剂、防冻剂、着色剂等。

7.6.3 命名

1. 普通减水剂:在混凝土坍落度基本相同的条件下,能减少拌合用水量的外加剂。
2. 高效减水剂:在混凝土坍落度基本相同的条件下,能大幅度减少拌合用水量的外加剂。

3. 缓凝高效减水剂：兼有缓凝功能和高效减水剂功能的外加剂。

4. 早强减水剂：兼有早强和减水功能的外加剂。

5. 缓凝减水剂：兼有缓凝和减水功能的外加剂。

6. 引气减水剂：兼有引气和减水功能的外加剂。

7. 早强剂：加速混凝土早期强度发展的外加剂。

8. 缓凝剂：延长混凝土凝结时间的外加剂。

9. 引气剂：在混凝土搅拌过程中能引入大量均匀分布、稳定而封闭的微小气泡且能保留在硬化混凝土中的外加剂。

10. 防水剂：能提高水泥砂浆、混凝土抗渗性能的外加剂。

11. 阻锈剂：能抑制或减轻混凝土中钢筋和其他金属预埋件锈蚀的外加剂。

12. 加气剂：混凝土制备过程中因发生化学反应，放出气体，使硬化混凝土中有大量均匀分布气孔的外加剂。

13. 膨胀剂：在混凝土硬化过程中因化学作用能使混凝土产生一定体积膨胀的外加剂。

14. 防冻剂：能使混凝土在负温下硬化，并在规定养护条件下达到预期性能的外加剂。

15. 着色剂：能制备具有色彩混凝土的外加剂。

16. 速凝剂：能使混凝土迅速凝结硬化的外加剂。

17. 泵送剂：能改善混凝土拌合物泵送性能的外加剂。

18. 絮凝剂：在水中施工时，能增加混凝土黏稠性、抗水泥和集料分离的外加剂。

19. 促凝剂：能缩短拌合物凝结时间的外加剂。

7.6.4 掺外加剂混凝土的性能和技术要求

掺外加剂混凝土的技术性能，是评定外加剂质量的标准，是在统一试验条件下，以掺外加剂混凝土（受检混凝土）与不掺外加剂混凝土（基准混凝土）性能的比值或差值来表示。

掺外加剂混凝土的性能试验项目及质量指标要求如下：

1. 减水率

减水率试验是仅对各类减水剂、引气剂和防冻剂而言。减水率是区别高效型或普通型减水剂的主要技术指标之一。在混凝土中掺入适量减水剂、稠度相同情况下，可减少用水量 5%～25%，高效减水剂甚至可达到 40% 以上。从而显著提高混凝土的强度及耐久性。

掺外加剂混凝土的减水率指标应符合表 7-25 的要求。

掺外加剂混凝土的减水率指标　　　　表 7-25

外加剂种类	减水率(%),不小于	
	一等品	合格品
高效减水剂、缓凝高效减水剂	12	10
普通减水剂、缓凝减水剂及早强减水剂	8	5
引气减水剂	10	10
引气剂	6	6

2. 泌水率比

在混凝土中掺入某些外加剂，对混凝土泌水和沉降影响十分显著。一般缓凝剂使泌水率增大；减水剂及引气剂使泌水率减小。如掺木钙减水剂混凝土，其泌水率可以比基准混凝土减少 30% 以上，有利于减少混凝土的离析，改善混凝土性能，保持施工所需要的和易性，因此泌水率比应越小越好。

掺外加剂混凝土的泌水率比指标应符合表 7-26 的要求。

掺外加剂混凝土的泌水率比指标　　　　表 7-26

外加剂种类	泌水率比(%),不大于	
	一等品	合格品
高效减水剂	90	95
普通减水剂、早强减水剂	95	100
引气剂、引气减水剂	70	80
缓凝高效减水剂、缓凝减水剂、早强剂	100	100
缓凝剂	100	110

泵送混凝土是在泵送压力下将混凝土输送到浇筑地点。为了防止混凝土在受压情况下产生泌水，标准规定了混凝土在压力状

态下的泌水率比。这是混凝土泵送过程中反映其可泵性的一个特征指标,也是评价和检测可泵性的控制指标。

3. 含气量

混凝土中引入一定量的微细气泡,可以阻止固体颗粒的沉降和水分上升,从而减少泌水率,并能改善混凝土的和易性和流动性。此时气泡直径小于 $200\mu m$ 的数量最多,气泡的间隔系数一般在 $0.1\sim0.2mm$ 范围内,对混凝土的毛细管有切断、封闭的作用,而又能提高混凝土的抗冻性和抗渗性。含气量与抗压强度有十分密切的关系,当含气量不大于5%时,对混凝土抗压强度没有明显的影响,但超过5%时,混凝土抗压强度将随着含气量的增加而强度降低。因此,含气量一般应控制在5%以内。掺外加剂混凝土的含气量指标应符合表7-27的要求。

掺外加剂混凝土的含气量指标　　　　表7-27

外 加 剂 种 类	含气量(%),不小于	
	一等品	合格品
普通减水剂、高效减水剂、早强减水剂	≤3	≤4
泵送剂	≤4.5	≤5.5
引气减水剂、引气剂	>3.0	
缓凝高效减水剂	<4.5	
缓凝减水剂	<5.5	

4. 坍落度增加值、坍落度保留值

坍落度增加值和坍落度保留值,是反映泵送剂混凝土可泵性的主要参数,是混凝土泵送剂特有的技术指标。

坍落度增加值,是指在水泥用量和水灰比相同情况下,掺外加剂混凝土比基准混凝土坍落度增加的数值。坍落度增加值愈大,混凝土的流动性愈大,可泵性愈好。

坍落度保留值,是指刚出机的混凝土坍落度值,间隔一定时间后的变化。间隔时间越长,保留的坍落度值越小,变化值的大小与外加剂的品种、性能、环境温度、含气量等因素有关。温度愈高、含气量愈大、坍落度保留值愈小,也就是坍落度损失越大。这不利于混凝土的浇灌,特别是对泵送混凝土的可泵性影响最大。另外，坍落度损失大的混凝土将会增加用水量或外加剂的用量，不利于混凝土的强度和体积稳定性，且可能造成混凝土成本的增加。

我国《混凝土泵送剂》(JC 473—2001) 标准规定坍落度增加值和坍落度保留值见表 7-28。

坍落度增加值和坍落度保留值　　　　　　表 7-28

试验项目	指标(cm)	一等品	合格品
坍落度增加值		10	8
坍落度保留值	30min	12	10
	60min	10	8

5. 凝结时间差

掺外加剂混凝土的凝结时间，随着所用水泥品种、外加剂种类及掺量、气温等条件不同而发生变化。缓凝剂用于延缓混凝土的凝结，有利于解决大体积混凝土等工程中的问题。早强剂用于加速混凝土的凝结及硬化，促进早期强度的提高，但凝结太快，影响混凝土施工，相反，凝结过慢影响混凝土早期强度的增长及拆模时间。

国家标准规定，掺外加剂混凝土的凝结时间差指标见表 7-29。

掺外加剂混凝土的凝结时间差指标　　　　表 7-29

外加剂种类	凝结时间之差(min)			
	初凝		终凝	
	一等品	合格品	一等品	合格品
普通减水剂、引气剂 高效减水剂、引气减水剂	−90～+120		−90～+120	
早强减水剂、早强剂	−90～+90		−90～+90	
缓凝高效减水剂、缓凝减水剂、缓凝剂	>+90		—	
防水剂	−90		—	
防冻剂	−120～+120	−150～+150	−120～+120	−150～+150

注：表内"−"号表示提前，"+"号表示延缓。

6. 抗压强度比

抗压强度是评定外加剂质量及等级的主要指标。抗压强度比与减水率有密切关系，减水率愈大，强度比值愈高。

国家标准规定，掺外加剂混凝土的抗压强度比指标见表7-30。

掺外加剂混凝土的抗压强度比指标　　　　表 7-30

外加剂种类		抗压强度比(%),≥			
		1d	3d	7d	28d
普通减水剂	一等品	—	115	115	110
	合格品	—	110	110	105
高效减水剂	一等品	140	130	125	120
	合格品	130	120	115	110
早强减水剂	一等品	140	130	115	105
	合格品	130	120	110	105
缓凝高效减水剂	一等品	—	125	125	120
	合格品	—	120	115	110
缓凝减水剂	一等品	—	100	110	110
	合格品	—	100	110	105
引气减水剂	一等品	—	115	110	100
	合格品	—	110	110	100
早强剂	一等品	135	130	110	100
	合格品	125	120	105	95
缓凝剂	一等品	—	100	100	100
	合格品	—	90	90	90
引气剂	一等品	—	95	95	95
	合格品	—	80	80	80
防水剂	一等品	—	100	110	100
	合格品	—	90	100	90
泵送剂	一等品	—	90	90	90
	合格品	—	85	85	85

注：表内泵送剂的强度比，是掺泵送剂混凝土与基准混凝土在水泥用量和水灰比相同情况下（即不减水）的强度比值。

根据《混凝土防冻剂》(JC 475—2004),掺防冻剂混凝土的抗压强度比指标见表7-31。

掺防冻剂混凝土的抗压强度比指标　　　表7-31

项目	抗压强度比(%)≥					
	一等品			合格品		
规定温度(℃)	-5	-10	-15	-5	-10	-15
R_7	20	12	10	20	10	8
R_{28}	100	100	95	95	95	90
R_{-7+28}	95	90	85	90	85	80
R_{-7+56}	100			100		

注:不同的负温养护条件,掺防冻剂混凝土的抗压强度比指标不同,在相同的养护温度下,强度比愈高,证明防冻效果愈好,强度比愈小,则防冻效果愈差。试验龄期为R_{-7+28}和R_{-7+56},是指试件在负温养护7d后转标养28d或56d,与基准混凝土标养28d的强度比。

7. 相对耐久性

相对耐久性,是以标养28d龄期的试件,经冻融试验后,掺外加剂混凝土与基准混凝土的弹性模量、强度损失率、质量损失等性能之比。其指标及表示方式见表7-32。

掺外加剂混凝土相对耐久性指标　　　表7-32

外加剂种类	性能指标(%)					
	强度损失率比		质量损失率比		相对动弹性模量比	
	一等品	合格品	一等品	合格品	一等品	合格品
防水剂	慢冻法	≤100		≤100		—
	快冻法	—		≤100		≥100
防冻剂	≤100					
引气减水剂、引气剂	一等品:以200次≥80表示 合格品:以200次≥60表示					

注:1. "200次≥80和60"表示将28d龄期掺外加剂混凝土的试件,经冻融循环200次后,动弹性模量保留值应≥80%或60%。
2. 防水剂混凝土用快冻法或慢冻法试验结果不一致时,应以慢冻法为准。

8. 抗渗水性比

抗渗水性是反映混凝土防水效果的主要技术指标,抗渗水性能的好坏与掺入防水剂的品种、掺量有关,还与混凝土的配合比及试件制作等因素有关。对掺防水剂混凝土来说,它是反映防水剂混凝土早期受冻结后性能是否变坏的主要指标之一。抗渗水性一般以抗渗水压力比表示,渗水压力比愈大,表示防水效果愈好。

当基准混凝土的抗渗压力较高时,为了节省时间,当掺外加剂混凝土的抗渗压力达到与基准混凝土相同时,停止升压,将试件劈开,测量试件平均渗水高度,试验结果以渗水高度比表示。

国家标准规定,掺防水剂、防冻剂混凝土抗渗水指标见表7-33。

掺外加剂混凝土抗渗水指标　　　　表7-33

外加剂种类	抗渗水指标(%)	一等品	合格品
防水剂	渗透高度比(%)不大于	30	40
防冻剂	渗透高度比(%)≤	100	

9. 吸水率比

吸水率比也是反映掺防水剂混凝土防水效果的主要技术指标之一。吸水率比愈小,表示防水效果愈好。

根据《砂浆、混凝土防水剂》(JC 474—1999)标准规定,掺防水剂混凝土48h的吸水率比:一等品≤65%;合格品≤75%。

10. 钢筋锈蚀

某些外加剂如氯盐类,对混凝土中钢筋有锈蚀作用,而不适用于钢筋混凝土,特别是预应力混凝土,但不影响用于无筋混凝土。因此国家标准不作氯盐含量的规定,只要求说明对钢筋有无锈蚀作用,以便用户掌握使用范围。

7.6.5 混凝土外加剂的匀质性

匀质性是指外加剂本身的性能,生产厂用来控制产品质量的稳定性。国家标准只规定生产厂对各项指标控制在一定的波动范围内，具体指标由各生产厂自定。

1. 根据《混凝土外加剂》(GB 8076—1997)，普通减水剂等九种混凝土外加剂匀质性指标应符合表 7-34 的规定。外加剂匀质性试验项目见表 7-35。

外加剂匀质性指标 表 7-34

试验项目	指标
含固量或含水量	1. 对液体外加剂，应在生产厂所控制值的相对量的 3% 之内 2. 对固体外加剂，应在生产厂所控制值的相对量的 5% 之内
密度	对液体外加剂，应在生产厂所控制值的 $\pm 0.02 g/cm^3$ 之内
氯离子含量	应在生产厂所控制值的相对量的 5% 之内
水泥净浆流动度	应不小于生产控制值的 95%
细度	0.315mm 筛筛余应小于 15%
pH 值	应在生产厂控制值±1 之内
表面张力	应在生产厂控制值±1.5 之内
泡沫性能	应在生产厂所控制值的相对量的 5% 之内
还原糖	应在生产厂控制值±3% 之内
总碱量($Na_2O+0.658K_2O$)	应在生产厂所控制值的相对量的 5% 之内
硫酸钠	应在生产厂所控制值的相对量的 5% 之内
砂浆减水率	应在生产厂控制值±1.5% 之内

外加剂匀质性试验项目 表 7-35

测量项目	外加剂品种									备注
	普通减水剂	高效减水剂	早强减水剂	缓凝高效减水剂	缓凝减水剂	引气减水剂	早强剂	缓凝剂	引气剂	
固体含量	√	√	√	√	√	√	√	√	√	
密度										液体外加剂必测
细度										粉状外加剂必测
pH 值	√	√	√		√					
表面张力					√					

续表

测量项目	外加剂品种								备注
	普通减水剂	高效减水剂	早强减水剂	缓凝高效减水剂	缓凝减水剂	引气减水剂	早强剂	缓凝剂	引气剂	
泡沫性能						√			√	
氯离子含量	√	√	√	√	√	√	√	√	√	
硫酸钠含量	含有硫酸钠的早强减水剂或早强剂必测,其他外加剂可不测									
总碱量	√	√	√	√	√	√	√	√	√	每年至少一次
还原糖分	√						√			木质素磺酸钙减水剂必测
水泥净浆流动度	√	√	√	√	√	√				两种任选一种
水泥砂浆流动度	√	√	√	√	√	√				

2. 泵送剂匀质性

根据《混凝土泵送剂》(JC 473—2001),混凝土泵送剂匀质性指标应符合表 7-36 的规定。

混凝土泵送剂匀质性指标　　　　表 7-36

试验项目	指标
含固量	液定泵送剂:应在生产厂控制值相对量的 6% 之内
含水量	固定泵送剂:应在生产厂控制值相对量的 10% 之内
密度	液体泵送剂:应在生产厂所控制值的 $\pm 0.02 \text{g/cm}^3$ 之内
细度	固体泵送剂:0.315mm 筛筛余应小于 15%
氯离子含量	应在生产厂所控制值相对量的 5% 之内
总碱量($Na_2O + 0.658K_2O$)	应在生产厂控制值的相对量的 5% 之内
水泥净浆流动度	应不小于生产控制值的 95%

3. 砂浆、混凝土防水剂

根据《砂浆、混凝土防水剂》(JC 474—1999),砂浆、混凝土防水剂匀质性指标应符合表 7-37 的规定。

砂浆、混凝土防水剂匀质性指标　　　　表 7-37

试验项目	指标
含固量	液体防水剂：应在生产厂控制值相对量的 3% 之内
含水量	固体防水剂：应在生产厂控制值相对量的 5% 之内
密度	液体防水剂：应在生产厂所控制值的 ±0.02g/cm³ 之内
细度	0.315mm 筛筛余应小于 15%
氯离子含量	应在生产厂控制值相对量的 5% 之内
总碱量(Na_2O + 0.658K_2O)	应在生产厂控制值相对量的 5% 之内

4. 混凝土防冻剂

根据《混凝土防冻剂》(JC 475—1992)，混凝土防冻剂匀质性指标应符合表 7-38 的规定。

混凝土防冻剂匀质性指标　　　　表 7-38

试验项目	指标
含固量	液体防冻剂：应在生产厂控制值相对量的 3% 之内
含水量	粉状防冻剂：应在生产厂控制值相对量的 5% 之内
密度	液体防冻剂：应在生产厂所控制值的 ±0.02g/cm³ 之内
细度	粉状防冻剂：应在生产厂控制值的 ±2% 之内
氯离子含量	应在生产厂控制值相对量的 5% 之内
水泥净浆流动度	应不小于生产控制值的 95%

7.6.6 混凝土外加剂的应用

1. 外加剂的选择

1) 外加剂的品种应根据工程设计和施工要求选择，通过试验及技术经济比较确定。

2) 严禁使用对人体生产危害、对环境生产污染的外加剂。

3) 掺外加剂混凝土所用水泥，宜采用硅酸盐水泥、普通硅酸盐水泥、矿渣硅酸盐水泥、火山灰质硅酸盐水泥、粉煤灰硅酸盐水泥和复合硅酸盐水泥，并应检验外加剂与水泥的适应性，符合要求方可使用。

4) 掺外加剂混凝土所用材料如水泥、砂、石、掺合料、外加剂均应符合国家现行的有关标准的规定。试配掺外加剂的混凝土时，应采用工程使用的原材料，检测项目应根据设计及施工要求确定，检测条件应与施工条件相同，当工程使用原材料和混凝土性能要求发生变化时，应再进行试配试验。

5）不同品种外加剂复合使用时，应注意其相溶性及对混凝土性能的影响，使用前应进行试验，满足要求方可使用。

2. 外加剂掺量

1）外加剂掺量应以胶凝材料总量的百分比表示，或以 mL/kg 胶凝材料表示。

2）外加剂的掺量应按供货单位推荐掺量、使用要求、施工条件、混凝土原材料等因素通过试验确定。

3）对含有氯离子、硫酸根等离子的外加剂应符合本规范及有关标准的规定。

4）处于与水相接触或潮湿环境中的混凝土，当使用碱活性骨料时，由外加剂带入的碱含量（以当量氧化钠计）不宜超过 $1 kg/m^3$ 混凝土，混凝土总碱含量尚应符合有关标准的规定。

3. 外加剂的质量控制

1）选用的外加剂应有供货单位提供的下列技术文件：

（1）产品说明书，并应标明产品主要成分；

（2）出厂检验报告及合格证；

（3）掺外加剂混凝土性能检验报告。

2）外加剂运到工地（或混凝土搅拌站）应立即取代表性样品进行检验，进货与工程试配时一致，方可入库、使用。若发现不一致时，应停止使用。

3）外加剂应按不同供货单位、不同品种、不同牌号分别存放，应标识清楚。

4）粉状外加剂应防止受潮结块，如有结块，经性能检验合格后应粉碎至全部通过 0.63mm 筛后方可使用。液体外加剂应放置阴凉干燥处，防止日晒、受冻、污染、进水或蒸发，如有沉淀等现象，经性能检验合格后方可使用。

5）外加剂配料系统标识清楚、计量应准确，计量误差不应大于外加剂用量的2%。

4. 普通减水剂及高效减水剂

1) 品种

(1) 混凝土工程中可采用下列普通减水剂：

木质素磺酸盐类：木质素磺酸钙、木质素磺酸钠、木质素磺酸镁及丹宁等。

(2) 混凝土工程中可采用下列高效减水剂：

a. 多环芳香族磺酸盐类：萘和萘的同系磺化物与甲醛缩合的盐类、胺基磺酸盐类；

b. 水溶性树脂磺酸盐类：磺化三聚氰胺树脂、磺化古码隆树脂等；

c. 脂肪族类：聚羧酸盐类、聚丙烯酸盐类、脂肪族羟甲基磺酸盐高缩聚物等；

d. 其他：改性木质素磺酸钙及改性丹宁等。

2) 适用范围

(1) 普通减水剂及高效减水剂可用于素混凝土、钢筋混凝土、预应力混凝土，并可制备高强高性能混凝土。

(2) 普通减水剂宜用于日最低气温5℃以上施工的混凝土，不宜单独用于蒸养混凝土；高效减水剂宜用于日最低气温0℃以上施工的混凝土。

(3) 当掺用含有木质素磺酸盐类物质的外加剂时应先做水泥适应性试验，合格后方可使用。

3) 施工

(1) 普通减水剂、高效减水剂进入工地（或混凝土搅拌站）的检验项目应包括pH值、密度（或细度）、混凝土减水率，符合要求方可入库、使用。

(2) 减水剂掺量应根据供货单位的推荐掺量、气温高低、施工要求，通过试验确定。

(3) 减水剂以溶液掺加时，溶液中的水量应从拌合水中扣除。

（4）液体减水剂宜与拌合水同时加入搅拌机内，粉状减水剂宜与胶凝材料同时加入搅拌机内，需二次添加外加剂时，应通过试验确定，混凝土搅拌均匀方可出料。

（5）根据工程需要，减水剂可与其他外加剂复合使用，其掺量应根据试验确定。配制溶液时，如产生絮凝或沉淀等现象，应分别配制溶液并分别加入搅拌机内。

（6）掺普通减水剂、高效减水剂的混凝土采用自然养护时，应加强初期养护；采用蒸养时，混凝土应具有必要的结构强度才能升温，蒸养制度应通过试验确定。

5. 引气剂及引气减水剂

1）品种

（1）混凝土工程中可采用下列引气剂：

a. 松香树脂类：松香热聚物、松香皂类等；

b. 烷基和烷基芳烃磺酸盐类：十二烷基磺酸盐、烷基苯磺酸盐、烷基苯酚聚氧乙烯醚等；

c. 脂肪醇磺酸盐类：脂肪醇聚氧乙烯醚、脂肪醇聚氧乙烯磺酸钠、脂肪醇硫酸钠等；

d. 皂甙类：三萜皂甙等；

e. 其他：蛋白质盐、石油磺酸盐等。

（2）混凝土工程中可采用由引气剂与减水剂复合而成的引气减水剂。

2）适用范围

（1）引气剂及引气减水剂，可用于抗冻混凝土、抗渗混凝土、抗硫酸盐混凝土、泌水严重的混凝土、贫混凝土、轻骨料混凝土、人工骨料配制的普通混凝土、高性能混凝土以及有饰面要求的混凝土。

（2）引气剂、引气减水剂不宜用于蒸养混凝土及预应力混凝土，必要时，应根据试验确定。

3）施工

（1）引气剂及引气减水剂进入工地（或混凝土搅拌站）的检

验项目应包括 pH 值、密度（或细度）、含气量、引气减水剂应增测减水率，符合要求方可入库、使用。

（2）抗冻性要求高的混凝土，必须掺引气剂或引气减水剂，其掺量应根据混凝土的含气量要求，通过试验确定。掺引气剂及引气减水剂混凝土的含气量，不宜超过表 7-39 规定的数值。

掺引气剂及引气减水剂混凝土的含气量 表 7-39

粗骨料最大粒径(mm)	20(19)	25(22.4)	40(37.5)	50(45)	80(75)
混凝土含气量（%）	5.5	5.0	4.5	4.0	3.5

注：括号内数值为《建筑用卵石、碎石》GB/T 14685—2001 中标准筛的尺寸。

（3）引气剂及引气减水剂，宜以溶液掺加，且必须充分溶解后方可使用。使用时溶液中的水量应从拌合水中扣除。

（4）引气剂可与减水剂、早强剂、缓凝剂、防冻剂复合使用。配制溶液时，如产生絮凝或沉淀等现象，应分别配制溶液并分别加入搅拌机内。

（5）施工时，应严格控制混凝土的含气量。当材料、配合比或施工条件变化时，应相应增减引气剂或引气减水剂的掺量。

（6）检验掺引气剂及引气减水剂混凝土的含气量，应在搅拌机出料口进行取样，并应考虑混凝土在运输和振捣过程中含气量的损失。对含气量有设计要求的混凝土，施工中应每隔一定时间进行现场检验。

（7）掺引气剂及引气减水剂混凝土，必须采用机械搅拌，搅拌时间及搅拌量应通过试验确定。出料到浇筑的停放时间也不宜过长，采用插入式振捣时，振捣时间不宜超过 20s。

6. 缓凝剂、缓凝减水剂及缓凝高效减水剂

1）品种

（1）混凝土工程中可采用下列缓凝剂及缓凝减水剂：

a. 糖类：糖钙、葡萄糖酸盐等；

b. 木质素磺酸盐类：木质素磺酸钙、木质素磺酸钠等；

c. 羟基羧酸及其盐类：柠檬酸、酒石酸钾钠等；

d. 无机盐类：锌盐、磷酸盐等；

e. 其他：胺盐及其衍生物、纤维素醚等。

（2）混凝土工程中可采用由缓凝剂与高效减水剂复合而成的缓凝高效减水剂。

2）适用范围

（1）缓凝剂、缓凝减水剂及缓凝高效减水剂可用于大体积混凝土、碾压混凝土、炎热气候条件下施工的混凝土、大面积浇筑的混凝土、避免冷缝产生的混凝土、需较长时间停放或长距离运输的混凝土、自流平免振混凝土、滑模施工或拉模施工的混凝土及其他需要延缓凝结时间的混凝土。缓凝高效减水剂可制备高强高性能混凝土。

（2）缓凝剂、缓凝减水剂及缓凝高效减水剂宜用于日最低气温5℃以上施工的混凝土，不宜单独用于有早强要求的混凝土及蒸养混凝土。

（3）柠檬酸及酒石酸钾钠等缓凝剂不宜单独用于水泥用量较低、水灰比较大的贫混凝土。

（4）当掺用含有糖类及木质素磺酸盐类物质的外加剂时应先做水泥适应性试验，合格后方可使用。

（5）使用缓凝剂、缓凝减水剂及缓凝高效减水剂施工时，宜根据温度选择品种并调整掺量，满足工程要求方可使用。

3）施工

（1）缓凝剂、缓凝减水剂及缓凝高效减水剂进入工地（或混凝土搅拌站）的检验项目应包括pH值、密度（或细度）、混凝土凝结时间，缓凝减水剂及缓凝高效减水剂应增测减水率，合格后方可入库、使用。

（2）缓凝剂、缓凝减水剂及缓凝高效减水剂的品种及掺量应根据环境温度、施工要求的混凝土凝结时间、运输距离、停放时间、强度等来确定。

（3）缓凝剂、缓凝减水剂及缓凝高效减水剂以溶液掺加时计量必须正确，使用时加入拌合水中，溶液中的水量应从拌合水中扣除。

难溶和不溶物较多的应采用干掺法并延长混凝土搅拌时间30s。

（4）缓凝剂、缓凝减水剂及缓凝高效减水剂的混凝土浇筑、振捣后，应及时抹压并始终保持混凝土表面潮湿，终凝以后应浇水养护，当气温较低时，应加强保温保湿养护。

7. 早强剂、早强减水剂

1）品种

（1）混凝土工程中可采用下列早强剂：

a. 强电解质无机盐类早强剂：硫酸盐、硫酸复盐、硝酸盐、亚硝酸盐、氯盐等；

b. 水溶性有机化合物：三乙醇胺，甲酸盐、乙酸盐、丙酸盐等；

c. 其他：有机化合物、无机盐复合物。

（2）混凝土工程中可采用由早强剂与减水剂复合而成的早强减水剂。

2）适用范围

（1）早强剂及早强减水剂适用于蒸养混凝土及常温、低温和最低温度不低于－5℃环境中施工的有早强要求的混凝土工程。炎热环境条件下不宜使用早强剂及早强减水剂。

（2）掺入混凝土后对人体产生危害或对环境产生污染的化学物质严禁用作早强剂。含有六价铬盐、亚硝酸盐等有害成分的早强剂严禁用于饮水工程及与食品相接触的工程。硝胺类严禁用于办公、居住等建筑工程。

（3）下列结构中严禁采用含有氯盐配制的早强剂及早强减水剂：

a. 大体积混凝土、预应力混凝土结构；

b. 相对湿度大于80%环境中使用的结构、处于水位变化部位的结构及经常受水淋、受水冲刷的结构；

c. 薄壁混凝土结构，中级和重级工作制吊车的梁、屋架、落锤及锻锤混凝土基础等结构；

d. 直接接触酸、碱或其他侵蚀性介质的结构；

e. 经常处于温度为 60℃ 以上的结构，需经蒸养的钢筋混凝土预制构件；

f. 有装饰要求的混凝土，特别是要求色彩一致的或是表面有金属装饰的混凝土；

g. 使用冷拉钢筋或冷拔低碳钢丝的结构；

h. 骨料具有碱活性的混凝土结构。

(4) 在下列混凝土结构中严禁采用含有强电解质无机盐类的早强剂及早强减水剂：

a. 与镀锌钢材或铝铁相接触部位的结构，以及有外露钢筋预埋铁件而无防护措施的结构；

b. 使用直流电源的结构以及距高压直流电源 100m 以内的结构。

(5) 含钾、钠离子的早强剂用于骨料具有碱活性的混凝土结构时，其碱含量不宜超过 1kg/m³ 混凝土。

3) 施工

(1) 早强剂、早强减水剂进入工地（或混凝土搅拌站）的检验项目应包括密度（或细度），1d、3d 抗压强度及对钢筋的锈蚀作用。早强减水剂应增测减水率。混凝土有饰面要求的还应观测硬化后混凝土表面是否析盐。符合要求，方可入库、使用。

(2) 常用早强剂掺量应符合表 7-40 中的规定。

常用早强剂掺量限值　　　　　　　　　表 7-40

混凝土种类	使用环境	早强剂名称	掺量限值（水泥质量%）不大于
预应力混凝土	干燥环境	三乙醇胺（或硫酸钠）	0.05（或 1.0）
钢筋混凝土	干燥环境	氯离子[Cl⁻]（或硫酸钠）	0.6（或 2.0）
	干燥环境	与缓凝减水剂复合的硫酸钠三乙醇胺	3.0 0.05
	潮湿环境	硫酸钠（或三乙醇胺）	1.5（或 0.05）
有饰面要求的混凝土		硫酸钠	0.8
素混凝土		氯离子[Cl⁻]	1.8

注：预应力混凝土及潮湿环境中使用的钢筋混凝土中不得掺氯盐早强剂。

（3）粉剂早强剂和早强减水剂直接掺入混凝土干料中应延长搅拌时间 30s。

（4）常温及低温下使用早强剂或早强减水剂的混凝土采用自然养护时宜使用塑料薄膜覆盖或喷洒养护液。终凝后应立即浇水潮湿养护。最低气温低于 0℃时除塑料薄膜外还应加盖保温材料。最低气温低于－5℃时应使用防冻剂。

（5）掺早强剂或早强减水剂的混凝土采用蒸汽养护时，其蒸养制度应通过试验确定。

8. 防冻剂

1）品种

混凝土工程中可采用下列防冻剂：

（1）强电解质无机盐类：

a. 氯盐类：以氯盐为防冻组分的外加剂；

b. 氯盐阻锈类：以氯盐与阻锈组分为防冻组分的外加剂；

c. 无氯盐类：以亚硝酸盐、硝酸盐等无机盐为防冻组分的外加剂。

（2）水溶性有机化合物类：以某些醇类等有机化合物为防冻组分的外加剂。

（3）有机化合物与无机盐复合类。

（4）复合型防冻剂：以防冻组分复合早强、引气、减水等组分的外加剂。

2）适用范围

（1）含强电解质无机盐的防冻剂用于混凝土中，必须符合本节中 7.6.6 之 7、2)、(3) 及 (4) 的规定。

（2）含亚硝酸盐、碳酸盐的防冻剂严禁用于预应力混凝土结构。

（3）含有六价铬盐、亚硝酸盐等有害成分的防冻剂，严禁用于饮水工程及食品相接触的工程，严禁食用。

（4）含有硝铵、尿素等产生刺激性气味的防冻剂，严禁用于办公、居住等建筑工程。

(5) 强电解质无机盐防冻剂带入的碱含量（以当量氧化钠计）不宜超过 1kg/m³ 混凝土；其掺量应符合表 7-40 中的规定。

(6) 有机化合物类防冻剂可用于素混凝土钢筋混凝土及预应力混凝土工程。

(7) 有机化合物与无机盐复合防冻剂及复合型防冻剂可用于素混凝土钢筋混凝土及预应力混凝土工程，并应符合以上 (1)～(5) 的规定。

(8) 对水工、桥梁及特殊抗冻融性要求的混凝土工程，应通过试验确定防冻剂品种及掺量。

3) 施工

(1) 防冻剂的选用应符合下列规定：

a. 在日最低气温为 0～-5℃，混凝土采用塑料薄膜和保温材料覆盖养护时，可采用早强剂或早强减水剂；

b. 在日最低气温为 -5～-10℃、-10～-15℃、-15～-20℃，采用上款保温措施时，宜分别采用规定温度为 -5℃、-10℃、-15℃ 的防冻剂；

c. 防冻剂的规定温度为按《混凝土防冻剂》（JC 475—2004）规定的试验条件成型的试件，在恒负温条件下养护的温度。施工使用的最低气温可比规定温度低 5℃。

(2) 防冻剂运到工地（或混凝土搅拌站）首先应检查是否有沉淀结晶或结块。检验项目应包括密度（或细度）、R_{-7}、R_{+7} 抗压强度比，钢筋锈蚀试验。合格后方可入库、使用。

(3) 掺防冻剂混凝土所用原材料，应符合冬期施工规定要求。

(4) 掺防冻剂的混凝土配合比，宜符合下列规定：

a. 含引气组分的防冻剂混凝土的砂率，比不掺外加剂混凝土的砂率可降低 2%～3%；

b. 混凝土水灰比不宜超过 0.6，水泥用量不宜低于 300kg/m³，重要承重结构、薄壁结构的混凝土水泥用量可增加 10%，大体积混凝土的最少水泥用量应根据实际情况而定。强度等级不大于 C15 的混凝土，其水灰比和最少水泥用量可不受此限制。

(5) 掺防冻剂混凝土的搅拌、运输、浇筑及养护，应符合冬期施工规定要求。

9. 膨胀剂

1) 品种

混凝土工程中可采用下列膨胀剂：

a. 硫铝酸钙类；

b. 硫铝酸钙-氧化钙类；

c. 氧化钙类。

2) 适用范围

(1) 膨胀剂的适用范围应符合表 7-41 中的规定。

膨胀剂的适用范围　　　　　表 7-41

用　途	适　用　范　围
补偿收缩混凝土	地下、水中、海水中、隧道等构筑物，大体积混凝土（除大坝外）、配筋路面、屋面与厕浴间防水、构件补强、渗漏修补、预应力混凝土、回填槽等
填充用膨胀混凝土	结构后浇带、隧洞堵头、钢管与隧道之间的填充等
灌浆用膨胀砂浆	机械设备的底座灌浆、地脚螺栓的固定、梁柱接头、构件补强、加固等
自应力混凝土	仅用于常温下使用的自应力钢筋混凝土压力管

(2) 含硫铝酸钙类、硫铝酸钙—氧化钙类膨胀剂的混凝土（砂浆）不得用于长期环境温度为 80℃ 以上的工程。

(3) 含氧化钙类膨胀剂配制的混凝土（砂浆）不得用于海水或有侵蚀性水的工程。

(4) 掺膨胀剂的混凝土适用于钢筋混凝土工程和填充性混凝土工程。

(5) 掺膨胀剂的大体积混凝土，其内部最高温度应符合有关标准的规定，混凝土内外温差宜小于 25℃。

(6) 掺膨胀剂的补偿收缩混凝土刚性屋面宜用于南方地区，

其设计、施工应按《屋面工程质量验收规范》GB/T 50207—2002 执行。

3）掺膨胀剂混凝土（砂浆）的性能要求

（1）施工用补偿收缩混凝土：其性能应满足表 7-42 中的要求，限制膨胀率与干缩率的检验应按《混凝土外加剂应用技术规范》GB 50119—2003 方法进行；抗压强度的试验应按《普通混凝土力学性能试验方法标准》GB/T 50081—2002 进行。

补偿收缩混凝土的性能　　　　　表 7-42

项　目	限制膨胀率($\times 10^{-4}$)	限制干缩率($\times 10^{-4}$)	抗压强度(MPa)
龄期	水中 14d	水中 14d,空气中 28d	28d
性能指标	$\geqslant 1.5$	$\leqslant 3.0$	$\geqslant 25.0$

（2）填充用膨胀混凝土：其性能应满足表 7-43 中的要求，限制膨胀率与干缩率的检验应按《混凝土外加剂应用技术规范》GB 50119—2003 方法进行。

填充用膨胀混凝土的性能　　　　　表 7-43

项　目	限制膨胀率($\times 10^{-4}$)	限制干缩率($\times 10^{-4}$)	抗压强度(MPa)
龄期	水中 14d	水中 14d,空气中 28d	28d
性能指标	$\geqslant 2.5$	$\leqslant 3.0$	$\geqslant 30.0$

（3）掺膨胀剂混凝土的抗压强度试验应按《普通混凝土力学性能试验方法标准》GB/T 50081—2002 进行。填充用膨胀混凝土的强度试件应在成型后第三天拆模。

（4）自应力混凝土：掺膨胀剂的自应力混凝土的性能应符合《自应力硅酸盐水泥》JC/T 218—1995 的规定。

4）施工

（1）膨胀剂混凝土所采用的原材料应符合下列规定：

a. 膨胀剂：应符合《混凝土膨胀剂》JC 476—2001 标准的规定；膨胀剂运到工地（或搅拌站）应进行限制膨胀率检测，合格后方可入库、使用。

b. 水泥：应符合现行通用水泥国家标准，不得使用硫铝酸盐水泥、铁铝酸盐水泥和高铝水泥。

（2）掺膨胀剂混凝土的配合比设计应符合下列规定：

a. 胶凝材料最少用量（水泥、膨胀剂和掺合料的总量）应符合表 7-44 的规定；

胶凝材料最少用量　　　　表 7-44

膨胀混凝土种类	胶凝材料最少用量(kg/m³)
补偿收缩混凝土	300
填充用膨胀混凝土	350
自应力混凝土	500

b. 水胶比不宜大于 0.5；

c. 用于有抗渗要求的补偿收缩混凝土的水泥用量应不小于 $320kg/m^3$，当掺入掺合料时，其水泥用量应不小于 $280kg/m^3$；

d. 补偿收缩混凝土的膨胀剂掺量不宜大于 12%，不宜小于 6%；填充用膨胀混凝土的膨胀剂掺量不宜大于 15%，不宜小于 10%；

e. 以水泥和膨胀剂为胶凝材料的混凝土，设基准混凝土配合比中水泥用量为 m_{c0}、膨胀剂取代水泥率为 K，膨胀剂用量 $m_E=m_{c0} \cdot K$、水泥用量 $m_c=m_{c0}-m_E$；

f. 以水泥、膨胀剂和掺合料为胶凝材料的混凝土，设膨胀剂取代胶凝材料率为 K、设基准混凝土配合比中水泥用量为 m_c 和掺合料用量为 m_F，膨胀剂用量 $m_E=(m_c+m_F) \cdot K$、掺合料用量 $m_F=m_F(1-K)$、水泥用量 $m_c=m_c(1-K)$。

（3）其他外加剂用量的确定方法：膨胀剂可与其他混凝土外加剂复合使用，应有较好的适应性，膨胀剂不宜与氯盐类外加剂复合使用，与防冻剂复合使用时应慎重，外加剂品种和掺量应通过试验确定。

（4）粉状膨胀剂应与混凝土其他原材料一起投入搅拌机，拌合时间应延长 30s。

(5) 混凝土浇筑应符合下列规定：
  a. 在计划浇筑区段内连续浇筑混凝土，不得中断；
  b. 混凝土浇筑以阶梯式推进，浇筑间隔时间不得超过混凝土的初凝时间；
  c. 混凝土不得漏振、欠振和过振；
  d. 混凝土终凝前，应采用抹面机械或人工多次抹压。
(6) 混凝土养护应符合下列规定：
  a. 对于大体积混凝土和大面积板面混凝土，表面抹压后用塑料薄膜覆盖，混凝土硬化后，宜采用蓄水养护或用湿麻袋覆盖，保持混凝土表面潮湿，养护时间不应少于 14d；
  b. 对于墙体等不易保水的结构，宜从顶部设水管喷淋，拆模时间不宜少于 3d，拆模后宜用湿麻袋紧贴墙体覆盖，并浇水养护，保持混凝土表面潮湿，养护时间不应少于 14d；
  c. 冬期施工时，混凝土浇筑后，应立即用塑料薄膜和保温材料覆盖，养护时间不应少于 14d。对于墙体，带模板养护不应少于 7d。

5) 混凝土的品质检查
(1) 掺膨胀剂的混凝土品质，应以抗压强度、限制膨胀率和限制干缩率的试验值为依据。有抗渗要求时，还应做抗渗试验。
(2) 掺膨胀剂混凝土的抗压强度和抗渗试验，应按《普通混凝土力学性能试验方法标准》GB/T 50081—2002 和《普通混凝土长期性能和耐久性试验方法》GBJ 82—1985 进行。

10. 泵送剂
1) 品种
混凝土工程中可采用由减水剂、缓凝剂、引气剂等复合而成的泵送剂。
2) 适用范围
泵送剂适用于工业与民用建筑及其他构筑物的泵送施工的混凝土；特别适用于大体积混凝土、高层建筑和超高层建筑；适用于滑模施工等；也适用于水下灌注桩混凝土。

3) 施工

(1) 泵送剂进入工地或混凝土搅拌站的检验项目应包括 pH 值、密度（或细度）、坍落度增加值及坍落度损失。合格后方可入库、使用。

(2) 含有水不溶物的粉状泵送剂应与胶凝材料一起加入搅拌机中；水溶性粉状泵送剂宜用水溶解后或直接加入搅拌机中，应延长混凝土搅拌时间 30s。

(3) 液体泵送剂应与拌合水一起加入搅拌机中，溶液中的水应从拌合水中扣除。

(4) 泵送剂的品种、掺量应按供货单位提供的推荐掺量和环境温度、泵送高度、泵送距离、运输距离等要求经混凝土试配后确定。

(5) 配制泵送混凝土的砂、石以及其他原材料，应符合国家现行有关标准规定。

(6) 在不可预测情况下造成预拌混凝土坍落度损失过大时，可采用后添加泵送剂的方法掺入混凝土搅拌运输车中，必须快速运转，搅拌均匀后，测定坍落度符合要求后方可使用。后添加的量应预先试验确定。

11. 防水剂

1) 品种

(1) 无机化合物类：氯化铁、硅灰粉末、锆化合物等。

(2) 有机化合物类：脂肪酸及其盐类、有机硅表面活性剂（甲基硅醇钠、乙基硅醇钠、聚乙基羟基硅氧烷）、石蜡、地沥青、橡胶及水溶性树脂乳液等。

(3) 混合物类：无机类混合物、有机类混合物、无机类与有机类混合物。

(4) 复合类：上述各类与减水剂、引气剂、调凝剂等外加剂复合的复合型防水剂。

2) 适用范围

(1) 防水剂可用于工业与民用建筑的屋面、地下室、隧道、巷道、给水排水池、水泵站等有防水抗渗要求的混凝土工程。

（2）含氯盐的防水剂可用于素混凝土、钢筋混凝土工程，严禁用于预应力混凝土工程，其掺量应符合表7-40中的规定。

3）施工

（1）防水剂进入工地（或混凝土搅拌站）的检验项目应包括pH值、密度（或细度）、钢筋锈蚀，符合要求后方可入库、使用。

（2）防水混凝土施工应选择与防水剂适应性好的水泥。一般应优先选用普通硅酸盐水泥，有抗硫酸盐要求时，可选用火山灰质硅酸盐水泥，并经过试验确定。

（3）防水剂应按供货单位推荐掺量掺入，超过掺加时经试验确定，符合要求后方使用。

（4）防水剂混凝土宜采用5～25mm连续级配石子。

（5）防水剂混凝土搅拌时间应较普通混凝土延长30s。

（6）防水剂混凝土应加强早期养护，潮湿养护不得少于7d。

（7）处于侵蚀介质中的防水剂混凝土，当耐腐蚀系数小于0.8时，应采用防腐蚀措施。防水剂混凝土结构表面温度不应超过100℃，否则必须采取隔断热源的保护措施。

12. 速凝剂

1）品种

（1）在喷射混凝土工程中可采用的粉状速凝剂：以铝酸盐、碳酸盐等为主要成分的无机盐混合物等。

（2）在喷射混凝土工程中可采用的液体速凝剂：以铝酸盐、水玻璃等为主要成分，与其他无机盐复合而成的复合物。

2）适用范围

速凝剂可用于采用喷射法施工的喷射混凝土，亦可用于需要速凝的其他混凝土。

3）施工

（1）速凝剂进入工地（或混凝土搅拌站）的检验项目应包括密度（或细度）、凝结时间、1d抗压强度，符合要求后方可入库、使用。

(2) 喷射混凝土施工应选用与水泥适应性好、凝结硬化快、回弹小、28d 强度损失少、低掺量的速凝剂品种。

(3) 速凝剂掺量一般为 2%～8%，掺量可随速凝剂品种、施工温度和工程要求适当增减。

(4) 喷射混凝土施工时，应采用新鲜的硅酸盐水泥、普通硅酸盐水泥、矿渣硅酸盐水泥，不得使用过期或受潮结块的水泥。

(5) 喷射混凝土宜采用最大粒径不大于 20mm 的卵石或碎石，细度模数为 2.8～3.5 的中砂或粗砂。

(6) 喷射混凝土的经验配合比为：$400kg/m^3$，砂率 45%～60%，水灰比约为 0.4。

(7) 喷射混凝土施工人员应注意劳动防护和人身安全。

7.6.7 高强高性能混凝土用矿物外加剂

矿物外加剂是生产高强高性能混凝土的组成材料之一，也是提高混凝土耐久性的重要措施。当前广泛使用的矿物外加剂有磨细粉煤灰、磨细矿渣、磨细天然沸石、硅灰及其复合物。

1. 定义

1) 高强高性能混凝土用矿物外加剂

在混凝土搅拌过程中加入的、具有一定细度和活性的用于改善新拌合硬化混凝土性能（特别是混凝土耐久性）的某些矿物类的产品。

2) 粒化高炉矿渣

炼铁高炉排出溶渣，经水淬而成的粒状矿渣。

3) 磨细矿渣

粒状高炉矿渣经干燥、粉磨等工艺达到规定细度的产品。粉磨时可添加适量的石膏和水泥粉磨用工艺外加剂。

4) 硅灰

在冶炼硅铁合金或工业硅时，通过烟道排出的硅蒸气氧化后，经收尘器收集得到的以无定形二氧化硅为主要成分的产品。

5）粉煤灰

电厂煤粉炉烟道气体中收集到的粉末。

6）磨细粉煤灰

干燥的粉煤灰经粉磨达到规定细度的产品。磨时可添加适量的水泥粉磨用工艺外加剂。

7）天然沸石岩

指火山喷发形成的玻璃体在长期的碱溶液条件下二次成矿所形成的以沸石类矿物为主的岩石。

8）磨细天然沸石

以一定品位纯度的天然沸石岩为原料，经破碎、粉磨加工至规定细度的产品。磨时可添加适量的水泥粉磨用工艺外加剂。

9）活性指数

受检胶砂和基本准胶砂试件在标准条件下养护至相同规定龄期的抗压强度之比，用百分数表示。

2. 代号

矿物外加剂用代号 MA 表示。各类矿物外加剂用不同代号表示：磨细矿渣 S，磨细粉煤灰 F，磨细天然沸石 Z，硅灰 SF。

3. 技术要求

磨细矿物外加剂的技术要求应符合表 7-45 的规定。

磨细矿物外加剂的技术要求　　　　表 7-45

	试验项目	指标							
		矿渣			粉煤灰		天然沸石		硅灰
		Ⅰ	Ⅱ	Ⅲ	Ⅰ	Ⅱ	Ⅰ	Ⅱ	
化学性能	MgO(%)≤		14		—	—	—	—	—
	SO_3(%)≤		4			3	—	—	—
	烧失量(%)≤		3		5	8	—	—	6
	Cl(%)≤		0.02			0.02		0.02	0.02
	SiO_2(%)≥	—	—	—	—	—	—	—	85
	吸铵值(mmol/100g)≥	—	—	—	—	—	130	100	—

续表

试验项目		指标							硅灰
		矿渣			粉煤灰		天然沸石		
		Ⅰ	Ⅱ	Ⅲ	Ⅰ	Ⅱ	Ⅰ	Ⅱ	
物理性能	比表面积(m²/kg)≥	750	550	350	600	400	700	500	15000
	含水量(%)≤	1.0			1.0		—	—	3.0
胶砂性能	需水量比(%)≤		100		95	105	110	115	125
	活性指数 3d(%)≥	85	70	55	—	—	—	—	—
	活性指数 7d(%)≥	100	85	75	80	75	—	—	—
	活性指数 28d(%)≥	115	105	100	90	85	90	85	85

注：各种矿物外加剂均应测定其总碱量。根据工程要求由供需双方商定供货指标。

第8章 预拌混凝土配合比设计

混凝土是非匀质的三相体，即固体、液体和气体。两种相接触的面称为界面，混凝土中界面的存在是无法避免的，对混凝土性能产生不良影响。混凝土拌合物三相所占的体积大致为：固相占总体积的 73%～84%、液相占 15%～22%、气相占 1%～5%。三相的体积并非一成不变，在浇筑后的凝结硬化过程中，三相所占的体积将不断发生变化，但终凝以后变化渐小，表现为总体积和液相在减少，而气相却在增加，主要是液体流失、蒸发和被固相所吸收造成。另外，三相的体积也会随环境条件的变化而发生变化。三相体积的改变是混凝土产生裂缝的主要原因之一，尤其是混凝土产生终凝之前较为明显（即通常认为塑性收缩、干燥收缩等引起的裂缝），但这种裂缝如果在浇筑后及时采取有效的养护措施，能够获得明显的控制效果。

进行混凝土配合比的设计，就是在满足有关要求的前提下，为了尽量减少三相体体积的变化，通过试验将三相体的体积调整到最佳位置，最终达到混凝土既耐久又经济合理的目的。

混凝土的配合比设计过程一般分三个阶段，即：初步计算、试拌调整和确定。通过这一系列的工作，从而选择混凝土各组分的最佳配合比例。

8.1 混凝土配合比设计的基本要求

混凝土配合比的设计，应满足以下基本要求。

8.1.1 满足结构设计的强度要求

满足结构设计强度要求是混凝土配合比设计的首要任务。任何建筑物都会对不同的结构部位提出"强度设计"要求。为了保证配合比设计符合这一要求,必须掌握配合比设计相关的标准、规范,结合使用材料的质量波动、生产水平、施工水平等因素,正确掌握高于设计强度等级的"配制强度"。配制强度毕竟是在试验室条件下确定的混凝土强度,在实际生产过程中影响强度的因素较多,因此,还需要根据实际生产的留样检验数据,及时做好统计分析,必要时进行适当的调整,保证实际生产强度符合《混凝土强度检验评定标准》(GBJ 107—1987)的规定,这才是真正意义上的配合比设计应满足结构设计强度的要求。

8.1.2 满足施工和易性要求

根据工程结构部位、钢筋的配筋量、施工方法及其他要求,确定混凝土拌合物的坍落度,确保混凝土拌合物有良好的匀质性,不发生离析和泌水,易于浇筑和抹面。

8.1.3 满足耐久性要求

混凝土配合比的设计不仅要满足结构设计提出的抗渗性、抗冻性等耐久性要求,而且还应考虑结构设计未明确的其他耐久性要求,如严寒地区的路面、桥梁,处于水位升降范围的结构,以及暴露在氯污染环境的结构等。为了保证这些混凝土结构具有良好的耐久性,不仅要优化混凝土配合比设计,同样重要的工作是在进行配合比设计前,应对使用的原材料进行优选,选用良好的原材料,是保证设计的混凝土具有良好耐久性的基本前提。

8.1.4 满足经济的要求

企业的生存与发展离不开良好的经济效益。因此,在满足上述技术要求的情况下,尽量降低混凝土成本,达到经济合理的原则。为了实现这一要求,配合比设计不仅要合理设计配合比本身,而且更应该对原材料的品质进行优选。选择质优价廉的混凝土组成材料,也是配合比设计过程中应该注意的问题,不仅有利于保证混凝土质量,而且也是提高企业经济效益的有效途径。

8.2 确保设计的混凝土具有良好耐久性的重要提示

耐久的混凝土必须具有良好的体积稳定性,否则,混凝土不可能耐久。混凝土耐久性是在实际使用条件下抵抗各种环境因素作用,能长期保持外观的完整性和长久的使用能力。提高混凝土耐久性可由材料和结构两方面采取预防措施。材料方面包括原材料本身品质和原材料的组合(即配合比);结构方面包括结构设计和混凝土结构施工。

本节介绍材料方面对混凝土耐久性的影响以及选择与使用原材料应注意的问题。我国混凝土结构耐久性问题已相当突出,应该引起有关配合比设计人员和工程技术人员的足够重视。

8.2.1 优化混凝土配合比设计提示

裂缝是影响混凝土耐久性的主要原因之一。在进行混凝土配合比设计时,应考虑配合比设计方面造成混凝土结构裂缝的问题。传统的混凝土配合比设计,比较注重混凝土的强度而忽略了混凝土的抗裂性能。以下是关于原材料组合方面的提示,可供配合比设计人员参考。

1. 最小水泥用量提示

在满足有关标准、规范、结构设计和施工要求的前提下,合理应用矿物掺合料,在当前水泥强度不断提高的情况下,采用矿物掺合料替代部分水泥,是解决混凝土结构耐久性的良方,并适量掺入高效减水剂,从而实现降低水泥的用量。减少水泥用量不但可以提高混凝土的体积稳定性和抗裂性,而且还可以减少能源的消耗,使混凝土成为可持续发展的绿色环保材料。

2. 最大紧密密度提示

骨料的颗粒级配是影响混凝土抗裂性能的主要因素之一。但目前国内生产和供应的粗骨料多为单粒级，单粒级的骨料空隙率必然大，需要水泥砂浆填充其空隙的量就多，将降低混凝土的抗裂性能。因此，应采用二至三种不同粒级的粗骨料，按不同的比例进行均匀混合，经紧密密度试验得知，应选择密度最大的颗粒级配配制混凝土，密度最大的级配才是最佳的颗粒级配。最佳的颗粒级配空隙率小，可减少水泥砂浆填充其空隙的用量，从而满足最小水泥用量的原则，达到提高混凝土抗裂性能的要求。

3. 水灰（胶）比适当的提示

关于水灰（胶）比与抗裂性能的关系，传统的观点认为越小越好。然而，最新的试验研究得出了一个与传统观念相反的结论：在一定范围内，水胶比越小，抗裂性能越差。为保证混凝土的抗裂性能，水胶比不宜过小或过大，应适当。水胶比过大会对混凝土的耐久性有直接影响，将降低混凝土的密实性，加速混凝土的碳化，对钢筋混凝土耐久性是不利的。因此，适当的水胶比，应通过对混凝土抗裂性能的试验后确定。

众所周知，强度越高的混凝土水胶比就越小。而低水胶比的高强混凝土的裂缝问题也是客观存在的，且没有很好的解决办法。因为高强混凝土用水量低、而水化热大，在水化过程中对水和温差更敏感。由于高强混凝土具有高致密性，毛细孔较细或互不贯通，硬化后外供水分很难进入内部，容易引起干燥收缩和自收缩裂缝，当水胶比小于0.30时，混凝土的自收缩率高达$200 \times 10^{-6} \sim 400 \times 10^{-6}$，因此，其影响不容忽视。另外，高强混凝土水化热大，养护控制不当容易引起温差裂缝，对于大体积的高强混凝土必须更加引起注意。有关专家通过大量的科学试验和实践证明得出：混凝土高强不一定耐久，也不一定安全，抗压强度高而其他性能未必也高的结论。

8.2.2 确保原材料质量提示

通过检验，选择性能良好的原材料，是确保混凝土具有良好耐久性的重要工作，也是进行混凝土配合比设计和生产质量控制的核心内容之一。

1. 粉煤灰

在《用于水泥和混凝土中的粉煤灰》(GB/T 1596—2005)标准中,将粉煤灰分为 F 类和 C 类。F 类粉煤灰由于 CaO 含量小于 10%,故对混凝土的稳定性没有太大的影响;但是,C 类粉煤灰(往往呈浅黄色)是从褐煤或次烟煤煅烧收集来的,其 CaO 含量一般大于 10%。研究表明,高钙粉煤灰掺入量超过 10% 时,将导致水泥安定性不合格,甚至严重不合格。为了避免这种情况的发生,在进行混凝土配合比设计时,应对使用的粉煤灰按 30% 的取代水泥量进行安定性检验,因为有些生产厂家供应的粉煤灰根本不分类别或以次充好,而使用单位也不了解生产厂家的用煤情况。另外,高钙灰用作混凝土掺合料具有减水效果好、早期强度发展快等优点,容易被误认为是好灰。因此,如果不进行安定性检测,就很难发现其存在的质量问题,这项工作不仅在进行混凝土配合比设计时要做,更应该纳入常规的检验项目中,并严格控制高钙粉煤灰在混凝土中的适宜掺量(应小于 10%)。

2. 膨胀剂

膨胀剂的膨胀能应该在混凝土的早期(14d 前)阶段产生,但在塑性阶段产生的膨胀能对混凝土不起作用,而在硬化后期(28d 后)产生的膨胀能,有破坏作用。因为,混凝土浇筑后随着时间的顺延,当混凝土表面湿度小于 70% 时,混凝土会从表向里缓慢产生碳化,碳化后的混凝土表面变脆,因此后期产生体积增长会导致混凝土开裂。

目前,有许多小膨胀剂生产工厂技术落后,产品质量难以保证;也有假冒伪劣产品流入搅拌站,而有许多搅拌站不做混凝土的限制膨胀率试验,这就很难发现膨胀剂存在的质量问题,且往往只按生产厂家推荐掺量或规范要求的掺量使用,这是很危险的。有些文章介绍说掺膨胀剂的混凝土裂缝比不掺的还要多,这是否与膨胀剂的质量和掺量或化学成分与含量或与水泥的适应性有关呢？所以，在进行掺用膨胀剂的混凝土配合比设计时，应认真进行膨胀剂的性能试验，特别是限制膨胀率试验。只有通过试验，才能合理地使用膨胀剂。

膨胀剂的颗粒比水泥要大得多，因此，遇水后产生水化膨胀需要一定的时间，主要取决于环境和混凝土内部的湿度。这就是有些专家指出膨胀剂并不适合所有环境的混凝土结构，特别是暴露于大气中温差较大的混凝土结构。《混凝土外加剂应用技术规范》(GB 50119—2003) 条文中也指出，膨胀剂要解决早期的干缩裂缝和中期水化热引起的温差裂缝，对后期天气变化产生的温差收缩是难以解决的。因此，应用膨胀剂的结构应处于湿度较大、温度变化较小的环境，并加强浇筑后的结构早期保湿养护工作，才能正常发挥膨胀剂以外其他材料不可替代的作用。

笔者最近收到一家企业送的膨胀剂样品，按7%的取代量掺入水泥中进行安定性检验，结果发现试饼表面发生龟裂，按10%的掺量时试饼龟裂现象更明显，且有些疏松；再采用雷氏法进行检验，其体积膨胀远远大于水泥安定性的规定指标。如果是水泥，这种情况属于废品，是严禁使用的，但膨胀剂规范未对这方面的性能作出规定。笔者对膨胀剂未进行过深入的研究，而且将膨胀剂掺入水泥中做安定性检验也是最近才进行的自增项目。因此，对膨胀剂掺入水泥中发生安定性不合格，是否同水泥一样对混凝土产生同样的危害不能确定。而且，就这一问题咨询了一些业内专家，大家的认识也并不统一。有的认为不会对混凝土产生危害；有的认为会与水泥一样产生危害；也有的认为肯定会导致安定性不合格，膨胀剂不应该做安定性试验。因此，只能在此提出供读者参考。

众所周知，引起水泥安定性不良的原因是：水泥熟料中的游离氧化钙（CaO）和氧化镁（MgO）含量过多或掺入的石膏含量过多。虽然膨胀剂所使用的原材料与水泥有所不同，但都需经过煅烧和磨细工艺，而且膨胀剂中也含有一定量的 CaO、MgO 或石膏。CaO、MgO 经过高温煅烧后均呈现"过烧"状态，水化十分缓慢，严重时能使水泥石开裂。当石膏含量过多时，在水泥已经硬化后，它还会与固体的水泥铝酸钙反应生成高硫型水化硫铝酸钙，体积约增大 1.5 倍，引起水泥石开裂。因此，从化学成分、组成材料和生产工艺来分析，产生这种现象是否不太正常。

另外，膨胀能较好的膨胀剂或膨胀剂掺量过大，都将降低混凝土的强度；强度越高的混凝土，膨胀率的增长就越困难。掺膨胀剂的混凝土将增加混凝土水化热，保湿养护不当还将增加干燥收缩和温差收缩。

综上所述，掺膨胀剂对混凝土性能有一定的影响，且问题多多，应用不当将产生反作用。因此，应慎用。

3. 防冻剂和早强剂

在冬季气温较寒冷的地区，为了防止混凝土在终凝前受冻或提高混凝土的早期强度，防冻剂和早强剂是冬期施工中常用的外加剂。但是，有些生产企业违反规定要求，使用了钢筋混凝土忌用的氯盐复配外加剂。掺用后，对钢筋混凝土极为不利，严重时可导致结构破坏。例如：青岛某 16 层混凝土结构大楼建于距海岸不足 100m 处，1990 年交付使用，一年后楼板出现钢筋锈蚀膨胀裂缝，二年后普遍开裂，严重的部位钢筋处出现空鼓、成片脱落，钢筋锈蚀皮厚度从 0.2～8.0mm 不等，较小的钢筋截面削弱为零，致使结构失效，16 层楼板全部拆除。造成的原因主要是施工时使用了海水和海砂搅拌混凝土，另外海洋大气环境的雾气中也存在大量的氯盐，材料和环境致使混凝土中存在大量的氯离子，这是典型的由于氯离子侵蚀致使钢筋严重腐蚀破坏的实例。因此，应该加强这类外加剂的氯离子含量的检验和钢筋锈蚀检验。杜绝氯离子造成混凝土结构破坏的发生，是进行混凝土配合比设计过程中一项不可忽视的工作。

4. 骨料

骨料在混凝土中所占的体积最大。因此，骨料的坚固性、碱骨料反应、含泥量及颗粒级配等，是影响混凝土耐久性的主要因素之一。

在《普通混凝土用砂、石质量及检验方法标准》（JGJ 52—

2006)标准中,对于长期处于潮湿环境的重要混凝土结构用骨料,条文对碱活性检验作为强制性检验项目。当判定骨料存在潜在碱—碳酸盐反应危害时,不宜用作混凝土骨料;当判定骨料存在潜在碱—硅反应危害时,应控制混凝土中的碱含量不超过 $3kg/m^3$,或采用能抑制碱—骨料反应的有效措施。因使用活性骨料的混凝土在潮湿的环境中会发生体积膨胀,对结构存在潜在破坏性的危害。另外,对于钢筋混凝土用砂,规范强制性要求进行氯离子含量检验,并规定其含量不得大于0.06%。因此,这些检验工作应该在进行混凝土配合比设计的同时进行。

确保混凝土具有良好的耐久性,应从进行混凝土配合比设计时做起。只有深入地对混凝土组成材料进行检验,才能预防混凝土遭受各种腐蚀病害的发生。由于混凝土耐久性问题的研究相对滞后,给世界各国带来的教训是深刻的,并且付出了巨大的代价。如美国、北欧、加拿大、澳大利亚、瑞士等,每年用于混凝土工程设施的维修费高达上千亿美元。我国也存在类似问题,但所造成的损失缺乏完整的统计数据,估计一年中因混凝土受腐蚀造成的损失约在2000~4000亿元,其中盐害问题致使钢筋腐蚀所造成的损失占40%。现在工程质量实行终身责任制,我们必须高度重视混凝土耐久性问题。

8.3 普通混凝土配合比设计

干密度为 $2000\sim2500kg/m^3$ 的水泥混凝土,称为普通混凝土。普通混凝土通常以普通石子和砂为粗细骨料,通用硅酸盐水泥为胶凝材料,加入一定用量的水配制而成。本方法适用于工业与民用建筑及一般构筑物所采用的混凝土的配合比设计。

8.3.1 配合比设计的基本资料

为保证混凝土配合比设计合理,适用于工程结构需要,应做好以下资料的收集:

1. 混凝土设计强度等级；
2. 工程特征（工程所处环境、结构断面、钢筋最小净距等）；
3. 水泥品种和强度等级；
4. 砂、石的种类规格、表观密度及石子最大粒径；
5. 施工方法等。

8.3.2 设计方法与步骤

普通混凝土配合比的设计步骤，首先按照原始资料进行初步计算，得出"理论配合比"；经过试验室试拌调整，提出满足施工和易性要求的"基准配合比"；然后根据基准配合比进行表观密度和强度的调整，确定出满足设计和施工要求的"试验室配合比"；最后根据现场砂石实际含水率，将试验室配合比换算成"生产配合比"。

8.3.2.1 理论配合比的设计与计算

1. 混凝土配制强度的确定

1) 在实际施工过程中，由于原材料质量的波动和施工条件的波动，混凝土强度难免有波动。为使混凝土的强度保证率能满足国家标准的要求，必须使混凝土的配制强度高于设计强度等级。混凝土配制强度应按下式计算：

$$f_{cu,0} \geqslant f_{cu,k} + 1.645\sigma \tag{8-1}$$

式中 $f_{cu,0}$——混凝土配制强度（MPa）；
$f_{cu,k}$——混凝土立方体抗压强度标准值（MPa）；
σ——混凝土强度标准值（MPa）。

2) 遇有下列情况时应提高混凝土配制强度：

(1) 现场条件与试验条件有显著差异时。

(2) C30级及其以上强度等级的混凝土，采用非统计方法评定时。

3) 混凝土强度标准差宜根据同类混凝土统计资料计算确定，并应符合下列规定：

(1) 计算时，强度试件组数不应少于25组。

(2) 当混凝土强度等级为C20级和C25级、其强度标准差计算值小于 2.5MPa 时，计算配制强度用的标准差应取不小于 2.5MPa；当混凝土强度等级不小于 C30 级、其强度标准差计算值小于 3.0MPa 时，计算配制强度用的标准差应取不小于 3.0MPa。

(3) 当无统计资料计算混凝土强度标准差时，其标准差 σ 可按表 8-1 中数值取用。

混凝土强度标准差 σ 值　　　　表 8-1

混凝土强度等级	低于 C20	C20～C35	高于 C35
标准差 σ(MPa)	4.0	5.0	6.0

注：采用本表时，施工单位可根据实际情况对 σ 值作适当调整。

2. 水灰比的确定

混凝土的强度主要取决于水灰比值。当其他条件相同时，水灰比愈大，则混凝土强度愈低；反之，水灰比愈小，则混凝土强度愈高。它们之间的关系可用式（8-2）表示（此式适用于强度等级小于 C60 级）：

$$W/C = \frac{\alpha_a \cdot f_{ce}}{f_{cu,0} + \alpha_a \cdot \alpha_b \cdot f_{ce}} \quad (8-2)$$

式中　W/C——水灰比值；

　　　α_a、α_b——回归系数；

　　　f_{ce}——水泥 28d 抗压强度实测值（MPa）。

1) 当无水泥抗压强度实测值时，式（8-2）中的值 f_{ce} 可按式（8-3）确定：

$$f_{ce} = \gamma_c \cdot f_{ce,g} \quad (8-3)$$

式中　γ_c——水泥强度等级值的富余系数，可按实际统计资料确定；

　　　$f_{ce,g}$——水泥强度等级值（MPa）。

2) f_{ce} 值可根据 3d 强度或快测强度推定 28d 强度关系式推定得出。

3) 回归系数 α_a 和 α_b 宜按下列规定确定：

(1) 回归系数 α_a 和 α_b 根据工程所使用的水泥、骨料，通过由试验建立的水灰比与混凝土强度关系式确定。

(2) 当不具备上述试验统计资料时，其回归系数可按表 8-2 采用。

回归系数 α_a、α_b 选用表　　　　表 8-2

系数 \ 石子品种	碎 石	卵 石
α_a	0.46	0.48
α_b	0.07	0.33

4) 混凝土配合比的设计不仅要满足强度的需要，还必须满足耐久性的要求，即满足混凝土最大水灰比和最小水泥用量要求，见表 8-3。

混凝土最大水灰比和最小水泥用量　　　　表 8-3

环境条件	结构物类别	最大水灰比			最小水泥用量(kg)		
		素混凝土	钢筋混凝土	预应力混凝土	素混凝土	钢筋混凝土	预应力混凝土
干燥环境	正常的居住或办公用房屋内部件	不作规定	0.65	0.60	200	260	300
潮湿环境	无冻害	高湿度的室内部件、室外部件、在非侵蚀性土或水中的部件	0.70	0.60	0.60	225	280	300
	有冻害	经受冻害的室外部件、在非侵蚀性土或水中且经受冻害的部件、高湿度且经受冻害的室内部件	0.55	0.55	0.55	250	280	300
有冻害和除冰剂的潮湿环境	经受冻害和除冰剂作用的室内、外部件	0.50	0.50	0.50	300	300	300

注：1. 当用活性掺合料取代部分水泥时，表中的最大水灰比及最小水泥用量即为代替前的水灰比和水泥用量。
　　2. 配制 C15 级及其以下等级的混凝土，可不受本表限制。

5) 水灰比的确定与调整可参考表 8-4 "碎石混凝土强度与水泥强度、水灰比换算表"和表 8-5 "卵石混凝土强度与水泥强度、水灰比换算表"选取。但该两个换算表不适用于 C60 及以上等级的高强混凝土。

表 8-4 碎石混凝土强度 ($f_{cu,0}$) 与水泥强度 (f_{ce})、水灰比 (W/C) 换算表

f_{ce} \ $f_{cu,0}$ \ W/C	33.0	34.0	35.0	36.0	37.0	38.0	39.0	40.0	41.0	42.0	43.0	44.0	45.0	46.0	47.0	48.0	49.0	50.0	51.0	52.0
0.40	36.9	38.0	39.1	40.2	41.4	42.5	43.6	44.7	45.8	46.9	48.1	49.2	50.3	51.4	52.5	53.7	54.8	55.9	57.0	58.1
0.41	36.0	37.1	38.1	39.2	40.3	41.4	42.5	43.6	44.7	45.8	46.9	48.0	49.0	50.1	51.2	52.3	53.4	54.5	55.6	56.7
0.42	35.1	36.1	37.2	38.3	39.3	40.4	41.5	42.5	43.6	44.6	45.7	46.8	47.8	48.9	50.0	51.0	52.1	53.2	54.2	55.3
0.43	34.2	35.3	36.3	37.4	38.4	39.4	40.5	41.5	42.5	43.6	44.6	45.7	46.7	47.7	48.8	49.8	50.8	51.9	52.9	54.0
0.44	33.4	34.5	35.5	36.5	37.5	38.5	39.5	40.5	41.5	42.6	43.6	44.6	45.6	46.6	47.6	48.6	49.7	50.7	51.7	52.7
0.45	32.7	33.7	34.6	35.6	36.6	37.6	38.6	39.6	40.5	41.5	42.5	43.5	44.5	45.5	46.5	47.5	48.5	49.5	50.5	51.5
0.46	31.9	32.9	33.9	34.8	35.8	36.8	37.7	38.7	39.7	40.6	41.6	42.6	43.6	44.5	45.5	46.5	47.4	48.4	49.4	50.3
0.47	31.2	32.2	33.1	34.1	35.0	36.0	36.9	37.9	38.8	39.8	40.7	41.6	42.6	43.5	44.5	45.4	46.4	47.3	48.3	49.2
0.48	30.6	31.5	32.4	33.3	34.3	35.2	36.1	37.0	38.0	38.9	39.8	40.7	41.7	42.6	43.5	44.4	45.4	46.3	47.2	48.2
0.49	29.9	30.8	31.7	32.6	33.5	34.5	35.4	36.3	37.2	38.1	39.0	39.9	40.8	41.7	42.6	43.5	44.4	45.3	46.3	47.1
0.50	29.3	30.2	31.1	32.0	32.8	33.7	34.6	35.5	36.4	37.3	38.2	39.1	40.0	40.8	41.7	42.6	43.5	44.4	45.3	46.2
0.51	28.7	29.6	30.4	31.3	32.2	33.1	33.9	34.8	35.7	36.5	37.4	38.3	39.1	40.0	40.9	41.8	42.6	43.5	44.4	45.2
0.52	28.1	29.0	29.8	30.7	31.5	32.4	33.2	34.1	34.9	35.8	36.7	37.5	38.4	39.2	40.1	40.9	41.8	42.6	43.5	44.3
0.53	27.6	28.4	29.2	30.1	30.9	31.8	32.6	33.4	34.3	35.1	35.9	36.8	37.6	38.4	39.2	40.1	40.9	41.7	42.6	43.4
0.54	27.1	27.9	28.7	29.5	30.3	31.1	32.0	32.8	33.6	34.4	35.2	36.0	36.9	37.7	38.5	39.3	40.1	40.9	41.8	42.6
0.55	26.5	27.3	28.1	28.9	29.8	30.6	31.4	32.2	33.0	33.8	34.6	35.4	36.2	37.0	37.8	38.6	39.4	40.2	41.0	41.8
0.56	26.0	26.8	27.6	28.4	29.2	30.0	30.8	31.6	32.4	33.1	33.9	34.7	35.5	36.3	37.1	37.9	38.7	39.5	40.2	41.0
0.57	25.6	26.3	27.1	27.9	28.7	29.4	30.2	31.0	31.8	32.6	33.3	34.1	34.9	35.7	36.4	37.2	38.0	38.7	39.5	40.3
0.58	25.1	25.9	26.6	27.4	28.2	28.9	29.7	30.4	31.2	32.0	32.8	33.5	34.2	35.0	35.7	36.5	37.3	38.0	38.8	39.6
0.59	24.7	25.4	26.2	26.9	27.6	28.4	29.2	29.9	30.6	31.4	32.1	32.9	33.6	34.4	35.1	35.9	36.6	37.4	38.1	38.9
0.60	24.2	25.0	25.7	26.4	27.2	27.9	28.6	29.4	30.1	30.8	31.6	32.3	33.1	33.8	34.5	35.2	36.0	36.7	37.5	38.2

续表

f_{ce} / $f_{cu,0}$ W/C	33.0	34.0	35.0	36.0	37.0	38.0	39.0	40.0	41.0	42.0	43.0	44.0	45.0	46.0	47.0	48.0	49.0	50.0	51.0	52.0
0.61	23.8	24.5	25.3	26.0	26.7	27.5	28.2	28.9	29.6	30.3	31.0	31.8	32.5	33.3	34.0	34.7	35.4	36.1	36.8	37.5
0.62	23.4	24.1	24.8	25.6	26.3	27.0	27.8	28.4	29.1	29.8	30.5	31.2	31.9	32.6	33.3	34.1	34.8	35.5	36.2	36.9
0.63	23.0	23.7	24.4	25.1	25.8	26.5	27.2	27.9	28.5	29.3	30.0	30.7	31.4	32.1	32.8	33.5	34.2	34.9	35.6	36.3
0.64	22.7	23.3	24.0	24.7	25.4	26.1	26.8	27.5	28.2	28.8	29.5	30.2	30.9	31.6	32.3	33.0	33.6	34.3	35.0	35.7
0.65	22.3	23.0	23.6	24.3	25.0	25.7	26.3	27.0	27.7	28.4	29.0	29.7	30.4	31.1	31.7	32.4	33.1	33.8	34.5	35.1
0.66	21.9	22.6	23.3	23.9	24.6	25.3	26.0	26.6	27.3	28.0	28.6	29.3	29.9	30.6	31.3	31.9	32.6	33.2	33.9	34.6
0.67	21.6	22.2	22.9	23.6	24.2	24.9	25.5	26.2	26.8	27.5	28.1	28.8	29.4	30.1	30.8	31.4	32.0	32.7	33.3	34.0
0.68	21.3	21.9	22.6	23.2	23.9	24.5	25.1	25.8	26.4	27.0	27.7	28.3	29.0	29.6	30.3	30.9	31.6	32.2	32.9	33.5
0.69	20.9	21.6	22.2	22.8	23.5	24.1	24.7	25.4	26.0	26.7	27.3	27.9	28.6	29.2	29.8	30.5	31.1	31.7	32.3	33.0
0.70	20.6	21.2	21.9	22.5	23.1	23.7	24.4	25.0	25.6	26.2	26.9	27.5	28.1	28.7	29.4	30.0	30.6	31.2	31.9	32.5
0.71	20.3	20.9	21.5	22.2	22.8	23.4	24.0	24.6	25.3	25.9	26.5	27.1	27.7	28.3	28.9	29.6	30.2	30.8	31.4	32.0
0.72	20.0	20.6	21.2	21.8	22.5	23.1	23.7	24.3	24.9	25.5	26.1	26.7	27.3	27.9	28.5	29.1	29.7	30.3	30.9	31.5
0.73	19.7	20.3	20.9	21.5	22.1	22.7	23.3	23.9	24.5	25.1	25.7	26.3	26.9	27.5	28.1	28.7	29.3	29.9	30.5	31.1
0.74	19.5	20.0	20.6	21.2	21.8	22.4	23.0	23.6	24.1	24.7	25.3	25.9	26.5	27.1	27.7	28.3	28.9	29.5	30.1	30.6
0.75	19.2	19.8	20.3	20.9	21.5	22.1	22.6	23.2	23.8	24.4	24.9	25.5	26.1	26.7	27.3	27.9	28.5	29.1	29.6	30.2
0.76	18.9	19.5	20.1	20.6	21.2	21.8	22.4	22.9	23.5	24.1	24.6	25.2	25.8	26.4	26.9	27.5	28.1	28.7	29.3	29.8
0.77	18.6	19.2	19.8	20.4	20.9	21.5	22.0	22.6	23.1	23.7	24.3	24.9	25.4	26.0	26.6	27.1	27.7	28.3	28.9	29.4
0.78	18.4	19.0	19.5	20.1	20.6	21.2	21.7	22.3	22.9	23.4	24.0	24.5	25.1	25.6	26.2	26.8	27.3	27.9	28.4	29.0
0.79	18.2	18.7	19.3	19.8	20.4	20.9	21.5	22.0	22.6	23.1	23.7	24.3	24.8	25.3	25.9	26.4	27.0	27.5	28.1	28.6
0.80	17.9	18.5	19.0	19.6	20.1	20.6	21.1	21.7	22.2	22.8	23.3	23.9	24.4	25.0	25.5	26.1	26.6	27.1	27.6	28.2

注：该表系按表 8-2 回归系数 α_a、α_b 推算而得，当回归系数不同时应另行计算。

卵石混凝土强度 ($f_{cu,0}$) 与水泥强度 (f_{ce})、水灰比 (W/C) 换算表　　表8-5

f_{ce} \ W/C \ $f_{cu,0}$	33.0	34.0	35.0	36.0	37.0	38.0	39.0	40.0	41.0	42.0	43.0	44.0	45.0	46.0	47.0	48.0	49.0	50.0	51.0	52.0
0.40	34.4	35.4	36.5	37.5	38.5	39.6	40.6	41.7	42.7	43.7	44.8	45.8	46.9	47.9	49.0	50.0	51.0	52.0	53.1	54.2
0.41	33.4	34.4	35.4	36.4	37.5	38.5	39.5	40.5	41.5	42.5	43.5	44.5	45.6	46.6	47.6	48.6	49.6	50.6	51.6	52.6
0.42	32.5	33.5	34.5	35.4	36.4	37.4	38.4	39.4	40.4	41.3	42.3	43.3	44.3	45.3	46.3	47.3	48.2	49.2	50.2	51.2
0.43	31.6	32.6	33.5	34.5	35.4	36.4	37.4	38.3	39.3	40.2	41.2	42.1	43.1	44.1	45.0	46.0	46.9	47.9	48.9	49.8
0.44	30.8	31.7	32.6	33.6	34.5	35.4	36.4	37.3	38.2	39.2	40.1	41.0	42.0	42.9	43.8	44.8	45.7	46.6	47.6	48.5
0.45	30.0	30.9	31.8	32.7	33.6	34.5	35.4	36.3	37.2	38.1	39.0	40.0	40.9	41.8	42.7	43.6	44.5	45.4	46.3	47.2
0.46	29.2	30.1	31.0	31.9	32.7	33.6	34.5	35.4	36.3	37.2	38.1	39.0	39.8	40.7	41.6	42.5	43.4	44.3	45.1	46.0
0.47	28.5	29.3	30.2	31.1	31.9	32.8	33.6	34.5	35.4	36.2	37.1	38.0	38.8	39.7	40.6	41.4	42.3	43.1	44.0	44.9
0.48	27.8	28.6	29.5	30.3	31.1	32.0	32.8	33.7	34.5	35.3	36.2	37.0	37.9	38.7	39.6	40.4	41.2	42.1	42.9	43.8
0.49	27.1	27.9	28.7	29.6	30.4	31.2	32.0	32.9	33.7	34.5	35.3	36.1	37.0	37.8	38.6	39.4	40.2	41.1	41.9	42.7
0.50	26.5	27.3	28.1	28.9	29.7	30.5	31.3	32.1	32.9	33.7	34.5	35.3	36.1	36.9	37.7	38.5	39.4	40.1	40.9	41.7
0.51	25.8	26.6	27.4	28.2	29.0	29.7	30.5	31.3	32.1	32.9	33.7	34.4	35.2	36.0	36.8	37.6	38.4	39.1	39.9	40.7
0.52	25.2	26.0	26.8	27.5	28.3	29.1	29.9	30.6	31.4	32.2	32.9	33.7	34.4	35.2	36.0	36.7	37.5	38.2	39.0	39.8
0.53	24.7	25.4	26.2	26.9	27.7	28.4	29.1	29.9	30.6	31.4	32.1	32.9	33.6	34.4	35.1	35.9	36.6	37.4	38.1	38.9
0.54	24.1	24.8	25.6	26.3	27.0	27.7	28.5	29.2	29.9	30.7	31.4	32.1	32.9	33.6	34.3	35.1	35.8	36.5	37.3	38.0
0.55	23.6	24.3	25.0	25.7	26.4	27.1	27.9	28.6	29.3	30.0	30.7	31.4	32.1	32.9	33.6	34.3	35.0	35.7	36.4	37.1
0.56	23.1	23.8	24.5	25.2	25.9	26.6	27.3	28.0	28.6	29.3	30.0	30.7	31.4	32.1	32.8	33.5	34.2	34.9	35.6	36.3
0.57	22.6	23.3	23.9	24.6	25.3	26.0	26.7	27.3	28.0	28.7	29.4	30.1	30.7	31.4	32.1	32.8	33.5	34.2	34.9	35.6
0.58	22.1	22.8	23.4	24.1	24.8	25.4	26.1	26.8	27.4	28.1	28.8	29.4	30.1	30.8	31.5	32.1	32.8	33.5	34.1	34.8
0.59	21.6	22.3	22.9	23.6	24.2	24.9	25.6	26.2	26.9	27.5	28.2	28.8	29.5	30.1	30.8	31.4	32.1	32.8	33.4	34.1
0.60	21.2	21.8	22.5	23.1	23.7	24.4	25.0	25.7	26.3	26.9	27.6	28.2	28.9	29.5	30.2	30.8	31.4	32.1	32.7	33.4

8.3　普通混凝土配合比设计

续表

f_{ce} \ $f_{cu,0}$ \ W/C	33.0	34.0	35.0	36.0	37.0	38.0	39.0	40.0	41.0	42.0	43.0	44.0	45.0	46.0	47.0	48.0	49.0	50.0	51.0	52.0
0.61	20.7	21.4	22.0	22.6	23.3	23.9	24.5	25.1	25.8	26.4	27.0	27.7	28.3	28.9	29.5	30.2	30.8	31.4	32.1	32.7
0.62	20.3	20.9	21.6	22.2	22.8	23.4	24.0	24.6	25.2	25.9	26.5	27.1	27.7	28.3	28.9	29.6	30.2	30.8	31.4	32.0
0.63	19.9	20.5	21.1	21.7	22.3	22.9	23.5	24.1	24.7	25.3	26.0	26.6	27.2	27.8	28.4	29.0	29.6	30.2	30.8	31.4
0.64	19.5	20.1	20.7	21.3	21.9	22.5	23.1	23.7	24.3	24.8	25.4	26.0	26.6	27.2	27.8	28.4	29.0	29.6	30.2	30.8
0.65	19.1	19.7	20.3	20.9	21.5	22.0	22.6	23.2	23.8	24.4	24.9	25.5	26.1	26.7	27.3	27.8	28.4	29.0	29.6	30.2
0.66	18.8	19.3	19.9	20.5	21.0	21.6	22.2	22.8	23.3	23.9	24.5	25.0	25.6	26.2	26.7	27.3	27.8	28.4	29.0	29.6
0.67	18.4	19.0	19.5	20.1	20.6	21.2	21.8	22.3	22.9	23.4	24.0	24.6	25.1	25.7	26.2	26.8	27.3	27.9	28.5	29.0
0.68	18.1	18.6	19.2	19.7	20.3	20.8	21.4	21.9	22.4	23.0	23.5	24.1	24.6	25.2	25.7	26.3	26.8	27.4	27.9	28.5
0.69	17.7	18.3	18.8	19.3	19.9	20.4	21.0	21.5	22.0	22.6	23.1	23.6	24.2	24.7	25.3	25.8	26.3	26.9	27.4	27.9
0.70	17.4	17.9	18.5	19.0	19.5	20.0	20.6	21.1	21.6	22.1	22.7	23.2	23.7	24.3	24.8	25.3	25.8	26.4	26.9	27.4
0.71	17.1	17.6	18.1	18.6	19.2	19.7	20.2	20.7	21.2	21.7	22.3	22.8	23.3	23.8	24.3	24.8	25.4	25.9	26.4	26.9
0.72	16.8	17.3	17.8	18.3	18.8	19.3	19.8	20.3	20.8	21.3	21.9	22.4	22.9	23.4	23.9	24.4	24.9	25.4	25.9	26.4
0.73	16.5	17.0	17.5	18.0	18.5	19.0	19.5	20.0	20.5	21.0	21.5	22.0	22.5	23.0	23.5	24.0	24.5	25.0	25.5	26.0
0.74	16.2	16.7	17.2	17.6	18.1	18.6	19.1	19.6	20.1	20.6	21.1	21.6	22.1	22.6	23.1	23.5	24.0	24.5	25.0	25.5
0.75	15.9	16.4	16.9	17.3	17.8	18.3	18.8	19.3	19.7	20.2	20.7	21.2	21.7	22.2	22.6	23.1	23.6	24.1	24.6	25.0
0.76	15.6	16.1	16.6	17.0	17.5	18.0	18.5	18.9	19.4	19.9	20.3	20.8	21.3	21.8	22.2	22.7	23.2	23.6	24.1	24.6
0.77	15.3	15.8	16.3	16.7	17.2	17.7	18.1	18.6	19.1	19.5	20.0	20.5	20.9	21.4	21.9	22.3	22.8	23.2	23.7	24.2
0.78	15.1	15.5	16.0	16.5	16.9	17.4	17.8	18.3	18.7	19.2	19.7	20.1	20.6	21.0	21.5	21.9	22.4	22.8	23.3	23.8
0.79	14.8	15.3	15.7	16.2	16.6	17.1	17.5	18.0	18.4	18.9	19.3	19.8	20.2	20.7	21.1	21.6	22.0	22.5	22.9	23.4
0.80	14.6	15.0	15.5	15.9	16.4	16.8	17.2	17.7	18.1	18.5	19.0	19.4	19.9	20.3	20.8	21.2	21.6	22.1	22.5	23.0

注：该表系按表 8-2 回归系数 α_a、α_b 推算而得，当回归系数不同时应另行计算。

3. 每立方米混凝土用水量的确定

1) 干硬性和塑性混凝土用水量的确定：

(1) 水灰比在 0.40～0.80 范围时，根据粗骨料的品种、粒径及施工要求的混凝土拌合物稠度，其用水量可按表 8-6 选取。

干硬性和塑性混凝土的用水量（kg/m³） 表 8-6

拌合物稠度		卵石最大粒径(mm)				碎石最大粒径(mm)			
项目	指标	10	20	31.5	40	16	20	31.5	40
维勃稠度 (s)	16～20	175	160	—	145	180	170	—	155
	11～15	180	165	—	150	185	175	—	160
	5～10	185	170	—	155	190	180	—	165
坍落度 (mm)	10～30	190	170	160	150	200	185	175	165
	35～50	200	180	170	160	210	195	185	175
	55～70	210	190	180	170	220	205	195	185
	75～90	215	195	185	175	230	215	205	195

注：1. 本表用水量系采用中砂时的平均取值。采用细砂时，每立方米混凝土用水量增加 5～10kg；采用粗砂时，则可减少 5～10kg。

2. 掺用各种外加剂或掺合料时，用水量应相应调整。

(2) 水灰比小于 0.40 的混凝土以及采用特殊成型工艺的混凝土用水量应通过试验确定。

2) 流动性和大流动性的混凝土的用水量宜按下列步骤计算：

(1) 以表 8-6 中坍落度 90mm 的用水量为基础，按坍落度每增大 20mm 用水量增加 5kg，计算出未掺外加剂时混凝土的用水量。

(2) 掺外加剂时的混凝土用水量可按式（8-4）计算：

$$m_{wa} = m_{w0}(1-\beta) \tag{8-4}$$

式中 m_{wa}——掺外加剂混凝土每立方米混凝土的用水量（kg）；

m_{w0}——未掺外加剂混凝土每立方米混凝土的用水量（kg）；

β——外加剂减水率（%）。

(3) 外加剂的减水率应经试验确定。

4. 每立方米混凝土的水泥用量（m_{c0}），可按式（8-5）计算：

$$m_{c0}=\frac{m_{w0}}{W/C} \qquad (8-5)$$

按式 (8-5) 计算所得的每立方米水泥用水量应不低于表 8-3 规定的最小水泥用量值。

5. 混凝土的砂率选取

当无历史资料可参考时，混凝土砂率的确定应符合下列规定：

1) 坍落度为 10~60mm 的混凝土砂率，可根据粗骨料品种、粒径及水灰比按表 8-7 选取。

混凝土的砂率（%） 表 8-7

水灰比 (W/C)	卵石最大粒径(mm)			碎石最大粒径(mm)		
	10	20	40	16	20	40
0.40	26~32	25~31	24~30	30~35	29~34	27~32
0.50	30~35	29~34	28~33	33~38	32~37	30~35
0.60	33~38	32~37	31~36	36~41	35~40	33~38
0.70	36~41	35~40	34~39	39~44	38~43	36~41

注：1. 本表数值系中砂的选用砂率，对细砂或粗砂可相应地减少或增大砂率。
  2. 只用一个单粒级粗骨料配制混凝土时，砂率应适当增大。
  3. 对薄壁构件，砂率取偏大值。
  4. 本表中的砂率系指砂与骨料总量的重量比。

2) 坍落度大于 60mm 的混凝土砂率，可经试验确定，也可在表 8-7 的基础上，按坍落度每增大 20mm，砂率增大 1% 的幅度予以调整。

3) 坍落度小于 10mm 的混凝土，其砂率应经试验确定。

6. 粗骨料和细骨料用量的计算

进行混凝土配合比计算时，其计算公式和有关参数表格中的数值均系以干燥状态骨料（系指含水率小于 0.5% 的细骨料或含水率小于 0.2% 的粗骨料）为基准。当以饱和面干骨料为基准进行计算时，应作相应的修正。

水泥用量和用水量确定以后就可以计算出每立方米混凝土中的粗、细骨料用量。一般可以用重量法和体积法两种方法来进行计算。

1) 当采用重量法时，应按式（8-6）和式（8-7）计算：

$$m_{c0}+m_{g0}+m_{s0}+m_{w0}=m_{cp} \tag{8-6}$$

$$\beta_s = \frac{m_{s0}}{m_{g0}+m_{s0}} \times 100\% \tag{8-7}$$

式中 m_{c0}——每立方米混凝土的水泥用量（kg）；

m_{g0}——每立方米混凝土的粗骨料用量（kg）；

m_{s0}——每立方米混凝土的细骨料用量（kg）；

m_{w0}——每立方米混凝土的用水量（kg）；

β_s——砂率（%）；

m_{cp}——每立方米混凝土拌合物的假定重量（kg），其值可取 2350～2450kg。

2) 当采用体积法时，应按式（8-8）和式（8-9）计算：

$$\frac{m_{c0}}{\rho_c}+\frac{m_{g0}}{\rho_g}+\frac{m_{s0}}{\rho_s}+\frac{m_{w0}}{\rho_w}+0.01\alpha=1 \tag{8-8}$$

$$\beta_s = \frac{m_{s0}}{m_{g0}+m_{s0}} \times 100\% \tag{8-9}$$

式中 ρ_c——水泥的密度，可取 2900～3100（kg/m^3）；

ρ_g——粗骨料的表观密度（kg/m^3）；

ρ_s——细骨料的表观密度（kg/m^3）；

ρ_w——水的密度，可取 1000（kg/m^3）；

α——混凝土的含气量百分数，在不使用引气型外加剂时，α 可取 1。

8.3.2.2 试配，提出基准配合比

试配是混凝土配合比设计中的一个重要阶段。按前面方法设计和计算得到的每立方米混凝土各组分材料用量必须经试配，进行拌合物性能检验，并提出供强度试验用的基准配合比。

1) 进行混凝土配合比试配时应采用工程中实际使用的原材料。混凝土的搅拌方法，宜与生产时使用的方法相同。

2) 混凝土配合比试配时，每盘混凝土的最小搅拌量应符合

表 8-8 的规定；当采用机械搅拌时，其搅拌量不应小于搅拌机额定搅拌量的 1/4。

混凝土试配的最小搅拌量　　　　　　　　　　表 8-8

骨料最大粒径(mm)	拌合物数量(L)	骨料最大粒径(mm)	拌合物数量(L)
31.5 及以下	15	40	25

3) 试配时材料称量的精确度为：骨料±1%；水、水泥及外加剂均为±0.5%。

4) 按计算得出的理论配合比进行试配，首先应观察和检验拌合物的性能。当坍落度或维勃稠度不能满足要求，或黏聚性和保水性不好时，应在保证水灰比不变的条件下相应调整用水量或砂率，一般调整幅度为 1%～2%，逐步调整直到符合要求为止。然后提出供强度检验用的基准混凝土配合比。具体调整方法参考表 8-9。

混凝土拌合物和易性的调整方法　　　　　　　表 8-9

不能满足要求情况	调 整 方 法
坍落度小于要求,黏聚性和保水性合适	保持水灰比不变,增加水泥和水用量。相应减少砂石用量(砂率不变)
坍落度大于要求,黏聚性和保水性合适	保持水灰比不变,减少水泥和水用量。相应增加砂石用量(砂率不变)
坍落度合适,黏聚性和保水性不好	增加砂率(保持砂石总量不变,提高砂用量)；必要时可保持水灰比不变,增加水泥用量,相应调整骨料用量
砂浆含量过多	减少砂率(保持砂、石总量不变,减少砂用量,增加石子用量)

5) 经调整后得到满足施工要求的基准混凝土配合比。

8.3.2.3　检验强度，确定试验室配合比

1. 检验强度

1) 检验混凝土强度时，至少应采用三个不同的配合比，其中一个应为已确定的基准配合比，另外两个配合比的水灰比，宜

较基准配合比分别增加和减少 0.05；用水量应与基准配合比相同，砂率可分别增加或减少 1%。

2) 制作混凝土强度试件时，尚应检验混凝土拌合物的坍落度或维勃稠度、黏聚性、保水性及拌合物的表观密度，并以此结果作为相应配合比的混凝土拌合物性能指标。当不同水灰比的混凝土拌合物不符合要求时，按表 8-9 的方法作适当调整。制作的混凝土立方体试件的边长，应根据石子最大粒径按表 8-10 中的规定选定。

允许的试件最小尺寸及其强度折算系数　　　表 8-10

骨料最大粒径(mm)	试件边长(mm)	强度折算系数
31.5 及以下	100	0.95
40	150	1
63	200	1.05

3) 进行混凝土强度试验时，每种配合比至少应制作一组（三块）试件，标准养护到 28d 时试压，其结果作为确定试验室配合比的依据。

需要时可同时制作几组试件，供快速检验或较早龄期试压，以便提前定出混凝土配合比供生产使用。但应待标准养护 28d 的龄期强度检验结果出来后重新调整配合比。

2. 确定试验室配合比

1) 根据试验得出的混凝土强度与其相应的灰水比（C/W）关系，用作图法或计算法求出混凝土配制强度（$f_{cu,0}$）相对应的灰水比，并应按下列原则确定每立方米混凝土各组成材料的用量：

(1) 用水量（m_w）：应在基准配合比用水量的基础上，根据制作强度试件时测得的坍落度或维勃稠度进行调整确定。

(2) 水泥用量（m_c）：应以用水量乘以选定的灰水比计算确定。

(3) 粗骨料和细骨料用量（m_g 和 m_s）：应在基准配合比的

基础上，按选定的灰水比计算确定。

2）按强度确定配合比后，尚应按下列步骤进行表观密度校正：

(1) 应根据以上确定的材料用量按式（8-10）计算混凝土的表观密度计算值 $\rho_{c,c}$：

$$\rho_{c,c} = m_c + m_w + m_s + m_g \tag{8-10}$$

(2) 应按式（8-11）计算混凝土配合比校正系数 δ：

$$\delta = \frac{\rho_{c,t}}{\rho_{c,c}} \tag{8-11}$$

式中 $\rho_{c,t}$——混凝土表观密度实测值（kg/m^3）；

$\rho_{c,c}$——混凝土表观密度计算值（kg/m^3）。

(3) 当混凝土表观密度实测值与计算值之差的绝对值不超过计算值的2%时，按上述确定的配合比即为确定的试验室配合比（设计配合比）；当二者之差超过2%时，应将配合比中每项材料用量均乘以校正系数 δ，即为确定试验室配合比。

(4) 根据本单位常用的材料，经过试验确定常用试验室配合比备用；在使用过程中，应根据原材料情况及混凝土质量检验的结果予以调整。但遇有下列情况之一时，应重新进行配合比设计：

a. 对混凝土性能指标有特殊要求时；

b. 水泥、外加剂或矿物掺合料品种、质量有显著变化时；

c. 该配合比的混凝土生产间断半年以上时。

8.3.2.4 生产配合比的换算

由于试验室配合比是以干燥状态骨料为基准，故在混凝土搅拌前，应先测定骨料的含水率，并根据测试结果将试验室配合比换算成生产配合比。可按式（8-12）计算：

1. 砂用量计算

$$m'_s = m_s(1+a') \tag{8-12}$$

式中 m'_s——生产配合比中砂每立方米用量（kg）；

m_s——试验室配合比中砂每立方米用量（kg）；

a'——砂的含水率（%）。

2. 石子用量计算

$$m'_g = m_g(1+b') \quad (8-13)$$

式中 m'_g——生产配合比中石子每立方米用量（kg）；
m_g——试验室配合比中石子每立方米用量（kg）；
b'——石子的含水率（%）。

3. 水用量计算

$$m'_w = m_w - (m_s \cdot a' + m_g \cdot b') \quad (8-14)$$

式中 m'_w——生产配合比中水每立方米用量（kg）；
m_w——试验室配合比中水每立方米用量（kg）。

生产配合比为：

$$m'_w : m'_c : m'_s : m'_g$$

8.3.3 普通混凝土配合比设计示例

【基本资料】

某工程为多层办公楼，主体为钢筋混凝土框架结构，设计混凝土强度等级为 C30，构件截面最小尺寸为 300mm，钢筋最小间距为 50mm，施工要求混凝土拌合物坍落度为 35～50mm，采用机械搅拌、振捣，生产所用原材料如下：

水泥：矿渣硅酸盐 32.5 级，$\rho_c = 3000 \text{kg/m}^3$，$f_{ce} = 37.0 \text{MPa}$；
河砂：中，属Ⅱ区颗粒级配，$\rho_s = 2650 \text{kg/m}^3$；
碎石：5～31.5mm 连续粒级，最大粒径 31.5mm，$\rho_g = 2680 \text{kg/m}^3$；
水：饮用水。

【设计步骤】

一、计算理论配合比

1. 确定混凝土配制强度（$f_{cu,0}$）

按题意已知：设计要求混凝土强度 $f_{cu,k} = 30 \text{MPa}$，无历史统计资料，查表 8-1，标准差 $\sigma = 5.0 \text{MPa}$。

混凝土配制强度：

$$f_{cu,0} = 30 + 1.645 \times 5.0 = 38.2 \text{MPa}$$

2. 计算水灰比（W/C）

已知：混凝土配制强度 $f_{cu,0}=38.2\text{MPa}$，水泥 28d 实际强度 $f_{ce}=37.0\text{MPa}$。无混凝土回归系数资料，采用碎石查表 8-2，$\alpha_a=0.46$，$\alpha_b=0.07$。计算水灰比：

$$W/C=\frac{\alpha_a \cdot f_{ce}}{f_{cu,0}+\alpha_a \cdot \alpha_b \cdot f_{ce}}$$

$$=\frac{0.46\times37.0}{38.2+0.46\times0.07\times37.0}$$

$$=0.43$$

注：1. 水灰比值可直接查表 8-4 选取。

2. 验 W/C 是否符合耐久性要求：查表 8-3，混凝土结构所处的环境属于干燥环境，允许最大水灰比为 0.65。按强度计算的水灰比值 0.43 符合耐久性要求，可采用计算水灰比值 0.43。

3. 确定每立方米混凝土的用水量（m_{w0}）

按题意，已知混凝土拌合物要求坍落度 35～50mm，碎石最大粒径为 31.5mm。查表 8-6 得知用水量 $m_{w0}=185\text{kg/m}^3$。

4. 计算每立方米混凝土的用水泥用量（m_{c0}）

已知：混凝土单方水用量 $m_{w0}=185\text{kg/m}^3$，水灰比 $W/C=0.43$，计算混凝土单方水泥用量：

$$m_{c0}=\frac{m_{w0}}{W/C}=\frac{185}{0.43}=430\text{kg/m}^3$$

注：验水泥用量是否符合耐久性要求：查表 8-3，混凝土结构所处的环境属于干燥环境，其最小水泥用量不得低于 260kg/m³。按强度计算单方水泥用量 430kg/m³ 符合耐久性要求，可采用计算的水泥用量。

5. 砂率（β_s）的选择

已知：粗骨料采用碎石，最大粒径 31.5mm，水灰比 $W/C=0.43$。查表 8-7，取砂率 $\beta_s=32\%$。

6. 计算砂、石用量

1) 按重量法计算

已知：单方用水量 $m_{w0}=185\text{kg/m}^3$ 水泥用量 $m_{c0}=430\text{kg/m}^3$，砂率 $\beta_s=32\%$。设每立方米混凝土拌合物的假定重量 $m_{cp}=$

2400kg，由式（8-6）和式（8-7），得：

$$430 + m_{g0} + m_{s0} + 185 = 2400$$

$$\frac{m_{s0}}{m_{g0} + m_{s0}} = 0.32$$

$$m_{g0} + m_{s0} = 2400 - 430 - 185 = 1785 \text{kg/m}^3$$

$$m_{s0} = (m_{g0} + m_{s0}) \times 0.32 = 1785 \times 0.32 = 571 \text{kg/m}^3$$

$$m_{g0} = (m_{g0} + m_{s0}) - m_{s0} = 1785 - 571 = 1214 \text{kg/m}^3$$

按重量法计算得到的理论配合比如下：

$$m_{c0} : m_{w0} : m_{s0} : m_{g0} = 430 : 185 : 571 : 1214$$

2) 按体积法计算

已知：水泥密度 $\rho_w = 3000 \text{kg/m}^3$，砂表观密度 $\rho_s = 2650 \text{kg/m}^3$，碎石表观密度 $\rho_s = 2680 \text{kg/m}^3$，砂率 $\beta_s = 32\%$。将数据代入式（8-8）式和式（8-9），得：

$$\frac{430}{3000} + \frac{m_{g0}}{2680} + \frac{m_{s0}}{2650} + \frac{185}{1000} + 0.01 \times 1 = 1$$

$$32\% = \frac{m_{g0}}{m_{g0} + m_{s0}} \times 100\%$$

解联立方程

$$\frac{m_{g0}}{2680} + \frac{m_{s0}}{2650} = 0.6617 \tag{1}$$

$$0.32 = \frac{m_{s0}}{m_{g0} + m_{s0}} \tag{2}$$

用消元法由（2）式：

$$m_{s0} = 0.32 m_{g0} + 0.32 m_{s0}$$

$$m_{s0} - 0.32 m_{s0} = 0.32 m_{g0}$$

$$0.68 m_{s0} = 0.32 m_{g0}$$

故：

$$m_{s0} = \frac{0.32}{0.68} m_{g0} = 0.4706 m_{g0} \tag{3}$$

将（3）式代入（1）式得：

$$\frac{m_{g0}}{2680} + \frac{0.4706 m_{g0}}{2650} = 0.6617$$

$$3911 m_{g0} = 4699393$$

$$m_{g0} = 1202 \text{kg/m}^3$$

代 m_{g0} 入（3）式，得：

$$m_{g0} = 0.4706 \times 1202 = 566 \text{kg/m}^3$$

按体积法计算得到理论配合比如下：

$$m_{c0} : m_{w0} : m_{s0} : m_{g0} = 430 : 185 : 566 : 1202$$

二、试配，提出基准配合比

1. 计算各组成材料用量

试配时采用例题中体积法计算的配合比，拌制 15L 混凝土拌合物，各组成材料用量如下：

$$水泥 = 430 \times 0.015 = 6.45 \text{kg}$$
$$水 = 185 \times 0.015 = 2.78 \text{kg}$$
$$砂 = 566 \times 0.015 = 8.49 \text{kg}$$
$$碎石 = 1202 \times 0.015 = 18.03 \text{kg}$$

2. 检验及调整混凝土拌合物性能

按以上计算的材料用量进行试拌，测得其混凝土拌合物坍落度为 30mm，小于施工要求值，保持水灰比不变，增加 1% 水泥浆。经重新搅拌后的混凝土拌合物坍落度为 40mm，黏聚性和保水性良好，满足施工要求。因此，可确定基准配合比如下：

水泥　$m_{cj} = 430(1+0.01) = 434 \text{kg/m}^3$

水　$m_{wj} = 185(1+0.01) = 187 \text{kg/m}^3$

砂、石按体积法计算用量：

$$\frac{m_{sj}}{2650} + \frac{m_{gj}}{2680} = 1 - \frac{434}{3000} - \frac{187}{1000} - 0.01 \times 1 = 0.658$$

$$\frac{m_{gj}}{m_{gj} + m_{sj}} = 0.32$$

解得：

砂　$m_{sj} = 562 \text{kg/m}^3$；

碎石　$m_{gj} = 1195 \text{kg/m}^3$

基准配合比为：

$$m_{cj} : m_{wj} : m_{sj} : m_{gj} = 434 : 187 : 562 : 1195$$

三、检验强度，确定试验室配合比

1. 强度检验

根据已确定的基准混凝土配合比，另外计算两个水灰比较基准配合比分别增加和减少 0.05 的配合比进行混凝土强度检验，用水量与基准配合比相同，砂率分别增加和减少 1%。每个配合比均试拌 15L 混凝土拌合物，经观察黏聚性和保水性均良好，各配合比组成材料拌合量及其试验结果见表 8-11。

不同配合比拌合量及试验结果　　　　表 8-11

一、配合比材料拌合量（kg）				
配合比编号	水	水泥	砂	石子
1. 基准	2.805	6.51	8.43	17.925
2. +0.05	2.805	5.85	8.895	18.06
3. -0.05	2.805	7.38	7.935	17.67

二、混凝土拌合物坍落度、表观密度测定结果					
配合比编号	坍落度（mm）	空筒重 G（kg）	筒容积 V（m³）	筒+混凝土重（kg）	表观密度（kg/m³）
1. 基准	40	2.25	0.005	14.23	2400
2. +0.05	45	2.25	0.005	14.15	2380
3. -0.05	35	2.25	0.005	14.31	2410

三、混凝土抗压强度检验结果（MPa）			
配合比编号	3d	7d	28d
1. 基准	16.1	23.7	37.4
2. +0.05	13.9	21.0	33.2
3. -0.05	18.5	27.2	42.7

根据表 8-11 中混凝土 28d 强度试验结果，用作图法求出与混凝土配制强度（$f_{cu,0}$）相对应的灰水比（C/W），如图 8-1 所示。

由图可知相应于配制强度（$f_{cu,0}$）38.2MPa 的灰水比值为 2.36，即水灰比为 0.42。

2. 确定试验室配合比

（1）根据强度试验结果，确定每立方米混凝土的材料用量

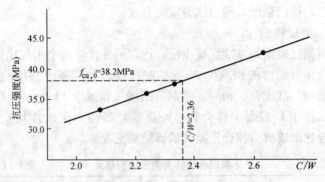

图 8-1 混凝土抗压强度与灰水比关系曲线图

如下：

水用量 $m_w = 187\text{kg/m}^3$

水泥用量 $m_c = 187 \times 2.36 = 441\text{kg/m}^3$

砂、石用量按体积法计算：

$$\frac{m_s}{2650} + \frac{m_g}{2680} = 1 - \frac{441}{3000} - \frac{187}{1000} - 0.1 \times 1 = 0.656$$

$$\frac{m_g}{m_g + m_s} = 0.32$$

解得：

砂用量 $m_s = 561\text{kg/m}^3$；碎石用量 $m_g = 1191\text{kg/m}^3$

按强度调整后配合比为：

$$m_w : m_c : m_s : m_g = 187 : 441 : 561 : 1191$$

（2）经强度确定后的配合比，还应按表观密度进行校正：

1）计算混凝土的表观密度计算值 $\rho_{c,c}$：

$$\rho_{c,c} = m_w + m_c + m_s + m_g$$
$$= 187 + 441 + 561 + 1191$$
$$= 2380\text{kg/m}^3$$

2）计算校正系数 δ：

$$\delta = \frac{\rho_{c,t}}{\rho_{c,c}} = \frac{2400}{2380} = 1.008$$

3）按校正系数调整各组成材料用量：

水泥用量 $m_c = 441 \times 1.008 = 445 \text{kg/m}^3$
水用量 $m_w = 187 \times 1.008 = 188 \text{kg/m}^3$
砂用量 $m_s = 561 \times 1.008 = 565 \text{kg/m}^3$
石子用量 $m_g = 1191 \times 1.008 = 1201 \text{kg/m}^3$

至此，最终确定的试验室配合比见表 8-12。

最终确定的试验室配合比　　　　　表 8-12

项目	水泥	水	砂	石子	砂率(%)	坍落度(mm)
材料用量(kg/m³)	445	188	565	1201	32	40

注：该混凝土表观密度实测值与计算值之差的绝对值没超过计算值的 2%，因此，可不按校正系数调整配合比，经强度调整后的配合比可作为试验室配合比。

四、换算生产配合比

搅拌前，料场使用的骨料经测试其含水率为：砂 6.5%，石子 0.1%（可不计），故生产配合比计算如下：

水泥用量 $m_c' = 445 \text{kg/m}^3$
砂用量 $m_s' = 565(1+0.065) = 602 \text{kg/m}^3$
石子用量 $m_g' = 1201 \text{kg/m}^3$
水用量 $m_w' = 188 - (565 \times 0.065) = 151 \text{kg/m}^3$

生产配合比为：

$$m_c' : m_s' : m_g' : m_w' = 445 : 602 : 1201 : 151$$

8.4　粉煤灰混凝土配合比设计

粉煤灰混凝土是指掺加一定量粉煤灰的水泥混凝土。

8.4.1　概述

粉煤灰是一种火山灰质工业废料活性矿物掺合料。它是从电厂煤粉炉烟道气体中收集的粉末，其颗粒多数呈球形，表面光滑。粉煤灰的密度为 $1950 \sim 2300 \text{kg/m}^3$，堆积密度为 $550 \sim 800 \text{kg/m}^3$。

1935年美国学者R·E戴维斯（Davis）首先进行粉煤灰混凝土应用的研究，他是粉煤灰混凝土技术发展的先驱。1940年美国首先在水坝等水工构筑中使用掺粉煤灰的混凝土，由于其性能优越，所以很快就被广泛使用。随着火力发电业的发展，粉煤灰的排放量日益增多，各国都很重视粉煤灰的应用研究，并先后制定粉煤灰标准。

20世纪50年代初期，我国就对粉煤灰掺入水泥的性能进行了系统的研究，后来在干硬性混凝土中掺入了占水泥重量20%左右的粉煤灰，并在大坝混凝土工程中使用，收到了较好的技术和经济效果。

1960年以后，粉煤灰已开始在水工以外的混凝土工程中使用，并成为混凝土的主要掺合料。上海利用磨细粉煤灰配制大流动度泵送混凝土技术，成功地用于南浦大桥和杨浦大桥（C50混凝土泵至230m高），并在88层的金茂大厦将C40混凝土泵至380m高。

1994年，举世瞩目的长江三峡开工，整个工程混凝土总量有2800多万m^3。其中大坝混凝土工程为1600万m^3，混凝土中Ⅰ级粉煤灰的掺量由20%提高到45%。

我国曾于1990年制定了《用于水泥和混凝土中的粉煤灰》（GB 1596—91）标准，这个标准于2005年进行了修改。

8.4.2 粉煤灰的质量要求和适用范围

原状粉煤灰由于颗粒粗，细度一般在20%以上，因此，不利于其活性的发挥。原状粉煤灰经球磨机辗磨以后，其活性较之原状灰大为提高。同时，粉煤灰中实心的和厚壁的玻璃球一般辗磨不碎，仅是表面擦痕，有利于化学反应和颗粒界面的结合，从而提高了粉煤灰的质量和适用范围。粉煤灰的质量指标和适用范围如表8-13所示。

粉煤灰的四大质量指标中，细度与其对混凝土强度的贡献有明显的相关性，因为细度愈细的粉煤灰一般活性愈大；需水量比

粉煤灰质量指标及适用范围　　　　表 8-13

等级	质量指标(%)				适用范围
	细度	烧失量	需水量比	三氧化硫含量	
I	≤12	≤5	≤95	≤3	钢筋混凝土和跨度小于6m的预应力混凝土
II	≤25	≤8	≤105	≤3	钢筋混凝土和C30及以上等级的无筋混凝土
III	≤45	≤15	≤115	≤3	无筋混凝土

注：1. 细度指标是指用 $45\mu m$ 方孔筛的筛余值。
　　2. 用于预应力混凝土、钢筋混凝土及强度等级为 C30 或以上的无筋混凝土的粉煤灰等级，如经试验验证，可以采用比表列规定低一级的粉煤灰。

小的粉煤灰可增加混凝土的流动性，改善和易性，提高强度；烧失量是烧失部分主要为未烧尽固态碳，这些碳成分的增加，即意味着有效活性成分的减少，会导致粉煤灰的需水量增加；三氧化硫含量超过一定限量，可使混凝土后期生成有害的钙矾石，导致危害。因此，要对这四大指标加以控制。

8.4.3　粉煤灰的掺用方式

在混凝土中掺粉煤灰可取代部分水泥，也可取代部分细骨料，或既不取代水泥也不取代细骨料。取代水泥又分为等量取代和超量取代。粉煤灰的掺用方式及适宜掺量主要取决于所要达到的目的和要求。例如为改善混凝土和易性及可泵性而掺用粉煤灰时，则可保持原有水泥用量不变，即不取代水泥；为了节约水泥而掺用粉煤灰时，则应取代部分水泥，而在大体积混凝土中，为了降低水化热，则应大量取代水泥；以粉煤灰取代部分水泥时，为保证混凝土的强度不变，常采用超量取代法，即一部分取代等量的水泥，超量部分即超水泥体积部分粉煤灰取代等体积的砂。粉煤灰超量系数（δ_f）根据粉煤灰的等级按表 8-14 选用。

粉煤灰超量系数选用表　　　　表 8-14

粉煤灰级别	超量系数(δ_f)	粉煤灰级别	超量系数(δ_f)
I	1.1～1.4	III	1.5～2.0
II	1.3～1.7		

8.4.4 粉煤灰的适宜掺量

关于粉煤灰的掺量,应根据混凝土所处的环境条件而定。处于比较干燥或不宜接触水的环境中的混凝土,粉煤灰的掺量不应过大;而在潮湿环境中的混凝土,可大量掺入粉煤灰取代水泥,因为只有在潮湿环境中,粉煤灰的活性才能得以发挥,才能获得具有良好耐久性的混凝土。在大体积混凝土中,粉煤灰取代水泥量可达30%~50%。而在日本甚至已高达70%。正由于此项技术措施,使新拌混凝土可降温5~10℃,特别是延缓"峰温"出现,从而使混凝土的抗裂性大为改善。

国家标准《粉煤灰混凝土应用技术规范》(GBJ 146—90)对各种不同混凝土作出了不同粉煤灰掺量的规定。见表8-15。

粉煤灰取代水泥最大限量　　　　表 8-15

混凝土种类	粉煤灰取代水泥最大限量(%)			
	硅酸盐水泥	普通水泥	矿渣水泥	火山灰水泥
预应力钢筋混凝土	25	15	10	—
钢筋混凝土、高强混凝土、耐冻混凝土、蒸养混凝土	30	25	20	15
中、低强度混凝土、泵送混凝土、大体积混凝土、地下、水上、水下混凝土	50	40	30	20
碾压混凝土	65	55	45	35

8.4.5 粉煤灰掺合料对混凝土性能的影响

1. 对混凝土拌合物性能的影响

以粉煤灰取代部分水泥或骨料,一般都能在保持混凝土原有和易性的条件下减少用水量。粉煤灰愈细,球形颗粒含量愈高,其减水效果愈好。如果掺粉煤灰而不减用水量,则可改善混凝土的和易性并能减少混凝土的泌水率,防止离析。因而粉煤灰掺合料更适合于压浆混凝土及泵送混凝土。

2. 对混凝土强度、耐久性等物理力学性能的影响

以粉煤灰取代部分水泥时，混凝土的早期强度可能稍有降低，但后期强度则与基准混凝土相等或略高。以粉煤灰的活性效果而言，即使龄期长达 180d，活性效应也可能仍未达到充分反应的程度。因此，国家标准《粉煤灰混凝土应用技术规范》（GBJ 146—90）规定：粉煤灰混凝土的强度等级龄期，地上结构宜为 28d；地面工程宜为 28d 或 60d；地下结构宜为 60d 或 90d；大体积混凝土工程宜为 90d 或 180d。

使用优质粉煤灰取代部分水泥能减少混凝土的用水量，相应降低水胶比，因此能提高混凝土的密实性及抗渗性，并改善混凝土的抗化学侵蚀性。粉煤灰对混凝土的抗冻性略有不利影响，因此当对混凝土有特殊抗冻性要求时，应在掺粉煤灰的同时，适当加入引气剂。

在使用优质粉煤灰的情况下，混凝土的干缩不比基准混凝土大，而且对混凝土的弹性模量有所提高。而使用需水量大于基准的粉煤灰，则会增加混凝土的收缩，特别是混凝土的早期收缩。因此，对于需水量大的粉煤灰，应适当降低其掺量。

混凝土中掺用粉煤灰后，不但能减少混凝土的水化热，而且对降低混凝土开裂具有良好的效果，易于施工振捣，特别在大体积混凝土工程中尤为明显。

在混凝土的表面层及薄型构件的收缩值中，还包括由于大气中 CO_2 的作用所引起的碳化收缩，它可达混凝土总收缩量的 1/3。粉煤灰混凝土的碳化收缩往往大于普通水泥混凝土的碳化收缩。碳化收缩只是混凝土表面碳化层局部收缩，可是采用低质量的粉煤灰时，碳化收缩会较大地影响表面混凝土的质量。粉煤灰混凝土表面碳化收缩比普通水泥混凝土快，是造成按目前《回弹法检验混凝土抗压强度技术规程》（JGJ/T 23—2001）标准的统一测强曲线推算抗压强度低、误差大的主要原因。

8.4.6 混凝土掺入粉煤灰的技术经济效益

1. 节约大量水泥和能源。在混凝土中合理使用 1t 粉煤灰，可以取代 0.6～0.8t 水泥，并节约包括燃料和电力的总能耗 0.12～0.2t 标准煤。
2. 可改善混凝土多种性能，如和易性、可泵性、弹性模量、渗透性、水化热等。
3. 扩大混凝土品种和强度等级的范围。

8.4.7 粉煤灰混凝土配合比设计

混凝土中掺用粉煤灰的配合比设计方法有等量取代法、超量取代法和外加法等。目前采用较多的是超量取代法。

1. 设计原则

掺粉煤灰混凝土配合比设计，是以基准混凝土配合比为基础，按等稠度、等强度等级为原则，用超量取代法进行调整。

所谓"基准混凝土配合比"是指与粉煤灰混凝土相对应的不掺粉煤灰和外加剂的对比试验用的混凝土配合比。

2. 设计步骤

1) 基准混凝土配合比

是根据《普通混凝土配合比设计规程》(JGJ 55—2000) 的要求，先计算出理论配合比，然后按理论配合比进行试配，混凝土拌合物经和易性调整后得到的混凝土配合比。

2) 根据基准配合比计算掺粉煤灰混凝土的配合比

(1) 根据水泥品种和混凝土种类，按表 8-15 选择粉煤灰取代水泥百分率 f（%）；

(2) 按所选用的取代水泥百分率 f（%），求出每立方米粉煤灰混凝土的水泥用量 (m_{cf})：

$$m_{cf}=m_{cj}(1-f) \tag{8-15}$$

(3) 根据粉煤灰级别，按表 8-14 选用粉煤灰超量系数 (δ_f)；

(4) 按所选用的粉煤灰超量系数 δ_f，求出每立方米混凝土的粉煤灰掺量（m_f）：

$$m_f = \delta_f (m_{cj} - m_{cf}) \qquad (8\text{-}16)$$

式中 　m_f——每立方米混凝土的粉煤灰掺入量（kg）；

　　　m_{cj}——每立方米基准混凝土配合比的水泥用量（kg）；

　　　m_{cf}——每立方米粉煤灰混凝土的水泥用量（kg）；

　　　δ_f——超量系数。

(5) 计算水泥、粉煤灰和砂的绝对体积，求出粉煤灰超出水泥部分的体积，并扣除同体积的砂，得出粉煤灰混凝土的用砂量（m_{sf}）：

$$m_{sf} = m_{sj} - \left(\frac{m_{cf}}{\rho_c} + \frac{m_f}{\rho_f} - \frac{m_{cj}}{\rho_c} \right) \cdot \rho_s \qquad (8\text{-}17)$$

式中　m_{sf}——每立方米粉煤灰混凝土的砂用量（kg/m³）；

　　　m_{sj}——每立方米基准混凝土的砂用量（kg/m³）；

　　　ρ_c——水泥密度（kg/m³），可取 2900～3100kg/m³；

　　　ρ_f——粉煤灰的表观密度（kg/m³）；

　　　ρ_s——细骨料的表观密度（kg/m³）。

(6) 粉煤灰混凝土的用水量和粗骨料用量，均为基准混凝土配合比的用量值。

3) 提出试验室粉煤灰混凝土配合比

根据计算的粉煤灰混凝土配合比，按本章 8.3 节普通混凝土的试配、调整与确定方法，提出试验室粉煤灰混凝土配合比。

8.4.8　粉煤灰混凝土配合比设计示例

【基本资料】

某工程为多层办公楼，主体为钢筋混凝土框架结构，设计混凝土强度等级为 C30，梁、柱的最小截面边长为 300mm，钢筋间最小净距为 50mm，施工要求混凝土拌合物坍落度为 35～50mm，机拌、机捣。所用原材料如下：

水泥：粉煤灰水泥 32.5 级，$\rho_c = 3000$kg/m³，28d 实测强度＝37.0MPa。

河砂：中砂，属Ⅱ区颗粒级配，表观密度 $\rho_s = 2680$kg/m³。

碎石：5～31.5mm 连续粒级，最大粒径 31.5mm，$\rho_g=2680kg/m^3$；

粉煤灰：Ⅱ级磨细粉，表观密度$\rho_f=2200kg/m^3$。

水：饮用水。

【设计步骤】

1. 确定基准混凝土配合比

根据本章 8.3.3 普通混凝土配合比设计示例，得基准混凝土配合比如下：

$$m_{cj} : m_{wj} : m_{sj} : m_{gj} = 434 : 187 : 562 : 1195$$

2. 计算掺粉煤灰混凝土配合比

按等稠度、等强度等级为原则，以基准配合比为基础，用超量取代法进行计算调整：

1）选取粉煤灰取代水泥的掺量百分率 f（%）：

根据表 8-15 选取粉煤灰取代水泥的百分率：$f=20\%$。

2）选取粉煤灰超量系数 δ_f：

根据表 8-14 选取粉煤灰超量系数：$\delta_f=1.5$。

3）按选用的 f，求出粉煤灰混凝土的水泥用量（m_{cf}）：

$$m_{cf}=m_{cj}(1-f)=434(1-0.2)=347(kg/m^3)$$

4）按选取粉煤灰超量系数 δ_f，计算每立方米混凝土中粉煤灰掺量（m_f）：

$$m_f=\delta_f(m_{cj}-m_{cf})=1.5\times(434-347)=130(kg/m^3)$$

5）计算水泥、粉煤灰和砂的绝对体积，求出粉煤灰超出水泥部分的体积，并扣除同体积的砂，得出粉煤灰混凝土的用砂量。

$$\begin{aligned}m_{sf}&=m_{sj}-\left(\frac{m_{cf}}{\rho_c}+\frac{m_f}{\rho_f}-\frac{m_{cj}}{\rho_c}\right)\cdot\rho_s\\&=562-\left(\frac{347}{3000}+\frac{130}{2200}-\frac{434}{3000}\right)\times2650\\&=482(kg/m^3)\end{aligned}$$

6）水用量 $m_{wf}=m_{wj}$；碎石用量 $m_{gf}=m_{gj}$

$m_{wf}=187kg/m^3$ $m_{gf}=1195kg/m^3$

由此,得每立方米粉煤灰混凝土材料的计算用量为:
$m_{cf} : m_{wf} : m_{sf} : m_{gf} : m_f = 347 : 187 : 482 : 1195 : 130$

3. 试配、调整与确定

1) 试配,按和易性调整配合比

按计算的粉煤灰混凝土配合比进行试配,验证是否与基准混凝土配合比等稠度,当稠度不一致但在施工要求范围内时,可不作调整。试拌 15L 混凝土拌合物,各种材料用量如下:

水泥　$347 \times 0.015 = 5.205$ kg

水　　$187 \times 0.015 = 2.805$ kg

砂　　$482 \times 0.015 = 7.23$ kg

碎石　$1195 \times 0.015 = 17.92$ kg

粉煤灰　$130 \times 0.015 = 1.95$ kg

根据计算的材料用量拌制的混凝土拌合物,测得其坍落度为 45mm,黏聚性和保水性良好,满足施工要求,可不进行任何调整,此配合比可作为粉煤灰混凝土基准配合比(以下简称粉基配合比)。

2) 检验强度,按强度确定配合比

粉煤灰混凝土强度的检验与普通混凝土配合比一样,进行强度检验时至少采用三个不同的配合比,水胶比分别比"粉基配合比"增加和减少 0.05,用水量、粉煤灰取代水泥掺量 f(%)及超量系数 δ_f 与"粉基配合比"相同,砂率分别增加和减少 1%。本例题采用的是 28d 等强度验证,三组配合比经拌制成型,在标准条件下养护 28d,按规定方法测定其立方体抗压强度值列表 8-16。

不同水灰比的粉煤灰混凝土强度值　　表 8-16

配合比编号	水灰比 (W/C)	拌合物坍落度 (mm)	表观密度 (kg/m³)	28d 抗压强度 (MPa)
未掺	0.43	40	2400	37.4
1. 粉基	0.43	45	2350	38.5
2. +0.05	0.48	45	2340	33.2
3. −0.05	0.38	40	2350	44.3

注:该表各组混凝土拌合物黏聚性和保水性均良好。

根据表 8-16 试验结果,可以看出粉煤灰混凝土基准配合比的 28d 抗压强度值(38.5MPa)与配制强度($f_{cu,0}=38.2$MPa)非常接近,可视为与普通混凝土的 28d 强度等强,故无须进行抗压强度或水胶比的调整。另外,该配合比的表观密度计算值(2341kg/m³)也与实测值(2350kg/m³)非常接近,也不必进行表观密度校正。由此,最终确定试验室粉煤灰混凝土配合比如下:

$$m_{cf} : m_{wf} : m_{sf} : m_{gf} : m_f = 347 : 187 : 482 : 1195 : 130$$

8.5 泵送混凝土配合比设计

混凝土拌合物的坍落度不低于 100mm,并用泵送施工的混凝土。

8.5.1 概述

1927 年,德国的弗利茨·海尔(Fritz Hell)设计的混凝土泵第一次获得成功应用。20 世纪 30 年代其他一些工业发达国家已开始推广应用,并取得了较好的技术经济效益。我国从 20 世纪 70 年代末期才正式开始推广混凝土泵送施工技术。进入 20 世纪 90 年代以后,随着基本建设的日益发展和预拌混凝土的推广,泵送混凝土的应用在我国大中城市亦日益得到普及,混凝土拌合物的泵送也创造了一个又一个高度,有代表性的如广州中天广场将 C60 混凝土泵至 146m,将 C45 混凝土泵至 322m;上海杨浦大桥 C50 泵至 230m,C40 泵至 350m,88 层金茂大厦 C40 创了一次泵至 382m 高度的纪录,东方明珠电视塔 C60 泵至 180m 等。

现代科学技术的发展,使泵送混凝土逐渐成为一种常用的浇筑施工工艺。采用混凝土泵输送混凝土拌合物,可一次连续完成垂直和水平运输,而且可以进行浇筑,因而生产率提高,节约劳动力,适用于高层建筑、大体积混凝土、大型桥梁、大面积等结构的施工。与传统的混凝土施工方法不同，泵送混凝土是在混凝土泵的推动下，沿输送管进行混凝土拌合物运输和浇筑的。因此，要求混凝土不但要满足设计规定的强度、耐久性等，还要满足管道输送对混凝土拌合物的要求，即要求必须具有良好的可泵性。所谓可泵性，即混凝土拌合物具有能顺利通过管道、摩阻力小、不离析、不堵塞和黏塑性良好的性能。因此，不是任何一种混凝土拌合物都能泵送，必须对原材料和配合比以及施工组织方面加以控制，以保证顺利地连续进行输送。

8.5.2 提高泵程的要素

1. 适宜的混凝土配合比。包括混凝土中的骨料颗粒级配、粒形、细骨料的含量、最大颗粒含量以及胶凝材料用量和混凝土坍落度等。

2. 粉煤灰、外加剂缺一不可。既要减少泵送过程混凝土拌合物对管道的摩阻力，同时又要保证混凝土的坍落度损失不能过大。

3. 具有适宜功率的泵送设备。

8.5.3 泵送混凝土所采用的材料

由于混凝土是通过泵送机械和输送管到达浇筑部位，所以，对原材料和混凝土拌合物有一定的要求。

1. 水泥

水泥品种对混凝土可泵性有一定的影响。一般采用硅酸盐水泥、普通硅酸盐水泥、矿渣硅酸盐水泥和粉煤灰硅酸盐水泥。对矿渣硅酸盐水泥，应适当提高砂率，降低坍落度，掺用粉煤灰，提高其保水性。

2. 骨料

骨料的种类、形状、粒径和级配，对泵送混凝土的性能有很大的影响，应予以控制。

1) 粗骨料

宜采用最佳连续级配，其针片状颗粒含量不宜大于10%；最大粒径与输送管径之比宜符合表8-17的规定。

粗骨料的最大粒径与输送管径之比　　　表8-17

石子品种	泵送高度(m)	粗骨料最大粒径与输送管径之比
碎石	<50 50~100 >100	≤1∶3.0 ≤1∶4.0 ≤1∶5.0
卵石	<50 50~100 >100	≤1∶2.5 ≤1∶3.0 ≤1∶4.0

2）细骨料

配制泵送混凝土宜选用中砂。其通过0.315mm筛孔的颗粒含量不应少于15%，最好能达到20%，这对改善泵送性能非常重要。很多情况下，就是因为这部分颗粒所占的比例太小，而影响正常的泵送施工，但当掺用粉煤灰时，泵送性能可以得到弥补。

3. 外加剂

泵送混凝土应掺用泵送剂或减水剂。

4. 粉煤灰

粉煤灰越细，球状颗粒越多，则活性越大，润滑作用也更好。所以，一般以磨细粉煤灰掺入。此外，掺入粉煤灰还有一定的缓凝作用，有利于混凝土的泵送。

8.5.4 泵送混凝土配合比

1. 泵送混凝土配合比，除必须满足混凝土设计强度和耐久性的要求外，尚应使混凝土满足可泵性要求。

2. 泵送混凝土配合比设计，应符合国家现行标准的有关规定。可根据工程结构及配筋率、原材料、混凝土运输距离、混凝土泵与混凝土输送管径、泵送距离、气温等具体施工条件试配。试配时要求的坍落度值应按式（8-18）计算：

$$T_t = T_p + \Delta T \qquad (8\text{-}18)$$

式中 T_t——试配时要求的坍落度值；

T_p——入泵时要求的坍落度值；

ΔT——试验测得在预计时间内的坍落度经时损失值。

3. 混凝土的可泵性，可用压力泌水试验结合施工经验进行控制。一般 10s 时的相对压力泌水率 S_{10} 不宜超过 40%。

4. 泵送混凝土的经时坍落度损失值 1h 不宜大于 30mm。

5. 泵送混凝土的用水量与水泥和矿物掺合料的总量之比不宜大于 0.60。

6. 泵送混凝土的用水量与水泥和矿物掺合料的总量不宜小于 300kg/m³。

7. 泵送混凝土的砂率宜为 35%～45%。

8. 掺用引气剂型外加剂的泵送混凝土含气量不宜大于 4%，且必须与水泥有较好的适应性。

9. 掺粉煤灰的泵送混凝土配合比设计，必须经过试配确定，并应符合国家现行标准《粉煤灰混凝土应用技术规范》(GBJ 146—90)、《用于水泥和混凝土中的粉煤灰》(GB 1596—2005)、《混凝土外加剂应用技术规范》(GB 50119—2003)、《普通混凝土配合比设计规程》(JGJ 55—2000) 等有关规定。

8.5.5 造成混凝土泵送堵塞的原因

堵泵是混凝土泵送施工过程中常见的故障，它包括机械和混凝土两种故障。但如果相关人员控制有方，堵泵问题是可以减少或消除的。分析造成混凝土泵送堵塞的原因，主要是以下因素引起的：

1. 混凝土拌合物坍落度小于 100mm；但当胶凝材料用量大于 500kg/m³ 时，由于其黏性大，坍落度小于 150mm 时也容易引起堵泵。

2. 混凝土拌合物坍落度太大，出现严重泌水、离析现象时。

3. 粗骨料粒径大，或混凝土砂率太小，或骨料级配不良，或粗骨料针片状颗粒含量大（超过10%）时。

4. 施工过程中接管时未进行管道湿润，干管泵送时。

5. 润管砂浆不足或砂浆未泵出管道即开始泵送混凝土。

6. 外加剂与水泥的适应性差，使混凝土坍落度损失加快，造成混凝土泵送困难。

7. 泵送中断时间长，输送管内的混凝土可能产生泌水和离析，当再次泵送时，输送管上部的泌水就先被压走，剩下的骨料就易造成输送管堵塞。

8. 泵送时操作不当，泵压和泵各部分未达到正常运转情况即开始泵送。

9. 泵送机械功率小，而输送管道长。

10. 混凝土拌合物胶凝材料含量少（当胶凝材料用量少于300kg/m³时，混凝土的可泵送性差，远距离泵送时更易发生堵泵）。

11. 混凝土泵送结束后，输送管内的混凝土未清洗干净，增加再次使用时的摩阻力造成。

12. 泵送时，输送管内吸入空气。

13. 输送管管段之间接头密封不严密，出现漏浆情况。

14. 细骨料通过0.315mm筛孔的颗粒含量少于15%，且在胶凝材料用量较少时。

8.6 高强混凝土配合比设计

高强混凝土一般采用常规的水泥、砂石，主要依靠高效减水剂和同时掺用活性较好的矿物掺合料制备。

由于高强混凝土具有强度高、耐久性好、变形小，在相同的荷载情况下可使截面尺寸减小、减轻结构自重等优点，因而世界各国对高强混凝土的研究和应用发展很快。目前，国际在工程上获得使用的混凝土强度已达100～150MPa。在国内，近10年来C60混凝土在大中城市得到广泛应用，C60以上的高强混凝土在部分大城市获得使用，如沈阳皇朝万鑫大厦工程地下二层至地上八层钢管叠合柱就采用了 C100 高强混凝土；辽宁物产大厦工程部分柱、墙采用了 C80 高强混凝土；北京静安中心大厦地下三层柱也采用了 C80 高强混凝土等。

8.6.1 配制高强混凝土所用的材料

1. 应选用质量稳定，强度等级不低于 42.5 级的硅酸盐水泥或普通水泥。

2. 对强度等级为 C60 级的混凝土，其粗骨料的最大粒径不应大于 31.5mm，对强度等级高于 C60 级的混凝土，其粗骨料的最大粒径不应大于 25mm，一般控制在 20mm 以下可获得较高的强度；C60 以上的高强混凝土针、片状颗粒含量不宜大于 5%；其他质量指标应符合现行标准《普通混凝土用砂、石质量及检验方法标准》（JGJ 52—2006）的规定。

3. 细骨料的细度模数宜大于 2.6，含泥量不应大于 2.0%，泥块含量不应大于 0.5%。其他质量指标应符合现行标准《普通混凝土用砂、石质量及检验方法标准》（JGJ 52—2006）的规定。

4. 配制高强混凝土时应掺用高效减水剂或缓凝高效减水剂。

5. 配制高强混凝土时应掺用活性较好的矿物掺合料，且宜复合使用矿物掺合料。其质量指标应符合现行国家标准《高强高性能混凝土用矿物外加剂》（GB/T 18736—2002）的规定。

8.6.2 高强混凝土配合比设计参数

高强混凝土配合比的设计方法和检验步骤可按普通混凝土方法进行，设计时宜按以下参数进行：

1. 配制强度

根据《高强混凝土结构技术规程》（CECS 104：99）的规定，配制强度超出的数值应根据混凝土强度标准差确定。当缺乏可靠的强度统计数据时，C60 混凝土的配制强度应不低于强度等级值的 1.15 倍；C70 和 C80 混凝土的配制强度应不低于强度等级值的 1.12 倍。

2. 水胶比

基准配合比中的水胶比，可根据现有试验资料选取。一般水胶比宜小于 0.35；对于 C80～C100 的超高强混凝土水胶比宜小于 0.30；对于 C100 以上的特高强混凝土水胶比宜小于 0.26。需指出的是，当使用液体减水剂时，减水剂中的水应考虑在水胶比中。

3. 选择用水量

配制高强混凝土应采用高效减水剂。用水量宜控制在 160～175kg/m³，对于 C80～C100 的超高强混凝土其用水量宜控制在 130～150kg/m³。

4. 水泥用量

C60 高强混凝土的水泥用量一般控制在 450kg/m³ 以下，C60 以上高强混凝土最大不宜超过 500kg/m³，水泥和矿物掺合料的总量不应大于 600kg/m³。

5. 选择砂率

按经验和统计资料分析，高强混凝土砂率一般控制在 28%～34%，对于泵送工艺宜控制在 34%～44%。

6. 掺合料

粉煤灰掺量不宜大于胶凝材料总量的 30%，磨细矿渣不宜大于 50%，磨细天然沸石不宜大于 10%，硅灰不宜大于 10%，宜使用复合掺合料，其掺量不宜大于胶凝材料总量的 50%。

8.6.3 试配、调整及确定试验室配合比

高强混凝土配合比的试配与确定的步骤按普通混凝土方法进行。当采用三个不同的配合比进行混凝土强度试验时，其中一个为基准配合比，另外两个配合比的水胶比，宜较基准配合比分别增加和减少 0.02～0.03。

8.6.4 验证试验室配合比

高强混凝土试验室配合比确定后，尚应用该配合比进行不少

于6次的重复试验进行验证,其平均值不应低于配制强度。

8.6.5 高强混凝土的结构养护

混凝土强度越高,开裂的机率就越大(本章8.2也进行了简单的叙述)。根据水泥水化的理论,水胶比越小的混凝土(特别是水胶比小于0.35的混凝土)未完全水化的水泥颗粒就越多。如果水分子扩散进入混凝土中,未水化水泥将继续水化,其水泥胶凝体的体积是未水化水泥的2.1倍。但这时没有可供凝胶生长所必须的空间,由此可能导致混凝土的内应力增加,产生裂纹。但低水胶比的混凝土非常致密,后期水分进入的可能性非常小,一般不会出现混凝土性能的劣化。这里存在养护的问题,正是由于高强混凝土非常致密,水分不易进入混凝土中,对混凝土强度的发展有一定的不利影响。因此,在浇筑后的早期,必须对高强混凝土结构实体加强保湿养护,尽可能不让内部水分游离出来,保湿养护是混凝土增强防裂最有效的措施,这一点对于高强混凝土来说尤其重要,应该引起工程技术人员的高度重视。

8.7 抗渗混凝土配合比设计

抗渗混凝土主要是以调整骨料级配、砂率、水胶比,掺用外加剂和掺合料等方法提高混凝土自身的密实性,以满足其抗渗性能要求。抗渗混凝土又称防水混凝土,其抗渗等级不小于P6级。

8.7.1 概述

抗渗混凝土的适用范围很广,主要用于工业、民用与公共建筑的地下室、水泵房、水池、水塔、海港、码头、水坝、桥墩、隧道、沉井等。此外还可用于屋面工程及其他防水工程。

混凝土的体积稳定性对抗渗起关键作用,提高抗渗性能的根本措施是增强混凝土的密实性,确保具有良好的体积稳定性。过去，抗渗混凝土主要是依靠通过调整骨料级配、砂率和水胶比等措施来提高混凝土的密实性。近20年来，抗渗混凝土的组成材料发生了很大的变化，使用外加剂和掺合料的混凝土更具密实性，因此这类抗渗混凝土的用量在逐年递增。抗渗混凝土以掺入膨胀剂、防水剂和减水剂为主，只要应用得当，可以大大提高其密实性——抗渗性；矿物掺合料应用最多的是粉煤灰和磨细矿渣。

由于混凝土的特性，故无论采取什么措施，都会产生自身体积变形。措施得当能有效地削弱混凝土自身体积变形的发生，但不可能做到完全消除，因为自身体积变形是混凝土固有的特性和缺陷。引起混凝土体积变形主要有三方面的原因，一是水泥水化过程引起的体积变化，称之为化学减缩；二是混凝土中水分变化引起的体积变化，称之为失水收缩；三是碳化作用引起的体积变化，称之为碳化收缩。这些变化导致了混凝土体积的不稳定，直接影响着混凝土的抗渗性能。

8.7.2 抗渗混凝土防水原理

混凝土是一种非匀质性材料，从微观结构上看属于多孔体，其内部有许多大小不同的微细孔隙，水的渗透就是通过这些孔隙和裂隙进行的。混凝土的透水性与孔隙大小及孔隙的连通程度（即造成毛细管通路）有关。孔隙率越大，透水率越高，尤其是开放式孔隙危害极大，是造成混凝土渗漏水的主要原因。但是，由于近年来采用泵送浇筑的混凝土开裂现象呈上升趋势，因此，采取抗裂措施成为抗渗混凝土重要的工作任务。

抗渗混凝土是从材料和施工两个方面抑制、减少混凝土内部孔隙的生成和结构开裂，改变孔隙的特征，提高密实性，堵塞漏水通路，从而使之达到自防水的目的。

8.7.3 抗渗混凝土所用的材料

1. 一般结构且无其他要求时，应优先选用普通水泥、粉煤灰水泥，但在混凝土中同时掺用外加剂和矿物掺合料时，五大常用水泥均可使用。

2. 粗骨料宜采用连续级配，其最大粒径不应大于 40mm，含泥量不应大于 1.0%，泥块含量不应大于 0.5%。

3. 细骨料含泥量不应大于 3.0%，泥块含量不应大于 1.0%。

4. 外加剂宜采用防水剂、膨胀剂、引气剂、减水剂或引气减水剂。

关于膨胀剂，应指出，其掺量必须满足 7.6.6 表 7-41 和表 7-42 中的限制膨胀率和限制干缩率的要求，否则就难以达到抗裂防渗的效果。另外，掺膨胀剂的混凝土要特别加强养护，膨胀结晶体钙矾石（$C_3A \cdot 3CaSO_4 \cdot 32H_2O$）生成需要水。特别是混凝土浇筑后 1～7d 的保湿养护最重要，如果不养护或养护马虎，同样不能正常发挥膨胀剂的作用。我国膨胀剂的研制者游宝坤（享受国务院特殊津贴专家）、李乃珍教授从事膨胀水泥和膨胀剂的研究达 40 余年，他们合著的《膨胀剂及其补偿收缩混凝土》一书中阐述了关于膨胀剂的掺量问题。指出："膨胀剂按掺入量多少习惯上分为普通型和高效型两个档次，在要求的混凝土限制膨胀率相同条件下，高效型膨胀剂内掺量一般比普通型膨胀剂少 2%。不管何种膨胀剂，掺量低于 6% 时均达不到最低限制膨胀率指标"。又指出"膨胀剂并非万能之药，用于暴露在空气中的混凝土结构，如桥梁、路面、屋面等结构都不适用"。

膨胀剂的细度是影响膨胀混凝土质量的重要指标，除影响强度性能与凝结时间外，更主要的是影响膨胀性能即变形性能。磨得最细的膨胀剂不是好膨胀剂，颗粒过细的膨胀剂会在混凝土塑性期间产生膨胀，无效地消耗了它的膨胀能，使混凝土硬化早期（7～14d）的膨胀率降低。但是，膨胀剂颗粒过粗，早期的膨胀能得不到正常发挥，而在后期（28d）未产生膨胀能的颗粒会在环境湿度适宜的情况下产生体积增长，此时产生膨胀对混凝土结构是有害的，会导致混凝土开裂、降低强度。

5. 抗渗混凝土宜掺用矿物掺合料。抗渗混凝土应尽量选用品质较好的矿物掺合料，防止掺用的矿物掺合料增加混凝土的收缩。

8.7.4　抗渗混凝土配合比的设计

抗渗混凝土配合比的设计方法和检验步骤可按普通混凝土方法进行，并应满足以下要求：

1. 每立方米混凝土中的水泥和矿物掺合料总量不宜小于320kg。

2. 砂率宜为35%～45%。

3. 掺用引气剂或引气减水剂的抗渗混凝土，其含气量宜控制在3%～5%。

4. 供试配用的最大水灰比应符合表8-18的要求。

抗渗混凝土最大水灰比限值　　　表8-18

抗渗等级	最大水灰比	
	C20～C30 混凝土	C30 以上混凝土
P6	0.60	0.55
P8～P12	0.55	0.50
P12 以上	0.50	0.45

5. 进行抗渗混凝土配合比的设计时，应增加抗渗性能试验，并应符合以下要求：

1）试配要求的抗渗水压值应比设计值提高0.2MPa。

2）试配时，宜采用水胶比最大的配合比作抗渗性能试验，其试验结果应符合式（8-19）要求：

$$P_t \geqslant \frac{P}{10} + 0.2 \qquad (8-19)$$

式中　P_t——6个试件中4个未出现渗水时的最大水压值（MPa）；

P——设计要求的抗渗等级值。

3）掺用引气剂或引气减水剂的混凝土还应进行含气量试验。

8.8 大体积混凝土

混凝土结构尺寸不小于 1m，或预计会因水泥水化热引起混凝土内外温差过大而导致裂缝的混凝土，称为大体积混凝土。近年来，从混凝土绝热温升大小来看，强度等级 C40 以上、混凝土厚度超过 80cm 也可列入大体积混凝土。

随着高层建筑和大型设备基础的日益增多，大体积混凝土的应用也日益广泛。大体积混凝土断面大，浇筑后胶凝材料在水化过程中散发大量的水化热，由于混凝土的导热性较差，往往在混凝土结构内部聚集大量热能不能散发，使混凝土内部温度高达 50～80℃，当混凝土内外温差超过 25℃时，混凝土将产生较大的温度应力和收缩应力，容易引起混凝土表面裂缝甚至贯穿裂缝，影响结构的整体性、耐久性和防水抗渗性。因此，在大体积混凝土浇筑前应进行混凝土的热工计算，估算浇筑后可能产生的最大水化热温升值、内外温差值，以便在施工中采取有效的技术措施，防止内外温差过高引起结构开裂。

大体积混凝土应掺入膨胀剂，使硬化后的混凝土产生适度膨胀，在钢筋和邻位约束下，可在钢筋混凝土结构中建立一定的预压应力，这一预压应力大致可抵消混凝土在硬化过程中产生的干缩拉应力，补偿部分水化热引起的温差应力，从而防止或减少结构产生有害裂缝。应指出，膨胀剂要解决早期的干缩裂缝和中期水化热引起的温差裂缝，对后期由于天气变化产生的温差收缩是难以解决的，只能通过配筋和构造措施加以控制，因此，膨胀剂最适用于环境温差较小的地下、水工、海工、隧道等工程。对于温差较大的结构（屋面、楼板等）必须采取相应的构造措施，才能控制裂缝。

根据国家标准《粉煤灰混凝土应用技术规范》（GBJ 146—

90）规定：大体积粉煤灰混凝土的强度等级龄期宜为 90d 或 180d。这是因为大量掺入粉煤灰的混凝土早期强度稍有降低，但后期强度则与基准混凝土相等或略高。另外一个主要原因，是大体积粉煤灰混凝土多为地下或半地下结构，所处环境较潮湿，有利于激发粉煤灰的活性，为后期强度增长创造了良好的条件。

8.8.1 大体积混凝土所用的材料

1. 水泥

大体积混凝土应优选矿渣硅酸盐水泥或粉煤灰硅酸盐水泥，但当大量掺入掺合料时，用硅酸盐水泥和普通硅酸盐水泥配制，同样能得到水化热较低的混凝土。另外，用普通硅酸盐水泥配制的混凝土导温效果较好，收缩小，对减少混凝土的收缩裂缝有利。

2. 骨料

尽量选用级配良好的骨料，对于采用泵送工艺浇筑的大体积混凝土，由于坍落度及砂率较大，粗骨料的最大粒径不应大于 31.5mm，以免在浇筑振捣时发生分层，影响混凝土的整体匀质性，造成结构顶部砂浆含量过多，从而引起表面裂缝的增加；细骨料宜采用中砂；在炎热的夏季施工时，应进行冷却，粗骨料的冷却较细骨料容易，具体方法是最好采用井水将石子浇水降温。

3. 外加剂

外加剂的选用与抗渗混凝土基本相同。混凝土中掺入缓凝型高效减水剂可以抑制水泥水化作用，能延缓和降低混凝土的水化绝热温升，有利于防裂。大体积混凝土应在混凝土中掺入膨胀剂，可减免混凝土硬化后的收缩裂缝。

4. 矿物掺合料

应大量掺入需水量较小的Ⅰ、Ⅱ级粉煤灰和磨细矿渣，从而达到减少水泥用量、降低混凝土早期水化热、推迟凝结时间、减小混凝土表面与内部温差的目的，对减免温度裂缝有利。

8.8.2 大体积混凝土的配合比

大体积混凝土配合比的计算和试验步骤可按普通混凝土配合比和粉煤灰混凝土配合比的方法进行,并宜在配合比确定后进行水化热的验算或测定。配合比的设计主要采取四项措施:

1. 采用水化热低的水泥;
2. 采用能降低早期水化热的混凝土外加剂;
3. 采用掺合料;
4. 采用一切措施增加骨料和掺合料用量,降低水泥用量。

8.8.3 大体积混凝土的热工计算

1. 混凝土拌合物出机温度计算

关于混凝土拌合物出机温度的计算方法,大致可分为计算法和图表法两类。由于混凝土的温度涉及的因素很多,条件变化不一,要制作简便实用的图表法比较困难。下面介绍一种"计算表格法",这种方法既便于计算和复查,又醒目易懂。

混凝土拌合物的热量,是由各种原材料所供给,根据拌合前混凝土原材料的总热量与拌合后流态混凝土的总热量两者相等这一原则,即可求得混凝土拌合物温度。其关系式如下:

$$T_0 \sum W_c = \sum T_i W_c \qquad (8-20)$$

式中 T_0——混凝土拌合物出机温度(℃);

W——各种材料的重量(kg);

c——各种材料的比热容[kJ/(kg·K)];

T_i——各种材料的初始温度(℃)。

式(8-20)等号的右侧,是按各种材料分别计算,然后相加。计算时可列成表格,如表 8-19。

由此可得出混凝土的拌合物出机温度 T_0:

$$T_0 = \frac{\sum T_i W_c}{\sum W_c} = \frac{67625}{2637} = 25.6 \text{ (℃)}$$

混凝土拌合物出机温度计算 表 8-19

材料名称	重量 W (kg)	比热容 c [kJ/(kg·K)]	热当量 W_c(kJ/℃)	温度 T_i (℃)	热量 $T_i \cdot W_c$ (kJ)
水泥	253	0.84	213	52	11076
砂子	758	0.84	637	27	17199
石子	1046	0.84	879	25	21975
粉煤灰	123	0.84	103	31	3193
膨胀剂	33	0.84	28	25	700
减水剂	7	3.0	21	30	630
拌合水	180	4.2	756	17	12852
合计	2400		2637		67625

由表 8-19 中可以看出，在混凝土原材料中，砂石的比热较小，但占混凝土总用量多。因此，对混凝土的拌合物出机温度影响最大的是石子的温度，砂的温度次之。为了降低混凝土的出机温度，其最有效的办法就是降低砂石的温度。降低砂石温度的方法可采取在料堆上搭设简易的遮阳装置，以防止太阳直接照射，可降低砂石温度 3～5℃；也可用井水冲洗石子；也可以在水中加冰屑以降低混凝土的出机温度。

2. 计算混凝土浇筑温度 T_j

混凝土拌合物出机后，经运输、卸料、浇筑、平仓、振捣等工序后的温度，称为浇筑温度。

在有条件的情况下，混凝土的浇筑温度越低，对于降低混凝土内外温差越有利。关于混凝土浇筑温度控制，各国都有明确的规定。如美国在 ACI 施工手册中规定不超过 32℃；日本土木学会施工规程中规定不得超过 30℃；我国有些规范中提出不得超过 28℃，否则必须采取特殊技术措施。

混凝土浇筑温度与外界温度有关。当外界气温高于拌合物温度时，浇筑温度比拌合物温度高；反之则低。这种冷量或热量的损失，随混凝土运输工具的类型、转运次数及平仓振捣的时间而变化。根据实测资料，浇筑温度可采用式（8-21）计算：

$$T_j = T_o + (T_q - T_o) \cdot (A_1 + A_2 + A_3 \cdots + A_n) \quad (8-21)$$

式中 T_j——混凝土浇筑温度（℃）；

      T_q——外界气温（℃）；

$(A_1 + A_2 + A_3 \cdots + A_n)$——温度损失系数。

其值如下：

1) 混凝土装、卸和转运，每次 $A=0.032$。

2) 混凝土运输时 $A=\theta\tau$，τ 为运输时间（以 min 计），θ 为混凝土运输时冷量或热量损失，滚动式搅拌车可取 $0.0040\sim0.0044$。

3) 浇筑过程中 $A=0.003\tau$，τ 为浇捣时间（以 min 计）。

采用泵送工艺浇筑的混凝土，还应考虑输送过程所产生温度影响，但很难确定一个准确的冷量或热量损失估算其值，只能在施工时测量获得。因为其值会受外界气温、泵管长短、混凝土配合比等因素的影响而发生变化。一般会产生 $0.3\sim0.5$℃的冷量或热量损失。

【例】 夏季施工的混凝土原材料经冷却后，混凝土拌合物出机温度 $T_o=25.6$℃，外界气温 $T_q=33.0$℃，$8m^3$ 混凝土搅拌车运送 20min，泵送、平仓振捣至混凝土浇筑完毕共 30min，计算混凝土的浇筑温度 T_j。

【解】 （1）先求出各温度损失系数值：

$8m^3$ 混凝土搅拌车运送 20min $A_1=0.0042\times20=0.084$

混凝土装卸和转运各 1 次 $A_2=0.032\times2=0.064$

泵送至浇捣用时 30min $A_3=0.003\times30=0.09$

故： $A_1+A_2+A_3=0.238$

（2）根据温度损失系数值，计算混凝土的浇筑温度 T_j：

$$T_j = 25.6 + (33.0 - 25.6) \times 0.238 + 0.40 = 27.8℃$$

注：0.40℃系采用泵送浇筑时增加的温度。

外界气温与混凝土拌合物温度相差越大，对浇筑温度的影响就越大。因此，当使用冷却后的原材料拌制混凝土时，更应加快施工速度，缩短浇筑时间，这样能降低混凝土的浇筑温度，相应地降低了混凝土内部的最高温度，并减少了结构物的内外温差。同时，降低混凝土浇筑温度，尚可延长混凝土的初凝时间，改善混凝土的浇筑性能，对保证混凝土的施工质量十分有利。

3. 混凝土的绝热温升计算

在进行混凝土的绝热温升计算时，是假定结构物四周没有任何散热和热量损失的情况下，水泥水化热全部转化成温升后的温度值。而混凝土的最终绝热温升是与水泥用量、水泥品种、混凝土的热学性能有关，可采用式（8-22）计算：

$$T_n = \frac{m_c \times Q}{c \times \rho} + \frac{m_a}{50} \tag{8-22}$$

式中　T_n——混凝土最终绝热温升（℃）；

　　　m_c——每立方米混凝土中的水泥用量（kg）；

　　　Q——每千克水泥水化热量（kJ/kg）；

　　　c——混凝土的比热，可按 0.97[kJ/(kg·K)] 计算；

　　　ρ——混凝土的密度，可取 2400（kg/m³），也可按实测值计算；

　　　m_a——每立方米混凝土中的掺合料用量（kg）。

4. 混凝土的内部温度

水泥水化热引起绝热温升后，浇筑温度 T_j，即为在绝热状态下的混凝土内部温度，可用式（8-23）表达：

$$T_{r(\tau)} = T_j + T_{(\tau)} \tag{8-23}$$

式中　$T_{r(\tau)}$——在绝热状态下，不同龄期的混凝土内部温度（℃）。

大体积混凝土内的实际温度是一个"由低到高，又由高到低"的变化过程，即混凝土从浇筑完毕后，就有一个初始温度——浇筑温度。以后由于水泥水化热的影响，混凝土内部温度不断上升，然后通过天然散热或人工冷却，温度又逐渐下降。待水泥水化热大致散发完毕后，混凝土的温度才与大气温度相接近，此时称为稳定温度（图 8-2）。

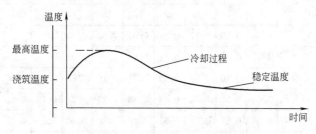

图 8-2 混凝土温度变化曲线

从图 8-2 中可以看出，混凝土内部的实际温度并不符合式 (8-23) 的假定条件。这是因为混凝土在浇筑后，温度一方面在上升，另一方面也在不断散发，并非"绝热状态"，由于结构散热的边界条件比较复杂，要严格解出答案非常困难。下面介绍一种简便的方法来确定混凝土的内部温度。

混凝土由水泥水化热引起的实际温升，远比在绝热条件下最终水化热的温升要小。工程实践证明，在散热条件大致相似的情况下，浇筑块的厚度不同，散热的温度也不同，并大致符合"越薄散热越快，越厚散热越慢"的规律；当浇筑块的厚度在 5m 以上时，混凝土的实际温升已接近于绝热温升。不同浇筑块厚度与混凝土最终绝热温升的关系 ξ 值，如表 8-20。另外，不同龄期混凝土水化热温升与浇筑块厚度的关系，详见表 8-21。

不同浇筑块厚度与混凝土最终绝热温升的关系 ξ 值　　表 8-20

浇筑块厚度(m)	1.0	2.0	3.0	4.0	5.0	6.0
ξ 值	0.36	0.49	0.57	0.68	0.79	0.82

注：$\xi = T_m / T_n$；T_m——混凝土由水化热引起的实际温升。

从表 8-21 中可以看出，混凝土浇筑块的厚度越薄，水化热温升阶段越短，最高温度的峰值出现较早，并且很快有降温趋势。而浇筑块越厚，则水化热的温升阶段较长，最高温度的峰值出现时间稍后，且持续较长。另外，大量工程实践证明，混凝土

不同龄期混凝土水化热温升与浇筑块厚度的关系 表 8-21

浇筑块厚度 (m)	不同龄期(d)时的 ξ 值								
	3	6	9	12	15	18	21	24	27	30
1.00	0.36	0.29	0.17	0.09	0.05	0.03	0.01			
1.25	0.42	0.31	0.19	0.11	0.07	0.04	0.03			
1.50	0.49	0.46	0.38	0.29	0.21	0.15	0.12	0.08	0.05	0.04
2.50	0.65	0.62	0.59	0.48	0.38	0.29	0.23	0.19	0.16	0.15
3.00	0.68	0.67	0.63	0.57	0.45	0.36	0.30	0.25	0.21	0.19
4.00	0.74	0.73	0.72	0.65	0.55	0.46	0.37	0.30	0.25	0.24

注:本表适用于混凝土浇筑温度为 20~30℃ 的工程。

内部的实际水化热温升还与外界气候条件有关。外界气温越高,混凝土内部愈不易散热,因此,水化热温升阶段较短,最高温度的峰值出现时间更早,并且持续更长的时间。

所以,混凝土内部的中心温度,可按式(8-24)计算:

$$T_{max} = T_j + T_{(\tau)} \cdot \xi \qquad (8-24)$$

式中 T_{max}——混凝土的中心温度(℃);

T_j——混凝土的浇筑温度(℃),见式(8-21);

$T_{(\tau)}$——在 τ 龄期时混凝土的绝热温升(℃),见式(8-22);

ξ——不同浇筑块厚度的温度系数。

【例】 某工程基础筏板长为 57m,宽为 26m,厚为 2.5m,设计混凝土为 C30P8,用 32.5 级粉煤灰水泥配制,用量 m_c=253kg/m³,水化热量 Q=340kJ/kg,掺合料用量 m_a=156kg/m³,混凝土的比热容 c=0.97[kJ/(kg·K)],混凝土的密度 ρ=2400(kg/m³),混凝土浇筑温度 T_j=27.8℃。试估算不同龄期时混凝土的内部温度。

【解】

1. 先求出混凝土的最终绝热温升:

$$T_n = \frac{m_c \times Q}{c \times \rho} + \frac{m_a}{50} = \frac{253 \times 340}{0.97 \times 2400} + \frac{156}{50} = 40.1℃$$

2. 查表 8-21 的 ξ 值，可求出不同龄期的水化热温升：

当 $\tau = 3d$ 时：$\xi = 0.65$　　$\xi \cdot T_n = 0.65 \times 40.1 = 26.1℃$

当 $\tau = 6d$ 时：$\xi = 0.62$　　$\xi \cdot T_n = 0.62 \times 40.1 = 24.9℃$

当 $\tau = 9d$ 时：$\xi = 0.59$　　$\xi \cdot T_n = 0.59 \times 40.1 = 23.7℃$

3. 混凝土内部的中心温度：

以上数值分别加上混凝土浇筑温度（T_j），即为不同龄期混凝土的内部的估算温度。

8.8.4 大体积混凝土养护温度控制

进行大体积混凝土温控的目的，是防止因温度变化引起结构物的开裂。混凝土内外温差不宜超过 25℃，否则，就有可能产生温差裂缝。大体积混凝土养护时的温度控制方法有降温法、保温法、蓄水法和水浴法，施工中采用最多的是保温法。

大体积混凝土常见的裂缝大多数发生在不同深度的表面，而这些裂缝又较多发生于早期，这主要是早期混凝土内升温度高，过早拆模或拆除保温材料使混凝土表面温度骤降，形成很陡的温度梯度，而混凝土的早期强度低，极限拉伸小，如果养护不善，容易产生裂缝。此外，在冬季负温季节或在早春晚秋气温变化大且频繁的时节，由于表面处于负温或因温度骤降，也容易产生裂缝。因此表面裂缝也可能出现于后期，这在寒冷地区更为明显。

鉴于上述情况，利用保温材料提高新浇筑的混凝土表面和四周温度，减少混凝土的内外温差，是一项简便有效的温度控制方法。

1. 保温材料及导热系数 λ

由于大体积混凝土保温的规模较大，因此除了满足必要的隔热要求外，在材料选择上应尽量就地取材，以施工简便和经济为目的。各种保温材料及导热系数 λ[W/(m·K)] 列表 8-22。

各种保温材料及导热系数 λ [W/(m·K)]　　表 8-22

材料名称	λ	材料名称	λ
木模	0.23	甘蔗板	0.05
钢模	58	水	0.605
草袋	0.14	空气	0.03
木屑	0.17	油毡纸	0.05
炉渣	0.47	沥青玻璃棉毡	0.05
干砂	0.33	沥青矿棉	0.09~0.12
湿砂	1.71~3.14	普通混凝土	2.30~3.49
黏土	1.38~1.47	泡沫塑料制品	0.03~0.05

2. 保温层构造

根据工程特点、气候和施工条件，保温层可选用以下几种构造：

1) 结构物表面。气温在 15℃ 以上季节施工时，对于裸露的混凝土表面可采用层状材料，或一般简便的散状材料（如湿砂、锯末等）覆盖。低温季节施工时，则必须采取多种层状材料覆盖；此时如遇气温骤变时，还应特别注意将保温材料紧密地固定于混凝土的表面，以便形成不透风的围护层，否则难以奏效。

2) 结构物四周。除按规定设横板保护外，气温在 15℃ 以上季节可在模板外侧再覆挂层状保温材料。低温季节施工时，则必须采用带填充材料的双层箱形保温模板或在外侧覆挂层状保温材料。

表 8-23 列出了各种保温层的隔热性能，可供参考。

如在表 8-23 中找不到所需要的保温层的传热系数时，则可由式（8-25）计算：

$$\beta = \frac{K}{0.05 + \frac{\delta_1}{\lambda_1} + \frac{\delta_2}{\lambda_2} + \cdots + \frac{\delta_n}{\lambda_n}} \quad (8\text{-}25)$$

式中　δ_i——保温材料的厚度（其中包括模板 $i=1、2、3\cdots\cdots n$）；
　　　λ_i——保温材料的导热系数。

各种构造保温层的传热系数 β 值 [W/($m^2 \cdot K$)]　　表 8-23

保温层的构造		系数 β 值，当修正系数 K 值[①]为							
		3.00	2.60	2.30	2.00	1.90	1.60	1.50	1.30
木模板(30mm)，外包二层草袋		3.38	2.93	2.59	2.26	2.14	1.80	1.69	1.47
木模板(50mm)，外包二层草袋		3.09	2.67	2.36	2.06	1.95	1.65	1.55	1.34
钢模板，外包二层草袋		3.98	3.44	3.05	2.64	2.51	2.12	1.99	1.72
双层箱形保温层（内外模板各为 25 及 20mm），用锯末填充，其厚度为	100mm						1.14	1.07	0.93
	150mm						0.86	0.80	0.70
	200mm						0.64	0.60	0.52
锯末层，厚度为	100mm	2.69	2.33	2.06	1.79	1.70	1.43	1.34	1.16
	150mm	1.88	1.63	1.44	1.26	1.19	1.00	0.94	0.81
	200mm	1.69	1.47	1.29	1.13	1.07	0.91	0.85	0.73
湿砂层，厚度为	100mm	23.36	20.15	17.83	15.50	14.71	12.41	11.63	10.08
	150mm	13.43	11.64	10.30	8.96	8.51	7.16	6.72	5.83
	200mm	9.70	8.41	7.43	6.47	6.14	5.18	4.85	4.20
干砂层，厚度为	100mm	8.51	7.37	6.52	5.68	5.40	4.54	4.26	3.69
	150mm	4.61	3.99	3.54	3.07	2.92	2.45	2.30	2.00
	200mm	3.11	2.69	2.38	2.07	1.97	1.65	1.56	1.35

① K 值可根据刮风及结构高出地面位置决定，见表 8-24。

计算传热系数修正 K 值　　表 8-24

保温层种类	K_1	K_2
保温层纯粹由容易透风的保温材料组成	2.60	3.00
保温层由容易透风的保温材料组成，但在混凝土表面铺一层不易透风的材料	2.00	2.30
保温层由容易透风的保温材料组成，但在保温层上面再铺一层不易透风的材料	1.60	1.90
保温层由容易透风的保温材料组成，而保温的上面和下面各铺一层不易透风的材料	1.30	1.50
保温层纯粹由不易透风的保温材料所组成	1.30	1.50

注：1. K_1 值为一般刮风情况（风速<4m/s，且结构物位置高出地面水平≤25m）的修正系数；K_2 值是刮大风时的修正系数。

2. 属于不易透风的保温材料有油布、帆布、棉麻毡、胶合板、装设很好的模板；属于容易透风的保温材料有锯末、砂、炉渣、草袋等。

关于混凝土表面保温材料所需的厚度，可按式（8-26）进行估算：

$$\delta_i = \frac{0.5h\lambda_i(T_b - T_p)}{\lambda(T_{max} - T_b)} \cdot K \qquad (8-26)$$

式中 δ_i ——保温材料所需的厚度（m）；

λ_i ——保温材料的导热系数 [W/(m·K)]；

λ ——混凝土的导热系数，可取 2.30[W/(m·K)]；

T_{max} ——混凝土中心最高温度（℃）；

T_b ——混凝土表面温度（℃）；

T_p ——混凝土浇筑后 3~5d 空气平均温度（℃）；

K ——传热系数的修正值；

$0.5h$ ——指中心温度向边界散热的距离，恰为结构物厚度（h）的一半。

由于式（8-26）是根据热交换原理，假定混凝土的中心温度向混凝土表面的散热量等于混凝土表面保温材料应补充的发热量。在前面已经知道，混凝土内部的最高温度，一般发生在浇筑后 3~5d，因此 T_{max}、T_b 值可近似地按龄期 3d 时的温度计算。

由于影响混凝土温度涉及的因素很多，条件变化不一，要计算出一个较为准确的保温层铺设厚度非常困难。因此，在实际保温过程中，无论采取什么材料进行保温，都应该根据实际所测得的内外温度差及时采取保温措施，以确保混凝土中心与表面、表面与环境的温差均不宜超过 25℃，否则应及时增加保温层铺设厚度。在寒冷的地区冬季浇筑大体积混凝土时，浇筑温度不应低于 10℃，否则温差难以得到有效控制。

8.9 路面水泥混凝土配合比设计

路面水泥混凝土配合比设计是以抗弯拉强度（抗折强度）为指标的计算方法。

路面水泥混凝土应具有较高的抗压、抗折、抗磨耗、耐冲击等力学性能，具有不怕日晒雨淋、不怕严寒酷暑、经得起干湿循环与冻融循环的良好稳定性和耐候性，具有板体刚性大、荷载应力分布均匀、板面厚度较薄、容易铺筑与整修的优良性能。

8.9.1 技术要求

路面水泥混凝土既要承受车辆荷载的反复作用，又要受到自然气候的直接影响，因而需要具备优良的技术性质。在进行配合比设计时，应符合以下要求。

1. 强度

路面水泥混凝土主要是以抗弯拉强度为设计标准。根据各种交通等级，对混凝土抗折强度 σ_s 的要求不得低于 8-25 的标准。条件许可时，应尽量采用较高的设计强度，特别是特重交通的道路。

路面混凝土抗折强度最低限值　　　　　表 8-25

交通等级	特重	重	中等	轻
混凝土抗折强度(MPa)	5.0	4.5	4.5	4.0

一般情况下，混凝土抗折强度约为抗压强度的 1/12~1/8。为了保证路面混凝土的耐久性、耐磨性、抗冻性等要求，除具有一定的抗折强度外，其抗压强度也不应太低。道路混凝土要求的抗折强度与抗压强度见表 8-26。

混凝土抗折强度与抗压强度的关系　　　　　表 8-26

抗折强度(MPa)	5.5	5.0	4.5	4.0
抗压强度(MPa)	40.0	35.5	30.0	25.0

2. 耐久性

路面混凝土与大自然接触，受到干湿、冷热、水流冲刷、行车磨耗和冲击、腐蚀等作用，要求混凝土路面必须具有良好的耐久性。据研究表明，密实度是混凝土耐久性的关键，而获得密实的混凝土，水灰比又是关键。由于混凝土耐久性试验周期长，不易进行，故在一般情况下，都在混凝土配合比设计时，采用限制最大水灰比和最小水泥用量来满足道路混凝土耐久性的要求，见表 8-27。

由混凝土耐久性决定的最大水灰比和最小水泥用量　　表 8-27

道路混凝土所处的环境条件	最大水灰比	最小水泥用量（kg/m³）
公路、城市道路和厂矿道路	0.50	300
机场道面和高速公路	0.46	300
冰冻地区冬期施工	0.45	300

3. 施工和易性

在保证混凝土强度要求的前提下，混凝土拌合物尚应满足易于拌合、运输、浇筑、振捣和抹面等各道工序的操作要求，且在施工过程中不产生分层、离析、泌水，质量稳定；铺筑后的面层具有均匀密实、平整、耐久、耐磨、防滑等特性。因此，在拌制混凝土前，必须根据使用材料、施工机械、施工气候等条件，选择合理的配合比和适宜的坍落度或工作度，必要时可以掺入减水剂或引气剂。

8.9.2 道路混凝土的组成材料

1. 水泥

水泥是路面混凝土的重要组成材料，它直接影响混凝土的使用功能，因而在施工时应采用普通硅酸盐水泥为佳，因其凝结硬化快、早期强度高、收缩性小、耐磨性能强、抗冻性好。对于中等及轻交通的路面，也可以采用矿渣硅酸盐水泥。

2. 粗骨料

粗骨料的颗粒级配与粒径粒形对混凝土的抗折强度和匀质性有较大的影响，其最大粒径不应大于 40mm，且应符合连续颗粒级配，用坚硬碎石配制的混凝土抗折强度高于卵石，应严格控制含泥量和泥块含量。

3. 细骨料

应使用洁净、坚硬、耐久、级配良好的中、粗砂。如当地无理想的中、粗砂时,经试验试配,可使用满足设计要求的细砂。砂的其他质量应符合 C30 以上普通混凝土用砂的要求。

4. 拌合水

应使用符合《混凝土用水标准》(JGJ 63—2006) 标准要求的水拌制。

5. 外加剂

为了减少拌制的混凝土用水量,改善和易性,节约水泥用量,提高混凝土的密实性、强度、抗渗性、抗冻性可掺用适量的外加剂。例如：减水剂、引气剂、早强剂等。混凝土外加剂的质量应符合现行有关标准规定。

8.9.3 路面水泥混凝土配合比设计方法

路面水泥混凝土配合比设计方法,按我国现行国标《水泥混凝土路面施工及验收规范》(GBJ 97—1994) 的规定,采用弯拉强度为指标的方法。以下介绍该规范推荐的抗弯拉强度为指标的经验公式法。

路面水泥混凝土配合比设计,应满足：施工工作性、抗弯拉强度、耐久性(包括耐磨性)和经济合理的要求。

1. 确定配制强度

混凝土配制强度应按式 (8-27) 计算：

$$f_{cf,0} = K \cdot f_{cf,k} \tag{8-27}$$

式中 $f_{cf,0}$——混凝土配制抗弯拉强度 (MPa);

$f_{cf,k}$——混凝土设计抗弯拉强度 (MPa);

K——系数,施工水平较好者 $K=1.10$,一般 $K=1.15$。

2. 计算水灰比

混凝土拌合物的灰水比根据已知的混凝土配制抗弯拉强度

($f_{cf,0}$)和水泥的实际抗弯拉强度($f_{ce,f}$),代入式(8-28)或式(8-29)得到灰水比(C/W),然后换算为水灰比(W/C)。

对碎石混凝土:

$$C/W = \frac{f_{cf,0}+1.0079-0.3485f_{ce,f}}{1.5684} \quad (8-28)$$

对卵石混凝土:

$$C/W = \frac{f_{cf,0}+1.5492-0.4565f_{ce,f}}{1.2618} \quad (8-29)$$

式中 $f_{ce,f}$——水泥胶砂28d实际抗弯拉强度(MPa)。

3. 计算单位用水量

混凝土拌合物每立方米的用水量可按表8-6选取,也可按式(8-30)或式(8-31)确定。

对碎石混凝土:

$$m_{w0} = 104.97+3.09H+11.27C/W+0.61\beta_s \quad (8-30)$$

对卵石混凝土:

$$m_{w0} = 86.89+3.70H+11.24C/W+1.00\beta_s \quad (8-31)$$

式中 H——混凝土拌合物坍落度(mm);
β_s——砂率(%)。

4. 确定砂率

砂率可参考表8-28选定。

混凝土拌合物砂率范围　　　　表8-28

水灰比	碎石最大粒径(mm)		卵石最大粒径(mm)	
	20	40	20	40
0.40	29~34	27~32	25~31	24~30
0.50	32~37	30~35	29~34	28~33

按式(8-30)或式(8-31)计算得到的用水量是按骨料为干燥状态下的用量。砂为粗砂或细砂时,用水量应酌情减少或增加5kg。

5. 计算水泥用量

$$m_{co} = m_{wo} \cdot C/W \qquad (8\text{-}32)$$

按式（8-32）计算所得的每立方米水泥用量应不低于表8-27规定的最小水泥用量值。

6. 计算骨料用量

粗骨料和细骨料用量的计算方法与"普通混凝土配合比的设计"步骤一样，详见8.3。

试配、调整、配合比的确定以及生产配合比的换算等，可按"普通混凝土配合比"进行。

8.10 自密实混凝土配合比的设计

自密实混凝土是具有高流动度、不离析、均匀性和稳定性，浇筑时依靠其自重流动，无需振捣而达到密实的混凝土。

自密实混凝土是日本东京大学教授冈村甫在20世纪80年代后期提出的。日本于20世纪90年代初开始应用于工程结构中，到2004年，日本自密实混凝土总使用量已超过250万 m^3，并且在混凝土制品中的应用有逐年增加之势。

我国对自密实混凝土的研究及应用相对较晚，但在最近几年发展非常迅速，应用领域也从房屋建筑扩大到水工、桥梁、隧道等大型工程。

自密实混凝土的优点是能大大降低劳动力、改善工作环境、降低噪声、加快了施工进度；解决了结构钢筋密度大、薄壁、形状复杂、振捣困难的问题。但是，采用自密实混凝土所浇筑的结构容易产生有害裂缝。这一弊病在我国频频发生，不得不采取环氧灌浆的补救措施，以确保建筑物的使用功能和耐久性，使混凝土供应商和施工单位遭受了一定的经济损失。容易产生有害裂缝的主要原因是自密实混凝土胶凝材料用量大，细骨料含量多，导致了混凝土抗裂性能的大幅度下降，因此，有害裂缝问题很难彻底解决。故在面积大、容易产生裂缝的结构中应慎重应用。

8.10.1 自密实混凝土的材料选择

自密实混凝土所用原材料除满足普通混凝土所用原材料的相关标准要求外，尚应按以下要求选用。

1. 水泥

根据工程具体需要，通用硅酸盐水泥均可使用。但掺矿物掺合料的自密实混凝土，宜选用硅酸盐水泥或普通硅酸盐水泥；无特殊要求时，不宜选用早强水泥、含碱量大的水泥和细度较细的水泥。一般水泥用量为 350～450kg/m³，水泥用量超过 500kg/m³ 会增大收缩；低于 350kg/m³ 则必须同时使用矿物掺合料。

2. 骨料

骨料的粒形和级配对自密实混凝土非常重要，骨料的粒形和级配好坏直接影响混凝土的流动性、变形性和抗裂性能，应尽量选用级配较好的圆形的骨料，必要时，可掺一部分 5～10mm 的圆形豆石，以改善混凝土的流动性。粗骨料最大粒径不宜大于 20mm，空隙率宜小于 40%，针片状颗粒含量不宜大于 8%，含泥量应小于 1.0%，泥块含量应小于 0.5%；细骨料宜采用符合 2 区级配的中砂，含泥量应小于 3.0%，泥块含量应小于 1.0%。

3. 矿物掺合料

矿物掺合料是自密实混凝土必不可少的组成材料之一，它不但能改善混凝土拌合物的性能，起到增稠的作用，而且还能提高混凝土的耐久性。可掺用粉煤灰、粒化高炉矿渣、沸石粉、硅灰等矿物质掺合料。矿物掺合料的选择应从实际出发，以确保既经济又能满足混凝土性能要求为原则。

4. 外加剂

自密实混凝土应选用高效减水剂，以聚羧酸系高性能减水剂为最佳。自密实混凝土的高流动度、高稳定性、间隙通过能力和填充性，需要采用高效减水剂才能够实现。对减水剂的主要要求为：与水泥的相溶性好，缓凝、保塑，减水率应在 20% 以上，具有特别优良的流动性，超强的黏聚性。聚羧酸系高性能减水剂在这方面表现出更明显的性能优势，十分适合配制自密实混凝土。

由于速凝剂和促凝类外加剂加快混凝土的凝结硬化，可使混凝土拌合物在很短的时间内丧失流动性，致使混凝土无法实现自密实施工。所以，速凝剂和促凝类外加剂不适合用于自密实混凝土。

早强剂和早强型外加剂一般会使混凝土拌合物坍落度损失加快，不利于自密实混凝土施工。所以，自密实混凝土应慎重选用早强剂和早强型外加剂。

8.10.2 自密实混凝土性能

1. 自密实混凝土的自密实性能等级和性能

1) 自密实混凝土的性能应满足建筑物的结构特点和施工要求，拌合物易"抓底"的混凝土不能作为自密实混凝土。

2) 自密实混凝土的自密实性能包括流动性、抗离析性和填充性。可采用坍落扩展度试验、V型漏斗试验（或 T_{50} 试验）和U型箱试验进行检测。自密实性能等级分为三级，其指标应符合表8-29的要求。

混凝土自密实性能等级指标　　　表8-29

性 能 等 级	一级	二级	三级
U型箱试验填充高度（mm）	320以上（隔栅型障碍1型）	320以上（隔栅型障碍2型）	320以上（无障碍）
坍落扩展度（mm）	700±50	650±50	600±50
T_{50}(s)	5～20	3～20	3～20
V型漏斗通过时间(s)	10～25	7～25	4～25

注：一级适用于钢筋的最小净间距为35～60mm、结构形状复杂、构件断面尺寸小的钢筋混凝土结构物及构件的浇筑；二级适用于钢筋的最小净间距为60～200mm的钢筋混凝土结构物及构件的浇筑；三级用于钢筋的最小净间距为200mm以上、断面尺寸大、配筋量少的钢筋混凝土结构物及构件的浇筑，以及无筋结构物的浇筑。

当坍落扩展度小于 500mm 时，自密实混凝土浇筑时容易发生钢筋堵塞和填充不满现象；坍落扩展度大于 500mm 时容易在泵送和浇筑过程中发生材料分离的现象。所以，自密实混凝土的入模坍落扩展度一般控制在 600～700mm 之间为宜。

2. 硬化自密实混凝土的性能

1) 自密实混凝土强度等级应满足配合比设计强度等级的要求。

2) 自密实混凝土的弹性模量、长期性能和耐久性能等其他性能，应符合设计或相关标准的要求。自密实混凝土一般存在收缩徐变较大，弹性模量较低等特点，应引起设计单位的足够重视。

8.10.3 自密实混凝土配合比设计

自密实混凝土的配合比设计与其他混凝土配合比不同，不仅要使混凝土拌合物能够达到在自重的作用下，不需要任何密实成型措施而自然成型致密，使硬化后的混凝土能满足结构设计的要求；自密实混凝土的重要技术是提高抗裂性能，为了达到这一目标，必须在原材料和配合比优化设计上下工夫。因此，自密实混凝土的配合比设计是保证浇筑结构质量的关键技术之一。

1. 配合比设计的基本要求

1) 自密实混凝土配合比应根据结构物的结构条件、施工条件以及环境条件所要求的自密实性能进行设计，在综合强度、耐久性和其他必要性能要求的基础上，提出试验配合比。

2) 自密实混凝土的自密实性能应符合 8.10.2 的要求。

3) 在进行自密实混凝土的配合比设计调整时，应考虑水胶比对自密实混凝土设计强度的影响和水粉比对自密实性能的影响。

4) 配合比设计宜采用绝对体积法。

5) 对于某些低强度等级的自密实混凝土，仅靠增加粉体量不能满足浆体的黏性时,可通过试验确定后适当添加增黏剂。

6) 自密实混凝土宜采用增加粉体材料用量和选用优质高效减水剂和高性能减水剂,改善浆体的黏性和流动性。

2. 自密实混凝土配合比设计

1) 初期配合比设计要求

(1) 粗骨料的最大粒径和单位体积粗骨料量

① 粗骨料最大粒径不宜大于 20mm。

② 单位体积粗骨料量可参照表 8-30 选用。

单位体积粗骨料量　　　　表 8-30

混凝土自密实性能等级	一级	二级	三级
单位体积粗骨料绝对体积(m^3)	0.28~0.30	0.30~0.33	0.32~0.35

(2) 单位体积用水量、水粉比和单位体积粉体量

① 单位体积用水量、水粉比和单位体积粉体量的选择,应根据粉体的种类和性质以及骨料的品质进行选定,并保证自密实混凝土所需的性能。

② 单位体积用水量宜为 155~180kg。

③ 水粉比根据粉体的种类和掺量有所不同。按体积比宜取 0.80~1.15。

④ 根据单位体积用水量和水粉比计算得到单位体积粉体量。单位体积粉体量宜为 0.16~0.23m^3。

⑤ 自密实混凝土单位体积浆体量宜为 0.32~0.40m^3。

(3) 含气量

自密实混凝土的含气量应根据粗骨料最大粒径、强度、混凝土结构的环境条件等因素确定,宜为 1.5%~4.0%。有抗冻要求时应根据抗冻性确定新拌混凝土的含气量。

(4) 单位体积细骨料量

细骨料量应由粉体量、骨料中粉体含量、粗骨料量、用水量和含气量确定。为了减少混凝土的收缩,细骨料用量所占体积不

宜少于砂浆浆体体积的42%，但也不宜过大，否则容易发生堵泵现象。

（5）单位体积胶凝材料体积用量

单位体积胶凝材料体积用量可由单位体积粉体量减去惰性粉体掺合料体积量以及骨料中小于0.075mm的粉体颗粒体积量确定。

（6）水灰比与理论单位体积水泥用量

应根据工程设计的强度计算出水灰比，并得到相应的理论单位体积水泥用量。

（7）实际活性矿物掺合料量和实际水泥用量

应根据活性矿物掺合料的种类和工程设计强度确定活性矿物掺合料的取代系数，然后通过胶凝材料体积用量、理论水泥用量和取代系数计算出实际矿物掺合料量和实际水泥用量。

（8）水胶比

应根据第（2）、（6）和（7）计算得到的单位体积用水量、实际单位体积水泥用量以及实际单位体积活性矿物掺合料量计算出自密实混凝土的水胶比。

（9）外加剂掺量

高效减水剂和高性能减水剂等外加剂掺量，应根据所需的自密实混凝土性能经过试配确定。

2）配合比的调整与确定要求

（1）验证新拌混凝土的质量

采用以上方法设计的初期配合比进行试拌，按8.10.2验证是否满足新拌混凝土的性能要求。

（2）根据新拌混凝土性能进行配合比调整

① 当试拌混凝土不能达到所需的新拌混凝土性能时，应对外加剂、单位体积用水量、单位体积粉体量和单位体积粗骨料量进行适当调整。如要求性能中包括含气量，也应加以适当调整。

② 当上述调整仍不能满足要求时，应对使用材料进行变更。

如变更较难时，应对配合比重新进行综合分析，调整新拌混凝土性能目标值，重新设计配合比。

(3) 验证硬化混凝土质量

新拌混凝土性能满足要求后，应验证硬化混凝土性能是否符合设计要求。当不符合要求时，应对材料和配合比进行适当调整后，重新进行试拌和试验再次确认。

(4) 配合比的表示方法

配合比的表示方法可按表 8-31 进行。

配合比的表示方法　　　　　表 8-31

自密实混凝土强度等级			
自密实性能等级			
坍落扩展度目标值(mm)			
V形漏斗通过时间(s)(或 T_{50} 时间)			
水胶比			
水粉比			
含气量(%)			
粗骨料最大粒径(mm)			
单位体积粗骨料绝对体积(m^3)			
单位体积材料用量		体积用量(L)	质量用量(kg)
水			
水泥			
细骨料			
粗骨料			
掺合料			
外加剂	高性能减水剂		
	其他外加剂		

注：1. 当掺合料为多种材料时，分别以不同栏目表示。
　　2. 液体外加剂中的含水计入单位体积用水量。

8.10.4 自密实混凝土配合比设计示例

【基本资料】

某高层建筑物,主体为剪力墙钢筋混凝土结构,设计混凝土强度等级为C50,钢筋最小间距为35mm,施工要求采用自密实混凝土,密实性能一级,所用原材料如下:

水泥:普通硅酸盐42.5级,$\rho_c=3100kg/m^3$,$f_{ce}=48.0MPa$。

细骨料:河砂,符合Ⅱ区中砂,$\rho_s=2650kg/m^3$,小于0.075mm的粉体含量2%;

粗骨料:碎石,采用5~20mm连续粒级,$\rho_g=2680kg/m^3$;

粉煤灰:Ⅰ级粉煤灰,$\rho_f=2200kg/m^3$;

外加剂:聚羧酸系高性能减水剂,固体含量27%。

一、计算理论配合比

1. 确定单位体积粗骨料体积用量(V_g):

根据自密实性能等级选取0.30,故单位体积粗骨料体积用量为300L,质量为804kg。

2. 确定单位体积用水量(V_w)、水粉比(W/P)和粉体体积(V_p)

考虑到掺入粉煤灰配制C50等级的自密实混凝土,而且粗细骨料粒型级配良好,选择单位体积用水量为170L和水粉比为0.90。通过$V_p=V_w/(W/P)=170/0.90=188.9L$,计算得到粉体体积用量,粉体体积比为0.1889,介于推荐值0.16~0.23m^3之间,浆体量为 $0.170+0.1889=0.3589m^3$,满足推荐值0.32~0.40m^3。

3. 确定含气量(V_a)

根据经验以及所使用外加剂的性能设定自密实混凝土的含气量为1.5%,即15L。

4. 计算单位体积细骨料量(V_s)

因为细骨料中含有2.0%的粉体,所以根据$V_g+V_p+V_w+V_a+(1-2.0\%)V_s=1000L$,可以计算出单位体积细骨料用量

$V_s = (1000 - 300 - 188.9 - 170 - 15)/98.0\% = 333$L，质量为882kg。

5. 计算单位体积胶凝材料体积用量（V_{ce}）

因为未使用惰性掺合料，所以单位体积胶凝材料体积用量为 $V_{ce} = V_p - 2.0\% \times V_s = 188.9 - 2.0\% \times 329.4 = 182.3$L。

6. 计算水灰比（W/C）与理论水泥用量（W_{co}）：

按照《普通混凝土配合比设计规程》JGJ 55—2000 进行水灰比的设计计算，根据要求确定设计配制强度 $f_{cu,0} = 58.2$MPa，已知 $f_{ce} = 48.0$MPa：$W/C = \alpha_a \times f_{ce}/(f_{cu,0} + \alpha_a \times \alpha_b \times f_{ce}) = 0.46 \times 48/(58.2 + 0.46 \times 0.07 \times 48) = 0.37$。已知用水量为170kg，所以理论水泥用量为459kg，148.1L。

7. 计算实际单位体积掺合料量和实际水泥用量（m_c）

通过计算可知水泥体积为148.1L，不能满足通过自密实性能计算出的182.3L粉体的要求（若使用惰性掺合料则可以直接加入34L来补充粉体数量的不足。在没有惰性掺合料的情况下，可采用活性矿物掺合料来补充粉体数量的不足，本例以掺常用的粉煤灰为例）。综合考虑混凝土的强度要求和粉煤灰性能可采用超量取代的方法，超量取代系数为1.5，设取代水泥率为X，可根据下式计算出取代水泥质量和粉煤灰掺入量：

$$W_{co} \times (1-X)/\rho_c + W_{co} \times X \times 1.5/\rho_f = V_{ce}$$
$$459 \times (1-X)/3.1 + 459 \times X \times 1.5/2.2 = 182.3$$
$$X = 21\%$$
$$m_c = 459 \times (1-21\%) = 363\text{kg}$$
$$m_{fa} = 459 \times 21\% \times 1.5 = 145\text{kg}$$

8. 计算水胶比（W/m_{ce}）

$W/m_{ce} = W/(m_c + m_{fa}) = 170/(363+145) = 0.33$

9. 外加剂掺量

通过试验确定聚羧酸系高性能减水剂掺量为胶凝材料用量的1.3%。

10. 将配合比设计及计算结果列于下表：

自密实混凝土强度等级	C50	
自密实性能等级	一级	
坍落扩展度目标值(mm)	700±50	
V形漏斗通过时间目标值(s)	10~25	
水胶比	0.33	
水粉比	0.90	
含气量(%)	1.5	
粗骨料最大粒径(mm)	20	
单位体积粗骨料绝对体积(m³)	0.30	
单位体积材料用量	体积用量(L)	质量用量(kg)
水	170	170
水泥	117	363
细骨料	333	882
粗骨料	300	804
粉煤灰	66	145
聚羧酸系高性能减水剂	1.3%	6.56

二、试配、调整与确定

1. 按以上计算的理论配合比并不一定能保证新拌混凝土的性能满足要求，因此，应进行试拌，对新拌自密实混凝土的流动性、抗离析性和填充性进行验证，必要时还对含气量加以验证。

2. 当上述验证结果表明新拌混凝土性能达不到要求时应加以调整，可以通过增减外加剂掺量、用水量、粉体量（水粉比）以及骨料量进行。但是，调整应注意两方面问题：①新拌混凝土的流动性、抗离析性和填充性之间不是相互孤立而是相互关联的，一项修正后满足要求并不意味着另外的性能也符合要求。例如，坍落扩展度小于目标值时单纯增加用水量会造成黏性降低，此时可能需要对外加剂掺量、骨料量、粉体量也进行调整。②上述调整不得造成硬化后混凝土性能下降，例如，水胶比增大将造成强度降低。

上述调整仍不能满足要求时，说明仅调整材料用量作用有限，此时应变更所使用的材料，重新设计试拌、调整。如果受到地域及生产条件限制，材料的变更较困难时，可在协商的前提下，变更施工方法，从而调整新拌混凝土性能的目标值，重新设计配合比。

3. 新拌自密实混凝土性能满足要求后，还应验证硬化后混凝土是否满足设计要求，例如设计强度等级、弹性模量、长期性能和耐久性等。

第9章 混凝土结构裂缝与防治

裂缝是混凝土工程中常见的一种缺陷,是从未间断的质量通病。混凝土工程裂缝问题备受社会各界人士的关注,也是建设工程科技人员极为关注的课题。

9.1 裂缝是混凝土不可避免的缺陷

混凝土是一种多相非均匀的脆性材料。混凝土出现宏观裂缝的原因多种多样,通常是因混凝土发生体积变化时受到约束,或因受到荷载作用时,在混凝土内引起过大拉应力(或拉应变)而产生裂缝。混凝土的微观裂缝则为一般混凝土所固有,因为混凝土组成材料的物理力学性能并不一致,水泥石的干缩值较大,而骨料的干缩值很小;水泥石的热膨胀系数较大,而骨料的却较小。因此,混凝土中的骨料限制了水泥石的自由收缩,这种约束等作用使混凝土内部从硬化开始就在骨料与水泥浆体的粘结面上出现了微裂缝,但是这些微裂缝在不大的外力或变形作用下是稳定的;当外力或变形作用较大时,这些粘结面上出现的微裂缝就会发展;当外力或变形作用更大时,微裂缝就会扩展穿过硬化后水泥石,逐渐发展成可见的宏观裂缝。

我国著名工程结构裂缝控制专家王铁梦教授在其专著《工程结构裂缝控制》一书中也指出:"近代科学关于混凝土强度的细观研究以及大量工程实践所提供的经验都说明,结构物的裂缝是不可避免的,裂缝是一种人们可以接受的材料特征,如对建筑物抗裂要求过严,必将付出巨大的经济代价;科学的要求应是将其有害程度控制在允许范围内"。以混凝土收缩引起的裂缝为例,据测试,混凝土的收缩值一般在 $(4\sim8)\times10^{-4}$,混凝土抗拉强度一般在 $2\sim3MPa$,弹性模量一般在 $(2\sim4)\times10^4MPa$。由公式 $\varepsilon=\sigma/E$(式中 ε 为应变值,σ 为混凝土应力,E 为混凝土弹性模量)可知混凝土允许变形范围在万分之一左右,而混凝土实际收缩在 $(4\sim8)\times10^{-4}$,混凝土实际收缩大于混凝土允许变形范围,因此混凝土的裂缝是不可避免的,关键在于控制裂缝的宽度与深度。

采用泵送的混凝土,为了保证混凝土具有良好的可泵性,必须增大混凝土的砂率,并普遍应用外加剂和掺合料,对于强度等级低的混凝土,还需增加胶凝材料的用量。这些改善泵送性能的措施或材料之间的相溶性不好时,造成了混凝土收缩的增大,使混凝土的收缩率从过去的 0.04%~0.06%,增加到 0.06%~0.08%,从而使混凝土结构出现裂缝的几率大大增加。

9.2 裂缝的类型

以下所叙述的裂缝是指肉眼可见的裂缝,而不是微观裂缝。

裂缝就其开裂深度可分为表面的、贯穿的;就其在结构物表面形状可分为网状裂缝、爆裂状裂缝、不规则短裂缝、纵向裂缝、横向裂缝、斜裂缝等;裂缝按其发展情况可分为稳定的和不稳定的、能愈合的和不能愈合的;裂缝按其产生的时间可分为混凝土硬化之前产生的塑性裂缝和硬化之后产生的裂缝;裂缝按其产生的原因,可分为荷载裂缝和变形裂缝。荷载裂缝是指因动、静荷载的直接作用引起的裂缝。变形裂缝是指因不均匀沉降、温度变化、湿度变异、膨胀、收缩、徐变等变形因素引起的裂缝。

变形裂缝一般不影响承载力,但却存在着防水问题。根据工程调查,由裂缝引起的各种不利后果中,渗漏水占60%。水分子的直径约 $0.3\times10^{-6}mm$,可穿过任何肉眼可见的裂缝,工程实践表明,裂缝宽 0.2mm,开始渗水量 5L/h,一年后只有 10mL/h,这说明裂缝逐渐自愈。

9.3 有害裂缝与无害裂缝

裂缝的大小主要用表面宽度来表示。宽度大于 0.05mm 的裂缝能用肉眼觉察，叫做可见裂缝（宏观裂缝），而小于 0.05mm 的裂缝叫做不可见裂缝（微观裂缝）。不可见裂缝一般都是无害裂缝。

多数轻微细小的宏观裂缝对工程结构的承载能力、使用功能和耐久性不会有大的影响，只是影响结构的外观，引起对工程质量的疑虑，对这些裂缝称为无害裂缝。当裂缝已影响到或可能发展到影响结构性能、使用功能或耐久性时称为有害裂缝。

宽度为 0.1~0.2mm 的裂缝，开始有些渗漏，水通过裂缝同水泥中的未水化颗粒反应，新形成氢氧化钙和 C—S—H 凝胶，经一般时间裂缝自愈不渗了。有的裂缝在压应力作用下闭合了。有的裂缝在周期性温差和周期性反复荷载作用下产生周期性的扩展和闭合，称为裂缝的运动，但这是稳定的运动。有的裂缝产生不稳定的扩展，视其扩展部位，应考虑加固措施。

根据国内外设计规范及有关试验资料，混凝土最大裂缝宽度的控制标准大致如下：

1. 无侵蚀介质，无防渗要求，0.3~0.4mm。
2. 轻微侵蚀，无防渗要求，0.2~0.3mm。
3. 严重侵蚀，有防渗要求，0.1~0.2mm。

我国《地下工程防水技术规范》GB 50108—2001 规定，迎水面保护层厚度不得小于 50mm，背水面保护层厚度不得小于 30mm，裂缝宽度不得大于 0.2mm，且不得贯穿。

判断裂缝有害还是无害，首先视它是否有害结构安全和耐久性，其次是是否影响使用功能（如防水、防潮）。例如地下和水工工程，小于 0.2mm 裂缝视为无害裂缝，做简单表面封闭即可，再做柔性防水层就更保险了。楼面裂缝 0.3~0.4mm，不危及结构安全，视为无害裂缝，可不作处理。对于受力的梁、柱，涉及结构安全,裂缝要妥当处理。

在钢筋混凝土中,常常根据能否引起钢筋锈蚀来区分有害裂缝与无害裂缝。大量观察的结果表明,如果混凝土本身质地密实,当环境相对湿度小于60%时,宽度小于0.5mm的裂缝中的钢筋不会生锈;当环境相对湿度大于60%时,宽度0.2~0.3mm的裂缝中的钢筋也不会生锈;在水中,宽度为0.2mm的裂缝中的钢筋不会生锈。在一定水压下或水位经常变动和冻融循环的部位,裂缝宽度大于0.10mm时钢筋就可能生锈。在侵蚀性介质中,防止生锈的裂缝宽度应更小。凡是大于上面这些宽度的裂缝都被认为是各该环境条件下的有害裂缝。

9.4 裂缝产生的原因

引起混凝土裂缝的原因非常复杂,主要原因由于原材料质量低劣、配合比选定不当;或施工方法不当或工艺欠佳;或设计有误;或对温度变化和混凝土收缩产生的拉应力估计不足;或混凝土已遭受腐蚀或重大损伤,结构存在严重薄弱环节,成为结构面临破坏的前兆。

9.4.1 与结构设计及受力荷载有关的

1. 在设计荷载范围内,超过设计荷载范围或设计未考虑到的作用;
2. 地震、台风作用等;
3. 构件断面尺寸不足、钢筋用量不足、配置位置不当;
4. 结构物的沉降差异;
5. 次应力作用;
6. 对温度应力和混凝土收缩应力估计不足。

9.4.2 与使用及环境条件有关的

1. 环境温度、湿度的变化;

2. 结构构件各区域温度、湿度差异过大；
3. 冻融、冰胀；
4. 内部钢筋锈蚀；
5. 火灾或表面遭受高温；
6. 酸、碱、盐类的化学作用；
7. 冲击、振动影响。

9.4.3 与材料性质和配合比有关的

1. 水泥非正常凝结（受潮水泥、水泥温度过高）；
2. 水泥非正常膨胀（游离 CaO、游离 MgO、含碱量过高）；
3. 水泥的水化热；
4. 骨料含泥量过大、级配不良或使用了碱活性骨料或风化岩石；
5. 混凝土收缩；
6. 混凝土配合比不当（水泥用量大、用水量大、水胶比大、砂率大等）；
7. 选用的水泥、外加剂、掺合料不当或匹配不当；
8. 外加剂、硅灰等掺合料掺量过大。

9.4.4 与施工有关的

1. 拌合不均匀（特别是掺用掺合料的混凝土），搅拌时间不足或过长，拌合后到浇筑时间间隔过长；
2. 泵送时增加了水泥用量、用水量；
3. 浇筑顺序有误，浇筑不均匀（振动赶浆、钢筋过密）；
4. 捣实不良，坍落度过大、骨料下沉、泌水过大，混凝土表面强度过低就进行下一道工序；
5. 连续浇筑间隔时间过长，接槎处理不当；
6. 钢筋搭接、锚固不良，钢筋、预埋件被扰动；
7. 钢筋保护层厚度不够；
8. 模板变形、模板漏浆或渗水；

9. 模板支撑下沉，过早拆除模板，模板拆除不当；
10. 硬化前遭受扰动或承受荷载；
11. 养护措施不当或养护不及时；
12. 养护初期遭受急剧干燥（日晒、大风）或冻害；
13. 混凝土表面抹压不及时；
14. 大体积混凝土内部温度与表面或表面温度与环境温度差异过大。

9.5 混凝土裂缝的控制措施

9.5.1 有关设计方面的措施

1. 在板的温度、收缩应力较大区域（如跨度较大并与混凝土梁及墙整浇的双向板的角部区域或当垂直于现浇单向板跨度方向的长度大于8m时沿板长度的中部区域等）宜在板未配筋表面配置控制温度收缩裂缝的构造钢筋。

抗温度、收缩钢筋可利用板内原有的钢筋贯通布置，也可另外设置构造钢筋网，并与原有钢筋按受拉钢筋的要求搭接或在周边构件中锚固。

抗温度、收缩钢筋宜采用直径细而间距密的方法配置，其间距不宜大于100mm，沿板纵横两个方向的配筋率分别不宜小于0.1%。

2. 在房屋下列部位的现浇混凝土楼板、屋面板内应配置抗温度收缩钢筋：
   1) 当房屋平面体型有较大凹凸时，在房屋凹角处的楼板；
   2) 房屋两端阳角处及山墙处的楼板；
   3) 房屋南面外墙设大面积玻璃窗时，与南向外墙相邻的楼板；
   4) 房屋顶层的屋面板；
   5) 与周围梁、柱、墙等构件整浇且受约束较强的楼板。

3. 当楼板内需要埋置管线时，现浇混凝土楼板的设计厚度不宜小于 110mm。管线必须布置在上下钢筋网片之间，管线不宜立体交叉穿越，并沿管线方向在板的上下表面一定宽度范围内采取防裂措施。

4. 楼板开洞时，当洞直径或宽度（垂直于构件跨度方面的尺寸）不大于 300mm 时，可将受力钢筋绕过洞边，不需截断受力钢筋和设置洞边附加钢筋。当洞的直径较大时，应在洞边加设边梁或在洞边每侧配置附加钢筋。每侧附加钢筋的面积应不小于孔洞直径内或相应方向宽度内被截断受力钢筋面积的一半。

对单向板受力方向的附加钢筋应伸至支座内，另一方向的附加钢筋应伸过洞边，不小于钢筋的锚固长度。对双向板两方向的附加钢筋应伸至支座内。

5. 为控制现浇剪力墙结构因混凝土收缩和温度变化较大而产生的裂缝，墙体中水平分布筋除满足强度计算要求外，其配筋率不宜小于 0.4%，钢筋间距不宜大于 100mm。外墙墙厚宜大于 160mm，并宜双排配置分布钢筋。

6. 对现浇剪力墙结构的端山墙、端开间内纵墙、顶层和底层墙体，均宜比按计算需要量适当增加配置水平和竖向分布钢筋配筋数量。

7. 在长、大建筑物中为减小施工过程中由于混凝土收缩对结构形成开裂的可能性，应根据结构条件采取"抗放结合"的综合措施。对大体积混凝土工程，可采取降低混凝土水化温升的有效措施；对大面积混凝土工程可采用分段间隔浇筑措施，分段原则应根据结构条件确定，经过大于 10d 的养护再将各分段连成整体。对有防水要求的结构，应在分段之间设置钢止水带，并仔细处理好施工缝。对较长的工程可设置"后浇带"（每隔 30~50m 设置一道）。后浇带的宽度不宜小于 800mm，后浇带内的钢筋可不截断。后浇带的混凝土强度等级宜高一个等级，并应采用补偿收缩混凝土进行浇筑，其湿润养护时间不少于 15d。

8. 为解决高层建筑与裙房间沉降差异过大而设置的"沉降

后浇带",应在相邻两侧面的结构满足设计允许的沉降差异值后,方可浇筑后浇带内的混凝土。此类后浇带内的钢筋宜截断并采用搭接连接方法,后浇带的宽度应大于钢筋的搭接长度,且不应小于800mm。

9. 楼板、屋面板采用普通混凝土时,其强度等级不宜大于C30,基础底板、地下室外墙不宜大于C35。

10. 框架结构较长(超过规范规定设置伸缩缝的长度)时,纵向梁的侧边宜配置足够的抗温度收缩钢筋。此外在设计时应考虑温度收缩对端部区段框架柱的不利影响,适当提高其承载力。

9.5.2 有关材料和配合比方面的措施

为了控制混凝土结构的有害裂缝,应妥善选定组成材料和配合比,以使所制备的混凝土除符合设计和施工所要求的性能外,还应具有抵抗开裂所需要的功能。

1、材料方面

1)水泥:宜采用硅酸盐水泥、普通硅酸盐水泥或矿渣硅酸盐水泥;对大体积混凝土,宜采用中、低热水泥或大量掺用矿物掺合料。对抗渗防裂要求较高的混凝土,所用水泥的铝酸三钙(C_3A)含量不宜大于8%。使用时水泥的温度不宜超过60℃。

2)骨料:对混凝土用的骨料应符合国家现行有关标准的规定。

3)外加剂:选择外加剂时,应先进行外加剂与水泥的适应性试验。所用外加剂质量必须符合国家现行有关标准、规范要求。

4)矿物掺合料:为了改善混凝土性能应在其中掺入矿物掺合料,掺合料的掺量及质量必须满足有关标准规定的要求。

5)纤维:对抗裂抗渗要求较高的部位,应在混凝土中掺入纤维,纤维能够显著提高混凝土抗裂抗渗、抗冲击功能,延长混凝土的使用寿命。

6)水:应使用符合《混凝土用水标准》JGJ 63—2006 的规

定。当使用生产回收的水时，应经试验确定，确保混凝土质量不受到不良影响。

2. 混凝土配合比方面

1）混凝土配合比除应按《普通混凝土配合比设计规程》JGJ 55—2000 的规定设计外，尚应符合结构设计要求和其他规范对不同结构部位的有关要求。

2）干缩率：混凝土 90d 的干缩率宜小于 0.6%。

3）坍落度：在满足施工要求的前提下，应尽量采用较小的混凝土坍落度；多层及高层建筑底部的混凝土坍落度宜控制在 150mm 左右，高层建筑上部的混凝土坍落度宜控制在 180mm 左右。

4）用水量：严格控制混凝土用水量，宜控制在 190kg/m^3 以内（有些专家认为不宜大于 180kg/m^3）。

5）水胶比：混凝土水胶比不宜大于 0.60；对用于有外部侵入氯化物环境的钢筋混凝土结构和构件不宜大于 0.55；对用于冻融环境的钢筋混凝土结构和构件不宜大于 0.50。

6）水泥用量：普通强度等级的混凝土宜为 270~450kg/m^3，高强混凝土不宜大于 550kg/m^3（含替代水泥的矿物掺合料）。

7）粗骨料用量：每立方米混凝土粗骨料用量不少于 1000kg。

8）砂率：在满足工作性要求的前提下，应采用较小的砂率。

9）泌水量：小于 0.3mL/m^2。

10）宜采用引气剂或引气减水剂。

11）混凝土中氯化物总量按氯离子重量计，应符合《混凝土质量控制标准》GB 50164—1992 及《混凝土结构设计规范》GB 50010—2002 等标准的规定。

9.5.3 有关施工方面的措施

钢筋混凝土工程施工时，除满足通常所要求的混凝土物理力学性能及耐久性能外，还应控制有害裂缝的产生。因此，事先要妥善制定好能满足上述要求的施工组织设计、相关的技术方案和质量控制措施，并应进行技术交底，切实贯彻执行。在各道工序各个环节配置具备相应技能的熟练人员，按这些计划进行施工。

1. 模板的安装及拆除

1）模板及其支架应根据工程结构形式、荷载大小、地基土类别、施工程序、施工机具和材料供应等条件进行设计。模板及其支架应具有足够的承载能力、刚度和稳定性，能可靠地承受浇筑混凝土的自重、侧压力、施工过程中产生的荷载以及上层结构施工时产生的荷载。

2）安装的模板须构造紧密、不漏浆、不渗水，不影响混凝土均匀性及强度发展，并能保证构件形状正确规整。

3）安装模板时，为确保钢筋保护层厚度，应准确配置混凝土垫块或钢筋定位器等。

4）模板的支撑立柱应置于坚实的地面上，并应具有足够的钢度、强度和稳定性，间距适度，防止支撑沉陷引起模板变形。上下层模板的支撑立柱应对准。

5）模板及其支架的拆除顺序及相应的施工安全措施在制定施工技术方案时应考虑周全。拆除模板时，不应对楼层形成冲击荷载。拆除的模板及其支架应随拆随清运，不得对楼层形成局部过大的施工荷载。模板及其支架拆除时混凝土结构可能尚未形成设计要求的受力体系，必要时应加设临时支撑。

6）后浇带模板的支顶及拆除易被忽视，由此常造成结构缺陷，应予以特别注意，须严格按施工技术方案执行。

7）底模及其支架拆除时的混凝土强度应符合设计要求；当无设计要求时，混凝土强度应符合表9-1的规定。

8）已拆除模板及其支架的结构，在混凝土强度达到设计要求的强度后，方可承受全部使用荷载；当施工荷载所产生的效应比使用荷载的效应更为不利时，必须经过核算并加设临时支撑。

2. 混凝土的制备

1）应优先采用预拌混凝土，其质量应符合《预拌混凝土》GB/T 14902—2003的规定。

底模拆除时的混凝土强度要求　　　　　　　表 9-1

构件类别	构件跨度(m)	达到设计的混凝土抗压强度标准值的百分率(%)
板	≤2	≥50
	>2,≤8	≥75
	>8	≥100
梁、拱、壳	≤8	≥75
	>8	≥100
悬臂构件		≥100

2) 预拌混凝土的订购除按《预拌混凝土》GB/T 14902—2003 的规定进行外，对品质、种类相同的混凝土，原则上要在同一预拌混凝土厂订货。如在两家或两家以上的预拌混凝土厂订货时，应保证各预拌混凝土厂所用主要原材料及配合比相同，制备工艺条件基本相同。

3) 施工者要事先制定好关于混凝土制备的技术操作规程和质量控制措施。

3. 混凝土的运输

1) 运输混凝土时，应能保持混凝土拌合物的均匀性，不应产生分层离析现象，运送容器应不漏浆，内壁光滑平整，具有防晒、防水、防风、防雨雪、防寒设施，并宜快速运输。运送频率，应保证混凝土施工的连续性。

2) 运输车在装料前应将车内残余混凝土及积水排尽。当需在卸料前补掺外加剂调整混凝土拌合物的工作性时，外加剂掺入后运输车应进行快速搅拌，搅拌时间应由试验确定。

3) 运至浇筑地点混凝土的坍落度应符合要求，当有离析时，应进行二次搅拌，搅拌时间应由试验确定。严禁向运输到浇筑地点的混凝土中任意加水。

4) 由搅拌、运输到浇筑入模，当气温不高于 25℃ 时，持续时间不宜大于 90min，当气温高于 25℃ 时，持续时间不宜大于 60min。当在混凝土中掺外加剂或采用快硬水泥时，持续时间应由试验确定。

4. 混凝土的浇筑方面

1) 为了获得匀质密实的混凝土，浇筑时要考虑结构的浇筑区域、构件类别、钢筋配置状况以及混凝土拌合物的品质，选用适当机具与浇筑方法。

2) 浇筑之前要检查模板及其支架、钢筋及其保护层厚度、预埋件等的位置、尺寸，确认正确无误后，方可进行浇筑。同时，还应检查对浇筑混凝土有无障碍（钢筋或预管线过密），必要时予以修正。

3) 对现场浇筑的混凝土要进行监控，运抵现场的混凝土坍落度不能满足施工要求时，可采取经试验确认的可靠方法调整坍落度，严禁随意加水。在降雨雪时不宜在露天浇筑混凝土。

4) 浇筑墙、柱等较高构件时，一次浇筑高度以混凝土不离析为准，一般每层不超过500mm，捣平后再浇筑上层，浇筑时要注意振捣到位使混凝土充满端头角落。

5) 当楼板、梁、墙、柱一起浇筑时，先浇筑墙、柱，待混凝土沉实后，再浇筑梁和楼板。当楼板和梁一起浇筑时，先浇筑梁，再浇筑楼板。

6) 在炎热干燥天气浇筑时，模板应充分湿润，避免模板干燥吸收混凝土中水分造成干燥收缩。另外，浇筑如果从上午开始，已浇筑的混凝土楼板经过中午炎热太阳的作用，失水过快，混凝土表面与内部产生较大的温度梯度和湿度梯度，所以，上午浇筑的楼板比下午浇筑的楼板更易裂缝。

7) 在混凝土浇筑时，如遇高温、太阳暴晒、大风天气，浇筑后应立即用塑料薄膜覆盖，避免生产混凝土表面硬结。

8) 浇筑时坍落度不宜过大，不宜过振，不宜过度抹平压光，否则表面易形成含水大的砂浆层，水分蒸发后表面易产生龟裂。

9) 对抗渗防裂要求较高的部位，如民用建筑物的卫生间、厨房等采用现浇混凝土的部位，为了减少或避免有害裂缝的发生，可在浇筑抹面时，在混凝土表面铺一层粒径不大于20mm

表面湿润的干净的碎石，或采用钢丝网，拍打至泛浆，能有效地提高结构的抗裂性能。

10) 在浇筑楼板过程中，不应集中布料，不宜用插入式振动棒赶料，高出的部分用铁耙搂平，接着进行梅花式振捣，振捣棒插入的点与点之间，应相距 400mm 左右，振捣时间不宜超过 10s 左右，以观察粗骨料均布为基准。

11) 浇筑过程中，应注意钢筋的保护，如把板面负筋踩弯，将会造成支座的负弯矩，导致板面出现裂缝。

12) 应按设计要求合理设置后浇带，后浇带混凝土的浇筑时间应符合设计要求，当无设计要求时，后浇带应在其两侧混凝土龄期至少 6 周后再行浇筑，且应加强该处混凝土的养护工作。

13) 严格按施工程序操作，在混凝土强度未达到 1.2MPa 以前，不应上人在混凝土上踩踏、支模和加荷，不盲目赶工过早拆模。混凝土强度小于 10MPa 时，楼板上不应吊运堆放重物；在满足混凝土强度不小于 10MPa 的情况下，吊运堆放重物时，应在堆放位置采取有效措施，以减轻对楼板的冲击影响。

5. 混凝土结构养护方面

干缩湿长是混凝土的物理特性。在大风、干燥和高温的天气条件下，又因大坍落度混凝土表面的密实度较差，表面水极易蒸发。混凝土表面收缩变形产生的裂缝，就是由于其表面失水过快造成的。如果混凝土表面没有失水现象的发生，混凝土一般不会产生收缩变形裂缝。故混凝土浇筑成型后保湿养护极为重要。

1) 养护是防止混凝土产生裂缝的重要措施，必须充分重视，并制定养护方案，派专人负责养护工作。

2) 对于泵送浇筑的混凝土楼板、梁，无论是炎热的夏季还是寒冷的冬季，均可不必进行二次振捣和收面，只需一次振捣和收面后用一层塑料薄膜及时覆盖，使混凝土中水分不易蒸发。实践证明，对浇筑后的混凝土进行及时保湿养护，是防止混凝土发生塑性收缩裂缝的最佳时机。因为环境的相对湿度不小于 100％时，混凝土是不会收缩的，故这种封闭式的保湿养护方法就发生了奇效。反之，当环境的相对湿度小于100%时，混凝土内含水就会由里向外迁移，从而产生塑性收缩和干燥收缩，严重时可能出现有害裂缝。

3) 对大体积混凝土，应控制浇筑后的混凝土内外温差、混凝土表面与环境温差均不超过25℃。否则，还应在塑料薄膜上覆盖保温材料。

4) 特别要注意掺膨胀剂混凝土结构的保湿养护。膨胀剂的膨胀机理是凝胶态膨胀成分由于吸水而产生体积增大。研究表明，如果早期混凝土中水分不足，不但膨胀剂的膨胀效果得不到正常发挥，还会增加混凝土自干燥收缩。如果早期膨胀能得不到正常发挥，后期在环境适宜的情况下所产生的膨胀对混凝土结构是有害的。在冬期不宜洒水的情况下，更应该注意掺膨胀剂混凝土结构的早期保湿养护工作。

5) 掺粉煤灰和膨胀剂的混凝土养护时间不宜少于14d。混凝土浇筑后，由于受到环境条件的影响和水泥水化产生的热量影响，水分会发生蒸发和流失。因此，拌合用水仍不能满足水泥水化的需要，在混凝土硬化的早期，特别是浇筑后的前14d，及时进行水分的补给对水泥水化的正常发挥无疑是很重要的。

6) 拆模及加荷时间不应过早。有些施工单位为了赶工期，节约模板、支撑，往往过早拆模，在楼板上放材料、上人施工作业，造成过早加荷，严重破坏混凝土结构并导致梁板裂缝的产生。

7) 墙和柱是建筑物的承重结构，因此更应该加强保湿养护。湿度对水泥水化反应有显著的影响，湿度适当能使水泥水化顺利进行，混凝土强度得到充分发展，因为水是水泥水化反应的必要成分。如果湿度不够，水泥水化反应不能正常进行，甚至停止水化，不仅严重降低混凝土强度，而且使混凝土结构表面疏松，形成干缩裂缝，增大了渗水性，加快了碳化，影响混凝土结构的强度和耐久性。

关于墙和柱的保湿养护方法：柱子宜用湿麻袋围裹喷水养

护,或用塑料薄膜围裹自生养护,也可以涂刷养护液。墙体混凝土浇筑完毕,待混凝土具有一定的强度后(1～3d),应及时松开固定模板的支撑、螺栓等,使墙两侧模板距结构有3～5mm的缝隙,以便带模浇水养护,模板拆除后,应在墙两侧覆挂麻袋或草帘喷水养护,地下室外墙宜尽早回填土。冬期施工不能向裸露部位的混凝土浇水养护,应用塑料薄膜和保温材料进行保温、保湿养护。

9.6 混凝土裂缝的处理方法

对于不危及结构安全,视为无害裂缝的,可不作处理。对于受力、危及结构安全,视为有害裂缝的部位,要妥当处理。

9.6.1 裂缝处理原则

裂缝处理应遵循下述原则:

1. 查清情况:主要应查清建筑结构的实际状况、裂缝现状和发展变化情况。

2. 鉴别裂缝性质:确定裂缝性质是处理的必要前提。对原因与性质一时不清的裂缝,只要结构不会恶化,可以作进一步观察或试验,待性质明确后再作适当处理。

3. 明确处理目的:根据裂缝的性质和使用要求确定处理目的。如:封闭保护或补强加固。

4. 确保结构安全:对危及结构安全的裂缝,必须认真分析处理,防止产生结构破坏倒塌的恶性事故,并采取必要的应急防护措施,以防事故恶化。

5. 满足使用要求:除了结构安全外,应注意结构构件的刚度、尺寸、空间等方面的使用要求,以及气密性、防渗漏、洁净度和美观方面的要求等。

6. 保证一定的耐久性:除了考虑裂缝宽度、环境条件对钢筋锈蚀的影响外,应注意修补的措施和材料的耐久性问题。

7. 确定合适的处理时间：如有可能最好在裂缝稳定后处理；对随环境条件变化的温度裂缝，宜在裂缝最宽时处理；对危及结构安全的裂缝，应尽早处理。

8. 防止不必要的损伤：例如对既不危及安全，又不影响耐久性的裂缝，避免人为的扩大后再修补，造成一条缝变成两条的后果。

9. 改善结构使用条件，消除造成裂缝的因素：这是防止裂缝修补后再次开裂的重要措施。例如卸载或防止超载，改善屋面保温隔热层的性能等。

10. 处理方法可行：不仅处理效果可靠，而且要切实可行，施工方便、安全、经济合理。

11. 满足设计要求，遵守标准规范的有关规定。

9.6.2 表面修补法

适用于对承载能力无影响的表面及深进的裂缝，以及大面积细裂缝防渗漏水的处理。

1. 压实抹平

混凝土硬化前出现的早期收缩裂缝、沉缩裂缝，可用铁铲或铁抹子拍实压平，消除这类裂缝。

2. 表面涂抹砂浆法

适用于混凝土硬化后稳定的表面及深进裂缝的处理。处理时将裂缝附近的混凝土表面凿毛，或沿裂缝（深进的）凿成深15~20mm、宽100~150mm的凹槽，扫净并洒水湿润，先刷水泥净浆一遍，然后用1:1~2水泥砂浆分2~3层涂抹，总厚度为10~20mm，并压光。有渗漏水时，应用水泥净浆（厚2mm）和1:2水泥砂浆（厚4~5mm）交替抹压4~5层，涂抹3~4h后，进行覆盖洒水养护。

3. 表面涂抹环氧胶泥（或粘贴环氧玻璃布）法

适用于稳定的、干燥的表面及深进裂缝的处理。涂抹环氧胶泥前，将裂缝附近的混凝土表面灰尘、浮渣清除、洗净并干燥。

油污应用有机溶剂或丙酮擦洗净。如表面潮湿，应用喷灯烘烤干燥、预热，以保证胶泥与基层良好的粘结。基层干燥困难时，则用环氧煤焦油胶泥（涂料）涂抹。较宽裂缝先用刮刀堵塞环氧胶泥，涂刷时用硬毛刷或刮板蘸取胶泥，均匀涂刮在裂缝表面，宽80～100mm，一般涂刷二遍。贴环氧玻璃布时，一般贴1～2层，第二层布的周边应比下面一层宽10～15mm，以便压边。环氧胶泥、环氧煤焦油胶泥配合比见表9-2。

环氧浆液、腻子、胶泥配合比（质量比）及技术性能　表9-2

材料名称	质量配合比						备注
	环氧树脂(g)	煤焦油(g)	邻苯二甲酸二丁酯(mL)	二甲苯(mL)	乙二胺(mL)	粉料(g)	
环氧浆液	100		10	40～50	8～12		注浆用
环氧腻子	100		10		10～12	50～100	固定灌浆嘴、封闭裂缝用
环氧胶泥	100		10	30～40	8～12	25～45	涂面和粘贴玻璃布用
环氧焦油胶泥	$\frac{100}{100}$	$\frac{100}{50}$	$\frac{5}{5}$	$\frac{50}{25}$	$\frac{12}{12}$	$\frac{100}{100}$	潮湿基层涂面和贴玻璃布用

注：1. 粉料可用滑石粉、水泥、石英粉。
　　2. 环氧焦油胶泥配合比，分子用于底层，分母用于面层。
　　3. 二甲苯、乙二胺、粉料的掺量，可视气温和施工操作具体情况适当调整。

4. 表面凿槽嵌补法

适用于独立的裂缝宽度较大的处理。沿混凝土裂缝凿一条宽5～6mm"V"形或"⌒"形槽，槽内嵌入刚性材料，如水泥砂浆或环氧胶泥；或填灌柔性密封材料，如聚氯乙烯胶泥、沥青油膏、聚氨脂以及合成橡胶等密封。表面做砂浆保护层或不做保护层。槽内混凝土面应修理平整并清洗干净，不平处用水泥砂浆填补。嵌填时槽内用喷灯烘烤干燥。嵌补前，槽内表面涂刷嵌填材料稀释涂料。对修补活裂缝仅在裂缝上两侧涂刷，槽底铺一层塑料薄膜缓冲层，以防填料与槽底混凝土粘合，在裂缝上造成应力集中，将填料撕裂。然后用抹子或刮刀将砂浆（或环氧胶泥柔性填料）嵌入槽内使饱满压实，最后用 1∶2.5 水泥砂浆抹平压光（对活裂缝不做砂浆保护层）。

9.6.3 内部修补法

适用于对结构整体性有影响，或有防水、防渗要求的裂缝修补。

1. 注射法

当裂缝宽度小于 0.5mm 时，可用医用注射器压入低稠度、不掺加粉料的环氧树脂胶粘剂。注射时，应在裂缝干燥或用热烘烤使缝内不存在湿气的条件下进行，注射次序从裂缝较低一端开始，针头尽量插入缝内，缓慢注入，使环氧胶粘剂在缝内向另一端流动填充，便于缝内空气排出。注射完毕在缝表面涂刷环氧胶泥二遍或加贴一层环氧玻璃布条盖缝。

2. 化学注浆法

化学灌浆具有黏度低、可灌性好、收缩小以及有较高的粘结强度和一定的弹性等优点，恢复结构整体性的效果好。适用于各种情况下的裂缝修补及堵漏、防渗处理。灌浆材料应根据裂缝的性质、缝宽和干燥情况选用。常用的灌浆材料有环氧树脂浆液（能修补缝宽 0.05～0.15mm 以下的干燥裂缝）、甲凝（能灌 0.03～0.1mm 的干燥细微裂缝）、丙凝（用于渗水裂缝的修补、堵水和止漏，能灌 0.1mm 以下的湿细裂缝）等。其中环氧树脂浆液因具有化学材料较单一，来源广，施工操作方便，粘结强度高，成本低等优点，应用最广。

环氧树脂浆液系由环氧树脂（胶粘剂）、邻苯二甲酸二丁酯（填塑剂）、二甲苯（可用丙酮替代，为稀释剂）、乙二胺（固化剂）及粉料（填充料）等配制而成。其浆液配合比参见表 9-2。

灌浆一般采取骑缝直接施灌。表面处理同环氧胶泥表面涂抹。灌浆嘴为带有细丝扣的活接头，用环氧腻子固定在裂缝上，间距 400～500mm，贯通缝应在两面交叉设置。裂缝表面用环氧胶泥（或腻子）封闭。硬化后，先试气了解缝面通顺情况，气压保持 0.2～0.3MPa，垂直缝从下往上，水平缝从一端向另一端，如漏气，可用石膏快硬腻子封闭。灌浆时，将配好的浆液注入压浆罐内，先将活接头接在第一个灌浆嘴上，开动空压机送气（气压一般为 0.3～0.5MPa），即将环氧浆液压入裂缝中，待浆液从邻近灌浆嘴喷出后，即用小木塞将第一个灌浆孔封闭，以便保持孔内压力，然后同法依次灌注其他灌浆孔，直至全部灌注完毕。环氧浆液一般在 20～25℃下经 16～24h 即可硬化，可将灌浆嘴取下重复使用。在缺乏灌浆设备时，较宽的平、立面裂缝也可用手压泵进行。

9.7 混凝土裂缝修补效果检验

混凝土裂缝修补后是否达到预期效果，主要应加强施工中的质量检查与验收。修补结束后，为确认其效果，可以采用下述一种或数种检验方法。

1. 外观检查：通过混凝土表面或装饰层的情况检查，比较容易确认修补效果，如未再次开裂、无渗漏，则说明修补效果良好。

2. 复查施工记录和质量保证资料：这是确保修补质量的重要措施，所有工程都应做这项检查工作。

3. 取芯试验：用灌浆等方法修补裂缝时，在浆液固化后，钻取混凝土芯，观看浆液渗入与分布情况，然后用压力机检验其强度，并检查裂缝处有无重新开裂破坏的情况。

4. 压水试验：对裂缝较多的构件，灌浆固化后布设检查孔，做压水试验，水压常用灌浆压力的 70%～80%，如混凝土不进水，而且也不渗漏，则认为合格。

第10章 混凝土结构实体强度

我国和世界各国一样，都以混凝土标准养护试件的强度作为评定混凝土强度的依据。为比较接近地反映结构中实际的混凝土强度，各国都致力于研究探讨确定结构实体中混凝土强度的方法。各种非破损、半破损确定混凝土推定强度的方法和直接在结构中钻芯取样所得的芯样强度，其强度都在一定程度上反映了结构实体的混凝土强度。但这些方法仍有一定的局限性而未能成为公认合理的方法。

目前，对混凝土结构实体强度检测的方法有回弹法、钻芯法、超声回弹综合法、预埋拔出法、后装拔出法等，常采用的是回弹法和钻芯法。

10.1 标准养护强度的局限性

作为结构中的主要承载材料之一，混凝土的实际强度在结构抗力中的重要作用是无庸置疑的。但是，目前世界各国都只采用标准养护强度作为判断混凝土强度的依据。这里，存在着一个值得讨论的问题：标准养护强度是由在特定的标准条件下测得的强度值所确定的，与实体结构中混凝土的实际强度存在差别。这种差异早已为工程界所认识，并且采用什么方法可以更接近地反映实体结构中混凝土的实际强度也成为各国工程界探索的重要课题之一。但是，在取得更为合理的方法和手段之前，标准强度仍是公认的检测与验收混凝土强度的通用手段。

标准强度以其统一检测验收的条件而具有较好的可比性，但标准强度无法反映施工工艺（振捣、成型）和养护条件（温度、湿度、龄期）的影响。它反映的只是混凝土拌合物的组成成分和搅拌质量，实际上只是一种"材料混凝土强度"，难以反映施工工艺和养护条件对"结构混凝土强度"的影响。

10.2 结构中的混凝土强度

混凝土结构设计规范中的所有计算公式、验算条件以及构造措施所依据的试验构件，其混凝土强度都不是依据标准养护强度而是用与试验试件同条件养护试件的强度而确定的。即从最根本的源头上说，确定结构性能的是同条件养护试件所代表的结构实体强度而非标准养护强度。

结构混凝土强度与标准养护强度的差别表现为以下几个方面：

1. 养护温度：不是 20 ± 2℃，而与实际结构相同；
2. 养护湿度：不是 95％以上，而与实际结构相同；
3. 体积效应：不是标准试件，而是结构实体试件，且试件是加工试件，尺寸偏差远大于标准试件；
4. 承载时间：不是 28d 才受载，而是施工过程中即已开始承载受力（施工荷载）；
5. 养护龄期：不是 28d 作为试验测定强度的时间，而是根据结构施工与验收的需要而确定。

考虑到结构混凝土强度与标养强度的差异，根据以往的经验，并结合试验数据分析以及参考其他国家的有关规定，混凝土结构设计规范取系数 0.88 表达结构混凝土强度与标养强度之间的折算关系。

从概率统计的角度看，结构混凝土强度并不是一个固定的值，而是一个随机变量。由于混凝土浇筑、养护的条件和环境差异，实际上结构混凝土强度是一个范围。在一定置信度条件下，通过系统检测和统计分析确定实体混凝土强度的范围，是对结构混凝土强度的科学描述。

10.3 回弹强度

目前，我国施工中的混凝土强度均依据《混凝土强度检验评定标准》(GBJ 107)按检验批通过标养强度和同条件自然养护试件的等效养护龄期强度进行逐批验收。但在发生工程质量事故、不符合验收合格条件或各方有争议时，仍常采用对结构实体中的混凝土强度进行检测的方法作为补充验收的手段。

回弹法原理是测量混凝土表面硬度来推定其立方体抗压强度，而硬度是与强度完全不同的物理量，这种间接推定的强度存在一定的误差。混凝土强度是整体的表现，在整体上进行检测。而表面硬度仅在某些点上进行检测，且规程要求取值时避开气孔和石子，也就是说，回弹仅在表面砂浆层上进行。所以，这种间接推定的强度必然存在误差，而且往往较大。

影响回弹法精确度的主要原因有：结构混凝土的保湿养护时间、结构表面光洁度、混凝土含气量、结构表面干湿程度、回弹仪精度、是否涂刷养护液、掺合料质量与掺量、砂率的大小程度、碳化深度测量的准确性以及回弹测强推定曲线的准确性等等。

最近10年来，由于技术进步和混凝土施工工艺的改革，混凝土组成成分有了很大的变化：水泥强度等级提高；水泥细度小；粗骨料用量减少；骨料粒径减小；砂率加大；大量掺入掺合料；普遍应用外加剂等。这些巨大的变化，在许多地区使用原标准的对应关系（推定曲线或表格）推定的混凝土实体强度波动很大，并且十分离散，往往偏低，难以真正反映结构实体的混凝土强度。因此，如果仍不顾条件地以原标准的对应关系推定混凝土的结构实体强度，将容易发生错判或漏判，引起生产方和施工方的风险加大。

采用《回弹法检验混凝土抗压强度技术规程》(JGJ/T 23—2001)统一回弹测强曲线推定的混凝土强度，在全国许多地方都出现明显偏低情况，因此纷纷致力于制定适用于本地方标准的试验研究。如青岛、合肥、衢州、沈阳、大连、鞍山等。笔者使用郑州地区和周边的材料拌制泵送混凝土，制作强度等级为C20、C30、C40、C50的150mm×150mm×150mm的标准试件，通过大量的抗压强度与回弹推定强度检验，结果表明：

1. 标准养护的试件

采用（JGJ/T 23—2001）统一回弹测强曲线推定的14d、28d、60d抗压强度与回弹推定强度误差较小，一般在±10%以内，大部分试件误差不超过±6%；90d回弹推定强度均系偏低，低于15%的占8%；而180d回弹推定强度偏低试件组数较多，低于15%的占76%。

通过标准养护试件的试验结果，笔者认为，由于试件表面首先遇水，使未水化的水泥有条件很快得到继续水化，表面硬度增长较快，而且采用规范的统一回弹测强曲线推定的强度与立方体抗压强度非常接近。但是，60d以后，随着时间的顺延，表面未水化的水泥在不断减少，使表面硬度不再明显增长，而混凝土内部未水化的水泥则相对于表面水化要慢，其内部继续水化所产生的强度在后期表面无法反映出来，使表面硬度推定的强度与实际强度逐渐拉开距离，这种后期内部增长的强度用表面硬度无法测定准确，是造成后期两种检测结果误差越来越大的主要原因。

2. 自然条件下养护的试件

在自然条件下养护的试件（未进行浇水养护，试验主要考虑许多工程根本就不对浇筑后的混凝土结构采取浇水养护措施，另外，冬期施工的工程也不会进行浇水养护，且采取其他养护措施的工程较少，如刷养护液等），无论是不同强度等级或不同龄期的试件，用回弹法检验（用统一回弹测强曲线）推定的强度都比抗压强度低，且误差较大。推定强度普遍低于抗压强度的15%以上，低于20%以上的试件组数占相当大的比例，甚至有一少部分试件回弹测强比抗压强度低30%以上，这种误差在不同强度等级和不同龄期的试件中均有出现。

造成自然养护试件回弹测强比抗压强度低的主要原因是试件缺水。由于试件的表面暴露于大气中，失水较快，而内部失水相对较慢，因此，内部实际强度比表面要高。湿度对水泥水化的反应有显著的影响，湿度适当能使水泥水化顺利进行，混凝土强度得到充分发展，因为水是水泥水化反应的必要成分。如果湿度不够，水泥水化反应不能正常进行，甚至停止水化，不仅严重降低混凝土强度，而且使混凝土表面疏松，加快了混凝土的碳化，从而影响了混凝土回弹推定强度的准确性。从工程施工的实际情况来看，应该说本试验是具有一定代表意义的。因此，采用统一回弹测强曲线推定泵送混凝土的强度，在郑州地区是否适宜，还需有关专家进行深入的验证和研究，这里仅起抛砖引玉的作用。

有报道称，某地区质监站在进行结构验收时，将混凝土回弹测定强度作为结构实体强度验收的依据，其结果是不合格率居高不下，且普遍遭到罚款。这种情况在其他地区也有类似发生，主要是由于回弹法测强操作方便，又有规范可查，许多工程技术人员都喜欢采用回弹法进行混凝土结构实体强度的检测或验收必弹，但就其准确性的验证工作却少有进行，并不符合原规范提出的各地区应根据实际情况，制定检测精度更高的地区测强曲线（平均相对误差不应大于±14%，相对标准差不应大于17%）或专用测强曲线（平均相对误差不应大于±12%，相对标准差不应大于14%）的要求，应该引起有关专家的高度重视。特别是预拌混凝土生产企业的技术工作者，更应认真多做些试验研究，在取得更准确数据的情况下，做好宣传、交流工作，避免企业遭受名誉和经济损失。

10.4 钻芯强度

由于芯样是从实际结构中钻芯取的试件抗压强度，因此比较直接地反映了实体结构的混凝土强度。这种方法有比较大的可信度，但是仍有一定的局限性。芯样强度并不完全代表结构实体中的混凝土强度。因为钻芯过程中会对芯样造成干扰和伤害。这种伤害的积累将降低芯样的实际强度，对高强混凝土尤为明显。此外，钻取的芯样在试验前要磨平端面或进行坐浆处理，操作误差也将影响试验结果，且操作复杂，成本高，伤害结构和芯样试件。因此，钻芯一般仅作复核、校准之用，难以作为普遍推行的方法。

《钻芯法检测混凝土强度技术规程》（CECS 03：88）条文说明第 6.0.1 条指出："据国外的一些试验结果，由于受到施工、养护等条件的影响，结构混凝土强度一般仅为标准强度的75%～80%左右，国际标准草案为 75%～85%"。据中国建筑科学研究院结构所对试验用墙板的取芯试验证明，龄期 28d 的芯样试件强度换算值也仅为标准强度的 86%，为同条件养护试块的 88%。

根据国内外的研究，当 $f_{cu,e} \geqslant k_0 f_{cu,k}$ 时（$f_{cu,e}$ 为芯样抗压强度值；k_0 为折算系数；$f_{cu,k}$ 为混凝土立方体抗压强度标准值），就认为结构工程中实体混凝土强度满足设计强度等级和结构安全性能要求，并将其编入相应的规范。如美国规范 ACI 318-92 和德国 DIN1085 标准中取 $k_0=0.85$，且美国还规定，任一芯样强度不低于规定强度的 0.75。这里，强度验收界限的降低固然考虑了实体混凝土强度与标养强度的差异；钻芯取样操作对芯样强度的影响，可能也是重要的因素之一。我国国家标准《混凝土结构设计规范》（GB 50010—2002）k_0 取 0.88，而《港口工程混凝土非破损检测技术规程》（JTJ/T 272—1999）中采用按强度等级不同而取不同的 k_0 值，见表 10-1。

不同强度等级的 k_0 值取值　　　　表 10-1

强 度 等 级	≤C20	C25～C30	C35～C45	C50～C60
k_0	0.82	0.85	0.88	0.90

10.5　混凝土结构实体强度的验收

试验研究及统计分析表明，在目前可能采用的各种测强手段中，采用同条件养护试件的强度检验是最接近混凝土结构实体强度的一种方法。

《混凝土结构工程施工质量验收规范》(GB 50204—2002)第10.1.3条规定：对混凝土强度检验，应以在混凝土浇筑地点制备并与结构实体同条件养护试件强度为依据。规范第10.1.6条还规定：当未能取得同条件养护试件强度、同条件养护试件强度被判为不合格时，应委托具有相应资质等级的检测机构按国家有关标准的规定进行检测。

上述规定很明确地表达了结构实体强度应以同条件养护试件的立方体抗压强度为检验的依据。只有当试件缺失或检验结果不满足合格条件而无法验收时，才可采用非破损、半破损检测方法进行检测。但这些检测方法由于受到各种条件的影响，测定的并不是混凝土强度本身，该强度与标准养护或同条件养护试件强度存在差异，因此不能据此结果对构件的设计强度等级给出合格与否的结论。故在同条件养护立方体试件抗压强度合格的情况下，没有必要再进行回弹检测，更不应该以回弹法所得的"推定强度"作为不合格的依据。否则就是本末倒置了。

规范附录D给出了"结构实体检验用同条件养护试件强度检验"的方法：混凝土强度检验用同条件养护试件的留置、养护和强度代表值应符合以下规定：

1. 同条件养护试件的留置方式和取样数量，应符合下列要求：

1) 同条件养护试件所对应的结构构件或结构部位，应由监理（建设）、施工等各方共同选定；

2) 对混凝土结构工程中的各混凝土强度等级，均应留置同条件养护试件；

3) 同一强度等级的同条件养护试件，其留置的数量应根据混凝土工程量和重要性确定，不宜大于10组，且不应少于3组；

4) 同条件养护试件拆模后，应放置在靠近相应结构构件或结构部位的适当位置，并应采取相同的养护方法。

2. 同条件养护试件应达到等效养护龄期时进行强度试验。等效养护龄期应根据同条件养护试件强度与在标准养护条件下 28d 龄期试件强度相等的原则确定。

3. 同条件自然养护试件的等效养护龄期及相应的试件强度代表值，宜根据当地的气候和养护条件，按下列规定确定：

1) 等效养护龄期可取按日平均温度逐日累计达到 600℃·d 时所对应的龄期，0℃ 及以下的龄期不计入；等效养护龄期不应小于 14d，也不宜大于 60d。

2) 同条件自然养护试件的强度代表值应根据强度试验结果按现行国家标准《混凝土强度检验评定标准》（GBJ 107—87）的规定确定后，乘折算系数取用；折算系数宜取为 1.10，也可根据当地的试验统计结果作适当调整。

4. 冬期施工、人工加热养护的结构构件，其同条件自然养护试件的等效养护龄期可按结构构件的实际养护条件，由监理（建设）、施工等各方共同根据同条件养护试件强度与在标准养护条件下 28d 龄期试件强度相等的原则确定。

10.6 小　　结

混凝土强度是混凝土结构中影响承载受力性能的最重要参数，一向都是施工质量检验最关注的问题。由于预拌混凝土只能以半成品（拌合物）的形式进入工地，其强度的形成还与施工条件有关，而且从各种不同的角度，检测手段及检验目的也不同。根据强度检测的手段及检测目的、验收界限的不同，混凝土强度检验的形式有如下五种：

1. 标准养护试件作为检验批强度验收的依据。
2. 同条件养护试件强度作为各强度等级实体强度验收的依据。
3. 钻芯法芯样强度作为实体强度及推定强度复核、校准依据。

4. 非破损检测推定强度作为非正常验收的依据。

5. 同条件养护试件强度作为施工工艺控制的依据。

混凝土强度的增长在很大程度上取决于养护时的环境条件。因此，规范规定预拌混凝土强度质量的验收以标准养护试件为依据。所以，需方应建立标准养护室对交货检验成型的试件进行标准养护，并严格按有关规范要求对施工工艺、结构实体采取有效的控制措施，使结构实体强度能够得到正常发展；严格按规范要求加强同条件养护试件的取样、维护、记温及累计工作，确保同条件养护试件强度具有可靠的代表性。混凝土的立方体强度、芯样强度、推定强度，其可信度渐次降低，故加强结构实体的保湿养护，对确保工程质量、减少非正常验收带来的麻烦尤显重要。

参考文献

[1] 姚武编著. 绿色混凝土. 北京：化学工业出版社，2006
[2] 龚洛书主编. 混凝土实用手册. 北京：中国建筑工业出版社，1995
[3] 陈士良主编. 现浇楼板的裂缝控制. 北京：中国建筑工业出版社，2003
[4] 申爱琴主编. 水泥与水泥混凝土. 北京：人民交通出版社，2000
[5] 叶琳昌，沈义编著. 大体积混凝土施工. 北京：中国建筑工业出版社，1987
[6] 杨绍林，田加才，田丽主编. 新编混凝土配合比实用手册. 北京：中国建筑工业出版社，2002
[7] 徐有邻，程志军主编. 混凝土结构工程施工质量验收规程应用指南. 北京：中国建筑工业出版社，2006
[8] 冯乃谦编著. 高性能混凝土结构. 北京：机械工业出版社，2004
[9] 韩素芳，耿维恕主编. 钢筋混凝土结构裂缝控制指南. 北京：化学工业出版社，2004
[10] 曹文达编著. 材料员必读. 北京：中国电力出版社，2004
[11] 王赫主编. 建筑工程事故处理手册. 北京：中国建筑工业出版社，1998
[12] 赵志缙，赵帆编著. 混凝土泵送施工技术. 北京：中国建筑工业出版社，1998
[13] 雍本编著. 特种混凝土设计与施工. 北京：中国建筑工业出版社，2004
[14] 张承志主编. 商品混凝土. 北京：化学工业出版社，2006
[15] 张誉，蒋利学，张伟平，屈文俊编著. 混凝土结构耐久性概论. 上海：上海科学技术出版社，2003
[16] 邓爱民编著. 商品混凝土机械. 北京：人民交通出版社，2000

[17] 陈建奎著. 混凝土外加剂原理与应用. 北京：中国计划出版社，2004

[18] 游宝坤，李乃珍著. 膨胀剂及其补偿收缩混凝土. 北京：中国建材工业出版社，2005

[19] 张涑贤，姜早龙主编. 建筑企业经营管理. 北京：人民交通出版社，2007

[20] 张国栋，彭刚编. 现代混凝土理论与设计. 武汉：武汉理工大学出版社，2002

[21] 李继业编著. 新型混凝土技术与施工工艺. 北京：中国建材工业出版社，2002

[22] 徐培华，王安玲编著. 公路工程混合料配合比设计与试验技术手册. 北京：人民交通出版社，2002

[23] 何星华，高小旺主编. 建筑工程裂缝防治指南. 北京：中国建筑工业出版社，2005